企业自主创新能力
演化规律与提升机制

许庆瑞　张　军　著

国家自然科学基金面上项目："我国企业自主创新能力的演进规律与提升机制研究"（编号：71172115）；国家自然科学基金面上项目："组织二元性视角下企业创新能力提升机理研究——基于演化逻辑与认知逻辑整合的框架"（编号：71472003）；国家自然科学基金面上项目："全面创新管理能力形成规律与提升机制研究"（编号：71522177）；中国工程院资助课题："中国中小企业创新能力提升机制研究"（编号：2014-XY-40）；加拿大国际发展研究中心资助课题："运用全面创新管理提升中国中小企业创新能力研究"（编号：104044-001）

科 学 出 版 社

北 京

内 容 简 介

企业自主创新能力是建设创新型国家的微观基础。基于历史观,首先梳理中华人民共和国成立以来自主创新历程,归纳出五次浪潮发生的历史脉络,识别出企业自主创新的中国特色。在此基础上,分别从企业自主创新能力内在结构序进变迁、内生性累进发展、与环境共演共进及内外要素协同四个方面,全面洞察我国企业自主创新能力演进规律与提升机制。体系设计上遵循"规律发现—机制研究—实现路径"脉络,采用案例研究、系统仿真与统计分析等多种方法,使理论能够联系实践,从而为企业创新实践提供有益指导。

本书适用于相关研究领域中的学者及研究生阅读,也适合从事创新与战略管理的企业高管、政府管理人员阅读,作为决策参考的依据。还可作为本科生的拓展阅读资料。

图书在版编目(CIP)数据

企业自主创新能力演化规律与提升机制/许庆瑞,张军著. —北京:科学出版社,2017.10
ISBN 978-7-03-053219-0

Ⅰ. ①中… Ⅱ. ①许… ②张… Ⅲ. ①企业创新–创新能力–研究–中国 Ⅳ. ①F279.23

中国版本图书馆 CIP 数据核字(2017)第 127439 号

责任编辑:魏如萍/责任校对:王晓茜
责任印制:霍 兵/封面设计:无极书装

科 学 出 版 社 出版
北京东黄城根北街 16 号
邮政编码:100717
http://www.sciencep.com

三河市书文印刷有限公司 印刷
科学出版社发行 各地新华书店经销

*

2017 年 10 月第 一 版 开本:720×1000 1/16
2018 年 1 月第二次印刷 印张:22 1/4
字数:430 000
定价:178.00 元
(如有印装质量问题,我社负责调换)

作 者 简 介

　　许庆瑞，浙江大学管理学院教授、博士生导师，中国工程院院士。我国创新管理理论的开创者，长期从事技术管理、创新管理的研究，系统提出全面创新管理理论，并与团队成员先后共同提出"二次创新""自主创新""组合创新"等创新理论。

　　张军，浙江大学管理学博士，安徽工业大学商学院教授，硕士生导师。主要从事知识管理与组织创新，组织双元、创新能力与可持续竞争力等领域研究，主持国家自然科学基金面上项目、安徽省自然科学基金面上项目、安徽省智库项目子课题等多个项目的研究，承担多个企业管理咨询项目。

目　录

第三篇　积累律篇

第四篇　共演律篇

第五篇　协同律篇

第1章 绪 论

1.1 建设"创新型国家"战略要求企业提升自主创新能力

1.1.1 创新型国家战略与我国科研及技术创新现状

1. "创新型国家"战略的缘起

1978年改革开放使我国经济步入了一个快速增长的轨道,但毋庸讳言,这个时期的快速增长是建立在依靠低劳动力成本、高资源消耗拉动的粗放式发展模式基础上的。由于缺乏核心技术以及自主品牌,我国产业发展长期处于国际产业链的底端,走的是"中国制造、他国赚钱"之路。

2001年,我国正式成为世界贸易组织成员,这一方面标志着我国将进一步深入地参与到全球产业的分工中,另一方面对我国经济从传统粗放型发展模式向现代集约型发展模式转变提出了迫切要求。然而,与世界先进水平相比,我国"关键技术自给率低,自主创新能力不强,特别是企业核心竞争力不强"等问题十分突出。对此,2006年1月9日,胡锦涛在全国科学技术大会上提出"坚持走中国特色自主创新道路"以及"建设创新型国家"战略,强调要"大力推进科技进步和创新,带动生产力质的飞跃,推动我国经济增长从资源依赖型转向创新驱动型,推动经济社会发展切实转入科学发展的轨道"。

2010年,胡锦涛在中国科学院第十五次院士大会和中国工程院第十次院士大会上首次突出强调了管理创新的战略重要性,特别是科技以及人才培养的机制体制的改革与创新。2010年10月18日,中国共产党第十七届中央委员会第五次全体会议通过《中共中央关于制定国民经济和社会发展第十二个五年规划的建议》,明确指出,"坚持把科技进步和创新作为加快转变经济发展方式的重要支撑"。至此,提高自主创新能力、走中国特色自主创新之路成为我国新时期的重大发展战略。2012年,胡锦涛在中国科学院第十六次院士大会和中国工程院第十一次院士大会上,再次指出在国际金融危机影响下,自主创新是我国顺利渡过经济危机的重要驱动力,并强调了"实现创新驱动发展,最根本的是要依靠科技的力量,最关键的是要大幅提高自主创新能力。只有具备强大科技自主创新能力，才能在全球日益激烈的竞争中牢牢把握发展主动权，才能真正建成创新型国家，进而向世界科技强国进军"。

2016年5月30日，在全国科技创新大会、中国科学院第十八次院士大会和中国工程院第十三次院士大会、中国科学技术协会第九次全国代表大会（简称科技三会）上，习近平总书记发表重要讲话，指出科技是国之利器，国家赖之以强，企业赖之以赢，人民生活赖之以好。中国要强，中国人民生活要好，必须有强大科技。新时期、新形势、新任务，要求我们在科技创新方面有新理念、新设计、新战略。习总书记再次强调：实现"两个一百年"奋斗目标，实现中华民族伟大复兴的中国梦，必须坚持走中国特色自主创新道路，面向世界科技前沿、面向经济主战场、面向国家重大需求，加快各领域科技创新，掌握全球科技竞争先机。

从2006年首次在国家层面提出"坚持走中国特色自主创新道路"以及"建设创新型国家"战略，到2016年习总书记提出"在我国发展新的历史起点上，把科技创新摆在更加重要位置，吹响建设世界科技强国的号角"，并提出构建集中力量办大事的新机制、深刻变革现有科技体制、建立保障企业创新的科技机制、优化科研布局等建设世界科技强国的基本路径，这一个十年一贯、同时不断深化的国家战略引起全社会的广泛思考："创新型国家"发展战略如何依托微观企业主体自主创新能力的发展而最终实现？这已经成为影响"创新型国家"目标最终能否实现的战略性命题。

2. 我国科学研究与技术创新发展基本现状

"坚持走中国特色自主创新道路"以及"建设创新型国家"战略的提出，从国家战略高度指示了我国未来经济发展方式的转变方向，也为我国微观企业主体未来发展方向与模式指出了道路。与之配套地，我国在科技、经济政策等方面都进行了一定的改革，旨在引导与建设"大众创业、万众创新"简称双创的全社会创新创业文化。另外，大量政策主要还是落实到企业这一微观主体上，鼓励企业积极创新、努力创新，从而期望在根本上提升我国整体科技创新能力。以下从国家科学研究与技术创新政策供给和产业/企业科学研究与技术创新结果两个层面分别进行阐述。

第一，在国家科学研究与技术创新政策供给方面，我国出台了一系列旨在提升科学研究与技术创新战略地位、改革科技管理体制的系列政策，包括以下五个方面（经济日报"自主创新"调研小组，2016）：①科技计划管理改革破冰。2014年12月，国务院印发了《关于深化中央财政科技计划（专项、基金等）管理改革的方案》。②科技成果转化法的多方面制度突破。2015年10月1日起正式施行新修订的、旨在强化对科技人员激励、完善成果转化考核评价体系的《中华人民共和国促进科技成果转化法》。③科技体制改革"路线图"系统清晰。2015年9月,中共中央办公厅、国务院办公厅印发《深化科技体制改革实施方案》,从技术创新市场导向机制、科研体系改革、人才培养激励等10个方面提出32项改革措施、143项政策措施。④科研设施与仪器全面开放共享。2015年1月,国务院印发《国务院关于国家重大科研基础设施和大型科研仪器向社会开放的意见》,促进科研设施与仪器开放共享。⑤多措并举强化服务功能推动双创。2015年3月,国务院办公厅印发《国务院办公厅关于发展众创空间推进大众创新创业的指导意见》,为全社会自下而上创新提供了政策支持。

第二,从产业/企业科学研究与技术创新结果来说,2006~2015年,我国企业自主创新能力显著增强,创新、创业环境明显改善,主要表现在以下四点(经济日报"自主创新"调研小组,2016):①科研投入持续提高,创新基础进一步夯实。2015年,我国研究与发展(research and development, R&D)经费支出14 220亿元,比上年增长9.2%,投入强度为2.1%。其中,77%的研发经费支出来自企业。②创新型人才队伍持续壮大,结构得到优化。2015年,我国科技人力资源总量超过7 100万,研发人员超过535万。其中,企业研发人员398万。③双创活跃,创新型文化初现。2015年,我国平均每天新登记企业1.2万户,较上年增长20%。值得一提的是,在国家高新区,双创活力更为凸显,如2015年中关村国家自主创新示范区新创科技企业2.4万家,同比增长84.6%。④创新生态系统逐渐完善。2015年,全国各类众创空间超过2 300家,与现有2 500多家科技企业孵化器、加速器,11个国家自主创新示范区和146个国家高新区共同形成较为完整的创业服务链条和良好的创新生态。此外,全球著名的信息供应商汤森路透公司发布的《2016全球创新报告》指出中国企业突出表现,其中美的集团、珠海格力电器、海尔集团在家电领域荣居专利排行榜前三名;中国石油化工集团公司(简称中国石化)与中国石油天然气股份有限公司(简称中国石油)位居石油与天然气领域创新前两位;华为公司在电信领域的专利数位于全球第二,信息技术领域的专利数也排在全球第七位;联想公司在信息技术领域的专利数量排在全球第八位等。

3. 我国科学研究与技术创新问题及分析

近年来,我国在科学研究与技术创新方面取得了一定的进步,但我们也必须清醒地认识到一些不尽如人意的问题,主要包括以下几个方面。

(1)从国际比较视角来看,我国整体科学研究和技术创新能力与国际先进水平相比还有很大差距。我国近年来专利数增加迅猛,已经成为世界第二大专利申请国,但彭博社统计结果却表明(张锐,2016):2015年全球创新能力50强的国家中,中国仅居第22位,不仅远远落后于欧美国家,还不敌亚洲地区的韩国、日本和新加坡等国。此外,兰德公司(2016)对我国专利与创新现状的研究分析表明:

一方面，我国企业专利申请量自2000年以来快速增长，另一方面，代表创新的全要素生产率（total factor productivity，TFP）增长率反而在下降，2000~2007年平均TFP为4.9%，但2008~2011年却降到2.3%。这说明，我国专利数量虽然有所增加，但专利质量却是下降的。这也提醒我们，我国总体科学研究与技术创新能力的提升，还有很长的路要走。

（2）从投入产出比较的角度来看，我国科技资源存量与现有研发成果或产出端不匹配。如上所述，我国在全球创新能力50强国家中的排名，与我国的科技存量资源并不匹配。权威数据显示，目前我国科技成果转化率不足30%，而先进国家这一指标却高达60%~70%（沈慧，2016）。所以，科技成果产出与科技资源存量之间不匹配的尴尬结果，在很大程度上与科技成果的转化能力薄弱以及转化的体制机制不完善直接有关。然而，这只是问题的表层原因，进一步分析可以发现，深层次原因包括：我国现有科技成果质量不高，值得转化、能够转化的科技成果并不多，这些年的专利数量剧增掩盖了专利质量问题；高校或科研院所与企业创新之间的"两张皮"现象也是导致成果转化率较低的重要原因，即高校或科研院所的研发成果过于前沿以至企业用不上，而国内企业在生产过程中遇到的很多技术难题，高校和科研院所又不愿去做或者无力去做；更重要的是，作为创新主体的企业，其自身创新能力不足，在一些科研成果与商业实践之间没有能力架构科技成果商业化的桥梁。

（3）从企业创新主体地位的角度来看，其仍需加强。2015年，我国研发经费支出中，企业占比77%；我国企业获得发明专利授权量占国内发明专利授权量的60.5%。但孙玉涛（2016）指出：研发经费占全社会研发经费支出的70%以上，并不意味着企业创新主体的地位已经确立，因为在市场化进程中，企业相对于大学和研究机构不仅要成为新技术、新产品和新工艺的创造主体，更为重要的还是使其成为新技术、新产品和新工艺的需求主体。研发经费占比只是市场化进程中企业主体地位某一方面的表征。但在全球化进程中，本国企业要相对于外资或者国外企业成为全球产业链中的价值创造主体和价值分配主体。而在全球产业链中价值创造与价值分配支配权的获取，恰恰是我国企业自主创新能力构建中自主性的内涵本质（张军等，2014a）。但显然，在全球化进程中，我国企业主体地位仍任重而道远，企业创新主体地位尚未真正确立，这在很大程度上是因为企业自身还没有能力成为创新主体，即企业创新能力薄弱，不能成为名副其实的创新主体。

综上所述，经过了近40年的改革开放与发展，我国经济社会发展进入了一个新的历史阶段，即从粗放的经济发展方式转型为集约的经济发展方式，转变的关键在于经济发展的引擎或驱动力从资源驱动、要素驱动转向创新驱动。诚如经济学家埃里克·S. 赖纳特在其专著《富国为什么富穷国为什么穷》中所指出的那样，一个国家要做到富国裕民，必须要从事高质量的经济活动。而所谓高质量的经济活动就是：第一，依靠创新和规模经济实现"报酬递增"；第二，"不完全竞争"，也就是越干越赚钱，不容易被群起仿效而陷入完全竞争。我国经济发展正进入探索、创造以及实现"报酬递增"与"不完全竞争"的经济活动的进程中，在这样的转型进程中，除了在国家层次提出"坚持走中国特色自主创新道路"以及"建设创新型国家"的国家发展战略之外，我国政府也积极作为，在政策设计与机制体制改革方面做了大刀阔斧的改革，取得了一定成效。但毋庸讳言，在微观层次我国企业自主创新能力的建构与发展仍是个战略性问题，这不仅仅是我国企业的创新主体地位确立之本，更是涉及我国"坚持走中国特色自主创新道路"以及"建设创新型国家"的发展战略能否真正实现的根本性问题。如何提升中国企业自主创新能力，其内在规律及其实现机制是怎样的，这正是本书研究的出发点，本书的研究旨在对上述问题做出理论回答。

1.1.2 研究意义

本书旨在通过研究企业自主创新能力发展的内在规律，并在此基础上探索提升企业自主创新能力的机制与路径，为我国"坚持走中国特色自主创新道路"以及"建设创新型国家"战略的实现提供理论基础与实践依据。

1. 理论意义与价值

（1）研究中国创新发展历史，识别出自主创新中的中国特色。"坚持走中国特色自主创新道路"以及"建设创新型国家"战略的提出，同时也提出了几个问题：什么是中国特色？中华人民共和国成立以来，我国是怎样在纷繁复杂的国际环境中摸索出自主创新道路的？我国的自主创新道路到底有什么样的特征？识别自主创新能力建构中的中国特色，能够反思我国自主创新之路中的经验与教训，从而删繁就简、去伪存真，在此基础上为未来坚持走自主创新道路提供更加理性、客观的指引。

本书采用关键事件法与历史分析法，系统、全面地梳理中华人民共和国成立以来的自主创新发展历程，总结归纳出我国自主创新的五次浪潮，并且识别出自主创新道路形成的中国特色，包括"集中力量办大事"的大型创新项目实施、"独立自主自力更生"口号的提出、二次创新等。同时，立足于当前我国经济日益市场化、国际竞争全球化的现实背景，分析如何在坚持走中国特色自主创新道路的过程中，兼收并蓄国内外一切有利于创新的思想与创新要素，实现从"技术追赶"经由"弯道超车"再到"国际先进"的科学研究与技术创新战略，最终实现"建设创新型国家"的发展战略。

自主创新能力的概念是特别针对"追赶经济"试图摆脱对外技术或管理的依赖，在逐渐走向自我发展的经济转型背景下提出的，因此必然具备独特的内涵、外延以及独特的发展机理,但相关研究鲜见。本书认为:对自主创新能力的内涵、构成维度、前因及其发展规律进行系统研究,不仅具有重要的理论意义,更具有重大的现实意义。

本书在识别自主创新的中国特色基础上,从企业获得独占性创新成果或形成自我主导的知识产权过程中是否具备掌控力的角度界定自主创新能力,从而系统回答何谓企业自主创新以及企业自主创新能力的内涵及构成是什么,并基于实证数据开发了测量企业自主创新能力的量表,从而为整本书的研究提供构念基础。

(2)立足中国企业创新实践,研究企业创新能力发展规律。随着经济全球化步伐的加快,全球性的产业结构调整进一步加快,新技术新产业不断涌现,高新技术成果向现实生产力的转化越来越快,资源分配和市场结构发生了很大变化,顾客需求个性化和多元化的特征日益明显。一方面很多传统的竞争优势(成本、资源等)正逐渐失去;另一方面出现了许多新的推动创新要素和驱动力,不仅突破性创新带来科学技术的重大突破,新兴产业的崛起和经济结构的变革也带来了重大发展和超越的机会。随着创新的广度和深度的快速延伸,创新边界由生产阶段延伸到整个产业价值链,从区域内向全球化发展,创新管理的复杂性和动态性大大增加,这更需要我们从本质上掌握创新能力提升和发展的内在规律,构建自主创新的基本体制框架,从而不断提升企业的持续发展和自主创新能力。

本书立足我国企业创新实践,采用多种方法,包括案例研究、系统仿真以及基于我国实际企业数据的定量分析方法,分别从企业创新能力内在结构的序进发展、知识/经验积累促进企业创新能力量变与质变发展、企业创新能力与环境共演以及企业内外创新要素协同促进创新能力提升等四个方面,对我国企业自主创新能力提升的内在规律进行了深入研究,总结归纳出企业自主创新能力建构与发展的序进规律、积累规律、演进规律以及协同规律,从而为提升我国企业自主创新能力提供较为全面、系统化的理论体系。

(3)面向科学研究与技术创新前沿,探索企业创新能力发展的战略路径。本书研究各创新主体、创新要素交互作用下的动态演进、协同发展的过程,并期望用以调整微观层次的生产关系、发展生产力。从理论溯源的角度,沿着熊彼特的创新思想融合自然科学、社会科学等多个领域对创新理论进行广泛和深入的研究。多学科交叉的开拓性研究范式和理论的不断出现,从原来的技术创新扩展到管理创新、战略创新等诸多领域,创新过程经历了从技术推动到系统整合与网络化(systematic integration and networking,SIN)的五代创新模型的变迁。

从实践应用角度,本书在总结实践经验基础上,归纳并发展出组织创新的规律和方法,解决管理领域中一些重大理论发展及其应用问题。我国技术创新从引进模仿、二次创新、组合创新到走向自主创新和全面创新,由单一、单纯的技术创新，到组合创新，进而发展到基于核心能力的各种创新的有机组合。面向国家科学研究与技术创新前沿，立足于探索有中国特色的管理理论与规律，研究自主创新能力形成机理和动力学演化规律及其提升机制与战略实施路径，将有助于组织和国家把握外部环境的机遇和挑战，正确认识创新发展本质，在理论指导下用科学的方法制定创新决策和提高创新效率。

2. 现实意义与价值

本书首先识别企业自主创新的中国特色，在此框架下开发企业自主创新的理论结构与测量；其次，从四个不同方面研究企业自主创新能力的内在规律；最后，分别基于不同规律探索实现企业自主创新能力建构与发展的组织机制与战略路径。

基于本书研究的理论成果，本书最终提供了"特色识别—规律发现—机制解构—战略路径"的系统性企业创新能力及其提升的理论体系，并为企业提升自主创新能力提供了脉络清晰的发展路线图，因此本书具有重大现实意义和实践指导价值。

1.2 主要研究内容与结构

本书是国家自然科学基金委员会资助课题"我国企业自主创新能力的演进规律与提升机制研究"（71172115）、"组织二元性视角下企业创新能力提升机理研究——基于演化逻辑与认知逻辑整合的框架"（71472003）、"全面创新管理能力形成规律与提升机制研究"（71522177）、中国工程院资助课题"中国中小企业创新能力提升机制研究"（2014-XY-40）以及加拿大国际发展研究中心资助项目"运用全面创新管理提升中国中小企业创新能力研究"（104044-001）等课题成果的一部分。全书围绕企业创新能力如何提升这一主题，回顾我国自主创新发展的五次浪潮发展进程，识别出自主创新道路的中国特色的内涵，并在界定自主创新能力理论内涵与内在结构并开发测量量表的基础上，分别从创新能力的序进发展、累积性量变与质变、与环境共演以及创新要素协同等四个方面进行深入研究，归纳总结出我国企业自主创新能力发展的序进律、积累律、共演律以及协同律等四大基本规律。因此，全书分为五篇，即基础篇、序进律篇、积累律篇、共演律篇、协同律篇，包括二十二章内容，另加"绪论""结论与展望"。基本内容如下。

1. 基础篇：第 2~4 章

首先，对中华人民共和国成立以来的自主创新历程进行梳理，将我国自主创新历程划分为五个阶段，称为五次浪潮。在此基础上识别出我国自主创新历程中的中国特色及其内涵。其次，对国内外关于企业创新能力的研究进行系统梳理，分析归纳出企业创新能力的结构与测量体系，从而在理论上为本书研究提供基础。

最后，在我国建设"创新型国家"与"自主知识产权"战略框架下，结合我国自主创新的中国特色与当前的战略时机，基于动态适应视角对我国企业自主创新能力及其内在结构进行深入研究，为后续研究提供概念基础。

2. 序进律篇：第 5~9 章

在概述什么是企业创新能力的序进规律的基础上，分别从企业创新能力整体层次上的能力层级进阶、创新能力内在结构维度从单维到多维复合化发展以及企业创新能力从整体能力体系中的非核心地位到核心与非核心协同发展等三个不同视角，深入研究企业创新能力序进发展的内在规律。然后分别从企业家领导机制、学习机制两个角度，探讨提升企业创新能力构建的组织机制。

3. 积累律篇：第 10~13 章

首先，对知识与创新的基本概念、现有研究进行回顾与阐述，在此基础上实证研究企业不同知识积累模式与自主创新能力发展之间的关系，区分不同知识积累模式带来企业创新能力提升的不同效应。其次，针对基于动态适应观的我国企业自主创新能力结构的实证研究结果、基于不同模式知识积累提升企业创新能力的规律等，进行管理意义上的分析。最后，探索提升企业自主创新能力的内在组织机制，为企业创新实践提供有益的理论框架。

4. 共演律篇：第 14~18 章

在概述何为共演律及其理论框架的基础上，本篇首先对企业技术创新能力如何对环境随时间变化的适应性演化规律进行研究，并分别从企业技术创新能力与环境共演的互补、互动两个方面探索提升企业创新能力的内在机制。其次从企业创新能力阶段性演进、知识搜寻战略择用、保障体系与异质性高管团队等四个方面给出基于与环境共演的提升企业技术创新能力的途径。

5. 协同律篇：第 19~24 章

在协同及其与创新间理论联系阐述的基础上，首先，采用多案例研究方法探索企业创新要素协同的基本命题,并据此提出企业创新能力提升的协同框架体系。其次，在此基础上分别从创新要素的组织内协同与创新资源的组织内外协同两个层面研究企业创新能力提升的协同规律。最后，分别从创新要素协同与创新能力演进的层次性、技术与其他要素协同的基础性、组织与体制创新要素协同的支持性、战略与文化创新协同的引导性、创新要素协同与能力演化的匹配性等方面进行阐述，并最终给出构建开放式全面创新管理体系的政策建议。

1.3　本书特色与新发现

（1）识别并归纳出我国自主创新发展历程中所形成的中国特色。采用关键事件分析法与历史分析方法，对中华人民共和国成立近70年的自主创新发展历程进行系统梳理，将我国自主创新发展历程依据环境变迁、关键事件、标志性成果等因素区分为五次发展浪潮。识别出五次浪潮中各个阶段自主创新的特征，归纳出我国自主创新的中国特色，包括在资源稀缺条件下，重大创新项目需依靠政府创新主体作用的发挥，"集中力量办大事"，高效解决关系国计民生大事的尖端工业发展问题；在当前我国经济形势下，政府与企业双创新主体并存，其中企业的创新主体地位有待加强，特别是如何依靠市场力量驱动企业创新与发展，成为实现经济发展方式战略转型的关键问题之一。

（2）系统、全面地研究我国企业自主创新能力提升规律与实现机制。从企业自主创新能力的内涵、结构与测量入手，分别从创新能力内在结构变迁、创新能力整体提升与发展的内生积累性、与环境共演性以及企业内外要素协同性等几个角度，探索我国企业自主创新能力发展规律。在从每个视角研究所得的规律框架下，本书进一步以企业为核心，探索特定规律框架内的企业创新能力发展或提升的组织机制与战略性实现路径。本书中四大基本规律（即序进律、积累律、共演律、协同律）研究均在我国企业自主创新发展的中国特色的识别前提下，遵循"规律—机制—实现路径"的研究脉络，不仅在理论研究方面期待有所突破，还希望通过"规律—机制—实现路径"的脉络，在理论与实践之间架构桥梁，使得理论研究最终能够切实为企业创新实践提供有益指导。

（3）采用多种研究方法、多个视角研究我国企业自主创新能力提升规律。本书一方面考虑到研究方法与研究主体的匹配性，另一方面考虑到多种研究方法的交叉验证的效应，所以采用多种研究方法，基于不同视角对我国企业自主创新能力的发展规律与提升机制进行系统性研究，并期望通过多方法的三角验证来提高研究结论的稳健性。

1.4 本书适用性与写作分工

本书适用于管理学领域内专业人士阅读，不仅适用于从事管理理论研究的同行及学者们阅读，还适合管理学博士、硕士研究生作为专业学术论著阅读。管理类专业高年级本科学生也可以作为拓展专业知识阅读之用。此外，由于本书汇集了大量案例研究资料，并从案例企业发展经验中提炼规律，因此也适用于企业高层管理者、战略管理者阅读。

本书分工情况：浙江大学管理学院许庆瑞教授参与写作"绪论""结论与展望"；安徽工业大学商学院张军教授负责"绪论"、第4章、积累律篇的4章、"结论与展望"等内容写作；浙江工商大学管理学院陈力田副教授主要负责第3章、共演律篇5章内容的写作；杭州电子科技大学管理学院张素平博士主要负责第2章、序进律篇5章内容写作;温州大学温州人经济研究中心任宗强博士与浙江大学管理学院吴志岩博士生负责协同律篇5章内容写作。

　　许庆瑞教授负责全书结构规划与审校工作。张军教授具体负责全书总纂、修订、统筹等工作。

第一篇 基础篇

第 2 章　我国创新发展历程回溯①

中华人民共和国成立至今，我国经济得到了突飞猛进的发展，但是这种依靠高投入、高消耗、高资本积累所带动的经济增长是不可持续的。2010年的十七届五中全会，我国提出了要转变经济发展方式，其核心是加强自主创新以提高经济发展质量和效益，指出：坚持把科技进步和创新作为加快转变经济发展方式的重要支撑。2016年全国科技创新大会上，习近平总书记指出：实现"两个一百年"奋斗目标，实现中华民族伟大复兴的中国梦，必须坚持走中国特色自主创新道路，面向世界科技前沿、面向经济主战场、面向国家重大需求，加快各领域科技创新，掌握全球科技竞争先机。本章从技术进步的背景条件、模式及取得的成效等方面对我国科技发展历程进行了梳理，在此基础上识别出当前我国创新发展所处的情境特征，从而为现阶段更好地开展自主创新、最终服务于经济建设提供有益参考。

2.1　改革开放前各阶段情况

2.1.1　阶段 1（1949~1956 年）：从仿造到自行设计

20世纪50年代初，国际政治局势的变革导致中美两国的直接对抗和来自西方其他国家的威胁，国防建设成为当时的重点。国防建设必然要求重工业的发展，但是中华人民共和国成立初期整体产业发展非常滞后，主要工业品的产量只有20世纪30年代最高水平的15%~80%（仪德刚等，2007），与发达国家之间差距很大。

为了尽快培育中国的技术力量，建立技术基础，1949~1956年我国积极学习苏联经验，采取工农业"剪刀差"的方法，优先发展重工业以增强国防力量，维护国家安全。苏联援建的156个项目主要是帮助我国建立比较完整的基础工业体系和国防工业体系的骨架，起到奠定我国工业化初步基础的作用。

但是依靠单纯模仿苏联的方式所研制出的新产品并不符合我国国情，如20世

---

① 本章主要内容已正式发表：许庆瑞，张素平，金露. 中国技术进步历程回溯和启示——从自行设计到自主创新[J]. 中国科技论坛，2012，（2）：8-14.

纪50年代初期沈阳矿山机械厂根据用户需要，希望能设计出运输粮食的皮带运输机，但是单纯仿造苏联的模式设计出来的皮带运输机只适用于运输矿石不适于运输粮食，而这种情况屡见不鲜，因此必须根据我国国情和使用条件进行自行设计，于是我国在1956年提出了"自行设计"的思想。中国共产党第八次代表大会的决议要求从仿造过渡到自行设计产品，提出"一方面需要广泛地吸收苏联、各人民民主国家和世界其他国家最新的科学技术成就，另一方面又需要密切地结合我国的自然条件和经济条件，设计和生产适合我国具体需要的新产品"（中共中央文献研究室，1994）。自行设计思想是我国结合自身情况进行创新的体现，以原机械工业部为例，"一五"时期机械工业部意识到结合我国国情进行设计的重要性，在引进苏联技术和测绘仿制的基础上发展了4 000多项新产品（张柏春等，2004）。在自行设计思想的指导下，1956年，我国设计出2 500吨自由锻造水压机并培养了20多名水压设计人员（张柏春等，2004）。

该阶段主要以学习苏联模式为主，后期发现单纯仿造没有出路，"少""慢""差""费"的技术路线不符合国情，所以提出了自行设计的思想。自行设计要求在吸收他国经验基础上，结合我国国情，发挥主观能动性对引进的技术进行改造，这是自主创新的雏形。但是该阶段的自行设计仅限于个别领域（如机械工业），未从整个国家层面上解放思想。

2.1.2　阶段2（1957~1976年）：独立自主，自力更生

20世纪50年代中期，国外在原子弹、计算机、通信设备和航天这四个领域实现了突破性发展。当时我国正面临着复杂的国际形势，出于战备考虑提出了建立海、陆、空的战备体系，这就涉及计算机、电子学等一系列新科学。但在当时的条件下，我国在新科学方面的能力相当薄弱，亟须建设和加强。

该阶段由于中苏关系紧张，前期向苏联学习的模式不再适用，于是我国提出了"独立自主，自力更生"的思想和模式。《1956—1967年科学技术发展远景规划纲要（草案）》提出"在学习、掌握和利用国外的成就时，应该特别注意结合我国资源情况和技术要求，总结我国的经验，取长补短，发挥创造性和实事求是精神，防止简单的一味抄袭和盲目的模仿"。1958年，我国开始大胆地实践自己的发展模式，指出"争取苏联援助很重要，但主要还是自力更生"，而且第一次提出"破除迷信，解放思想"（张柏春等，2004）。

秉着"独立自主，自力更生"的方针，我国一方面加大科研投入、加强人才培养。1960年中国科研经费支出已经比1952年增加了近60倍；全国全民所有制单位的科技人员达到了196.9万人，比1952年增长了3.6倍（薄一波，1993）。另一方面，我国借鉴苏联的经验教训对企业的管理工作进行了革新。1960年3月，鞍钢提

出了要实行民主管理，实行干部参加劳动，工人参加管理，改革不合理的规章制度，工人群众、领导干部和技术人员三结合，即"两参一改三结合"（称为"鞍钢宪法"），其本质是通过全员参与创新来改善企业的经营状况。"鞍钢宪法"是我国企业管理制度创新的一个典范，其弘扬的"经济民主"思想是增进企业效率的关键。

该阶段开始重视原子能的和平利用、无线电电子学中的科学技术、喷气技术、生产过程自动化和精密仪器等（寇宗来，2009），并取得一定成就（表2.1）。

表 2.1　1956~1976 年主要创新成果

年份	主要创新成果
1958	首次制造万吨远洋货轮"东风"号，排水量为 17 182 吨
1959	第一台大型快速电子管数字电子计算机（104 机）试制成功
1961	上海江南造船厂成功研制出了我国第一台万吨水压机
1964	自行研制的原子弹成功爆炸
1965	中国科学院生物化学研究所首次合成了人工蛋白质——结晶牛胰岛素
1967	氢弹试爆成功
1970	成功发射第一颗人造卫星
1972	成功提取青蒿素
1973	袁隆平选育了第一个在生产上大面积应用的强优高产杂交水稻组合

资料来源：刘国光（2006）

这一阶段，政府是创新的主体，以集中人力、物力、财力办大事的模式开展创新活动，高效地发展了国防科技等尖端工业，但忽视了其他行业的发展。

2.1.3　改革开放前创新的特点

改革开放前期，政府主导创新活动，研究机构和企业仅仅是一个执行国家计划的研发单位和生产单位，两者之间没有交互作用（图2.1）。

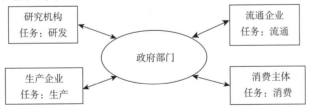

图 2.1　计划经济下的中国创新体系

计划经济体制下，创新动机源于政府所认为的国家经济、社会发展与国防安全的需要，然后各级政府制订计划。创新过程中，政府是资源投入主体，资源严格按计划配置。研究机构和生产企业作为创新执行者进行创新，是为了完成政府的任务，其利益不直接由实现的创新成果决定，也不承担创新失败的风险和损失。

政府主导下的创新活动，优点是可以在短时间内有计划地集中人力、物力、财力等资源进行重大创新活动。"两弹一星"、合成牛胰岛素等都是该模式下成功创新的例子。但这一模式也存在较大局限性：①人为割断了创新各个环节的有机联系，使技术发展与产业生产之间脱节。②企业与研究机构缺乏创新的动力与能力。③拉长了创新所需的时间。任何一项创新活动必须经历一个计划审批过程，当创新涉及的领域较多，又跨越不同行业、不同地域时，复杂的审批手续就延长了创新时间。

2.2　改革开放后各阶段情况

2.2.1　阶段3（1978~1995年）：改革开放，解放思想

20世纪70年代起，计算机在全世界范围内得到了广泛的应用，数控、计算机控制、计算机辅助设计（computer aided design，CAD）、计算机集成制造系统等先进生产手段的先后出现，极大地提高了生产效率，深刻地影响着世界经济的发展。而当时，刚刚经受"文化大革命"的我国，科技界一片萧条。1977年，美国科技人才有120万人，苏联90万人，而我国只有20万人（刘国光，2006）。在这样的背景下，要实现现代化建设的目标，关键在于培育科技力量，提高创新能力。

为了动员全国注重科学技术，加快科学技术的发展，我国继1958年后再次提出"解放思想"。首先，1978年召开的全国科学大会重申了"科学技术是生产力"的马克思主义论点，强调了科学技术的重要性，提出"尊重知识，尊重人才"。其次，为解决科技与经济脱节的问题，强调"以经济建设为中心"，将科技迅速转化成现实生产力。通过拨款体制改革和建立技术市场等具体举措促进科技和经济的融合（中共中央文献编辑委员会，1993）。最后，注重人才培育。1977年中央决定恢复已经停止了10年的全国高等院校招生考试，这对我国经济和科学技术的发展具有极其重要的意义。1991年高校毕业生人数达到61.4万人，比1977年增长了2.2倍（刘国光，2006）。

该阶段我国改变了先前盲目"自力更生"的做法，明确基于技术引进的消化吸收再创新是该阶段主要的创新模式（胡钰，2010）。国家重点开展的"12条龙计划"——国家在1986年制订计划，组织科研单位、企业、大学共同合作，重点对12个重大项目进行消化、吸收，对缩短与发达国家的技术差距起到了重要作用（沈能和刘凤潮，2008）。

该阶段创新的主要领域是农业、能源、材料、电子计算机、激光、空间、高能物理和遗传工程，取得的主要创新成果见表2.2。

表 2.2　1978~1995 年主要创新成果

年份	主要创新成果
1979	研制成功汉字激光照排系统的主体工程
1983	自行设计的巨型计算机系统——银河Ⅰ型开始运行
1984	培育出世界第一胎"试管山羊"
1989	第一座 5 兆瓦低温核供热反应堆达到临界，启动运行成功
1991	第一座采用压力堆技术的秦山核电站建成并首次并网发电

资料来源：刘国光（2006）

该阶段的创新建立在进一步思想解放的基础上，与前两阶段不同，该阶段的创新紧紧围绕经济建设展开，强调研发成果的商业化应用而非国防建设。这意味着我国开始真正了解创新的科学含义，并意识到"技术推动力"和"市场拉动力"是实现创新成功的必要动力。由于国内技术与世界先进水平存在较大差距，为了追赶发达国家，主要的创新模式是二次创新。

2.2.2　阶段 4（1996~2005 年）：企业创新主体地位确立，强调科技核心

冷战结束后，国际的竞争转变为以各国经济实力的竞争为主的综合国力的竞争。掌握和运用科学技术尤其是高科技的能力，已经成为衡量一个国家综合国力的重要标志。为了有效地提高国际竞争力，我国一方面积极地进行制度改革为创新营造良好的氛围，另一方面通过对外开放了解世界领先科技的发展趋势，结合我国实际情况选择重点领域发展高科技。

在科教兴国战略指导下，我国首先从经济体制入手，确立了社会主义市场经济制度，使企业面向市场，调动企业创新积极性。其次，对科技体制进行了实质性调整：①推进研究机构改革，鼓励企业建立自己的研究机构，使企业真正成为创新主体。1999年国务院决定对国家经济贸易委员会所辖10个国家局所属科研机构进行管理体制改革，通过转制成为科技型企业或者科技中介服务机构、并入企业等方式，实现企业化转制（彭纪生，2000）。②大力推进科技成果转化。1999年3月通过了《关于促进科技成果转化的若干规定》。③发展高科技，实现产业化。1999年8月中共中央国务院颁布实施了《中共中央、国务院关于加强技术创新、发展高科技、实现产业化的决定》，此外还有863计划和火炬计划，这对我国高技术产业的发展和科技成果的产业化起到了重要的推进作用（彭纪生，2000）。最后明确该阶段创新的主要任务和重点领域是：面向经济建设主战场，运用电子信息、自动化技术改造传统产业；有重点地发展高新技术，包括电子信息技术、生物技术及新医药、新材料、新能源、航空航天、海洋等，实现产业化；在基础性研究

上取得显著进展（刘国光，2006）。该阶段，创新的投入得到了大幅度的提升，具体见图2.2。

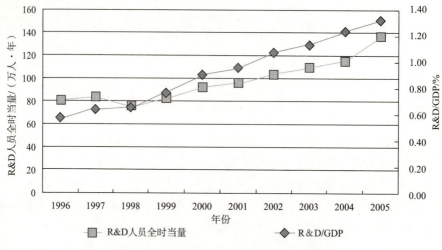

图 2.2　1996~2005 年 R&D 强度与人员情况

资料来源：1997~2006 年《中国科技统计年鉴》

由图2.2可见：到2005年，研发投入占GDP的比重达到了1.32%。而且全时研发人员总数也从1996年的80.4万人增加到了136.48万人，增幅达到70%。该阶段创新取得了不错成果，具体见图2.3。

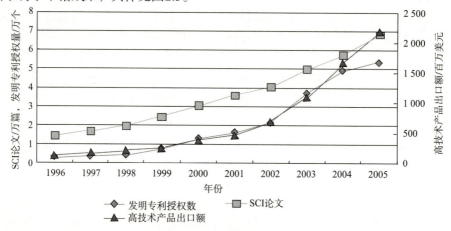

图 2.3　1996~2005 年创新产出

资料来源：1997~2006年《中国科技统计年鉴》

由图2.3可见：发明专利授予数、高技术产品出口额以及表征基础研究情况的SCI（science citation index，即科学引文索引）论文数量迅猛增长。

该阶段创新的一个显著特征是：企业逐渐成为创新的主体力量。从研发投入来看，从2001年开始，企业投入的研发费用占总研发费用的60.4%，到2005年企业投入的研发费用达到了68.3%，企业逐步成为研发费用投入的主体。从授予的国内职务发明专利按部门分布情况看，企业所占的比重也得到了迅速提升。2005年工矿企业的授予发明专利数已经达到7 712项，占授予的国内职务发明专利总量的52.24%。

2.2.3　阶段5（2006年至今）：建设自主创新体系和创新型国家

经过前一阶段的发展，我国创新能力得到了一定程度的提升，对提高国际竞争力起到了积极作用。2006年的《洛桑报告》显示，我国的国际竞争力从2005年的第31名跃居到第19名。但不容忽视的是，我国许多战略性产业在"市场换技术"的政策引导下并没有培育出真正核心的技术，反而陷入了对外技术依赖的陷阱中（吴敬琏，2005）。例如，我国汽车产业的发展，在利用"市场换技术"的方式试图提高汽车产业的技术水平和创新能力的战略下，却丧失了自主开发的平台和动机，自主创新能力并没有得到实质性提升。

在此背景下，我国把自主创新提高到了战略高度。2006年国务院发布了《国家中长期科学和技术发展规划纲要（2006—2020年）》，确定了"自主创新、重点跨越、支撑发展、引领未来"的发展战略，特别强调了知识产权战略和标准战略的重要性。2010年，胡锦涛在中国科学院第十五次院士大会和中国工程院第十次院士大会报告中指出，要把增强自主创新能力作为战略基点，着力提升原始创新能力，大力增强集成创新和引进消化吸收再创新能力。该阶段，我国继续加大创新投入，具体各项研发经费的情况可见图2.4。

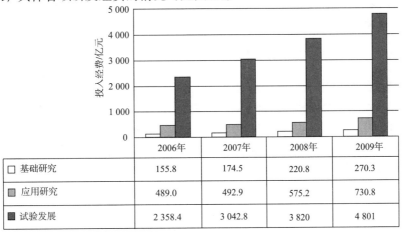

	2006年	2007年	2008年	2009年
□ 基础研究	155.8	174.5	220.8	270.3
▨ 应用研究	489.0	492.9	575.2	730.8
■ 试验发展	2 358.4	3 042.8	3 820	4 801

图2.4　2006~2009年中国各项研发经费的投入情况

资料来源：2007~2010年《中国科技统计年鉴》

由图2.4可见，用于基础研究的费用从绝对值来看有逐年增长的趋势，但从相对值来看，基础研究占总研究费用支出的比例维持在5%左右，与国际先进国家基础研究所占比例存在较大差距。以2009年为例，我国基础研究的投入所占比重为4.7%，而美国基础研究比重达到17.5%，日本基础研究比重达到12.3%（2010年《中国科技统计年鉴》）。该阶段我国取得了不错的创新成果，具体见表2.3。

表 2.3　2006~2009 年创新产出

年份	发明专利授予量/万个	发明数/总授予数/%	SCI 论文/万篇	SCI 论文国际排名	高技术产品出口额/10^6 美元
2006	5.78	21.56	7.15	5	2 814.50
2007	6.79	19.32	8.91	5	3 478.19
2008	9.37	22.75	9.55	4	4 156.11
2009	12.80	21.99	11.95	2	3 769.31

资料来源：2007~2010年《中国科技统计年鉴》

由表2.3可见：相比于前一阶段，SCI论文数量以及在国际上的排名有了较大幅度的提高。2009年，我国SCI论文排名已经位居世界第二位。我国高技术产品出口额和发明专利授予量仍在不断增加，但是发明专利授予量占总授予量的比例相比于前一阶段并没有明显提高。此外，2010年《中国科技统计年鉴》显示，ESI（essential science indicators，即基本科学指标数据库）（1999年1月到2009年8月31日）论文引用数排名中，我国位于第9位，论文总数为649 689篇，被引用次数为3 404 466，论文引用率（次/篇）为5.24，与排名前8位的国家存在较大差距。其中美国排名第1，论文篇数为2 974 344篇，被引用次数为44 669 056，引用率达到15.02（2010年《中国科技统计年鉴》）。可见现阶段我国还需要不断加强自身能力建设，不仅要强调数量，更重要的是注重发展的质量。

2.2.4　改革开放后创新特点

改革开放后，市场经济环境中企业逐渐成为自主创新主体，而政府的作用也未被削弱，它通过宏观调控和监督去影响整个经济活动，政府在自主创新中扮演着创新推动者和创新环境的营造者的角色。改革开放后，企业不再是附属物和执行者，要承担创新的风险，但也会享受创新所带来的收益。同时，经历科技管理体制改革后，科研机构获得了较大自主性，从而缓解了科技和经济"两张皮"的现象。

以企业为主体的自主创新体系的优势：激发了企业参与创新的动力；市场机制下的创新强调了市场需求这一拉动要素，使得创新的成果能较好地满足市场需求；政府作为创新引导者，改善了创新的软环境；市场能对人才、资金等要素资源实现有效配置。

2.3　改革开放前后我国创新系统的演进

改革开放前，政府在创新系统中起着主导作用，研究机构和企业仅仅是一个执行国家计划的研发单位和生产单位，两者之间没有相互联系。而改革开放后，在市场经济环境中企业逐渐成为自主创新主体。同时，经历科技管理体制改革后，科研机构获得了较大自主性，缓解了科技和经济"两张皮"的现象。改革开放前后我国创新系统的演进如图2.5所示。

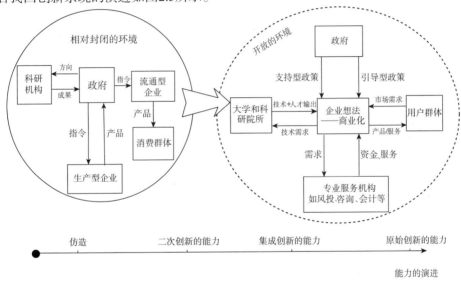

图 2.5　我国创新系统的演进

由图2.5可见，现阶段我国创新系统处在一个开放的环境中，以企业为主体的各个要素发挥着各自的优势力量来共同推进自主创新。事实上，这也是协同创新的体现。

2.4　经验总结及对现阶段自主创新启示

通过回顾、整理、分析中华人民共和国成立后的技术进步历程，总结出开展自主创新活动的基础要素，这对现阶段更好地开展自主创新活动有着借鉴意义。

第一，思想解放是有效开展自主创新的前提。从1958年起，国家就开始提倡"破除迷信，解放思想"，到1978年再次提到要解放思想，即便到现在为止，思想解放仍是非常重要的问题。从技术进步第二阶段，1961年上海江南造船厂成功研制出了我国第一台万吨水压机这一例子中就可以看出思想解放的可能性和必要性。当时普遍存在的思想是仿造，买国外的产品进行仿造。工程师沈鸿向毛主席建议造万吨水压机时，受到了很多的质疑，质疑者持的观点是要造万吨水压机，首先得有万吨水压机，即要造万吨水压机，先要进口一台万吨水压机，建设万吨级重型机器厂来生产万吨水压机所需的大型锻件。而当时全世界万吨水压机数量很少，进口一台根本不可能。但是沈鸿带着他的设计队伍通过几年艰苦研究，终于造出了万吨水压机。正是由于其敢于突破传统思维方式，解放思想，在大胆的尝试之下才取得了这一重大创新成果。

对于现阶段来说，企业作为创新主体，需要培养有利于创新的文化氛围，解放思想，鼓励全员参与创新。良好的创新文化氛围是创新主体的创新能力得到充分发挥并取得有国际竞争力的创新成果的土壤。但中国企业对创新文化的精神层面和行为层面的关注度较低，多数企业还处在探索期（中国企业家调查系统，2005）。

第二，人才培养是自主创新的关键。自主创新活动需要有丰富的知识基础和创新型人才。知识基础的建立依赖于企业员工先前的实践活动，所以创新型人才是企业开展自主创新活动的关键。在开放、宽容的氛围下，创新型人才能自主地创造知识、传播知识和应用知识，从而促进企业整体创新能力的发展。

对于企业来说，创新型人才来源主要有两种：一种是内部培养，另一种是外部来源，主要是大学和科研院所输出的人才。从整个国家创新系统来看，除了通过企业内部培育创新型人才外，更重要的是在大学和科研院所培养创新型人才。在自主创新的五次浪潮中，政府都有相应的人才培养举措。现阶段为了更好地培育人才，2010年6月中共中央国务院出台了《国家中长期人才发展规划纲要（2010—2020年）》，明确了我国人才发展的总体目标是：培养和造就规模宏大、结构优化、布局合理、素质优良的人才队伍，确立国家人才竞争比较优势，进入世界人才强国行列，为在21世纪中叶基本实现社会主义现代化奠定人才基础。

第三，市场需求是开展自主创新活动的重要动力。改革开放前，创新活动的动力源于政府所认为的国家经济和社会发展及国防安全需要，而非市场需求。即便是在改革开放后（1992年前）的前期，尤其是1989年，刚刚萌芽不久的非国营企业，被认为与国营企业争夺原材料，并造成通货膨胀、市场失控，成为计划经济体制下被整顿的对象（吴晓波，2007）。可见在计划经济体制下，市场需求并不能很好地推动自主创新。

1992年后，随着社会主义市场经济体制的确立、民营企业的蓬勃发展以及国有企业的改制，市场需求对创新的拉动作用开始显现。以VCD(video compact disc，影音光碟）机这一自主创新成果为例，根据发达国家的经验，电视机的普及会造成对家庭录像和重放设备的巨大需求。1993年，中国电视的普及率已近80%，但却因录像机太贵，无法实现对录像和重放设备的需求。这一未满足的需求为VCD机技术商业化提供了市场机会。当时VCD播放系统的原理已经很清楚了，但处于技术前沿的国外企业未能捕捉到这一需求。而理解中国市场的中国企业家发现了VCD机技术的商业价值，最终价格昂贵的录像机被VCD机取代（路风和慕玲，2003）。从中可见，在市场经济体制下，市场需求是企业创新的重要推动力。

现阶段，市场需求的日益多样化及对响应速度提出的更高要求给企业带来了更大的挑战，但也带来了更大的发展机遇。企业除了满足现有市场需求外，还要考虑如何挖掘潜在用户需求，而领先用户参与创新、用户体验中心、用户创新社区等都是挖掘潜在客户需求的有效途径。

第四，自主创新是一个系统，需明确各要素扮演的角色和发挥的作用，完善产学研合作制度。计划经济体制下，政府部门是创新活动的决策者，企业缺乏创新动力。该创新形式在相对封闭、资源短缺的环境下，通过计划形式可以有效地将有限资源配置到重点领域中。但经济全球化的到来，复杂的环境和庞大的数据信息使得国家很难在相对独立的情况下做出决策来安排企业生产。现阶段，自主创新是一个系统工程，需要企业、政府、高校、科研院所等多方面的配合和协作。

首先要明确各要素扮演的角色。企业是自主创新的主体；政府是创新政策的制定者和创新环境营造者；高校、研发机构是自主创新系统的创新源和知识库；中介机构提供创新所需的资金、共性技术等。各要素之间相互作用、相互渗透，政府通过有效地引导产学研合作，优化配置资源，实现有效自主创新。

完善产学研合作制度。坚持以企业为主体，以市场为导向，大力推进产学研结合；政府要努力营造有利于产学研结合的政策环境。综合运用财税、政府采购、金融、知识产权和人才等方面的政策，推动产学研结合制度的有效实施；成果共享、风险共担和利益分配是产学研结合的关键因素，而知识产权则是合作成果和利益的集中体现，所以产学研合作要把知识产权作为解决利益分配机制问题的中心环节。上述四种自主创新活动的基础要素对中国创新系统的作用过程见图2.6。

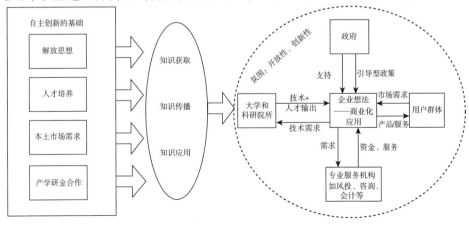

图 2.6　自主创新活动的基础要素的作用机制

中国综合国力和国际竞争力的提升必须依赖自主创新。中国提出的自主创新是针对过去一段时间内过分依赖引进技术而言的。路风指出："自主创新的概念不是我们中国人的发明，之前已经在日本和韩国出现。……创新只能自主，这对技术先进者来说是理所当然、不言而喻的，但是对技术落后者来说，必须强调自主是因为追赶需要勇气。"（路风，2006）

自主创新的核心是企业的创新能力。中国企业能否创新以及创新的程度大小，除了机制以外在根本上取决于创新能力，而创新能力从何而来？从中国创新活动的历程分析中可以看出，企业创新的能力基础是在较长的时期里，根据中国本土的市场需求，通过人力、知识、资金的不断积累，循序渐进发展而来的。

第3章　国内外创新能力研究系统梳理[①]

"十二五"时期，我国把提高自主创新能力作为调整经济结构、转变经济发展方式、提高国家竞争力的中心环节，这就需要我们更加重视自主创新，以谋求经济长远发展主动权，形成长期竞争优势。但与此同时，人们对企业创新以及创新能力的内涵却出现了认识上的模糊，这阻碍了提升企业创新能力的一系列措施的制定和实施。本章系统梳理了国内外有关企业创新能力的内涵与结构的研究，通过建立起观点之间的连接来系统回答什么是企业创新以及什么是企业创新能力。

3.1　文献分析方法

3.1.1　建立文献池

参考Crossan和Apaydin（2010）系统化研究综述的方法，进行SSCI（social sciences citation index，即社会科学引文索引）数据库的初始搜索并使用基本关键词："TS=enterprise innovation*"；文件类型"article"和"review"；语言"English"；学科领域"business""management""economy"。得到初始样本后，通过文献摘要阅读和全文阅读的方式进行筛选，得到528篇和企业创新能力的内涵与构成紧密相关的文献。

3.1.2　文献分组

排名前十的创新能力研究期刊如表3.1所示。

文献数和类型分组分别如图3.1、图3.2所示。

---

① 本章主要内容已正式发表：陈力田，赵晓庆，魏致善. 企业创新能力的内涵及其演变：一个系统化的文献综述[J]. 科技进步与对策，2012，29（14）：154-160.

表 3.1　排名前十的创新能力研究期刊

来源期刊	文章数/篇	比例/%
Research Policy	159	7.8
Strategic Management Journal	106	5.2
Journal of Product Innovation Management	77	3.9
Management Science	69	3.5
Academy of Management Journal	63	3.1
Organization Science	58	2.9
Regional Studies	37	1.8
Administrative Science Quarterly	33	1.7
Academy of Management Review	31	1.6
Rand Journal of Economics	31	1.6

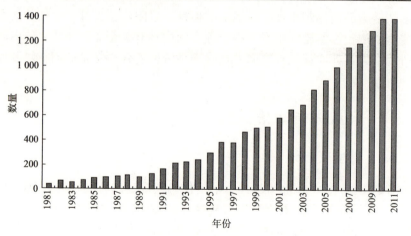

图 3.1　1981~2011 年相关文献数

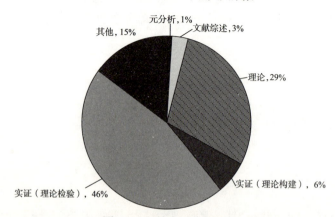

图 3.2　文献类型分组状况

3.2 文献梳理结果

3.2.1 企业创新的内涵

创新概念最早是由熊皮特在1911年提出的,当时被称为"生产要素新组合",包括新产品、新性能、新工艺、新能力、新供应源、新组织结构。这种观点强调以一种不同的方式做事。但是Hansen和Wakonen(1997)指出不可能以一种完全不同的方式做事。Marquis(1969)也指出企业创新对于企业而言是新的,而不是对于整个经济体而言是新的。目前围绕创新中包含的内涵的研究讨论主要集中在:第一,发明的必要性和充分性(Pittaway et al.,2004);第二,发明的意义(Hobday,2005;Klein and Knight,2005);第三,发明的扩散(Holland,1997)。

Crossan和Apaydin(2010)综合了前人的研究,认为企业创新是企业在特定经济社会环境下,生产或接受、消化吸收和应用有价值的新颖性知识,从而更新和扩展产品线、服务、工艺、制度的过程。该定义有五点值得强调:①创新的技术源包括内生性的技术或外部获取的技术两种;②创新不只是一种创造知识的过程,还包括应用知识的过程;③创新的结果强调增值的收益;④创新中蕴含的新颖性是指对企业自身而言是新的,而不是对整个经济体而言;⑤创新具有两种角色,即过程和结果。对创新的这一界定,相比于前人的研究更具有全面性和开放性,适合当前企业面临的情境。

3.2.2 企业创新能力研究基础

本章首先对创新能力研究的主要理论基础进行了汇总(表3.2)。

表 3.2 基于理论的企业创新能力研究分布情况

理论基础	企业层次	团队/个体层次
制度理论	Balachandra 和 Friar(1997)(权变理论);Lam (2005)	
经济演化理论	Blundell 等(1995)(路径依赖);Brown 和 Eisenhardt(1997)	
网络理论	Hansen(1999);Powell 等(1996)	
资源基础观与动态能力观	Christmann(2000);Teece(1998);Tidd 等(1997)	
吸收能力、学习、知识管理	Cohen 和 Levinthal(1990);Denison 等(1996);Edmondson 等(2001);Eisenhardt 和 Tabrizi(1995);Grindley 和 Teece(1997);Lam(2005);McGrath(2001);Powell(1998);Powell 等(1996);Tushman 和 O'Reilly(1996);Sørensen 和 Stuart(2000)	Leonard 和 Sensiper(1998);Orlikowski 和 Gash(1994)

理论基础	企业层次	团队/个体层次
上层梯队理论	McGrath（1997）（实物期权）	Agarwal 和 Prasad（1999）；Chatman 等（1998）；Harrison 等（1997）；Mick 和 Fournier（1998）；Mintrom（1997）

表3.2所列的相关理论基础中，早期制度理论无法解释行业内差异性，行业内差异是路径依赖和创新过程的重复迭代导致的。因此，应该采用演化方法，并允许殊途同归（van de Ven et al.，2007）。从基本特征的角度来说，创新是非线性动态系统，由可随时间在不同组织层次上重复的、一系列发散及汇聚的活动组成。在这个过程中，外部制度规范和内在聚焦是企业创新过程和绩效关系的边界条件。而上层梯队理论（Hambrick and Mason，1984）被用来连接代理特征/行为和组织结果，但它不包含管理控制与商业过程。动态能力研究（Eisenhardt and Martin，2000；Prahalad and Hamel，1990；Teece et al.，1997）考虑到了组织资源和能力。组织创新或采纳创新是一种动态能力（Helfat et al.，2007）。动态的创新能力保证不断输出新产品/技术，以实现与市场的演化匹配（Elkins and Keller，2003；Mumford et al.，2002）。但动态能力理论存在两点不足：第一，未和代理角色合并；第二，未研究组织过程如何将输入转化为输出，而第二点正是组织过程理论所擅长的（Engestrom，1993；van de Ven and Poole，1995）。Kline和Rosenberg（1986）提出了创新过程理论，主要关注的是渐进的、组织内部的创新活动。另外关于创新的研究还有吸收能力理论。该理论不仅停留在默会知识的内部流动上，还强调了组织如何从外部获取知识。但现有研究存在以下矛盾：

（1）外部和内部创新源之间的矛盾只有在二者都被感知的情况下才变得不明显。创新学者经常只关注R&D，不关注市场导向的影响。但是早期创新研究中只用R&D投入和专利数来表现创新的概念已经过时，因为其不能普适于不同的组织类型和目标（Adams et al.，2006）。越来越多的企业开始采取前瞻性的市场导向战略（Crossan and Apaydin，2010）。

（2）从组织学习视角出发，探索性学习与应用性学习之间的矛盾加剧了。无论是重大创新还是渐进创新都是探索性学习的一部分，和应用性学习是平行的关系，故而接受创新的决定和创新的实际实现之间存在鸿沟。

（3）虽然有些学者同时基于一些相同的理论，但该领域整体缺乏前后一致的理论基础，显得零碎、缺乏整合（Crossan and Apaydin，2010）。现有研究多只关注一个维度，用纵向方法，侧重于分析层次。还有一些研究将创新视为一个过程，采用模拟方法去综合，但这些研究都无法体现出全貌。创新研究领域的复杂性和分割特征，需要一个整合框架以实现对于现象的更好理解。

3.2.3　企业创新能力内涵演化

在企业创新能力的内涵上，学界缺乏全面、系统的认知。从认知基础演进的视角出发，企业创新能力概念内涵的演进经历了"能力—核心能力—吸收能力和动态能力—创新能力"的过程。

1. 核心能力观对企业创新能力研究的影响

能力概念最早由Selznick（1957）提出，他认为能够使一个组织比其他组织做得更好的特殊物质就是组织的能力。这种对企业能力的界定到20世纪80年代以后被广泛应用于产业组织理论与企业战略管理的分析以及企业资源基础观的构建中，并进一步发展为企业核心能力理论（Prahalad and Hamel，1990）。核心能力是"组织中的积累性学识，特别是关于如何协调不同的生产技能和有机结合多种技术流派的学识"。核心能力的竞争不是产品之争，也不是市场之争，而是"未来的能力"之争。区别核心能力与非核心能力的关键特征是：第一，核心能力能极大地增加对顾客的使用价值；第二，核心能力能使公司与竞争对手具有极大差异，产生明显优于竞争对手的产品/服务；第三，核心能力是通向新市场的阶梯。对于企业创新而言，企业应该选择高附加值的产品作为核心产品，为创新资源的主要分配提供导向，进而培育核心能力。

2. 吸收能力观对企业创新能力研究的影响

在对企业核心能力分析的基础上，Cohen和Levinthal（1990）把它与企业创新过程联系起来，进一步提出了企业吸收能力的概念。吸收能力是有效引进、吸收、掌控、提高现有技术从而创造新技术的技能和知识。

很多学者将吸收能力几乎等同为企业的创新能力（Bradshaw et al.，1983）。影响企业创新能否顺利、持久地展开，最为重要的是企业吸收知识的能力，它不但决定一个企业对外界公共知识和竞争对手溢出知识的敏感程度和及时、有效利用的程度，而且决定内部R&D的深度和广度、决定企业组织结构的有效性和信息交流的充分性。可见，企业吸收能力的增进与企业创新能力的提高密不可分，而二者又以企业知识尤其是吸收知识为联结纽带，这种有机联系和互动关系在现代知识经济社会中保障和促进了企业的创新和发展。

吸收能力对于企业产品创新的作用毋庸置疑，但对于企业创新而言，吸收能力的概念存在两点不足：第一，从技术角度界定的吸收能力范围过窄，更适用于企业创新过程中产品研发子过程所需的能力。对于创新战略的制定、组织的匹配等涉及不够。吸收能力的研究源于20世纪80年代对第三世界国家作为技术引进方如何获得自主技术的研究。基于概念提出的特定历史背景，企业创新强调在技术引进和消化吸收的基础上变革求新，以超越原有技术并创造出新的租金来源，据此逐渐积累出独特的竞争优势。第二，从产品技术创新的角度出发，现有研究对吸收能力的界定（包括潜在的吸收能力和实现的吸收能力）过于宽泛，难以区分不同的技术创新战略需要的主导能力的阶段性差异。针对这一问题，已经有学者呼吁将其收窄为潜在的吸收能力（Lichtenthaler，2009）。

3. 动态能力观对企业创新能力研究的影响

吸收能力文献和动态能力文献呈现交错发展的态势，二者互为理论基础。相对于侧重更新已有技术知识基础的吸收能力观，动态能力观更加侧重更新已有战略、组织能力的能力。动态能力观基于的理论框架为新熊彼特理论、行为理论、演化经济学、创新过程理论、资源基础观。动态能力观和资源基础观关于竞争优势来源的理解发生了变化，资源基础观强调企业竞争优势的来源在于异质、稀缺、难以模仿的资源/竞争能力。

组织竞争力曾是一群专有名词的集合，但现在已被学界达成共识：资源/竞争能力是公司的常规能力，可以帮助企业获得操作上的匹配。基于资源/竞争能力的企业会针对同样的客户群，生产和销售同样规模的同种产品得以生存，此时公司可能有发明能力，但没有把发明转化为商业化的能力（Winter，2003）。动态能力是超越常规能力的高阶能力，控制常规能力的变化速度（Collis，1994；Winter，2003；Teece，2007）。动态能力强调高层活动和管理者感知，是企业抓住机会、风险管理、整合和重组配置专有和共有资产，以满足变化的客户需求、维持和放大演化匹配、不断打破均衡从而获得长期价值的能力，是不可外包、企业专有、难以模仿的。

动态能力观应用于创新领域有助于解释企业创新过程中所需的惯例及其更新过程。动态能力有助于企业在创新过程中实现企业内部、企业之间以及企业与制度压力来源之间对于资源和常规能力的协同、演化匹配、更新，以长期保持竞争优势。相对于吸收能力，动态能力使企业不仅能够实现对于技术知识的积累，还可以通过创新获得收益（Teece，2007）。

4. 企业创新能力内涵界定

"什么能力导致创新的成功？"这个问题已经得到了广泛研究（Forsman，2011）。学界提出创新能力是一种多维度的综合能力，并从创新内容（Leonard-Barton，1992；Amit and Schoemaker，1993）和创新过程（Szeto，2000；Lawson and Samson，2001；Dutta et al.，2005）两种角度出发界定其构成维度。前者将创新能力界定到组织管理职能要素上，或从组织的社会技术系统性质视角将创新能力界定到掌握专业知识的人、技术系统、管理系统以及企业价值观等要素上（Leonard-Barton，1992）。国内学者延伸了熊彼特的观点，并依据创新演化理论和国家创新体系理论，将创新能力分解为技术创新能力、制度创新能力和支持创新能力或技术能力与非技术要素能力。后者将创新能力界定为创造思想、使用思想以及思想商业化等能力（Lawson and Samson，2001）。其共性在于强调新知识的产生和商用。从知识基础观的角度出发，企业是一个知识体。很多实证研究显示知识的积累对创新有积极作用（Forsman，2011）。

结合创新过程视角和创新内容视角，基于资源观、知识基础观、吸收能力观和动态能力观等理论，可将创新能力内涵界定为：企业搜寻、识别、获得外部新知识，或发现已有知识的新组合，或发现知识的新应用，进而产生能创造市场价值的内生性的新知识所需要的一系列战略、组织、技术、市场的惯例。

这一观点有几点值得注意：①企业创新能力的目标是提高创新绩效，保持企业可持续的竞争优势；②企业创新能力的本质是多维度的过程惯例；③企业创新能力的概念形成过程从资源观、吸收能力观、动态能力观中都汲取了养分，但是并不等同于资源、吸收能力和动态能力中的任何一个。首先，企业创新能力不同于资源，而是和资源（内部投入和外部获得）一起组成了企业创新绩效的决定因素。资源是企业创新绩效的显性决定因素，而企业创新能力是隐性决定因素。企业创新能力对已有资源和知识的存量进行持续不断的改进，将资源转化为创新目标的同时又产生了新的资源增量。新的资源增量为企业创新能力的积累提供了基础。其次，企业创新能力的维度比吸收能力范围更广。最后，企业创新能力除了动态能力还有常规能力。动态能力包括感知、形成、抓住整个机会，并通过重新配置有形/无形资产以保持竞争优势。除了动态能力，还有很多能力对于产品创新很重要，如市场导向和感知客户潜在需求知识的能力（Hernandez-Espallardo and Delgado-Ballester，2009；Danneels，2002）。

3.2.4　企业创新能力构成维度

关于创新能力的维度划分存在较大分歧，且对维度之间的结构关系缺少深入研究。通过文献阅读和企业调研，本书以对知识的"搜寻—选择—获取—集成/原创—利用"链为线索，提出企业创新能力的内在结构和测度指标。

本书将创新过程视为以职能为单位的交互动态体系。从创新系统的结构角度来看，自主创新能力分为要素能力和架构能力（Henderson and Clark，1990）。要素能力是指在创新过程中，各职能部门所需形成的惯例；架构能力是在创新活动体系中协调各职能要素关系的能力，是比要素能力更高一级的能力。

根据职能要素和创新绩效关系的直接程度，要素能力构成可分为三个层次。

（1）最高层次能力，指战略柔性能力。战略柔性能力被视为一种战略能力，是指在战略制定和变革过程的竞争行为中，企业识别外部环境变化，并能够快速做到战略−环境−内部资源和能力基础协调，将环境动态性和自身核心能力结合起来通过制定创新战略和变革创新战略来拟定资源来源、用处或重新组合的方式，应对变化的能力（Aaker and Mascarenhas，1984；Bahrami，1992；Sanchez，1995，1997；

Nadkarni and Narayanan，2007）。这一观点以企业适应外部情境为导向，将协调柔性理解为战略制定和变革过程中涉及的竞争行为惯例。竞争行为是为了建立和维持企业的竞争优势以及侵蚀对手的竞争优势（Ferrier，2001；Smith et al.，1996）。具体而言，战略柔性能力包括对市场、技术变化趋势做出快速的战略反应的能力，发现新知识的能力，识别外部新知识作为未来方向的能力，发现已有知识的新组合的能力以及发现已有知识的新应用的能力（Sanchez，1995；Teece et al.，1997；Hitt et al.，1998；Sirmon et al.，2007；Eisenhardt and Martin，2000；Davis et al.，2009）。

（2）中间层次能力，指组织柔性能力，即组织结构和战略协调的能力。组织柔性能力是与战略柔性能力相补充的组织能力（Li et al.，2010），是指在战略执行过程中的资源部署行为中，组织结构和合作网络能够跟随战略进行变革，通过协调柔性克服组织惰性，以更好地配置资源实现战略目标。已有文献从战略实施过程角度来探讨内部战略协调柔性的内涵，以战略和组织内部情境协调为导向，关注于战略实施过程中的资源部署（D'Aveni，1994；Eisenhardt and Martin，2000；Miller and Shamsie，1996；Williams，1994）。组织是分配资源的内在结构（Williamson，1975），以资源部署的形式进行的组织变革的多样性及频率非常重要。利用和控制资源的柔性能解释为何一些企业能如此快速地转向新市场（Eisenhardt and Martin，2000），包括配置通达内外部知识去处的资源链（识别和架构）的能力以及通过组织制度/流程布置资源的能力（Sanchez，1997；Li et al.，2010）。

（3）基层能力，指技术创新能力。其中，技术能力是技术吸收、集成和研发的能力，包括企业学习新技术知识的能力、将学来的技术知识和已有技术知识集成的能力以及研发满足客户需求的核心技术知识的能力。市场销售能力是指公司将产生的技术知识应用于市场，满足客户需求的能力（Tidd，2000；Yam et al.，2004）。

基于文献，本书将企业创新能力的构成整合如表3.3所示。

表 3.3   企业创新能力内涵、构成和测度

名称	维度	内涵	测量指标
企业创新能力	战略能力	战略制定和变革过程中，企业通过搜寻和选择创新源以动态适应环境的能力	搜寻并选择技术许可的技术知识，作为更新已有知识的方向
			搜寻并选择专利公告披露的技术知识，作为更新已有知识的方向
			搜寻并选择来自技术出版物及会议的技术知识，作为更新已有知识的方向
			搜寻并选择行业性展览会中的技术知识，作为更新已有知识的方向
			以已有客户需求为导向，发现不同技术知识的新组合作为未来转变方向
			搜寻并选择其他部门的技术知识，作为更新已有知识的方向
			我们更侧重部门内关键技术的创新而非已有技术的引进
			我们更侧重从内部寻找和选择知识基础
			高层管理比较关注新技术机会的发展，识别更新部门内已有知识方向
			管理者比较关注对已有业务领域的开拓

续表

名称	维度	内涵	测量指标
企业创新能力	组织能力	在战略执行中通过设定与调整组织结构、制度和流程以动态适应战略的能力	职能部门之间沟通顺畅且配置资源快速
			组织结构扁平化程度很高且分配资源快速
			组织流程清晰，资源链顺畅
			经常通过外部合作获取新知识
			允许各部门打破正规工作程序以保持工作灵活性和动态性
			建立了完善的管理机制鼓励员工创新
	技术创新能力	实现的吸收能力：应用外部技术知识的能力	我们能够很快地吸收、掌握和运用引入的生产设备和工艺
			我们善于吸收和利用来自外部的技术知识
			我们具有较强的设备改进能力
		集成能力：集成和应用技术知识的能力	我们企业产品的系统集成能力较强
			企业有较强技术整合能力
			我们善于吸收和利用来自其他部门的技术和知识
		原创能力：创造和应用技术知识的能力	我们有充足的技术人员进行新产品的研发
			我们企业具备较为先进的产品研发设备
			内部研究开发是产品开发过程中的主要技术知识来源
			我们善于利用来自部门内部的新技术知识
			我们的产品在技术上是行业领先的，起到了示范作用

这里值得强调的是，技术创新能力除了可以用如表3.3所示的量表题项测量之外，还可以用定量指标测量。前者适用于问卷调查，后者适用于案例调查，如吸收能力表现为企业消化并利用外部新技术知识的惯例，它嵌入企业消化并利用外部新技术知识的过程中，因此可以通过选取能够反映"消化、利用外部新技术知识的效率"的指标来测量吸收能力。

集成能力表现为企业集成并利用企业内部已有技术知识的惯例，它嵌入企业集成并利用企业内部技术知识的过程中，因此可以通过选取能够反映"集成并利用企业内部技术知识的效率"的指标来测量集成能力。

原创能力表现为企业内部研发并利用新技术知识的惯例，它嵌入企业内部研发并利用新技术知识的过程中，因此可通过选取能够反映"企业内部研发并利用新技术知识的效率"的指标来测量原创能力。

第 4 章　基于动态适应观的企业自主创新能力[①]

建设"创新型国家"，提高企业自主创新能力，是我国面对21世纪的诸多挑战而提出的战略举措。在这一战略举措中，"创新型国家"是目标，企业自主创新能力是战略实现的基础。然而，关于自主创新的本质以及企业自主创新能力的内涵及其构成到底是什么的研究，学界并未取得实质性进展。

4.1　自主创新能力内涵辨析

自主创新，是我国学者基于我国经济发展的阶段性特征而提出的概念，最早由陈劲（1994）提出，但他并没有明确界定自主创新的内涵，也没有描述自主创新的企业能力基础是什么。随后的研究中，有学者将自主创新界定为"独立创新"（independent innovation），是指主要依靠自身的禀赋完成创新的过程，是完全的自主创新，在此模式下本土企业无须借助外来任何技术，完全依赖自身的禀赋从事研发生产，因而也独享收益，但也因此而要承担成本和由不确定性所带来的风险（徐康宁和冯伟，2010）。这一观点从创新实施实现过程的视角出发，强调通过创新实施实现过程的独立性获取创新收益的独享权。但在当今创新系统边界日益扩张、创新过程日益复杂的环境中，上述创新模式几乎是不可能实现的，而这一观点也与开放式创新思想相悖。"内生创新"（endogenous innovation）（Helpman，1993；Grossman and Helpman，1991）也常被认为是自主创新的近似概念，它是相对于模仿创新、外部引进和派生产品（spin-off）的技术创新模式，是系统内自发的行为（Andergassen and Nardini，2005）。内生创新强调创新活动的内在驱力，但忽视了创新的外部驱动因素。"本土创新"（indigenous innovation）的概念是最为广泛的自主创新的代理名称，这一概念强调创新的主体特性，但关于本土如何

① 本章主要内容已正式发表：张军，许庆瑞，张素平. 企业创新能力内涵、结构与测量——基于管理认知与行为导向视角[J]. 管理工程学报（季刊），2014，28（3）：1-10.

界定以及本土创新的实质是什么，仍然存在界定模糊的现象，并没有把握到自主创新的实质内涵。宋河发等（2006）指出，自主创新是指创新主体通过主动努力获得主导性创新产权，并获得主要创新收益而进行的能形成长期竞争优势的创新活动。他们认为，创新收益包括创新产生的利润与技术进步两个部分，强调企业创新活动在科学技术方面的努力，并将其作为认定企业创新自主性的标准之一。但这种观点一方面混淆了企业自主创新之与国家自主创新之间的边界与差异，另一方面混淆了企业与科研院所的社会分工与责任界定，将技术进步的社会职责强加给了企业。从企业层次来说，利用技术进步的成果掌控甚至独占创新收益，是企业追求技术进步的内在动因，但技术进步只是企业追逐超额利润的副产品而不是企业发展的终极目标。

我国科学技术部对自主创新的官方英译是"proprietary innovation"（吴荣斌等，2011），这体现了我国提出自主创新的宏观层面的战略意图——以获得知识产权为目标的创新。然而，在微观的企业实践中，各种创新活动的直接意图一般都不是为了知识产权本身，而是为了获得对创新成果的收益权以及支配权，知识产权的获取只是获取创新成果收益权的手段或工具。因此，本书将自主创新概念提出的国家宏观意图与企业微观实践结合起来，将企业层面的自主创新界定为，为独占创新收益或获取对创新收益实现分配的话语权而进行的各种形式的组织变革性活动或努力。

此外，学界对自主创新能力的研究进展也不大。现有研究主要将其等同于创新能力对待，一般从创新过程与创新要素两个视角研究创新能力的内涵与内在结构，如刘凤朝等（2005）在将企业自主创新定义为"以获得对产业发展有重大影响的自主知识产权（或专有技术）、参与国际标准制定为标志，以集成创新和引进基础上的再创新为主要形式，以提升企业的核心竞争力、形成自主品牌为目的的创新活动"的基础上，进一步将企业自主创新能力从创新要素的角度划分为资源能力、载体能力、成果能力、环境能力、品牌能力等五个方面加以测度。也有学者从创新过程的角度，将创新能力划分为创新决策能力、研发能力、生产能力、市场营销能力、资金能力和组织能力（魏江和许庆瑞，1996；李向波和李叔涛，2007），或研发能力、营销能力、工程转化能力（包括设计、工艺、工装、试制、生产等能力）（许庆瑞，2000）。但这些观点并没有突出自主性特征，没有捕捉到自主创新能力的本质。在当今日益强调提高企业自主创新能力的转型经济背景下，如果不能有效界定企业自主创新能力的内涵与结构，就很难为实现我国经济发展方式转型提供能力构建的理论基础。基于动态能力观，本书以创新链上核心能力模块与创新收益独占/控制潜力之间的关系为脉络，对企业自主创新能力的内涵、结构及其测度进行了探索。

4.2 企业自主创新能力的理论解构

创新是一个过程，是指识别企业内、外部具有商业潜力的新要素，并将其成功导入企业现有运营系统中的过程。所以，企业创新在本质上是指在外部环境动态变革产生的机会（D'Este，2002；Mota and de Castro，2004；Athreye，2005）或内部能力模块之间发展不均衡产生的价值潜力（张军和金露，2011）的驱动下的一种系统性求变或应变获利，最终获得竞争优势的系列组织活动。这种系统性的组织活动为企业提供了"将变革转化为机会"（Drucker，1994）的潜力，以一组相关能力模块的集束——创新能力为基础加以实现。企业创新的自主性主要体现在"系统性的组织活动"能够为企业形成预期的创新成果，而"一组相关能力模块的集束"能够为创新收益独占权或创新收益支配权提供支持与保障。

动荡环境中，企业竞争优势的威胁不仅来自外部，更来自企业内部（Eisenhardt and Martin，2000；Rindova and Kotha，2001）。而创新能力概念本质是强调企业能力变化与环境动态之间的适当匹配过程中的企业内在基础或潜力，是一种过程性的动态能力。因此，企业必须首先能够感觉到环境的动态，并能够正确诠释环境动态信息对自身管理的意义，在此基础上做出有效响应，才能确保自身与环境动态之间的动态适应性。而创新能力的发展是通过产品开发演化过程中普通的日常活动实现的（Carlo，2009）。因此，创新能力存在于企业对环境的"知觉—响应"（Haeckel，1999；Mathiassen and Vainio，2007）的管理与组织过程中。依据创新过程的发起、采纳决策与实施的三阶段观点（Pierce and Delbecq，1977；Damanpour and Schneider，2006），本书基于信息加工理论与知识创造的动态理论（Nonaka and Takeuchi，1995），从企业对有关创新要素的"信息感知→诠释→决策→行动"的微观组织过程的视角，将创新能力划分为变异信息感知与获取能力（简称变异感知能力）、信息意义与价值诠释能力（简称信息诠释能力）、创新决策能力与实施实现能力等四个基本能力模块（图4.1）。

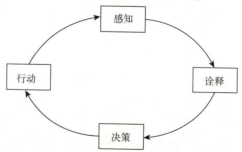

图 4.1　基于过程观的企业自主创新能力的理论解构框架

与此同时，本书将创新的基本过程视为一个链式过程（创新链），变异感知能力、信息诠释能力、创新决策能力与实施实现能力依次居于创新链自上而下的位置上（图4.2）。企业在创新链上的能力模块的分布并非是均衡的，在创新链前端（上游）的能力（如变异感知能力、信息诠释能力）越强，意味着企业对其创新收益独占或掌控的潜力越大，这意味着企业在整个创新价值链上的话语权越大，对创新收益提出分配权的谈判力和基础越强，企业创新的自主性越强。而创新链后端（下游）的能力是将这种潜力转化为现实的基础和保证，但相对于创新链上的前端能力，对创新收益的独占潜力较小。

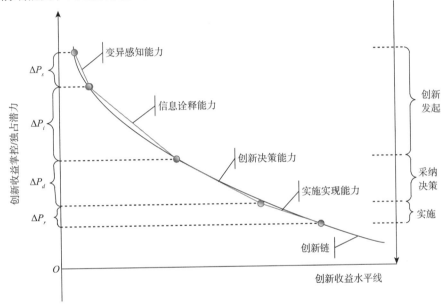

图 4.2　企业自主创新能力的自主性解读图示

ΔP 为创新收益增量

反观实践方面，改革开放30多年以来，我国工业企业技术创新走的是"引进→消化→吸收→再创新"的技术追赶道路。由于技术追赶是以国外先进企业创新活动为标杆进行的二次创新，因此，企业积累的主要是实施实现能力与相关的知识与经验。对浙江省多家企业的实地调查发现，许多企业具有很强的模仿制造能力，在一定的创意框架下，它们具备迅速、高质地制造新产品的能力。然而，由于缺乏掌控或独占创新收益的能力基础，我国大多数企业仍然沦为了国际品牌的代工工厂，只能赚取加工费而难以参与创新收益的分配。导致这一结果的重要原因在于，创新源不是自己所有，使得企业难以获取创新价值链上的收益分配权。深究根源，我国企业缺乏的是创新链前端能力，包括对变异/动态相关信息的敏感性以及对各种变异/动态信息价值或意义的诠释能力，甚至是自我创新决策能力。从一定意义上来说，企业创新链上前端能力增强与否，直接关系到我国企业自主创新战略中的自主性问题。因此，在我国强调提升企业自主创新能力的战略背景下，自主创新的能力基础应当从创新链后端向前端转移。

4.3　企业自主创新能力测量量表开发

由于自主创新是我国学者针对我国转型经济对微观企业主体提出的客观要求而提出的概念，因此具有较为显著的中国情境性特征。相应地，自主创新能力也是一个具有中国特色的新的构思，因此，本书主要基于实地调查与相关的文献基础对我国企业层次的自主创新能力进行构思开发。

本书以Haeckel（1999）的"知觉—响应"模型作为解构企业自主创新能力结构的框架，将自主创新能力划分为：变异/动态信息的感知与获取能力（简称变异感知能力）、变异/动态信息的诠释能力（简称信息诠释能力）、创新决策能力、创新的实施与实现能力（简称实施实现能力），通过实证研究开发关于"企业自主创新能力"构思的问卷。问卷过程遵循"开放式问卷→小规模调查→大规模调查"等基本流程（Hinkin，1998）。

4.3.1　开放式问卷调查：基于实地调查量表的初步开发

1. 实地调查企业抽样

为了深入了解企业创新及其能力基础状况，依据典型原则（Eisenhardt，1989a）与便利原则，本书自2008年起，先后对13家企业进行了较为深入的实地调查和深度访谈，企业类型包括高技术型企业、传统制造型企业与现代服务型企业。此外，对浙江省绍兴市较具创新性的9家纺织业企业进行了走访调查。深度访谈的对象主要是企业高管人员与一些关键职能部门的主管，通过小组访谈法、一对一访谈等方式深入、多角度、多层次地了解企业创新过程与典型项目的开发过程和组织活动。走访调查的企业主要是通过听取企业高管对企业发展历程、发展特点以及关键性创新项目的介绍，了解这些企业的创新概况。在此基础上，就本书关注的四类组织活动进行深度访谈。

2. 概念界定与操作化

依据上述自主创新能力解构的理论框架，本书首先从组织活动的层次界定企业变异感知、信息诠释、创新决策以及实施与实现等内涵（张军等，2012）：①变异与动态信息的感知活动，是指企业信息/知识监测、收集、整理的各种努力与活动；②变异/动态信息诠释活动，是指基于信息可能具备的现实或潜在商业价值、信息/知识对于企业应用的可能性以及企业可实现性等进行以理解与评估为目的的各种交互性活动，包括个体层次与集体层次的各种互动；③创新决策活动，是指在各种互动产生共识的基础上对企业未来创新行动或行动方向的选择活动；

④实施实现活动，是指基于确定的方向而采取的各种旨在实现创新目标的日常性、常规化活动。

在实地调查与深度访谈过程中，我们依据创新活动中"感知"、"诠释"、"决策"与"实施"四个过程特点对企业高管、技术中心主任、市场总监等相关人员进行了访谈。访谈问题的设计以企业创新的事实活动和关键事件为关注焦点。

3. 问卷开发结果

1）变异/动态信息的感知能力量表开发

变异/动态信息的感知与获取能力的量表开发，主要基于对企业高管与关键部门主管的深度访谈活动。依据对四种能力模块的组织活动的界定，我们主要向访谈对象提出如表4.1所示的问题。

表 4.1 关于企业创新来源/创新发起的调查问题

序号	访谈问题
1	贵公司创新项目的信息源主要有哪些？例如，选择某一创新项目，是因为贵公司的市场人员与客户在不断交流中发现了这样的机会
2	贵公司主要会关注哪些类型的信息？例如，技术信息、市场信息、相关产业政策的变化等
3	有没有专人/专职负责外部变革的信息监控？如果有，主要如何分工

通过访谈发现，企业首要地关注市场动态信息，会通过其销售人员、市场研究人员等随时监控现有市场与潜在市场的动态；作为高技术企业，会依托技术中心或研发部门进行本企业核心技术与相关辅助性技术发展动态的追踪。此外，企业关注主要竞争者动态和政府政策或产业政策。现有研究也表明，技术和信息获取能力（Westphal et al.，1981）与技术需求感知性（Schatzel et al.，2005；Bsat，2009）是创新能力的重要构成。因此，企业创新的感知能力测量题项包括如表4.2所示的内容。

表 4.2 变异/动态信息感知与获取能力测量题项

序号	题项
1	我们进行总体性环境扫描，关注技术及其发展趋势的信息
2	我们进行总体性环境扫描，关注市场及其发展趋势的信息
3	我们的市场人员与客户广泛沟通，以及时获取客户需求信息
4	我们关注客户需求变化信息
5	我们企业设有专门的技术信息研究职能，负责技术信息动态的搜索与扫描
6	我们企业设有专门的市场研究职能，负责市场与客户需求变化信息的收集
7	我们保持与政府、高校、行业协会等相关机构的密切联系，了解相关信息动态

2）变异/动态信息的诠释能力量表开发

尼斯比特（Nisbett）指出，"信息并不必然使人知情"（Carroll and Payne，1976）。因此，企业需要对所感知到的变异/动态信息进行意义诠释或价值理解。在创新实践中，信息诠释主要针对感知到动态或变异信息的现实或潜在商业价值、信息/知识企业应用的可能性以及企业可实现性等进行以理解与评估为目的的各种交互性活动，包括个体层次与集体层次的各种互动。访谈过程主要围绕以下三个问题开展（表4.3）。

表 4.3　企业对于变异/动态信息的处理与诠释能力调查

序号	访谈问题
1	贵公司一般如何处理所获取的各种信息？例如，如果收集到一条与企业核心技术相关的进展状况的信息，如何处理或解读这条信息
2	对于一些重要的产品开发或创新活动，采用哪些方式来确定其未来价值或潜在价值？例如，现在贵公司有好几个产品概念，怎么评估与选择有限的概念推入实施阶段
3	除了企业高管直觉之外，贵公司主要通过什么样的方式来确定未来的创新项目或产品/技术开发方向

通过访谈发现，除了基于职能部门、高管团队、员工参与研讨会等企业通过内部组织活动之外，高技术类企业会通过定期邀请外部人员开展专题讨论或鼓励、选派自己的专业人员参加外部相关的专题研讨会等活动来提高自身对各类信息的认知和理解。据此开发的创新信息诠释能力测量题项如表4.4所示。

表 4.4　变异/动态信息诠释能力测量题项

序号	题项
8	高管定期讨论竞争者的优势和战略
9	我们的市场人员定期讨论客户需求变化可能带来的机会或挑战
10	我们的销售人员定期共享竞争者战略相关的信息
11	我们的技术人员定期讨论所搜集到的技术信息可能带来的影响或潜在价值
12	我们经常邀请外部的技术专家来企业进行专题研讨
13	我们经常邀请行业资深的市场分析人员到企业进行专题研讨
14	我们的专业人员（如技术、市场人员）经常参加外部举办的各种会议/论坛/研讨会

3）创新决策能力量表开发

创新决策能力是企业创新能力的重要构成（魏江和许庆瑞，1996），从过程角度来看包括创意生成与评价选择等两个基本过程。实地调查中，本书关注企业创新决策的项目概念池如何建立以及如何选择拟开发的概念进入正式研发流程。在对聚光科技的CTO（chief technology officer，即首席技术官）与CEO（chief executive officer，即首席执行官）的深度访谈中，围绕其创新项目（主要是产品开发）概念来源、评价与选择/筛选过程进行资料收集，具体问题包括以下四个方面（表 4.5）。

表 4.5　企业创新的决策能力调查问题

序号	访谈问题
1	贵公司是怎样获得产品开发概念的？或产品开发创意的来源有哪些
2	贵公司如何建立企业创新的概念池
3	贵公司如何筛选概念使其进入实施
4	贵公司如何确定未来的创新（如技术创新）方向

　　通过访谈发现，企业的一些创新决策来源于企业高管个人的直觉，而这类凭借直觉决策的高管往往具备深厚的专业知识背景，而且凭借直觉进行创新决策也主要表现在企业初创阶段。随着企业发展，创新活动的决策将趋于组织化。本研究主要关注组织层次活动，而不关注与企业家直觉相关的问题。在对企业的实地调查中发现，高技术企业的创新创意主要来源于高管人员对技术、市场、政府及相关的产业政策、法规等的关注和判定，这给出了大的方向。在创意生成过程或在建立企业创新概念池的过程中，访谈企业普遍显示出对创意生成的多源来源的重视，会强调多角度、多来源地生成各种可能供后续开发的产品概念。而在选择进入开发通道的概念中，高技术企业更加注重对各种概念或方案的多角度评估。有条件的企业组建自己的智囊团或专家评审委员会以提高决策水平。借鉴Mintzberg等（1976）关于战略决策的思想，并参照Neill等（2007）关于营销战略决策能力的测量，本书设计如表4.6所示的题项测量企业创新的决策能力。

表 4.6　企业创新决策能力测量题项

序号	题项
15	在制定创新战略过程中，我们将方案的选择建立在多个成员观点基础上
16	在制定创新战略过程中，我们尽可能多角度地产生尽可能多的方案/对策
17	在制订方案过程中，我们尽可能利用各种信息
18	对每个方案都进行全方位考察，以提高决策水平
19	在制定创新战略过程中，我们在多角度评估基础上选择方案或措施
20	在制定创新战略过程中，我们在寻找方案/对策过程中会对新颖观点进行讨论

　　4）实施实现能力量表开发

　　实施实现能力主要是指将选定的创意或概念转化为现实的新产品或新服务的能力。访谈过程中，围绕企业特定的创新项目，针对以下几个问题进行访谈（表4.7）。

表 4.7　企业创新的实施实现能力调查问题

序号	访谈问题
1	贵公司如何保证创新项目的顺利进行
2	影响创新项目顺利实施的主要问题有哪些
3	为了使项目顺利进行，贵公司主要从哪几个方面予以保证

通过访谈发现，企业在创新项目开发过程中，一方面注重创新资源的获取及其对创新活动的保障，另一方面形成惯例化的项目开发过程的管理与控制，如设置项目进展里程碑并进行检查，时间进度上进行敦促，并针对项目进展过程的问题或外部发生的新情况进行评估或重新评估项目状况并做出相应调整等。因此，测量题项设计如表4.8所示。

表 4.8　创新实施实现能力测量题项

序号	题项
21	我们定期对创新项目（如产品开发等）的资源使用状况进行评估
22	我们企业成立专门小组/团队，负责各种创新活动的协调
23	在创新项目进行过程中，我们基于评估状况提出改善建议并及时调整工作
24	我们管理人员经常对相关政策/法规/竞争者动态及其可能结果进行讨论以及时调整项目进程
25	我们各个部门之间有定期会议，讨论技术与市场发展趋势及项目进展状况
26	创新过程中，我们立足现有资源和条件，挖掘出它们的潜力来保障创新活动顺利进行
27	我们优先配置创新（如产品开发、工艺改进等）所需的资源（如资金、人才、设备等）
28	我们定期对创新项目（如产品开发）的时间进度进行评估
29	我们企业容易从外部获取创新（如产品开发、工艺改良等）所需的资源（如资金、人才等）
30	为保证创新顺利进行，我们总想方设法寻找整合各个部门资源的更好方式
31	我们定期对创新项目（如产品开发）的进展质量进行评估

基于深度访谈与资料整理，本书初步开发出上述关于企业自主创新能力（包括感知、诠释、决策与实施四个维度）的测量条目（分别如表4.2、表4.4、表4.6、表4.8所示）。依据Schriesheim和Hinkin（1990）的观点，在量表开发阶段，每个概念应至少包括4~6个测量题项。上述题项的初步开发主要基于实地调查而获得。为避免疏漏，题项尽可能涵盖了各种相关内容，总题项数为31项。在此基础上，利用团队例会请2位教授与其他3位博士研究生就题项的具体内容进行讨论以确定问卷的表面效度。此外，将上述31个题项发给3位具有本科以上学历、3年以上工作经验、在企业从事管理工作的人士，请其仔细阅读，并就上述题项的语义、歧义等方面问题进行反馈和讨论，对于相关问题进行修正，最终形成初步的问卷。

4.3.2 小规模问卷调查：企业自主创新能力的量表修订

1. 样本

通过小规模发放初步开发企业自主创新能力的测量量表，以检验和修订量表，回收问卷191份，其中有效问卷162份。应答企业分布于全国20个省（自治区、直辖市），其中134份问卷来自华东地区，占有效样本总量的82.72%。企业创建的平均时间为14.6年。从资产规模、营业收入与员工人数的分布来看，样本企业以中小企业为主。样本其他描述性特征如表4.9所示。

表 4.9 样本企业描述性特征（小规模阶段）

项目	分类特征				
员工规模/人	<50	50~99	100~499	500~999	≥1 000	不明
	21	22	53	20	46	0
资产规模/10⁶元	<1	[1, 10]	[10, 100]	[100, 1 000]	≥1 000	不明
	5	19	47	47	39	5
营业总额/10⁶元	<1	[1, 10]	[10, 100]	[100, 1 000]	≥1 000	不明
	7	15	55	42	39	4
投入强度/%	无投入	<5	[5, 10]	[10, 15]	≥15	不明
	7	72	37	15	22	9
所有制性质	国有	民营	外资	合资	其他	不明
	28	93	8	20	9	4
企业类型	传统制造		高技术		现代服务	
	89		31		42	

2. 问卷

采用上一个阶段开发出的题项，包括31个测量题项，采用利克特7点量表。

3. 结果

采用SPSS 19.0软件对31个测量题项进行KMO与Bartlett球形度检验。结果显示：KMO值为0.940，非常适合因子分析。随后，采用主成分分析与最大正交旋转法，剔除交叉荷载项与荷载均小于0.5的项。经过多次旋转，提取特征值大于1的因子，最终保留15个题项。旋转结束，四个因子累计解释方差总量比例为75.112%。KMO和Bartlett球形度检验值如表4.10所示。

表 4.10 KMO 和 Bartlett 球形度检验（小规模调查阶段）

项目		指标值
取样足够度的 KMO 度量		0.907
Bartlett 球形度检验	近似 χ^2	1 620.050
	df	105
	Sig.	0.000

　　对企业自主创新能力的四个因子分别计算其内部一致性系数（Cronbach's α 系数），均大于0.70，具有良好信度，因此企业自主创新能力维度分析中的四个因子均具备良好的内部一致性。探索性因子分析（exploratory factor analysis，EFA）指标如表4.11所示。

表 4.11 企业自主创新能力量表探索性因子分析（小规模调查阶段）

名称	题项	探索性因子载荷				Cronbach's α
		1	2	3	4	
实施实现能力	1. 在创新项目进行过程中，我们基于评估状况提出改善建议并及时调整工作	**0.766***	0.340	0.135	0.227	0.881
	2. 我们定期对创新项目（如产品开发等）的资源使用状况进行评估	**0.761***	0.269	0.212	0.173	
	3. 我们企业容易从外部获取创新（如产品开发、工艺改良等）所需的资源（如资金、人才等）	**0.760***	0.145	0.331	0.116	
	4. 我们各个部门之间有定期会议，讨论技术与市场发展趋势以便修正与调整项目	**0.695***	0.236	0.220	0.211	
	5. 我们管理人员经常对相关政策、法规、竞争者动态及其可能结果进行讨论，以及时响应调整	**0.689***	0.233	0.160	0.190	
创新决策能力	6. 在制定创新战略过程中，我们将方案的选择建立在多个成员观点基础上	0.238	**0.842***	0.156	0.214	0.898
	7. 在制定创新战略过程中，我们尽可能多角度地产生尽可能多的方案/对策	0.234	**0.792***	0.215	0.215	
	8. 我们对每个方案都进行全方位考察，以提高决策水平	0.388	**0.734***	0.232	0.177	
	9. 在制定创新战略过程中，我们在多角度评估基础上选择方案/措施	0.317	**0.692***	0.355	0.160	
信息诠释能力	10. 我们经常邀请外部的技术专家来企业进行专题研讨	0.251	0.212	**0.862***	0.140	0.881
	11. 我们经常邀请行业资深的市场分析人员到企业进行专题研讨	0.277	0.269	**0.813***	0.209	
	12. 我们的专业人员（如技术、市场人员）经常参加外部举办的各种会议/论坛/研讨会	0.289	0.275	**0.687***	0.281	
变异感知能力	13. 我们的市场人员与客户广泛沟通，以及时获取客户需求信息	0.142	0.137	0.252	**0.845***	0.828
	14. 我们关注客户需求变化信息	0.241	0.241	0.087	**0.813***	
	15. 我们企业设有专门的市场研究职能，负责市场与客户需求变化信息的收集	0.224	0.185	0.174	**0.749***	
特征值		7.83	1.30	1.07	1.07	
解释变异率/%		22.77	19.84	16.49	16.02	
累计解释变异量/%		22.77	42.61	59.10	75.12	

*表示黑体数值旨在突发显示分析结果中其为有效的

4.3.3 大规模问卷调查：企业自主创新能力的量表确定

1. 样本

回收问卷310份，剔除无效问卷后获得有效问卷257份。应答企业分布于全国22个省（自治区、直辖市），其中华东地区问卷208份，广东问卷18份，共占总量的87.94%。应答企业创建的平均时间为15.31年。从资产规模、营业收入与员工人数的分布来看，样本企业以中小企业为主。样本其他描述性特征如表4.12所示。

表 4.12　样本企业描述性特征（大规模阶段）

项目	分类特征					
员工规模/人	<50	50~99	100~499	500~999	≥1 000	不明
	31	30	78	30	87	1
资产规模/10^6元	<1	[1, 10]	[10, 100]	[100, 1 000]	≥1 000	不明
	5	29	73	74	71	5
营业总额/10^6元	<1	[1, 10]	[10, 100]	[100, 1 000]	≥1 000	不明
	8	22	80	64	77	6
投入强度/%	无投入	<5	[5, 10]	[10, 15]	≥15	不明
	8	112	56	25	44	12
所有制性质	国有	民营	外资	合资	其他	不明
	46	142	18	33	12	6
企业类型	传统制造		高技术		现代服务	
	137		65		55	

2. 问卷

该阶段问卷主要包括两方面内容：一是小规模调查阶段净化的企业自主创新能力量表，含15个题项，采用7点利克特量表；二是增加企业绩效测量量表，共8个题项，采用利克特5分量表，分别是成长绩效（Gupta and Govindarajan，1986）与创新绩效。企业自主创新能力是创新发展的基础，企业创新能力强，则企业具有较高的创新绩效，如新产品产值率、新产品数、专利数以及创新效率等水平将会较高，并有利于企业的成长。因此，本书用企业绩效（包括成长绩效与创新绩效）作为效标变量，检验自主创新能力量表的预测效度。

3. 结果

采用AMOS 19.0软件进行验证性因子分析（confirmatory factor analysis，CFA），测量模型为四因子模型，得出结果为各项拟合指数良好，因此问卷具有良好的聚合效度。对四个因子分别计算组合信度，均大于0.60，因此四个因子均具备良好的内部一致性。企业自主创新能力构思验证性因子分析结果如表4.13所示。

表 4.13　企业自主创新能力量表验证性因子分析结果（大规模阶段）

名称	题项	验证性因子载荷				建构信度
		1	2	3	4	
实施实现能力	1. 在创新项目进行过程中，我们基于评估状况提出改善建议并及时调整工作	0.888				0.880
	2. 我们定期对创新项目（如产品开发等）的资源使用状况进行评估	0.867				
	3. 我们各个部门之间有定期会议，讨论技术与市场发展趋势以便修正与调整项目	0.804				
	4. 我们企业容易从外部获取创新（如产品开发、工艺改良等）所需的资源（如资金、人才等）	0.782				
	5. 我们管理人员经常对相关政策、法规、竞争者动态及其可能结果进行讨论以及时响应调整	0.784				
创新决策能力	6. 在制定创新战略过程中，我们将方案的选择建立在多个成员观点基础上		0.879			0.905
	7. 在制定创新战略过程中，我们尽可能多角度地制订尽可能多的方案/对策		0.883			
	8. 我们对每个方案都进行全方位考察以提高决策水平		0.869			
	9. 在制定创新战略过程中，我们在多角度评估基础上选择方案/措施		0.854			
信息诠释能力	10. 我们经常邀请外部的技术专家来企业进行专题研讨			0.932		0.920
	11. 我们经常邀请行业资深的市场分析人员到企业进行专题研讨			0.931		
	12. 我们的专业人员（如技术、市场人员）经常参加外部举办的各种会议/论坛/研讨会			0.856		
变异感知能力	13. 我们的市场人员与客户广泛沟通，以及时获取客户需求信息				0.851	0.804
	14. 我们关注客户需求变化信息				0.846	
	15. 我们企业设有专门的市场研究职能，负责市场与客户需求变化信息的收集				0.756	

拟合指标：χ^2=196.563；df=84；χ^2/df=2.340；RMSEA=0.072；CFI=0.964；NFI=0.939；GFI=0.906；IFI=0.964

　　为了更好地检验量表效度，本书确定了多个备择模型与基本模型（四因素模型）进行比较，备择模型包括单因素模型（含1个备择模型）、两因素模型（含7个备择模型）与三因素模型（含6个备择模型），比较结果如表4.14所示。由表4.14可见：四因素模型的各项拟合指标均优于单因素、两因素以及三因素备择模型，是最佳因子结构。

表 4.14　基本模型与各备择模型的验证性因子分析拟合指标比较

模型		所含因子	χ^2	df	χ^2/df	RMSEA	CFI	GFI	TLI	NFI
基本模型		IC_S；IC_I；IC_D；IC_R	196.56	84	2.34	0.072	0.964	0.906	0.955	0.939
单因素模型		（IC_S）+（IC_I）+（IC_D）+（IC_R）	1 151.64	90	12.80	0.215	0.659	0.569	0.603	0.643
两因素模型	M2_1	（IC_S）+（IC_I）；（IC_D）+（IC_R）	889.94	89	10.00	0.187	0.743	0.605	0.697	0.724
	M2_2	（IC_S）+（IC_D）；（IC_I）+（IC_R）	813.61	89	9.142	0.178	0.767	0.670	0.726	0.747
	M2_3	（IC_S）+（IC_R）；（IC_D）+（IC_I）	901.84	89	10.13	0.189	0.739	0.642	0.692	0.720
	M2_4	（IC_S）+（IC_I）+（IC_D）；（IC_R）	846.73	89	9.51	0.182	0.757	0.656	0.713	0.737
	M2_5	（IC_S）+（IC_I）+（IC_R）；（IC_D）	813.94	89	9.15	0.178	0.767	0.666	0.726	0.747
	M2_6	（IC_S）+（IC_D）+（IC_R）；（IC_I）	796.18	89	8.95	0.176	0.773	0.637	0.732	0.753
	M2_7	（IC_S）；（IC_I）+（IC_D）+（IC_R）	969.95	89	10.90	0.197	0.717	0.599	0.667	0.699
三因素模型	M3_1	（IC_S）；（IC_I）；（IC_D）+（IC_R）	611.81	87	7.03	0.154	0.832	0.677	0.797	0.810
	M3_2	（IC_S）；（IC_I）+（IC_D）；（IC_R）	657.90	87	7.56	0.160	0.817	0.706	0.779	0.796
	M3_3	（IC_S）；（IC_I）+（IC_R）；（IC_D）	597.15	87	6.86	0.151	0.836	0.727	0.802	0.815
	M3_4	（IC_S）+（IC_R）；（IC_I）；（IC_D）	439.33	87	5.05	0.126	0.887	0.801	0.864	0.864
	M3_5	（IC_S）+（IC_D）；（IC_I）；（IC_R）	413.23	87	4.75	0.121	0.895	0.815	0.874	0.872
	M3_6	（IC_S）+（IC_I）；（IC_D）；（IC_R）	477.65	87	5.49	0.132	0.975	0.778	0.849	0.852

对企业自主创新能力量表预测效度进行分析。首先对企业绩效进行验证性因子分析，结果显示效标变量具有良好的聚合效度，Cronbach's α系数为0.863，表示信度良好。回归分析结果如表4.15所示。

表 4.15　自主创新能力与企业创新绩效回归分析结果

指标	企业绩效
变异感知能力	0.090[†]
信息诠释能力	0.091[*]
创新决策能力	0.097[*]

指标	企业绩效
实施实现能力	0.129[**]
ΔR^2	0.287
F	25.262[***]

[***]表示$p<0.001$，[**]表示$p<0.01$，[*]表示$p<0.05$，[†]表示$p<0.1$

回归方程通过F检验，可解释变异量28.7%，四个维度β系数均显著，说明量表具有良好的预测效度。

4.4   结论与讨论

本书以"知觉—响应"的企业对环境的动态适应性模型为基础界定企业自主创新能力的理论结构，并以创新的链式过程为脉络，结合链上能力模块与创新收益独占潜力大小之间的关系对企业自主创新能力的自主性进行了解读。通过大量的实地调查、访谈与文献研究，对我国企业自主创新能力内涵、结构及其测量进行了探索。

4.4.1   结论

基于文献研究，本书认为我国企业自主创新是指企业为独占创新收益或获取对创新收益实现分配的主导权而进行的各种组织形式的变革性活动或努力。自主知识产权的获取并非企业自主创新的终极目标，而是获得创新收益独占权或支配权的工具性目标。因此，企业自主创新能力是指，支持企业获得创新收益独占权或支配权的各种组织活动的能力基础或组织潜力。基于动态能力观，本书强调创新能力是企业能力基础的变革与环境变化之间动态适应的能力基础或潜力，是一种过程性的动态能力，嵌入企业对变革的"知觉—响应"的组织与管理活动中。在此框架下，本书对企业自主创新能力进行了理论解构。基于过程观提出了创新链的思路，并依据创新链上各个关键环节的能力与创新收益独占权之间的关系，解读自主创新能力的自主性关键所在。实证研究的结果也支持了上述关于企业自主创新能力结构维度的构思，即企业层面的自主创新能力包括变异感知能力、信息诠释能力、创新决策能力与创新实现能力等四个基本维度。其中，如何获得创新创意所有权或未来收益分配的主导权是自主创新能力的关键，在本书探索并验证的自主创新能力体系中，变异感知、信息诠释以及创新决策能力是企业创新能力自主性的关键所在。

理论意义：

（1）从我国特定发展阶段战略性要求出发，解析我国企业自主创新的本质及其内涵，重点分析自主性的理论与实践内涵，澄清了十多年来相关研究中关于自主创新概念的模糊认识，一定程度上消除了这一概念研究中存在的分歧。

（2）基于动态能力观与"知觉—响应"模型界定企业层面的自主创新能力的内涵，以信息加工理论与知识创造的动态理论解构企业自主创新能力的内在结构，并从创新收益独占权或支配权与创新能力模块之间关系入手解读企业自主创新的能力基础的关键所在，区分了自主创新能力与创新能力的概念，为后续研究提供了统一可能性。

（3）企业自主创新能力包括变异感知能力、信息诠释能力、创新决策能力、创新实现能力等四个维度。企业在前端能力上越强，则获得创新收益独占或掌控权的潜力越大。因此，我国企业技术学习的重点应逐渐向创新链前端能力迁移，才能逐渐实现从模仿创新到自主创新的转变。

管理意义：基于实证数据开发的企业自主创新能力量表，为创新型企业评价提供了理论框架与操作性指导，也为企业判断自主创新能力状况、提升自主创新能力提供了依据。

4.4.2 讨论

设计企业变异感知能力测量题项时，本书设计了技术动态信息、市场动态信息、其他相关信息等三方面内容，但实际因子分析结果却显示企业对变异/动态信息的监控只包括市场动态监控，技术动态与其他动态（如竞争者、政府等机构）的相关题项却被剔除。而在调研过程中，我们发现高技术型企业一般比较关注技术动态。出现上述结果，可能原因如下：①样本结构带来的偏差。样本中传统制造业比重较大，高技术企业仅占到1/3左右，这可能导致上述结果。②我国企业实践中所面对的技术动态程度远不如市场动态程度，因此对技术动态的把握更多依赖于企业高管或技术总监等个体层次。政策等方面信息的感知更多依赖于企业家或高管个人社会网络获取。因此，这两类信息监控并没有形成规范化、结构化的组织活动。③这一结果可能反映出了我国企业创新过程中信息获取环节的实际情况——企业关注市场需求而忽视技术动态。这在一定程度上反映出了我国大多数企业对内在能力积累的重视不足以及技术与市场之间的不协同的现状。

第二篇　序进律篇

第5章　序进律概述

改革开放以来的30多年，我国企业的成长和发展具有明显的产业政策背景条件（路风，2006）。但是这种依靠政策因素而非自身核心能力的发展模式并不具有可持续性。随着我国加入世界贸易组织后全球化进程不断加快，这种通过政府行政审批而设定的市场进入管制很难发挥作用，我国企业只有通过培育自身的核心能力才能获得可持续的竞争优势。而企业能力的发展并不是一蹴而就的，是一段较长时间内的资源不断投入、利用、管理和积累的过程。

5.1　我国自主创新的提出与发展

5.1.1　自主创新提出的背景

创新研究最初兴起于经济学领域。20世纪50年代，美国经济学家Abramovitz（1956）及Solow（1957）几乎同时发现，20世纪美国经济增长的来源至少80%不能归结于资本和劳动的增加，而是归结于技术进步。创新导致的技术进步和知识增长是经济增长的主要动力。而国际经验表明，研发和创新的根本动力来自民族企业（王红领等，2006）。

自主创新作为一个具有中国特色的概念，其提出有特定的背景，这一背景主要围绕着两个问题：中国企业应不应该开展自主创新活动？中国企业能否进行自主创新？

针对第一个问题，1984年国家提出了"以市场换技术"的战略，该战略的主要思想是向国外企业开放中国市场，中国企业向国外企业学习技术，主要目标是通过引进实现技术的跨越发展。但是在过去相当长的时间里，很多企业只注重引进技术，忽略了在引进技术的基础上进行主动的学习，陷入了"技术引进的怪圈"。2001年，我国加入世界贸易组织之后，《与贸易相关的知识产权协议》和《与贸易有关的投资措施协议》阻碍了中国企业引进技术的道路。在光学、无线传输、信息存储、移动通信等高科技领域，外国申请专利比例高达90%以上，这种"专利圈地"现象不仅抬高了中国引进技术的成本，而且极大地压缩了中国企业的技术研发空间（张景安，2003）。在这样的背景下，"中国企业必须通过自主创新来发展自身能力"的观点被提出。

"能否开展自主创新活动"这一问题与企业对自身能力或者可配置资源的认识有关。路风（2006）指出虽然中国在工业和技术发展上是一个后进国家，但却能够进行创新，而且只有通过创新才能赶上发达国家的经济水平。以中国VCD机产业为例，中国VCD机产业中的龙头企业——新科，依靠坚持不懈地发展自主创新能力和对本土市场需求的正确把握，实现了企业的可持续发展（路风和慕玲，2003）。通信设备制造业中的中兴通讯、华为、北京信威等企业也通过努力的技术学习在全球市场中占据了一席之地。此外，韵江和刘立（2006）分析了路明集团的创新变迁与能力演化，指出了自主创新是实现企业"基业常青"的必由之路。可见中国企业能够开展自主创新活动，培育自身的核心能力，进而维持长期的竞争优势。

基于上述认识，一方面中国企业应该开展自主创新活动以赢得对创新收益的话语权，另一方面中国企业能够开展自主创新活动培育核心能力，进而获得可持续的竞争优势。

5.1.2 自主创新概念及特征

国内学者对自主创新的研究，大多从宏观层面（国家、区域、产业）去看待自主创新，更多反映的是中国创新政策等宏观要素或行业结构的创新特征，较少从企业角度对中国企业自主创新行为和创新机制进行深入、动态的研究，而且有关企业自主创新的研究大多数是零散的、非系统的和非连续的（韵江和刘立，2006）。国内学者对自主创新内涵的界定如表5.1所示。

表 5.1　自主创新内涵

代表性学者	途径/手段	结果	评述
陈劲（1994）	将自主创新看做继技术吸收、技术改进之后的一个特定的技术发展阶段		未具体界定自主创新的内涵
杨德林和陈春宝（1997）	主要依靠自身力量进行独立研究开发	在核心技术上的自主突破；在关键技术上的领先开发；新市场的率先开拓	强调自主创新的途径是：主要依靠自身力量 取得的成果体现在两个方面：①取得技术突破；②获取商业利益
傅家骥（1998）	自身努力和探索	技术突破；攻破技术难关；获取商业利益	

代表性学者	途径/手段	结果	评述
彭纪生和刘春林（2003）	自身努力和探索	技术突破，特别是对核心技术的突破；获取一批自主知识产权	中国强调自主创新，部分是由于客观原因——中国企业面临的知识产权问题上的困扰，部分是主观认识上的偏差：将模仿创新简单地等同于仿制。所以，在界定自主创新能力的内涵时需强调通过自主创新活动获取一批自主知识产权
张炜和杨选良（2006）	依靠自身的创造性努力，应用新思想、新理论、新知识、新技术、新方法和新模式等因素	社会承认的新成果的一系列活动组合	结合了熊彼特的五种创新模式，界定的是国家层面的自主创新。因为对于企业来说是实现创新的商业化应用，但是对整个国家来说，创新的结果是得到社会承诺的新成果的一系列活动组合
宋河发等（2006）	通过主动努力	主导性创新产权，并获得主要创新收益	强调自主性表现在两个方面：一是通过主动努力获取创新产权和主要创新收益的主动性；二是对创新产权获取与创新收益分配进行控制的主导性。也就是说自主创新体现在：①企业的主动性；②对创新成果的掌控权

基于上述认识，本书将自主创新界定为企业通过主动探索和学习，实现对创新收益（知识产权和利润）具有持续控制权的活动。具体而言，企业自主创新包括三方面的内涵：①主动性，体现在主动地搜寻环境以发现机会，并有自主的选择权和主动的学习行为；②主导性，体现在掌握/了解创新活动中涉及的关键技术和核心技术，并对创新收益（包括创新活动中产生的知识产权和创新活动带来的经济收益）具有控制权；③持续性，体现在从企业动态发展角度上循序渐进地向核心技术逼近的累积性改进。

企业开展自主创新活动是企业拥有自主创新能力的一种表现，同时企业可利用"干中学"、"用中学"以及"研发中学习"等方式进一步增强自身的创新能力。

5.1.3 创新能力内涵与演进

有关企业能力的研究兴起于20世纪90年代。为了更好地了解有关企业能力理论形成的背景，本书从企业竞争优势内生性来源说起。

基于梅森-贝恩范式的波特竞争战略理论或者产业分析方法认为企业竞争优势源于企业所处的市场结构和面临的市场机会。但是该理论无法回答：既然企业的竞争优势是由企业的外部因素（市场结构、市场机会等）决定的，那么为何企业在面临相同条件的情况下，其竞争优势依然存在差异呢？1982年，R. P. Rumelt通过研究表明产业长期利润率的分散程度比产业之间的分散程度要大得多。事实上，产业内分散程度比产业间的分散程度要大3~5倍。可见，最重要的超额利润源泉是企业具有的特殊性，而非不同产业的关系。在此背景下，20世纪80年代，研究者将探索企业竞争优势的着眼点转移到企业层面，深入企业内部寻找企业竞争优势特殊源泉，并先后出现了资源基础观、核心能力观、动态能力观等思想。尽管汇聚在企业能力理论下的研究者所使用的概念各不相同，分析问题的框架与角度各有差异，但有一个基本思想是一致的：企业能力理论强调了企业中人的因素，改变了资源基础观把资源与资源配置者之间分离的局面。

基于企业能力理论，企业创新能力被看做一个多维度的概念。艾米顿（1998）在《知识经济的创新战略：智慧的觉醒》一书中，基于创新过程将企业创新能力的概念界定为创意的形成能力、创意的使用能力、创意商业化能力。Burgelman（1991）指出企业创新能力是支持企业创新战略的一系列综合特征，不但与企业技术能力相关，而且与制造、营销、人力资源管理的能力有关。后者决定着创意商业化的过程。据此，本书认为，创新能力嵌入创意的形成、开发和利用以及价值实现的过程中，是一个多要素能力构成的系统。

对于创新能力的界定，国内外学者有不同的观点，可概括为两种类型，即过程观（基于创新过程来定义创新能力）和要素观/职能观（基于创新要素来定义创新能力）。

过程观为基于创新过程研究企业创新能力。艾米顿（1998）基于创新过程（发明、转化、实现商业化）将企业创新能力的概念界定为创造思想的能力、使用思想的能力、将思想商业化的能力。Lall（1992）将创新能力界定为"企业有效地吸收、掌握和改进现有技术，并创造新技术所需技能和知识的能力"。李金明（2001）把创新能力定义为，企业根据市场显现及潜在的需求，充分利用企业的人力资源、优化组合企业知识、其他能力以获得优势的竞争地位，并不断更新企业系统和技术的能力，即创新地组合企业稀缺资源的能力。从研究现状来看，国内学者更多关注的是过程观。

相对于传统地将技术创新能力等同于创新能力，要素观不但包括了技术创新能力，而且包括了非技术的创新能力，尤其是人这一因素。Leonard-Barton（1992）指出企业创新能力的核心是掌握专业知识的人、技术系统能力、管理系统能力及企业的价值观。Burgelman（1991）指出企业创新能力是支持企业创新战略的一系列综合特征，企业的创新能力不仅与企业技术方面的能力相关，也与制造、营销、人力资源管理的能力有关，企业创新能力是促进与支持创新战略的组织特性的全集。企业创新能力由可利用的资源、对竞争对手的理解、对环境的了解能力、公司的组织结构和文化、开拓性战略等组成。Challis等（2005）指出创新能力包括愿景和战略、竞争性基础、组织智力、创造性和新想法管理、组织结构、文化氛围、技术管理七个方面。国内学者对企业创新能力的研究源于20世纪90年代，魏江和许庆瑞（1995）提出企业技术创新能力是支持企业创新战略实现的产品创新能力和工艺创新能力的耦合以及由此决定的系统的整体功能，并认为它是由企业的研发能力、制造能力、市场营销能力、组织能力和资金投入能力构成的。

过程观基于创意开发到实现产品化/服务化的过程。Solow（1957）在熊彼特的理论基础上提出了实现技术创新应该具备的"新思想来源"与"随后阶段的实现发展"两个基本条件。要素观在强调技术创新能力基础上，更加强调了人这一因素在创新及创新能力培育中的作用。这与企业能力理论在资源基础观的基础上突出人的作用的观点是一致的。如果按照Solow（1957）的两个基本条件，要素观更多强调的是新思想的实现发展阶段。

本书将创新能力定义为一种过程能力，即能根据市场显现和潜在的需求，持续不断地整合内外部获取的知识和技能，实现创意的市场价值的过程能力。

5.2 演化视角下的序进律内涵

创新能力并不是一个静态的构念，会随着企业发展过程中所面临的外部环境变化以及内部发展的需求而呈现出动态演进的特征。企业创新能力是由组织内部培育的，并在相当长的时期里遵循一组连贯政策的累积性结果（Dierickx and Cool，1989）。

基于资源基础观的能力演化视角认为企业在成长过程中获得可持续竞争优势的源泉是稀缺的战略性资源[价值性（valuable）、稀缺性（rare）、不可模仿性（inimitable）、不可替代性（non-substitutable），VRIN]。传统的资源基础观论述了战略性资源通过价值创造过程获得了优势，并重点讨论了决定企业可持续竞争优势的资源特征。但是，传统的资源基础观缺乏一个清晰的概念模型来解释这种异质性是如何产生的，并且缺少对战略性资源和能力异质性来源的理解（Priem and Butler，2001）。因此，单纯从资源基础观的角度出发，不能充分地解释企业如何利用资源和能力来创造竞争优势。这也妨碍了给管理实践者提供解决性的建议与方案。

Helfat和Peteraf（2003）提出了动态的资源基础理论，并用能力生命周期来解释组织的能力如何诞生、成长和演化，这有助于解释组织能力异质性的来源。因此，其研究认为资源和能力在企业与企业之间的异质性是资源基础观的基石，是企业竞争优势的来源，并且组织内部的能力发展是一个动态的过程，有其生命周期。新筹建组织的某一新能力的生命周期开始于构建阶段，这为能力的后续发展打下了基础。能力发展阶段紧接能力构建阶段，在这一阶段中，能力逐步积累，最后能力积累停止，进入能力成熟阶段。一旦能力达到成熟阶段，许多事件都会影响能力的未来演化，能力也许会变异进入能力生命周期的六种额外阶段之一，如死亡、收缩、再生、复制、重新部署、重组。

更重要的是，在能力生命周期中，前一阶段的能力演化都会影响下一阶段的演化。当一些要素（内部要素和外部环境要素）具有足够强大的影响来改变当前能力的发展轨迹时，就会促使能力生命周期中的额外阶段产生。组织成长过程中的有些历史关键事件会增强能力沿着现有的正常生命周期发展，而其他一些关键事件也许会改变能力发展的轨迹。

演化观从组织的社会学及行为特征的视角出发，关注生成的问题，强调企业创新能力是各创新要素交互作用的结果，是演化过程的产物（张军和金露，2011）。演化经济学的主要研究对象是系统的历时转变，它对"社会经济演化的完整分析框架是由三种机制构成的：遗传、变异和选择。但是它在解释的时候必须考虑人类经济活动的特定方面，它远比生物演化更为复杂"（贾根良，2004）。其中遗传是指，制度、组织结构和组织惯例等是历史的载体，它们通过模仿进行传递。例如，在演化企业理论中企业拥有惯例或能力，惯例具有类似基因的功能，它是组织的记忆，执行着传递技能和信息的功能；变异直接关系到创新机制，它是产生多样性的直接来源。经济主体都拥有一套由决策规则构成的内在结构，不同主体的决策规则是不同的，这些决策规则也很少是最优的，并会随时发生变化；选择是一个持续的动态过程，不会产生新古典的均衡状态，因为任何一个微小的因素都可以中断通向均衡的路径。演化观将企业看做一个能力（知识）的储存库，通过应用解决问题的技巧和行为规则，企业能力得以积累和发展。

Lavie（2006）提出了能力重构的三种机制，即能力演进（进化）机制、能力转换/转变机制和能力替代机制，它们共同组成了能力重构机制的一个连续体系。能力演进（进化）基于过去经验反思的内部学习所产生的个别操作性惯例的改变，独立于组织的外生变化，外生的技术变化只是能力进化的一种诱因。在能力转变机制中，能力中的一些惯例被修改，一些惯例被抛弃，同时获取/发展了一些新的惯例。转变后的能力既包括原有能力中的一些惯例，也包括新的惯例。能力转变组合了组织原有的知识和新的知识。能力替代机制是现有能力的所有操作惯例的替代，外部环境变化导致组织的现有能力迅速贬值，从而使整个能力的知识基础发生根本性变化。

企业创新能力序进律是指在组织现有资源基础上，针对外部环境的不断变化通过组织学习活动不断地导入新的资源/能力要素，并拓展现有资源/能力实现能力渐进式发展的过程。能力的不断发展最终会引发巨大的发展，实现量变到质变的转变。

企业创新能力循序渐进的发展具有以下特征：①协作性，多种要素能力发展和协同作用；②积累性，能力的发展是企业在长时间的创新活动中通过组织学习活动累积的结果。事实上，企业大量成功的创新都是渐进的，都是点点滴滴积累而得的。即使是发达国家的企业，其能力的提高也是渐进的，大量的创新也是改进型的（陈小洪和李兆熙，2000）。

本篇将分别从三个方面研究企业创新能力循序渐进的演进规律。

首先，企业技术创新能力作为企业创新能力的重要构成，它的形成和演进过程经历了从低层次能力到高层次能力过程的转变，即"低层次创新能力→高层次创新能力"的能力层级序进规律（序进律1）。

其次，由于企业创新能力是一个由多种要素能力共同构成的系统，如管理创新能力、市场创新能力、技术创新能力、战略创新能力等，本篇将分析组织创新能力如何沿着"单一能力→组合能力→全要素协同创新能力"这一轨迹进行演变，即"单一能力→组合能力→全要素协同创新能力"的能力结构序进规律（序进律2）。

最后，进一步将上述这些能力要素分成核心要素和互补（辅助）要素，分析在创新能力成长过程中，核心要素与互补要素是如何发挥作用的以及彼此之间存在着什么样的作用关系。即"互补要素→核心要素与互补要素协同发展"的能力核心序进规律（序进律3）。

第6章 能力层级序进规律：低层次向高层次进阶

改革开放以来，我国创新发展取得了一定成效，但我国经济发展是否实现了从要素驱动和投资驱动向创新驱动的转变仍受到质疑（张春霖和曾智华，2009）。张春霖和曾智华（2009）指出我国以企业为主体、市场为导向的技术创新体系还没有真正建立起来。自2006年国务院发布了《国家中长期科学和技术发展规划纲要（2006—2020年）》，确定了"自主创新、重点跨越、支撑发展、引领未来"的发展战略以来，企业创新能力的提升已经成为实现我国经济发展方式转变的关键性微观基础（韵江和刘立，2006；张军，2012a）。但是我国企业作为后发企业，如何真正培育起开展自主创新活动所需的能力基础仍困扰着企业的发展。

6.1 后发企业与技术追赶

6.1.1 后发企业技术追赶的研究现状

后发企业创新能力的培育和提升与企业所采用的技术追赶策略和企业技术学习的努力程度密切相关。早期研究可以追溯到19世纪德国、美国等国家的工业化进程。20世纪80年代后，技术追赶研究的焦点主要集中在东亚、南美、东欧等地区发展中国家的企业技术追赶问题上。

技术追赶研究强调，在科技变革和创新方面，发达国家与发展中国家存在显著差异（Lall and Kumar，1981），具体表现为，发达国家能够识别不连续性创新，尤其是制造技术方面，但发展中国家缺乏组织不连续创新的能力，更多组织一些小的创新，或者在消化吸收的基础上对引进的新技术进行适应性调整和改造；受国内市场规模、技能的充足程度（受过足够培训的技术工人）、对本土研发的鼓励程度、本土学习的受保护程度等因素的影响，发展中国家的技术进步趋向于最适合本国技术能力的、小规模、低成本、低收入市场的专业化技术，而发达国家将致力于高端的技术发展。

　　Perez和Soete（1988）指出，由于大多数技术追赶国家的创新政策重点投资于基础结构建设而不是知识和技能培训，技术追赶国家容易陷入成熟产品"引进→落后→再引进→再落后"的陷阱，导致形成低增长、低报酬的发展模式。因此，技术追赶战略的核心应该放在获得参与技术创造和改进的机会和能力上，而不是简单地引进成熟技术，这是因为：第一，技术追赶国家在传统成熟技术上的投资一定程度上会延缓其他新技术在本国的扩散速度；第二，国外引进的成熟技术要实现工业化必须具备消化吸收能力和处理复杂技术转换、利用等过程的基本条件。据此，Perez和Soete指出技术追赶国家必须承担相应的追赶成本，包括技术购买价格、消化技术所需的科技知识成本、获取产业化所需的知识和经验成本、技术追赶国内经济和制度等基础架构改革的成本，并且技术追赶的成本并不是稳定不变的，而是会随着技术发展而动态变化，因此技术引进者应该根据所掌握资源选择技术引进的最佳时期。同时，因为技术之间的相互依赖性很强，且工业化国家新技术系统的产生一般有新进入者推动等两方面的原因，技术追赶国家在具备新技术系统产生所需要的大学公共知识源的前提下可以获得一种"技术窗口"，从而允许技术追赶国家较早地进入新技术系统领域。按照Perez和Soete的研究，技术追赶国家由于在原有技术范式内的投资较少，容易转向新的技术范式，因此能够在初期进入新技术系统。

　　除了北美和欧洲学者之外，一批以韩国学者为主的发展中国家的研究者激发了技术追赶研究的新一轮热潮。Kim（1997）采用案例研究方法，指出韩国产业发展经过了复制性模仿、创造性模仿、创新等阶段，在此过程中技术引进是基础，技术学习是激发技术创新的关键。Lee和Lim（2001）从技术能力的角度对技术追赶进行了分析，他们指出技术追赶是在自主研发和所能利用的知识库的基础上实现的，技术追赶必须考虑技术和市场两个发展方向。首先，必须根据技术轨迹的变动频率、技术创新频率和外部知识可获得性等内容确定产品技术。其次，对成本优势、差异化优势和先动优势进行选择，确立市场发展方向。最后，平衡战略和政府发展意愿，整合产品技术发展和市场发展，确定研发决策，实现技术追赶。Lee和Lim（2001）通过分析典型行业的发展历程指出，后发国家的企业进行技术追赶时存在两种模式，即阶段跳跃式（stage-skip）和路径创造式（path-creating）。阶段跳跃式通常发生在技术发展前景较为明确，技术演变轨迹也相对清晰的情况下，是同一技术范式下不同阶段的跳跃发展。路径创造式是指从一种技术发展到另一种全新的技术，而这种新发展的技术与原有技术之间是一种竞争关系，是在一定技术积累的基础上，通过引入新的技术元素或者市场元素后创造某一新技术的模式。我国学者结合我国企业具体情境，构建了具有发展中国家和转型经济情境的二次创新理论（吴晓波，1995）。二次创新是指"在引进技术基础上进行的，受囿于已有技术范式，并沿一定技术轨迹发展的技术创新"。

6.1.2　技术追赶视角的企业创新研究

对于发展中国家的后发企业技术追赶与企业创新的问题研究，有学者对比了发达国家和发展中国家技术发展的特色，指出在发达国家技术发展经历了变动阶段（流动）、转换阶段（转化）和固化阶段（专业化）等过程，在不同阶段的演化过程中市场需求和技术趋于稳定（Abernathy and Utterback，1988）。

与发达国家的技术发展不同，发展中国家的技术发展轨迹呈现出不同的阶段性特征。早期阶段，发展中国家的后发企业首先引进成熟技术，依托国内劳动力成本低和政府对市场保护等优势，将引进的成熟技术在本土市场进行开发和生产。随后国内竞争加剧，企业采用基于工程研究和"小研究发展"的技术创新决策，以加强对引进技术的消化吸收，从而实现基于"反求工程"的差异化产品制造。其次，在"反求工程"之后，发展中国家的追赶型企业的技术能力得到累积，在出口市场需求压力和国内科研机构相对成熟的双重条件下，技术追赶企业致力于自主研发基础上的渐进性创新。最后，基于自身技术能力的累积，技术追赶企业到达国际技术前沿，并与技术领先企业共同竞争新兴技术的主导权。

除了所拥有的技术能力与优秀的企业家等基础要素之外，导致发展中国家与发达国家在技术发展的轨迹上存在差异的主要原因是制度环境。制度环境是指促进技术追赶企业挖掘技术学习源的内外制度安排，包括上述的技术和市场环境、公共政策、正式教育、社会文化和组织结构。制度环境能极大地影响技术追赶企业对国内外技术源的学习和企业内部技术源的学习，通常国际技术源包括设备、人才、技术文档、国际供应商、国际客户；国内技术源包括大学、研究机构、其他企业、其他支持系统；企业内源学习包括"干中学"和自主研发。

因此，企业创新能力演进往往表现为两种基本形式：一种是发达国家始于技术创新的轨迹；另一种是发展中国家的技术选择、获取、消化、吸收和自主开发的路径。后者注重对原有技术知识的积累，注重各种形式的学习与模仿是渐进创新成功的关键，基本可以分成三个阶段，即仿制能力、创造性模仿能力和自主创新能力。

6.2　企业创新能力发展的案例研究

杭州制氧机集团有限公司（简称杭氧）是一家以制造空气分离设备和运营工

业气体为主的大型企业集团，1950年建厂，1995年正式定名，是国家520家重点国有企业和杭州市国有资产授权经营企业之一。作为国家重大基础装备制造行业和国内空气分离设备行业的龙头企业，杭氧为中国的冶金、化肥、石化、煤化工、航天航空等行业提供高品质的成套空气分离设备。在做精做强主业的基础上，杭氧还涉足大型乙烯冷箱、真空贮槽、各类透平压缩机、天然气压缩机、离心式液体泵、环保设备、钢结构、有色金属铸造、工程总承包等领域，并取得了良好业绩。近年来，杭氧开始进入工业气体生产行业，形成了既制造空气分离设备，又发展气体产业的经营模式。

杭氧作为世界空气分离设备的主要供应商之一，依靠积极开展创新活动提供新的产品占据了中国大中型空气分离设备50%以上的市场，客户遍布世界五大洲。主要经济指标连续多年名列中国通用机械行业第一位，先后被列入中国制造企业500强、中国大企业大集团竞争力500强和中国机械工业100强、杭州市功勋企业。

1. 阶段1：仿制能力建立（1958~1978年）

杭氧的技术发展是从苏联引进分流塔图纸并对其空气分离设备进行分解反求开始的，通过"干中学"的方式掌握设备生产过程中的技术专门知识和生产管理技能。1979年以前，杭氧的技术能力处于测绘仿制水平，当时主要是对苏联和日本的技术设备进行模仿，并于1958年开发出以采用铝带式蓄冷器高低压冻结空气分离流程为技术特征、以3 350米^3/小时空气分离设备为代表的第一代产品。然后于1969年开发出以石头蓄冷器全低压冻结空气分离流程为技术特征、以6 000米^3/小时空分设备为代表的第二代产品。但是由于当时仪表、压缩机等配套设备不好，能耗、产值等性能指标不佳。

2. 阶段2：创造性模仿阶段（1979~1995年）

由于技术引进的滞后关系（尤其是成熟技术、适用技术），当引进方通过消化吸收，具备了改进创新能力的时候，却往往已经是改进技术的原有技术机会接近被用竭、替代技术亦出现之际。在这种情况下，企业将会陷入"引进—技术差距缩小—技术水平停滞在原引进水平—差距再次拉大—再次引进"的恶性循环。在创造性模仿阶段，人员技能、产品设计诀窍、吸收能力和组织机制是关键要素。同时企业开始与外部技术源建立多种多样的技术连接，对外部技术的利用能力大为增强。企业或者是模仿最新一代的国际先进产品，或者是立足现有平台，根据本土市场需求状况，进行产品性能的延伸或改进。

改革开放后，杭氧认识到自己的技术差距，为提高产品水平，从1978年开始先后从德国林德公司引进切换板翅式换热器和分子筛流程两种形式的1 000米^3/小时的空气分离设备的不可转让且非独占的许可证与技术秘密以及先进的生产设备。这两代产品的开发和生产都采用技术引进与自行设计相结合的方式。在第三代产品开发期间，企业开始消化、吸收和引进环流法自清除技术、反动式可调式喷嘴透平膨胀机技术等。通过第三代和第四代产品技术的引进和开发生产中的学习以及大量的工艺改进和开发生产中的学习、产品模仿设计，到第四代产品开发完成，企业已经基本具有对世界先进技术的消化吸收能力。该厂从1985年开始，组织杭氧研究所和各生产厂的科技人员进行"七五"国家科技攻关计划，经过两年时间开发出以此新技术为特征的第五代产品。这一产品的技术性能达到了20世纪80年代初期的世界先进水平，它的成功开发表明该厂已经初步具备对国际先进产品的创造性模仿能力。

3. 阶段3：自主创新阶段（1996~2008年）

杭氧很早就已经注意到规整填料和全精馏制氩技术的发展，并积极在这两项核心技术上进行探索与试验，为进一步开发基于这两项核心技术的第六代大中型空气分离设备奠定了良好的基础。1996年，杭氧在非成套的技术引进基础上，通过内部技术攻关与国际合作开发相结合的方式，研制成功出第六代大中型空气分离设备，并掌握了规整填料塔与全精馏（无氢）制氩两项核心技术。1998年，杭氧的第六代空气分离设备逐渐获得国际客户的认可，先后获得了诸如德国的梅赛尔等世界著名工业气体公司的订单。2001年，杭氧的第六代大型空气分离设备（三万等级）被授予国家机械工业科学技术一等奖，浙江省科学技术进步一等奖，杭州市科学技术进步一等奖。

杭氧在成功开发第六代大型空气分离设备后，开始致力于五万、六万等级大型空气分离设备的开发、设计和制造。2004年6月15日，杭氧的国内首套拥有完全自主知识产权的本溪北台钢铁集团公司52 000米^3/小时冶金型空气分离设备研制成功。2006年5月15日，杭氧为湖北化肥煤代油项目研制的国产第一套482 000米^3/小时内压缩流程空气分离设备一次开车成功，这标志着中国石化行业所需的特大型空气分离设备再也不用完全依赖从国外进口。2007年12月1日，中原大化53 000米^3/小时内压缩流程空气分离设备试车成功，这不但标志着在化工领域国产设备完全可以替代进口，而且再次证实中国在特大型空气分离设备上完全依赖进口的时代已经结束。

该阶段，杭氧充分利用新的市场机会并进行产品系列多样化和相应的改进以满足用户的多样化需求，进一步拓展国内市场，并尝试拓展国际市场。来自不同行业的用户需求成为促进杭氧特大型空气分离设备技术发展的主要推动力。

杭氧创新能力演进过程如图6.1所示。

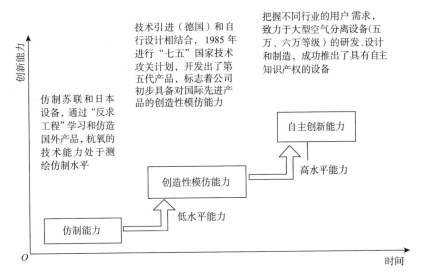

图 6.1 杭氧创新能力演进过程

后发企业应根据自身能力建设情况及引进技术所处的阶段与水平，适时地进行动态的技术引进，随着企业创新能力的提升，逐步从基于成套的成熟技术引进到非成套、新兴技术并及时介入和加强自主研发，提高企业二次创新的能力，进而向一次创新进化，实现企业创新能力的培育，彻底摆脱"引进—落后—再引进"的不良循环。

6.3 我国企业创新能力的进阶路径

发展中国家后发企业的创新能力形成和演进一般经历了从仿制能力到创造性模仿能力再到自主创新（自主技术创新）能力三个阶段（赵晓庆和许庆瑞，2002）。首先，引进技术成熟的产品领域（第一代技术的专业化阶段），这时候发达国家已经进入新一代技术与产品；其次，发展中国家经过对引进技术消化吸收后，通过获取新的技术知识，跃迁到处在转换阶段的产品领域（第二代技术）；最后，通过基础研究和广泛的知识网络的形成，在新兴技术领域（第三代技术的流动阶段）形成核心技术能力，建立独特的产品平台。因此，我国企业创新能力提升呈现出较为显著的路径特征，即仿制能力→创造性模仿能力→创新能力的逐渐进阶的过程。具体如图6.2所示。

仿制阶段：熟练使用已经成熟的生产设备，通过"干中学"的方式掌握生产过程中的技术专门知识和生产管理技能（如质量管理）。该阶段强调引进或仿制先进的技术设备。而企业此时的技术组织和管理还处于初期，没有形成规范的技术

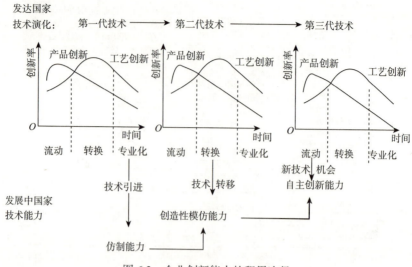

图 6.2　企业创新能力的积累途径

资料来源：赵晓庆（2001）

管理与战略体系。企业的外部技术连接仅限于设备引进的简单联系，对外部技术资源的利用水平非常低。在此阶段中，企业能力的积累途径一般从技术引进开始，通过"干中学"积累技术能力。

创造性模仿阶段：在20世纪50年代初，我国提出了"从仿造向自行设计转变"的思想，在较短的时间内开始生产出精密机床、万吨远洋轮等产品。在自行设计思想指导下，我国国内的一些企业不再满足于引进国外成熟技术，而是结合本土的特征，对产品和工艺进行调整和改进，或进一步对产品作为一个系统进行重新设计。该阶段企业关键技术仍然依赖于外部技术源。企业通过与先进企业或者科研院所合作，以合作中学习的方式（包括合资、技术联盟、合作设计等）迅速提高自己的技术创新能力。

自主创新阶段：企业开始建立自己独特的核心技术能力和独立的技术平台，形成完善的创新组织与广泛的创新网络。该阶段，企业的研发能力已经达到较好的水平，同时企业致力于建立广泛的联盟与网络关系，充分吸收与利用外部的技术知识与市场知识，形成自身的核心能力。这一过程开始于研究获得新技术，或者获取国外新技术进行技术融合，然后通过组织学习培育自主创新能力。

企业创新能力不同发展阶段的技术特征如表6.1所示。

表 **6.1** 企业创新能力不同发展阶段的技术特征

能力发展阶段	技术特征
仿制	对成熟技术的使用和简单模仿
创造性模仿	在现有的产品平台上，使用并跟随先进企业开发成长中的技术与产品，或对成熟技术进行创造性改进
自主创新	自主研发最新技术，或使用外部研究中的技术进行融合，由此建立独特的核心技术能力及产品技术平台

资料来源：许庆瑞（2010）

第7章 能力结构序进规律：单要素向复合要素渐进

2012年中国企业家调查系统关于"为企业更好地发展，企业未来一年应着重采取的措施"的调查结果显示：企业经营者选择比重最高的六项分别是"加强管理降低成本"（72.8%）、"增加创新投入"（60.8%）、"引进人才"（46.9%）、"开拓国内市场"（45.9%）、"更新设备"（34.9%）和"加强企业文化建设"（34.4%）。对比历年调查结果可见：上述六项内容的排序基本上没有变化，体现了企业一方面通过管理创新活动来应对日益上升的成本压力，另一方面通过增加创新投入、注重人才积累来加快企业转型升级的步伐，背后隐现着创新能力的发展。

7.1 理论基础

7.1.1 创新能力结构

创新能力是支持企业创新战略的一系列综合特征（Burgelman，1991），由技术创新能力和非技术创新能力（如制造、营销、组织结构、文化氛围等）共同构成（Burgelman，1991；魏江和许庆瑞，1995；Challis et al.，2005）。

按照许庆瑞（2007）提出的全面创新管理思想，创新能力被看做由多要素能力构成的一个系统，包括技术创新能力、市场创新能力、战略创新能力、组织创新能力、制度创新能力和文化创新能力等。Siggelkow（2002）通过案例研究得出组织系统的发展是一个"由薄到厚""逐步增补"的过程。而创新能力作为一个多要素构成的系统能力，其演进过程也表现出了类似的特征。

张军和金露（2011）通过案例研究发现企业能力的形成遵循具有周期性及阶段性非均衡发展特点的"点→线→面→体"演化路径。企业创新能力的发展呈现出从某一成功经验到单一要素能力，再到几个要素能力组合，最后到不同要素能力之间协同，并整合为企业整体的创新能力的特征。而各项要素能力发展过程中的非均衡性正是促成企业创新能力演进的内生驱动力。

随着竞争的日益激烈和技术创新活动的深入，企业经营者和学者们逐渐认识到企业创新并不是孤立的，而是系统性的企业行为。多种要素能力的组合实质上是企业为保持持续竞争优势，在企业战略目标的导引下进行的与企业环境、资源和自身组织因素、技术因素相适应的创新行为。

7.1.2 创新管理的研究进展

熊彼特开创了创新研究先河，随后许多学者将创新研究的焦点从宏观经济增长转向企业的微观层次创新活动的管理。根据文献研究，企业创新管理基本范式的演进经历了个体/单个创新管理、组合创新管理再到全面创新管理阶段。

1. 第一阶段：个体/单个创新管理（20 世纪 40~70 年代）

20世纪40~50年代的研究根植于"企业家动力论"的基础之上，研究企业中具体的创新过程、成功因素和动力。由于这一阶段还处在研究的起步阶段，创新中一些基本问题还不够清晰，所以研究侧重点在于研究创新系统活动中的各构件，因此，该阶段的显著特征是单一、线性、内源式创新管理。随着研究活动的深入，研究逐渐触及创新管理中的一些更具体的领域。20世纪60 ~ 70年代的创新管理研究着重研究创新的组织内源问题，研究组织如何通过对R&D活动的有效管理推动创新的发展，实现创新的目标。

von Hippel（1976）突破了20世纪40~50年代组织创新内源的视野，提出了用户创新的思想，突出用户在组织创新中的地位和作用。20世纪40~50年代的创新理论研究，研究对象大都局限于单个、个体的创新过程、活动或者要素，而没有研究创新中各构成要素之间的内在互动机理和关系。受环境和时代背景的影响，20世纪40~70年代对创新推动力和创新源的研究都是机械线性的观点，是一种基于牛顿经典力学的机械哲学观。到20世纪80年代，随着环境的变化，组织对创新绩效提出了更高要求，传统单一创新理论和模式的局限日益凸显出来。

2. 第二阶段：组合创新管理（20 世纪 80~90 年代）

该阶段，一些学者将研究视角从单个创新系统构件转到创新系统要素间的关系上，如罗斯威尔（Rothwell）、罗森伯格（Rosenberg）等揭示出创新过程的动态化、集成化和综合化特征。一些学者提出组合思想和组合创新理论（Adler and Shenbar，1990；郭斌等，1997）。组合创新的研究和实践，大体经过了四个逐渐深入的阶段，即产品的组合创新、技术创新的组合、不同创新的组合、基于核心能力的组合创新。组合创新至少包含了五方面的组合关系，即产品创新与工艺创新的协调、重大创新与渐进创新的协调、创新显性效益和隐形效益的协调、技术创新与组织文化创新的协调、企业内部独立创新与外部组织合作创新的协调等（郭斌等，1997；许庆瑞等，2000）。

3. 第三阶段：迈向全面创新管理（20世纪90年代中期至今）

20世纪末期，创新理论朝系统观发展更进了一步，出现了集成创新观和系统创新观的创新理论。1998年美国的lansiti提出了技术集成的概念。一些学者也指出，在技术创新中各种要素的集成是保证技术创新效果的重要条件（Tang, 1998; Tidd et al., 2001; 江辉和陈劲，2000; 路甬祥，2002）。集成创新观强调对现有各创新要素的创造性整合，体现了一定的系统性思想。许多学者探讨了企业创新系统的概念与内涵（Padmore and Gibson, 1998; Rubenstein-Montano et al., 2001; 陈劲，1999）。Janz等（2003）认为企业创新是一个复杂自适应系统（complex adaptive system, CAS）; Janz等（2003）指出，要提高创新绩效必须由"框式思考"向"线式思考"转变，即注重系统各要素间的关系。

进入21世纪，创新理论的发展向更高层次迈进，许多学者从生态系统角度来研究创新理论，人人创新、时时创新、全流程创新、全球化创新及事事创新的全面创新思想成为创新理论发展的新方向。近年来，激发每个员工的创新积极性，实现"人人都是创新者"的思想受到了广泛关注（Tucker, 2002; Shapiro, 2002; Wheatley, 2001）。Bean和Radford（2001）指出创新要作为一项事业，进行全方位的创新; Shapiro（2002）指出，市场竞争的日益激烈和用户对响应速度的更高要求使得企业必须力求做到24/7（即每周七天、每天24小时）创新。一些学者认为，企业外包、战略联盟等组织形式的出现促进了研发、制造、营销等的全球化（陈劲，2002）。以人为本，实现全方位的创新是第三阶段创新理论发展的目标。

浙江大学许庆瑞和陈重（2001）总结了国内外最新创新理论及我国大量企业经营管理成败的经验教训，首次从理论上系统地提出了企业经营管理的全面创新规律，并且特别强调了全面创新的两层含义：一是涉及企业各创新要素的全面创新; 二是各创新要素之间的有机协同，其理论基础是创新进化论和复杂性理论。

7.2 基于海尔的案例分析

7.2.1 海尔发展简况

海尔集团创立于1984年，是我国规模最大的家电企业，主要经营领域涉及家电、通信、IT数码产品、家居、物流等。2014年，海尔全球营业额达到2 007亿元（其中线上交易额达到548亿元），利润总额为150亿元。2014年底，根据世界著名消费市场研究机构Euromonitor公布的2014年全球家电市场调查数据显示，海尔集团在大型家电市场的品牌占有率为10.2%，连续六年蝉联全球大型家电第一品牌，同时海尔冰箱、洗衣机、冷柜、酒柜等的全球品牌份额也蝉联全球第一。在海尔集团的整个发展过程中，创新一直被视为企业文化的灵魂。2012年8月13日，《财富》中文网发布了"2012年最具创新力的中国公司"榜单，海尔集团再度上榜。《财富》肯定了海尔探索的互联网时代的商业模式——人单合一双赢模式，该模式不但符合互联网时代的需要，而且获得了国家级企业管理创新成果一等奖。

海尔的成绩是有目共睹的，但究竟是什么使海尔保持持续快速发展？正如CEO张瑞敏所言，海尔集团的快速发展是全体海尔人辛勤耕耘的结果，更是海尔持续创新、锐意进取、以第一速度满足用户个性化需求的结果。海尔在长期实践中积累、形成了卓越的创新文化，并在此基础上形成了独特的创新之道，特别是1999年以来，为适应新经济和激烈的市场全方位竞争的需要、加快响应市场速度以满足顾客的个性化需求、提高创新绩效、海尔逐渐实施了以流程再造组织创新为先导、以全员创新和全时空创新为主要特色、以战略、组织、文化、技术创新等的有效协同为基础的全面创新管理，取得了显著成效，大大提高了海尔的核心能力和市场竞争力。

7.2.2　创新能力发展阶段分析

1. 阶段1：以卓越质量创名牌战略阶段（1984~1991年）

在名牌战略的指导下，海尔于1985年引进了当时国际最先进的德国利勃海尔公司的生产线和技术标准体系，成为海尔集团走名牌战略发展之路的一个缩影。这一时期，海尔集团的业务领域专心于冰箱一种产品的研发和生产，市场范围也仅局限于国内，集中力量通过内部强化产品质量和外部加大营销推广两个方面推进其名牌战略：①1985年的"砸冰箱"事件唤醒了全体员工的质量意识，海尔也开始建立"零缺陷"质量标准，这一事件成为强化质量管理的典型事件；②通过积极参加展览会、参与国家优质产品评比和国际招标等活动，树立海尔的名牌产品形象，1988年，海尔冰箱在全国冰箱评比中，以其一流的产品质量获得中国冰箱史上的第一枚金牌，奠定了海尔冰箱在中国冰箱行业的领头地位。由于业务领域单一，此时组织结构的设计只须按职能划分，采取垂直集权式的直线职能制组织结构。

2. 阶段2：低成本扩张的多元化战略阶段（1992~1998年）

该阶段冰箱行业竞争激烈，依靠冰箱一个业务的风险较大，随着市场波动和结构调整，需要通过发展新的业务来平衡单一业务的风险。而1992年海尔集团的营业额比当时世界500强最后一位还要相差数十倍，仅靠一种产品来扩大规模显然是不够的，多元化经营就成了发展的必然选择。另外，海尔集团经过多年的健康发展，已经具备了实施多元化战略的客观基础，如通过名牌战略的实施，探索出了一套"可复制管理模式"，并为多元化战略的实施积蓄了大量的人才资源、管理资源和财务资源；更为重要的是，海尔集团在前期经营的基础上，建立了强大的资本运作能力和品牌运作能力，能对多元化战略的快速推进发挥杠杆作用。

在多元化战略发展背景下，随着海尔集团规模的不断发展壮大，传统的直线职能制组织结构显露的问题越来越多，出现了规模不经济、管理成本高、人浮于事和效率低下等官僚现象，因此，在直线职能制的基础上实行"集中决策、分散经营"，推进事业部制组织结构，也称"联合舰队"制。

3. 阶段3：国际化战略阶段（1999~2005年）

面对国内白热化的市场竞争和国内外新机遇的出现，海尔集团CEO张瑞敏感到了严峻的市场竞争压力，他认为与国际巨头的竞争就是"与狼共舞"，这就要求海尔必须要创出世界名牌。1997年后，海尔集团在强化其多元化经营战略的基础上，开始加大了对国际市场的开发力度，并于1998年开始全面实施国际化战略，1999年更是被定为"海尔集团国际化年"，欧洲海尔、中东海尔和美国海尔先后揭牌成立，并在巴基斯坦建立全球第2个海外工业园等，国际化战略全面展开。在国际化战略上，坚持"先难后易""出口创牌"的模式，以管理的国际化、服务的国际化实现品牌的国际化，力图突破"国内企业无名牌"的尴尬。

从1999年开始，海尔集团对其业务流程两阶段再造，具体做法是：第一阶段业务流程再造是市场链和SST[即索酬（S）、索赔（S）和跳闸（T）]流程再造，按照规模经济及专业化分工的原则，把原来属于各个事业部的一些职能部门分离出来，整合为独立经营的物流推进本部、商流推进本部和资金流推进本部（如建立海尔国际物流中心、成立海尔集团财务公司），把集团原来的职能管理部门也从事业部中分离出来，整合成独立经营的服务公司（如2005年成立海尔集团公司律师事务部）；第二阶段业务流程再造以组织结构扁平化、管理信息化和网络化为原则，在集团整体范围内建立全员参与市场链并成为创新的SBU（strategic business unit，即战略业务单元）。以订单信息流为中心的业务流程再造使其建立了一种更加扁平化、信息化和网络化的组织结构，基本实现了与客户之间的零距离，从而增强了企业竞争力，提高了组织绩效。

4. 阶段4：全球化品牌战略阶段（2006年至今）

在全球化和世界经济一体化的发展趋势下，海尔集团认识到要在激烈的国际市场竞争中站得住、站得稳，仅依靠"走出去"和"走进去"是不够的，企业还要能够"走上去"。于是在2005年，张瑞敏在"海尔集团创业21周年暨海尔集团全球化品牌战略研讨会"上宣布，海尔集团将启动新的发展战略——全球化品牌战略。该战略的主要目标是以效率打造全球第一竞争力，创立世界级的全球化海尔集团品牌。为此，其在战略上采取了一系列的行动，如以"开放、流动、联合、竞争"为原则，建立海尔集团数字化家电国家重点实验室；为配合集团全球化品牌战略的实施，与英特尔建立联合产品研发中心；加大在新技术领域的投资，开发新产品，如开发不用洗衣粉的滚筒洗衣机。

在此阶段，多元化战略达到了非常高的水平，如在142个2级专利分类码当中，海尔在其中的58个子技术领域都有技术积累（申请了相关专利）。这使得海尔集团除了坚持在传统的冰箱、空调等业务领域进行经营外，还进入了微波炉、电视机、洗衣机和通信等业务领域，并且取得了良好的经济绩效。

2005年，海尔集团创造性地提出了以人单合一为特征的T模式，即"Today，Time，Target，Team"。在T模式管理机制指导下，海尔的企业精神和工作作风从"敬业报国、追求卓越；迅速反应、马上行动"升级为"创造资源、美誉全球；人单合一、速决速胜"，实现了以市场为导向、以用户订单信息流为中心的业务流程创新，既调动内部人员的积极性，又很好地响应外部市场的需求，提升企业绩效。人单合一的发展模式为解决全球商业的库存和逾期应收提供了创新思维，被国际管理界誉为"号准全球商业脉搏"的管理模式。

另外，从2008年开始，海尔在集团范围内推进的自主经营体机制更是一次重大的管理创新。该机制将传统的正三角形金字塔组织结构转变为倒三角（即让正三角形旋转180°，使其底边——员工，直接面对市场，并提出资源需求，而三角形最下面的角——管理者，为员工提供资源）形组织结构；在团队构成和运行上，通过一系列"对赌"机制，将不同部门人员和任务流程的不同环节紧密地联结起来，实现客户价值承诺、资源承诺和流程承诺间的统一。

本书进一步按照海尔品牌战略的转变分析了海尔各阶段主要要素能力，具体如表7.1所示。

表 7.1　各阶段海尔集团的主导要素能力

项目	以卓越质量创名牌战略阶段（1984~1991年）	低成本扩张的多元化战略阶段（1992~1998年）	国际化战略阶段（1999~2005年）	全球化品牌战略阶段（2006年至今）
战略定位	关注质量，产品目标、经营管理和市场营销战略定位在名牌产品上	以资本运营为核心，进行规模扩张和多元化，走集约化经营之路	以产业扩张为基础，构造大、优、强的名牌企业集团，跨地区跨行业资本运营，并实现跨国经营战略	为了适应全球经济一体化的形势，运作全球范围的品牌，跨国资本运营，打造世界名牌和国际著名跨国公司
主要特征	专心于冰箱一种产品，探索并积累了企业管理的经验，为今后的发展奠定了坚实的基础，总结出一套可移植的管理模式	产品多元化，从白色家电进入黑色家电领域，以"吃休克鱼"的方式进行资本运营，以无形资产盘活有形资产，在最短的时间里以最低的成本把规模做大、做强	产品批量销往全球主要经济区域市场，有自己的海外经销商网络与售后服务网络，品牌已经有了一定知名度、信誉度与美誉度	在每一个国家的市场创造本土化的海尔品牌。在全球整合资源，提升产品的竞争力和企业运营的竞争力

续表

项目	以卓越质量创名牌战略阶段（1984~1991年）	低成本扩张的多元化战略阶段（1992~1998年）	国际化战略阶段（1999~2005年）	全球化品牌战略阶段（2006年至今）
体制创新	集体所有制从海尔股份有限公司到青岛海尔集团	青岛海尔股份有限公司上市（1993年）到多元投资主体的海尔集团	按照现代企业制度建立的、科工贸金四大支柱为一体的跨国海尔集团	全球化企业
组织结构	直线职能	事业部制	矩阵	网络型
技术创新	引进德国冰箱技术并消化吸收	二次创新、自主（合作）创新市场的难题才是创新的课题，创新的途径就是创造性的模仿和借鉴	整合全球创新资源，开展创新活动；国际化、超前性、整体性	整合全球资源自主创新，基于全面创新管理的全方位创新
管理创新	全面质量管理	OEC管理[1]	市场链流程再造	人单合一，T模式
文化创新	强调无私奉献，追求卓越	强调敬业报国，追求卓越，关注人文、市场	建立完整的企业文化体系	从单一文化转变到多元文化，实现持续发展
市场创新	靠卓越的质量赢得市场	较强的行动力，注重服务质量和企业信誉的培育	提倡创造价值，找准新的价值增长点，而不打价格战；营销"4P"模式[2]	"走出去，走进去，走上去"。30%以上的利润主要来自母国以外市场；以差异化开创蓝海

1）OEC管理，即overall（全方位）、every（每人、每天、每事）、control clear（控制和清理），被称为"海尔之剑"

2）"4P"模式，即产品（product）、价格（price）、渠道（place）、促销（promotion）

1）技术创新能力

技术创新能力是海尔成功的关键。海尔最初以"引进—消化吸收—再创新"的方式培育技术能力为切入口。经过近三十年的时间，海尔逐步形成了以技术中心为核心的四层次技术创新体系（即技术中心—事业部开发部门—车间技术人员—全体员工）。海尔与国内外著名企业、科研院所通过各种合作方式建立了数十个研发机构。

2）市场创新能力

海尔在从品牌发展到国际化的过程中涌现出许多的市场创新理念，如"只有淡季的思想没有淡季的市场""创新就是要抓住商机""重做蛋糕""打价值战，不打价格战"等。在这些理念的指导下，海尔超越简单的营销"4P"模式，提出自己的一套市场创新方法，其本质可以表述为"创造市场与顾客"。如今，海尔的营销网已经覆盖全国7.3万个乡村，有2.4万个乡镇网点，5 000多家县级专卖店，而月销售额过千万的县级专卖店就达300多家。2009年9月前，通用电气的冰箱还没有进入中国三、四级市场，而"嫁入"海尔营销网络后，三个月就超过了其2008年全年在中国市场的销量，一跃成为外资冰箱品牌的第二名。

3）管理创新能力

从最初的全面质量管理，到后来的OEC管理（日事日毕、日清日高管理法），再到后来的内部市场链和SST机制，每次管理创新都为海尔的发展奠定了坚实的基础管理平台（图7.1）。

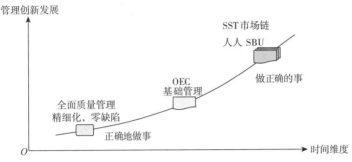

图 7.1　海尔管理创新能力的发展

资料来源：许庆瑞（2007）

4）组织创新

为了适应国际竞争的要求，海尔从传统企业的纵向一体化变成横向网络化，形成企业内部与外部网络相连的结构。传统组织结构强调分工专业化，使得没有人对外向顾客负责。流程再造强调首尾相接、完整连贯的整合性流程取代部门分割的破碎流程，提高市场响应速度，从根本上解决大企业管理效率和适应市场需求的灵活性问题，预防和规避机构臃肿、效率低下、对市场反应迟钝的"大企业病"，实现与用户的零距离接触。

5）文化创新

"企业之间的竞争，最终是文化的竞争。"海尔集团CEO张瑞敏认为，以创新为核心的海尔文化，正是推动海尔转型的强大动力。同时海尔重视营造学习型的文化氛围。海尔集团每周六上午是雷打不动的高级经理人培训时间，所有未出差的各部门中层以上经理人员都要参加，张瑞敏和杨绵绵没有特殊情况会亲自进行培训，内容涉及本周内各部门存在的各种问题，做得不好的经理将受到不留情面的批评，并将在下周汇报整改情况。

综上所述，海尔创新能力的发展综合体现为全方位创新平台上的各要素创新的融合。通过有效利用外力，实现自主开发与借力开发的结合；在世界范围内建立庞大的外部创新网络，对海尔的科研体系形成强大支撑；同时，大力开展群众创新活动，通过整合各部门、全体员工的创新形成海尔创新的坚实基础（图7.2）。海尔实现这一创新体系的构建非一朝一夕之功，而是在坚持走了多年的自主创新之路和"市场设计产品"理念的指引下，才逐渐摸索出这一实现途径。

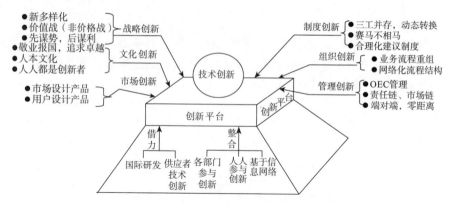

图 7.2　基于全方位创新要素协同的海尔创新体系

资料来源：许庆瑞（2007）

7.3　本章小结

通过上述理论回溯与案例分析可见，基于创新能力构成的要素观，企业创新能力的演进主要表现为两种基本形式：①新核心要素的不断导入；②现有核心要素的不断扩充。现代演化理论认为能力是多要素交互作用的结果，是演化过程的产物。本章基于全面创新管理的视角，丰富演化观在研究企业创新能力中的应用。全面创新管理是以培养核心能力、提高持续竞争力为导向，以价值创造/增加为最终目标，以各种创新要素（如技术、组织、市场、战略、管理、文化、制度等）的有机组合与协同创新为手段，通过有效的创新管理机制、方法和工具，力求做到人人创新、事事创新、时时创新、处处创新。

如上所述，企业创新能力的演进表现为现有核心要素的不断扩充和新核心要素的不断导入两种形式。当企业拥有的创新能力较为薄弱的时候，会以某一种要素能力的培育为切入口，在培育该要素为企业核心要素能力的过程中，企业会根据核心要素发展情况，发展一些非核心要素能力来支撑该核心要素能力的价值实现。这就是通过不断扩充核心要素的方式实现创新能力结构的优化与渐进发展。而当该要素能力发展较为成熟或者给企业带来的边际收益已经达到饱和状态的时候，企业会积极地探寻下一个新的要素能力的发展，从而通过不断导入新要素的方式，实现创新能力的结构调整与核心转移。

初期新发展的要素能力与原有的要素能力之间只是简单的不同职能部门之间的整合，而不是创新协同。到发展较为成熟的时期，不同要素能力之间的协作关系从简单的信息传递转变为基于价值创造或者价值增值的互动关系。上述能力演进过程表现为创新能力的"由薄到厚"和"逐步增补"两种形式，这与Siggelkow（2002）的研究结果相似。Siggelkow（2002）通过案例研究得出组织系统的发展是一个"由薄到厚""逐步增补"的过程。而创新能力作为一个多要素构成的系统能力，其演进过程也表现出了类似的特征。国内学者张军和金露（2011）的案例研究也表明：企业能力的构建是通过一个"点→线→面→体"的"复制→巩固→集束化→差异化→新要素导入"的横纵结合的发展模式，实现创新能力内在结构不断优化、从单一要素到多要素整合的序进发展的结果。

第8章 能力核心进阶规律:从非核心到核心与非核心协同[①]

企业对创新收益的掌控权与企业所拥有的核心技术密切相关。拥有核心技术的企业可以借助专利、技术秘密等保护措施来支配创新收益,同时可以带动企业整体往价值链高端移动,进而更有可能获取更多的创新收益。而生产制造、营销、服务网络等资产是实现核心技术或创新的商业价值所必需的资产。Teece(1986)将这些资产称为互补资产。因此,企业核心技术和互补资产是企业获取创新收益的掌控权的前提要素,也是影响企业创新能力的两个重要因素。

8.1 文献回顾

8.1.1 企业创新能力内涵的演进

创新能力是一个多维度的构念。艾米顿(1998)将企业创新能力的概念界定为创意的形成能力、创意的使用能力、创意商业化能力。Burgelman(1991)指出企业创新能力是支持企业创新战略的一系列综合特征,不但与企业技术能力相关,而且与制造、营销、人力资源管理的能力有关,而后者决定着创意商业化的过程。在此基础上,本书认为:创新能力嵌入创意的形成、开发和利用以及价值实现的整个过程中,是一个多要素能力构成的系统。

创新能力并不是一个静态的构念,会随着企业发展过程中所面临的外部环境变化以及内部发展的需求而呈现出动态演进的特征。基于资源基础观的能力研究强调具有价值的、稀缺的、难以模仿的和不可替代的战略资源和隔离机制是企业竞争优势的来源,是静态的观点,不能解释企业在变化的环境中如何获取未来有价值的资源或者更新现有的战略资源。与资源基础观不同,演化观从组织的社会

① 本章主要内容已正式发表:张素平,许庆瑞,张军. 能力演进中核心技术与互补资产协同机理研究[J]. 科研管理,2014,35(11):51-59.

学及行为特征的视角出发，关注生成的问题，强调企业创新能力是各要素交互作用的结果，是演化过程的产物。张军和金露（2011）通过案例研究发现，创新主导要素类型的变化及不同创新层次迁移决定企业能力动态演化进程。

所以，创新能力的形成和演进是各构成要素积累和彼此间交互作用的结果。由于创新能力嵌入企业创新的整体过程中，核心技术的积累对创新能力的作用已经得到了大量研究的支持，但是有助于核心技术价值实现的互补资产的积累以及核心技术要素与互补资产之间的作用关系对形成和发展组织层面的能力作用的研究却不足。因此，本书重点探寻核心技术与促进核心技术价值实现的互补资产之间如何协同来促进企业创新能力的演进。

8.1.2 核心技术与互补资产的关系研究

依据Teece（1986，1992，2006）的观点，本书认为，与核心技术相匹配，有利于促进核心技术商业化的资产为互补资产。具体而言，互补资产是指有助于实现创新或者核心技术价值的各种资产，如生产制造、营销、服务网络等。Soh和Yu（2010）以是否与市场相关为界限，将互补资产划分成市场互补资产和非市场互补资产。市场互补资产是指本地化市场知识、品牌声誉、渠道管理经验等。非市场互补资产包括研发津贴、税收优惠、与政府的关系等。本书关注技术与市场互动的框架下的核心技术与互补资产的协同问题，因此借鉴Soh和Yu对互补资产的划分方式将互补资产分成市场互补资产和非市场互补资产。

现有对互补资产与核心技术的关系研究主要集中在以下三个方面：①核心技术价值实现的促进要素研究。主要观点是互补资产有利于核心技术的价值实现，如Teece（1986，1992）提出互补资产能促进核心技术的价值实现，是企业从创新中获取利润的源泉。Stieglitz和Heine（2007）指出互补资产对创新收益的独占性有着重要的影响。②基于企业间合作关系建立目标视角探讨核心技术和互补资产对企业成长的意义。企业间建立合作关系通常是为了获取或共同开发企业目前所不具备的，但是对企业发展非常关键的资源或能力。Arora和Gambardella（1990）研究发现，企业与商业伙伴合作，或者与高校、科研院所合作，其目的都是获取互补资产。Rothaemel（2001）通过研究32家大型制药企业组建的战略联盟，发现以获取互补资产为目的建立战略联盟的企业相比于以获取新技术为目的建立战略联盟的企业绩效更好。③基于互补性资产对企业可持续竞争优势的意义的视角，探讨突破性技术创新条件下互补资产对企业竞争优势的保护作用。Tripsas（1997a）研究得出拥有互补资产的企业在面临突破性技术创新时，能避免遭受毁灭性的打击。薛志红和张玉利（2007）认为企业在技术变革中经历了技术劣势后，这种技术劣势转化为商业劣势的程度取决于企业所拥有的互补资产。

综上所述，目前对互补资产与核心技术的研究，更多是基于产业层面通过实证研究互补资产与创新收益之间的关系。虽然有学者分析了企业层面的互补资产能缓冲技术变革带给企业的不利影响，但是没有分析互补资产与企业核心技术存在着什么样的协同关系来促进企业创新能力演进的问题。本书试图在企业层面探寻互补资产和核心技术的协同机理。

8.1.3　研究框架

创新能力是一个由多要素构成的系统，它的形成和演进是各构成要素积累和彼此间交互作用的结果。而核心技术与互补资产作为影响企业创新能力的两个重要因素，它们之间的协同关系对能力的形成和演进有着重要的影响。本书按照学习类型将核心技术的形成过程分成探索式学习和利用式学习两种模式，利用式学习表现为对已有技术的提炼和拓展，探索式学习表现为对新技术的探寻和发现。企业通过利用式学习来深化和升级现有核心技术以保证当前的利润，同时要通过探索式学习探寻新兴技术来保证企业未来的收益。

按照资产与市场的关系，将互补资产分成市场互补资产和非市场互补资产。市场互补资产包括可利用的销售渠道、营销体系、物流网络、品牌忠诚度及基于掌握本土市场知识培育的互补技术。非市场互补资产包括产业政策、财务资产、生产制造系统等。综上所述形成研究框架如图8.1所示。

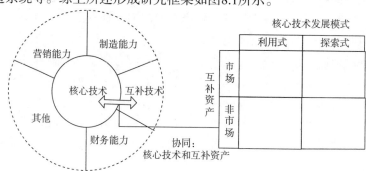

图 8.1　研究框架

8.2　案例研究

8.2.1　背景材料

中兴通讯成立于1985年，以来料加工业务起步。经历30多年发展，中兴通讯现已成为全球领先的综合通信设备解决方案提供商。中兴通讯业务领域包括无线、有线、业务、终端产品和专业通信服务，为全球140多个国家和地区的电信运营商提供创新技术与产品解决方案。2011年，中兴通讯实现全年营业收入862.54亿元，同比增长23.39%，其中国际市场的营业收入占比为54.21%。中兴通讯坚持以持续技术创新为顾客创造价值。它在全球设有18个研发机构，近3万名国内外研发人员。2011年中兴通讯PCT（Patent Cooperation Treaty，即《专利合作协定》）国际专利申请量跃居全球企业第一位，国内发明专利授权量与申请量也均列国内企业第一。1994~2011年中兴通讯的主营业务收入、研发费用以及研发强度见图8.2。

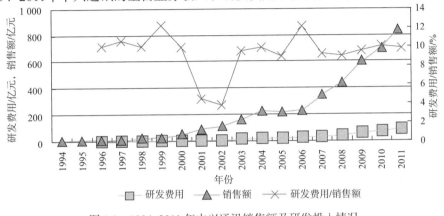

图 8.2　1994~2011 年中兴通讯销售额及研发投入情况

8.2.2　案例各发展阶段分析和结果

以企业核心技术的发展过程为标准，将企业发展分成以下三个阶段。

1. 第一阶段（1985~1994 年）：仿制国外交换机技术

20世纪80年代，我国从农话到国家骨干电话网用的是来自国外7个国家8种不同制式的设备，多制式造成了互联互通的复杂性和通话质量低等问题。该阶段，国家开始大规模建设信息基础。为了改变我国交换机市场严重依赖国外设备的局面，我国政府提出了优先发展通信业的政策来支持民族通信工业的发展。在这样的背景下，中兴通讯从开展来料加工业务转向发展通信产品。

该阶段，中兴通讯主要通过仿制和吸收国外成熟的技术，在既定的技术范式下，结合我国市场的需求，先后开发了"模拟空分小交换机ZX60"（1986年）→"数字程控交换机ZX500"（1989年）→"500门局用机"（1991年）→"2 500门数字用户程控交换机ZXJ2000"（1991年）→"ZXJ10"（1993年）等产品，实现了技术能力的逐步积累。1987年中兴通讯决定开发数字时分程控交换机，为了弥补当时自身技术不足以开发的问题，中兴通讯购买了一台国外20世纪80年代的交换机进行仿制，并与北京邮电大学合作，共同开发500门机型。1989年11月，中兴通讯开发的500门数字时分用户机被邮电部认定为国内具有自主知识产权的国产化第一台数字程控交换机ZX500。以公司在开发数字程控交换机的过程中积累的知识为基础，中兴通讯采用了"以农村包围城市"的战略，从农话市场转向专网市场。

中兴通讯局用交换机、数字用户程控交换机、大容量局用交换机的相继推出且均取得较好的利润有两个主要原因：

（1）产业优惠政策为中兴通讯发展核心技术提供了资源支持。当时我国为了培育和支持民族通信产业制定了一系列优惠政策，如1994年政府取消了进口产品的优惠政策；原邮电部要求"在同等条件下，优选国产设备，提高国产化比例"，并连续举办"国内自主研制开发的程控交换机用户协调会"以促进通信设备制造企业对用户需求的把握。中兴通讯在政策倾斜下获取的非市场互补资产为企业消化、吸收国外成熟技术提供了资源支持。

（2）本土市场知识和互补技术促进了核心技术的价值实现。中兴通讯根据所掌握的市场需求，积极培育互补技术资产，成功推出市场所需要的交换机产品。以ZX500为例，为了解决接口难的问题，中兴通讯通过设置具有丰富的不同制式的中继接口，提供了高性价比的产品，满足了农话端局设备更新改造直接进入数字网的要求。中兴通讯所掌握的本土市场知识以及所培育的互补技术，促进了技术/产品的商业价值实现。

第一阶段核心技术与互补性资产间关系分析归纳如表8.1所示。

表8.1　核心技术与互补资产的关系（第一阶段）

核心技术		核心技术发展模式	
		利用式	探索式
互补资产	非市场	政府的优惠政策为核心技术的发展提供了资源基础	
	市场	从农话市场转向市话市场的过程中，中兴通讯注重对市场需求的把握，同时根据市场需求开发相应的互补技术，这两者共同促进企业商业价值的实现	

2. 第二阶段（1995~2003年）：引进、消化、吸收第二代移动通信技术

该阶段，国际电信巨头在交换机等成熟产品领域不惜成本进行倾销，导致国内的通信设备商的固网市场利润受到冲击。而且，我国通信产业的重组使得通信设备制造商必须考虑客户（运营商）今后的发展方向。所以，中兴通讯开始探索除交换机产品外的其他业务领域。1996~2000年是中兴通讯多元化战略的探索阶段，确定了企业未来发展的三大业务领域，包括移动、数据和光通信。但后来行业发展并没有大规模启动数据通信和光通信市场，呈现出固话通信向移动通信转型的特征。

中兴通讯进入移动通信领域时，主要是在已经确立的主导设计下，通过"引进—消化—吸收—再创新"的过程学习国外2G标准下的成熟技术。中兴通讯从1995年开始跟踪（欧洲）2G的GSM（global system for mobile communication，即全球移动通信系统）和CDMA（code division multiple access，即码分多址）（美国

高通）标准。中兴通讯的一位中层管理者说："最初的时候，拿来标准对着标准做，然后看看哪里需要改进。可以打这样一个比方，以前这一块地上别人已经种了很多树，我们进来以后会参照这些树去做，但是我们会在底下种很多草，以小改进的方式学习和掌握技术。"中兴通讯正是通过模仿国外领先企业爱立信，采取"先期跟踪、弹性投入"的策略，以利用式学习的方式不断地积累在移动通信方面的核心技术能力，先后推出了移动通信领域的GSM、CDMA等系列产品。

随着中兴通讯从单一的交换设备制造商向多元化产品提供商转变，必然要求在多个技术领域投入研发费用，同时在技术的商业化过程中也需要大量的资金投入。因此，中兴通讯于1997年在深圳证券交易所上市。中兴通讯的成功上市为企业发展提供了一种直接融资的渠道。中兴通讯通过上市等方式培育的财务资本有效地满足了公司生产经营活动对资金的需求，有力地保证和促进了公司技术研发和产品市场化等方面工作的顺利进行。

而在技术的研发和价值实现过程中，中兴通讯强调技术与市场的融合。中兴通讯的一位高管指出，"中兴通讯的竞争能力既不是单纯的技术研发能力，也不是单纯的市场能力，而是技术与市场结合的能力"。中兴通讯总裁侯为贵规定了公司管理层的"50%原则"要求，即50%的时间必须用于深入市场，与客户交流。而且，中兴通讯建立了三大客户服务支撑平台——全球客户支持中心、培训中心、维修/返修中心，为用户提供专业化、个性化的服务。全球客户支持中心由四个产品子中心（包括CDMA产品、GSM产品等）、48个处理子中心以及多个现场子中心组成，为客户提供及时的技术支持和现场排障服务。这三大客户服务支撑平台会把客户反馈回来的意见定时形成专项报告反馈给相关产品事业部的经理，为产品的下一步改进提供建议。

第二阶段核心技术与互补性资产间关系分析结果归纳如表8.2所示。

表 8.2　核心技术与互补资产的关系（第二阶段）

核心技术		核心技术发展模式	
		利用式	探索式
互补资产	非市场	通过寻求上市等方式为企业消化吸收国外技术提供资金支持	
	市场	注重市场互补资产的培育，制定了"50%"的原则；建立了较完善的客户服务体系，促进核心技术商业价值的实现，并将客户反馈信息传递给产品开发部门，为下一步改进产品提供建议	

3. 第三阶段（2004 年至今）：通过自主创新开发新一代移动通信技术

该阶段，中兴通讯的业务面临着固网产品已经进入饱和期，而移动网络产品也处于成长期后期的困境。开发新一代的移动通信技术成为中兴通讯未来业务价值潜力的主要来源。

通过对2G标准下的技术学习，中兴通讯已经培养了一批研发人员，积累了一定的核心技术能力。2012年，中兴通讯的一位中层管理者指出，"1G时代我们是看着别人跑，2G时代是跟着别人跑，3G时代是一块跑，4G时代我们希望领着跑"。该阶段，中兴通讯通过探索和开发新一代的移动通信技术，实现了从跟随者向领先者的转变。中兴通讯核心技术的发展主要体现在以下两个方面：

（1）参与制定国际标准。中兴通讯在WCDMA（wideband code division multiple access，即宽带码分多址）、CDMA2000和TD-SCDMA（time division- synchronous code division multiple access，即时分同步码分多址）的技术标准制定中均有参加，尤其是在我国提出的3G标准——TD-SCDMA，中兴通讯拥有标准起草权。2001年中兴通讯开始在TD-SCDMA上预研，并和中国移动集团合作共同开发了3G技术的商用小型化智能天线技术、"Iur-g"技术等。随后，中兴通讯开始探索4G标准，加大在LTE（long term evolution，即长期演进）上的研发投入，并开始研发TDD-LTE（time division duplexing-LTE，即时双分工长期演进）产品。通过对3G和4G核心技术的探索式学习，中兴通讯在原先积累的核心技术能力基础上发展了新的技术能力。

（2）推出系统设计架构。2004年，中兴通讯向全球发布了第一个由我国自主研发的基于CDMA2000的全球性数字集群标准——GoTa，并针对GoTa的各个技术点申请了70多项专利，形成了严密的知识产权保护网络，开创了我国通信设备制造企业向国际知名厂商专利授权的先河。

在上述核心技术的发展过程中，中兴通讯得到了政府政策的大力支持。我国政府意识到通信产业的核心竞争力提高必须得通过自主创新，因此提出了TD-SCDMA标准（TD标准在2000年获国际电信联盟认可成为3G标准之一）。随后，国家为了推动TD-SCDMA产业化，组建了TD产业联盟。在国家力量的支持下，中兴通讯等企业作为产业联盟成员凭借自身拥有的较强的制造能力、营销能力等互补资产，获取了大唐研发的3G标准下的核心技术。此外，国家还出台了支持TD-SCDMA发展的政策，包括财政支持、项目支持、网络建设、产品研发、业务应用和产业发展等。该阶段，在政府政策的支持下，中兴通讯不仅获取了研发新技术所需的资源，还把握住了向合作伙伴学习核心技术的机会。

中兴通讯TD-SCDMA和TD-LTE的产业化过程，除了得益于政府政策的支持外，还与其现有的互补资产和通过合作形式共同培育的互补资产密切相关。我国加入世界贸易组织后，进入我国市场的国外企业越来越多，中兴通讯凭借自身的互补资产所形成的议价能力，与国内外企业建立战略联盟共同培育新技术产业化所需的互补资产。2005年5月中兴通讯与爱立信建立TD-SCDMA战略联盟，共同开发解决方案促进TD产业化。此外，中兴通讯还与全球领先运营商共同建设10余个联合创新中心，以便更好地把握市场需求和客户体验，获取市场成功。除了建立战略联盟共同培育市场互补资产外，中兴通讯还凭借自身所掌握的互补资产所带来的议价能力与科研院所等单位合作，整合科研院所的预研能力与中兴的产业化能力，促进无线、有线等业务领域合作项目的实施。最后，中兴通讯整合自身的互补资产优势，设立了创业投资公司用来支持IT和泛IT领域的新技术发展，为公司未来进入新领域做准备。

第三阶段核心技术与互补性资产间关系分析结果归纳如表8.3所示。

表8.3　核心技术与互补资产的关系（第三阶段）

核心技术		核心技术发展模式	
		利用式	探索式
互补资产	非市场		政府的政策支持（专项资金支持、优惠政策等）为核心技术的探索式学习提供了资源支持，同时在国家力量下形成的TD产业联盟为中兴通讯学习合作伙伴的技术提供了机会
	市场		凭借现有互补资产所带来的议价能力，获取与科研院所、同行企业合作开发新技术的机会；以战略联盟的形式共同培育市场互补资产，促进核心技术的商业化；整合自身互补资产优势，设立中兴通讯创业投资基金管理公司来捕捉本产业或相关产业出现的新技术机会

中兴通讯上述三个发展阶段的核心技术与互补资产的协同关系归纳如图8.3所示。

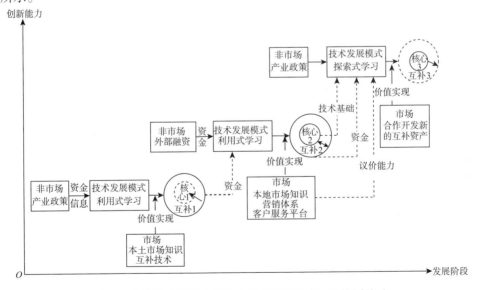

图8.3　创新能力演进中的核心技术与互补资产的协同关系

核心1：阶段1所掌握的程控交换机技术；核心2：阶段2所掌握的2G（CDMA、GSM等）核心技术；核心3：阶段3所掌握的3G（CDMA2000、TD-SCDMA、WCDMA等）核心技术，如基于CDMA2000的全球性数字集群标准GoTa；互补1：支持民族通信产业发展的优惠政策、本土市场知识、互补技术；互补2：寻求上市等外部融资渠道、本地市场知识、营销体系、客户服务体系；互补3：支持3G、4G的产业政策以及为发展新核心技术与合作伙伴共同开发的互补资产

图8.3描述了中兴通讯基于核心技术与互补性资产之间动态协同推动企业创新能力演化升级的过程，分析得出中兴通讯的能力演进主要经历了三个阶段。第一阶段是以互补资产为主导的企业创新能力演进，表现为由"外围"向"内核"发展的过程。第二阶段是在第一阶段积累的互补资产基础上，重视核心技术的发展，同时也注重在企业内部培育实现技术商业化所需的互补资产，表现出两者共同发展促进企业创新能力演进的特征。第三阶段是在前期培育的互补资产的基础上，注重对新技术的探索式学习，形成以发展新技术为核心，通过合作形式开发外围互补资产的能力演进形式。

上述三个阶段中，企业的核心技术与互补资产两者的关系有不同的表现形式。具体而言，中兴通讯最初踏入通信产业的时候创新能力薄弱，首先通过获取或培育互补资产来促进核心技术能力的发展并实现核心技术商业价值，表现为：

（1）获取非市场互补资产，如产业优惠政策的推动、外部融资渠道的拓展，为发展核心技术提供信息和资源。

（2）培育内部市场互补资产来实现核心技术的商业价值，同时内部互补资产，尤其是市场专用互补资产可作为企业重要的战略性资源，起到设置壁垒来保障自身持续的创新收益的作用。

随着产业环境的不断变化，企业基于先前积累的核心技术能力和丰富的互补资产，积极地开展探索式学习来发展新的核心技术，并根据新核心技术的发展需要不断地开发新的互补资产，表现为：

（1）利用非市场互补资产（产业政策）为开发新的核心技术提供学习机会和资源基础。

（2）凭借现有的互补资产所带来的议价能力，获取与外部合作伙伴共同开发新技术的机会。

（3）根据新核心技术的发展需要，与合作伙伴建立战略联盟共同开发互补资产来促进核心技术的价值实现。

8.3 企业创新能力成长的实证分析

浙江大学创新与发展研究中心（Research Center of Innovation and Development，RCID）课题组通过调查浙江省、山东省、福建省等地区的中小企业，总共收回问卷741份，剔除不完整的问卷以及填写明显有偏差的问卷，最后得到374份有效问卷。本书对这374家企业的全面创新情况做了初步的分析。

表8.4说明了我国中小企业在市场长期响应能力（注重与顾客、供应商的长期关系）、文化能力（包括学习型文化能力、创新型文化能力）等，都属于辅助/互补能力。这些能力的高分，反而说明了中小企业对自己那些技术、制造、市场能

力等核心能力评价并不高，这也是中小企业目前全面创新能力中的薄弱环节。

表 8.4　中小企业全面创新能力的描述性统计（总体样本）

能力名称	样本数	均值	标准差	均值排序
市场长期响应能力	374	6.031 6	0.833 45	1
学习型文化能力	374	5.772 3	0.957 01	2
创新型文化能力	374	5.670 2	0.905 14	3
组织跨界面管理能力	374	5.578 1	0.960 38	4
技术能力	374	5.553 4	0.922 53	5
战略能力	374	5.526 6	0.943 21	6
市场短期响应能力	374	5.515 2	0.935 12	7
制造能力	374	5.433 6	1.014 41	8
组织流程能力	374	5.353 1	1.148 46	9

资料来源：Xu等（2012）

　　本书进一步分析了处于不同发展阶段的中小企业，其核心能力与辅助/互补能力的发展情况。研究发现处于不同发展阶段的中小企业，它们的主导要素能力是不同的（表8.5）。

表 8.5　不同发展阶段企业主导的要素能力

初创期		发展期		成熟期	
基础要素能力	均值	基础要素能力	均值	基础要素能力	均值
市场长期响应能力	5.650	市场长期响应能力	6.056	市场长期响应能力	6.250
学习型文化能力	5.512	学习型文化能力	5.823	技术能力	5.881
创新型文化能力	5.366	创新型文化能力	5.724	学习型文化能力	5.830
组织跨界面管理能力	5.147	组织跨界面管理能力	5.630	制造能力	5.804
市场短期响应能力	5.083	战略能力	5.597	战略能力	5.790

资料来源：Xu等（2012）

　　处于初创期和发展期的企业，辅助/互补能力（如市场长期响应能力、学习型文化能力、创新型文化能力）的得分较高，而组织流程能力和核心能力（如制造能力和技术能力）的得分最低。

　　处于成熟期的企业，市场长期响应能力、技术能力、学习型文化能力和制造能力的得分较高，而组织流程能力、市场短期响应能力、创新型文化能力的得分较低。说明随着企业发展不断成熟，相对于其他能力维度而言，技术能力和制造能力维度受到更多的重视，需要更大的提高。

　　初创期和发展期企业的能力比较分析：经过t检验发现，发展期企业和初创期企业在以上9个能力上存在显著性差异，且处于发展期的企业比初创期的企业有着更好的表现，两者特别是在制造能力、战略能力、组织流程能力和技术能力等维度上差异最大，而在学习型文化能力、创新型文化能力、市场长期响应能力上差异最小。这说明随着企业发展，企业开始意识到核心能力与战略能力及组织能力协同发展的需要。

发展期和成熟期企业的能力比较分析：经过 t 检验发现，发展期和成熟期企业仅在制造能力和技术能力上存在显著差异，且处于成熟期的企业比发展期的企业有着更好的表现。这说明随着企业发展成熟，可能具有更多的资金用于购置与更新设备，招募技术人员进行研究开发。

8.4   结 论

对后发企业而言，互补资产的培育通常先于核心技术的发展，两者之间呈现出相互匹配、协同演进的特征。因而，企业创新能力演进呈现出以开发互补资产为切入点，先发展辅助/互补能力，再到核心能力与辅助/互补能力协同的过程。

现有对企业成长的研究多强调发展核心技术、培育核心能力的重要性（Barney，1991，1995），忽视了互补资产以及互补资产与核心技术的协同对企业成长的意义。本书研究发现，后发企业通常以培育互补资产作为切入口，充分应用现有的互补资产为技术的发展提供机会和资源，促进核心能力的成长。而核心能力的成长又会加强对现有互补资产的应用，提高现有互补资产的价值。两者之间呈现出相互匹配、协同演进的特征。

当企业核心技术能力较弱的时候，首先通过培育或者获取互补资产进入相应的技术领域。若企业所拥有的互补资产具有稀缺、有价值、难以模仿、不可替代的特征，则其本身就表现为企业重要的战略性资源（艾米顿，1998；Burgelman，1991），是企业竞争优势的重要来源。在此过程中，企业一方面凭借互补资产的优势获取向其他企业学习核心技术的机会，另一方面将获得的创新收益投入核心技术的研发过程中，为企业积累核心技术能力提供资金支持。当企业积累了一定的核心技术能力和互补资产，开始探索新的核心技术时，会更多地利用先前培育的互补资产或者以合作形式开发新的核心技术商业化所需的互补资产。因此，核心技术与互补资产之间呈现出相互匹配、协同演进的特征。由此可见，后发企业在技术追赶过程中，创新能力的构建与发展整体上呈现出能力核心的转移与进阶特征，呈现出从非核心能力逐渐发展演化为核心能力并与非核心能力协同发展的进阶规律。

第9章 基于序进律的企业创新能力提升机制研究

企业创新能力循序渐进的发展是企业在较长一段时间内通过组织学习活动不断地积累知识的结果，而其循序渐进的发展与企业家的支持作用、全员学习以及企业家与全员在统一目标下的协同作用密不可分。因此，本章从领导机制和学习机制两方面，探讨提升企业创新能力的机制。

9.1 领导机制

9.1.1 企业家与企业创新之间关系的研究现状

企业家（entrepreneur）最初源于法语，意思是敢于承担责任的人。坎蒂隆（Catillon）最早在其著作《商业性质概论》一书中将企业家引入经济学领域，认为企业家是"按照固定价格买下来，按照不确定价格出售"的风险承担者。Say（1803）在继承坎蒂隆观点的基础上，对企业家职能的界定做了拓展，认为企业家的职能是组织资本、劳动、土地等各项生产要素实施生产，突出了企业家的"协调者"角色。上述这些古典的企业家理论的代表学者均强调了企业家是风险承担者和资源协调者。

随着企业家理论的发展，Knight（1921）正式将企业与企业家联系在一起，开创了企业的企业家理论。Knight认为企业家是"在高度不确定的环境中进行决策并承担决策后果的人"，强调了企业家的决策者和风险承担者角色。科特认为，企业家的主要职能便是带来建设性或适应性变革。企业家应有一种长期的注重未来的倾向，以提供一种超越下属短视行为的意识，而管理者则注重短期目标，注重自己部门和集体日常问题的解决（Gardner，1986）。Schumpeter（1934）将企业家与创新联系在一起，他认为企业家是对生产要素进行新的组合，建立新的生产函数的人。企业家在追求利润目标的初衷下，对旧的市场均衡体系进行"创造性的破坏"从而推动经济的发展。英国苏塞克斯大学科学政策研究所的沃尔什等根据熊彼特的理论提炼出企业家创新模型，即熊彼特模型Ⅰ，该模型强调企业家整合生产要素实现创新的作用（图9.1）。

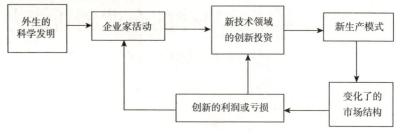

图 9.1　熊彼特企业家创新模型

资料来源：Rothwell和Zegveld（1985）

　　Kirzner（1978）提出企业家要能敏锐地感知外部机会，并能够及时、准确地抓住市场获利机会。而机会的感知、捕捉和利用的过程正是企业开展创新的过程。Drucker（1985）在《创新与企业家精神》一书中指出真正的企业家能不断创新，能发掘资源并赋予资源一种新的能力，把它转化为财富。

　　综上所述，本书认为企业家拥有经营决策权，承担经营决策风险；具备丰富的企业管理经验与能力；具有创新精神、敬业精神、合作精神；能够在不断变化的市场环境中敏锐地发现、把握、应用机遇；不断地学习。并且企业家与创新是紧密相关的，企业家核心的职能是创新，创新的开展和有效实现离不开企业家的作用。

　　企业家作为企业创新与变革的代理人。无论是渐进性创新，还是根本性创新，企业家一般都被认为是推动创新、领导变革的关键因素（Collins et al.，1989）。目前学者们在研究企业家与创新之间关系时，采用了不同的研究视角对创新过程中企业家的作用展开了研究，大致可以分成两类：

　　（1）从企业家人力资本的视角，探讨企业家人口特征和个体心理特质等方面对企业创新的影响（Kirzner，1978；Alam et al.，2011；贺小刚，2005），包括风险容忍（Barron and Harrington，1981）、经验的开放性（openness to experience）、自信（self-confidence）、创造力（West and Wallace，1991）、独立性/自主性（Shane，2003；Cromie，2000）、主动性（Seibert，2001）、机会识别（Alam，2011）等企业家特质。

　　而高层梯队理论（upper echelons theory）是支撑企业家人力资本要素与企业创新关系的重要理论基础。Hambrick和Mason（1984）开创了高层梯队理论，认为企业高层管理者是影响企业发展的核心因素。早期围绕高层梯队理论展开的研究大部分是利用可以直接观测的人口特征学变量作为代理变量来研究企业高层管理者对企业成长的贡献。后期研究对高层梯队理论做了发展和延伸，研究层面从企业高层管理者个人的研究拓展到了企业高层管理者团队。尽管高层梯队理论为解释企业成长和企业创新提供了一些新的思路与方法,但它过于强调企业家个体或者团队的内在心理特质,忽视了企业家外部社会属性的理论倾向(巫景飞等,2008)。事实上,任何一位企业家都是社会人,处在一定的社会关系网络中,而嵌入这些社会关系网络中的企业家社会资本毋庸置疑是影响企业发展的重要因素。

(2)从企业家社会资本的视角来分析企业家在促进企业创新中的作用(Li and Zhang,2007;Kemper et al.,2011;Shu et al.,2012)。早期对企业家的研究指出,企业家开展工作所处的社会情境是横跨组织边界的(Barnard,1938)。企业家相比于企业其他员工要花费更多的时间、精力和资源来建立与商业伙伴和政府部门的关系(Acquaah 2007;Peng and Luo,2000),而企业家的这种边界扫描活动以及与外部组织/机构之间的交互行为产生了企业家的社会资本。企业家社会资本通过拓宽企业获取外部资源的渠道(Landry et al.,2002)、更快地发现外部机会(Dyer and Singh,1998)促进企业培育和发展创新能力,提高企业的竞争力和绩效。近年来,从社会资本或社会网络视角研究企业家对企业的贡献逐渐成为学者们关注的焦点。

以下主要从两个方面探讨企业家对企业创新能力的影响机制:

(1)企业家构建的外部社会网络为企业培育创新能力提供了资源和信息基础。

(2)培育企业内部的企业家精神,为企业培育创新能力提供了良好文化氛围。

9.1.2　企业家社会资本为企业培育创新能力提供了资源和信息基础

中国企业技术创新活动从一开始就面临着创新资源的约束。调查显示,民营企业创新的资源制约主要有缺乏技术人才、缺乏创新资金、缺乏市场信息以及难以获得合适的技术等(张杰等,2007;彭泗清,2013)。在面临内部创新资源约束下,企业如何有效地获取、整合、吸收、利用外部创新资源?根据社会资本的资源观,社会资本在很大程度上影响了企业能否及时而准确地获取信息、知识和其他互补的资源(Hagedoorn,1993)。

企业家通过与不同机构之间建立社会关系,然后通过不同社会关系慢慢形成一个关系网络,并运用自身与政府、各种行业协会、银行机构、商业伙伴、用户等建立的社会网络,有效地获取企业内部所缺乏的技术人才、创新资金、市场信息、合适的技术等,从而作用于企业创新能力的提升。随着全球化竞争的日益加剧和知识经济的不断发展,我国企业需要通过创新来增强竞争力。基于上述内容,本小节内容尝试着揭开企业家社会资本对企业创新能力提升的影响机理。

企业家作为企业与外部组织之间的重要桥梁,对企业获取外部创新资源有着重要的影响。企业家的工作嵌入跨组织边界的社会情境中(Barnard,1938),其大约50%的工作时间和精力花在跨组织边界扫描并和外部行为主体交流上（Mintzberg，1973）。而企业家的这种边界扫描活动以及与外部组织/机构之间的交互行为形成了企业家社会网络。通过与供应商、顾客、同行企业及科研院所等机构建立网络关系，企业获得创新所需的资源和信息的机会与能力会随之增强（邬爱其和贾生华，2007）。石秀印（1998）认为，企业家作为企业与社会环境的关键节点，必须有能力为企业获取所需的资源，包括政府行政与法律资源、生产与经营资源、管理与经营资源、精神与文化资源等。

此外，我国企业正处在经济转型背景下。转型经济有两个特征：①制度不确定性；②强调非正式的人际关系的作用（Luk et al.，2008）。中国的转型采用的是"渐进主义者"的方式，政府在推进重点项目或者支柱产业中有着重要作用。渐进式的转型背景中会存在制度的不确定性问题，而该问题在一定程度上会激励企业家通过建立关系网络弥补制度上的缺失带来的信息不对称性（Pfeffer and Salancik，1978；Powell，1990）。因此，在转型经济的背景下，企业家社会资本能够缓冲制度不确定性给企业成长带来的不利影响。

企业家社会资本对企业创新能力的培育和提升的作用体现在：

第一，获得关键资源。创新活动的开展需要投入大量的资源，因此获取企业发展所需的关键资源至关重要，这些资源包括市场、技术、资金、知识等，企业家的社会资本在获取企业所需关键资源方面作用十分明显，这些资源也包括政府和政策支持。企业家社会资本是企业家的信息通道，它不但为企业家提供非正式渠道的信息，而且也成为正式渠道的信息来源。在传统的科层组织结构或计划经济下，正式渠道的信息传递速度慢、效率低，企业家处于信息短缺状态。在市场经济下，由于信息资源本身具有外部性、不确定性等特征，市场对其配置也常处于失灵状态，从而使企业家处于逆向选择和道德风险的不利境地。大量事实表明，作为制度存在的网络是信息资源配置的有效机制。即使在今日的信息时代，所谓爆炸的信息只有经过收集、筛选、甄别、储存和传输才成为企业家的信息。而在企业家网络中，网络提供的信息比未处理信息更准确、更快捷、更稳定；企业家借助于外脑完成了从信号到信息的转换，使其迅速感知环境变化并做出反应，可以改变企业家的思维方式，融合多人或多个团队的想法，产生一个深思熟虑的协调结果。

第二，企业家社会资本有助于促进组织知识创造。知识分为隐性知识（tacit knowledge）和显性知识（explicit knowledge），隐性知识是形成竞争力的关键要素，但是隐性知识不是通过市场交易获得的，需要通过"密切接触"来获得，企业家社会资本帮助企业家加强知识的共享和合作，尤其是隐性知识的传递，从而获得新的想法，促进企业创新。此外，企业家社会资本的价值实现有赖于信任机制的作用，这种机制使企业将内部员工与外部的行为者（供应商、用户、科研院所等机构）联系起来，通过知识共享与知识组合，产生新的创新思想，进而促进企业创新。

第三，企业家社会资本节约交易费用的功能（Peng，2004）。从一般交易发生的过程来看，市场交易要产生发现对象、发现价格、讨价还价、订立契约和执行契约等的时间、精力和费用（赵文红，1999）。其中在实际经验中更多是认知分歧带来的信息沟通费用，企业家社会资本有可能节省信息收集、寻价费用；网络成员之间的交易也因相互之间的信任、长期合作而节省讨价还价、契约制定和执行的费用。

以信雅达系统工程公司为例，企业家构建了良好的外部网络关系来促进企业创新机会的挖掘和利用。一方面，企业家积极收集外部需求信息，并对客户的需求进行分析。企业家主要从顾客需求的强烈程度、可复制性以及投入产出比等几个方面来做出新产品研发决策。公司负责技术的毛经理指出，公司为中国石油和中国石化提供面向单据影像的产品（加油站单据），而最初收集到这个需求信息源于他与中国石化高管在前期合作的基础上建立了较好的网络关系，在某一次与中国石化上层交流时，对方聊到大量单据难以处理的问题，毛经理就想到了公司电子影像票据系统（应用在金融领域）可以提供类似的服务，于是后期根据客户的需要，针对应用领域的不同做了一些改进工作。

另一方面，企业家注重与风险投资公司和政府部门建立联系，为公司开展创新活动提供信息和资源基础。公司程经理指出，目前公司接触最多的是风险投资和政府。风险投资包括对公和对私，对公是指有些公司概念平台，而对私主要是与同学、朋友聊天的时候会了解目前风险投资感兴趣的产品方向。

此外，信雅达系统工程公司与政府部门建立了较好的关系，为企业提供了即时、准确地获取政策信息的渠道。截至调研结束的2014年，董事长郭华强曾经和正在担任的社会职务有浙江省软件行业协会副理事长、浙江省高新技术产业化促进会第一届理事会常务理事、杭州电子工业学院（现杭州电子科技大学）兼职教授。企业家兼任的这些职务为公司储备战略性人才和获取外部资金、信息等资源支持提供了一定的支撑。

9.1.3 培育企业家精神，塑造促进创新能力培育的文化

企业家在开展创新活动的过程中至少面临三方面的风险：一是来自技术本身的风险。一项新技术经历的"研究→开发→市场化"整个过程，少则一两年，长则十余年，在技术开发的整个过程中会由于技术本身的复杂性、先前技术知识积累不足或者其他相关条件预判失误等因素，最终创新失败。二是动荡的市场环境给创新带来的风险。当某一项技术成熟开始走向市场时，瞬息万变的市场环境有可能导致该技术错过进入市场的有利时机而使创新失败。而且即便是新产品成功推向市场后，创新的风险依然存在。竞争者的模仿行为会对企业新产品造成冲击。

另外，替代品的出现也会在一定程度上削弱新产品的竞争力。三是外部制度环境带来的创新风险。当外部制度环境发生变化时，企业无法通过自身的经营努力来化解此类风险。

但是，企业不能为了规避风险而不去开展创新活动。巨大集团董事长刘金标曾经强调，"没有永远的客户，只要想永续经营，你就必须转型，不能一直死守代工制造，死守只会令经营陷入困境，长期代工，赚饱了荷包，却丧失了市场信息的掌握能力。两岸的制造、必须转型为具备坚强制造能力的行销公司"（刘金标和张敏，2004）。万向集团副总、万向美国公司总经理倪频谈到转型时，说："我并不是说靠劳动力卖产品不好。每个阶段都有客观存在的合理性。但是，从决策层的角度讲，你要稍微看得远一点，你要领导你的公司往下一个方向走。劳动力成本低是一个临时的手段，不是一个目的。劳动力成本总要上升。劳动力密集型的制造会向劳动力成本更低的其他地方转移。"因此，企业家的创新精神以及自创品牌的强烈意愿对企业培育创新能力和拓展新的领域起着关键作用。

企业家的创新精神又被称为企业家精神，通常表现为超常的胆识、敢冒风险、勇于打破常规、对潜在商业机会敏锐的识别能力和超强的组织管理与控制影响能力。Schumpeter（1934）认为企业家精神是一种经济上的首创精神，即创新精神。Kirzner（1973）指出企业家精神就是抢先抓住新的机会的能力。认识到机会并抓住机会可以"矫正"市场，把市场带回平衡状态。Drucker（1985）指出企业家精神是寻求变革，对变革做出反应并将其作为机会予以利用的精神。学者们从不同的角度对企业家精神的内涵做了精辟阐述，但这些定义中包含着一些共同点，即普遍意义上的企业家精神。企业家精神体现在以下几点：创新性；承担风险和挑战不确定性；机会敏感性；宽容和合作精神。

企业家通过自身的企业家精神的影响力，以企业共同的价值观为基础，把自己的精神移植到企业塑造成企业文化。创新型文化是指鼓励冒险、鼓励创新性思维、容忍失败的文化，在这样的文化氛围下，员工愿意冒着适度的风险进行创新，发挥非企业家的企业家精神。以中新力合公司为例，该公司从成立至今一直重视创新文化建设，鼓励员工去尝试，容忍失败。公司在正式成立之初同民生银行合作开展转按揭业务，在员工没有相关营销方面经验的情况下，公司董事长陈总鼓励员工说："先尝试，做了以后才知道行还是不行，因为没有做之前谁都没说这个不行。"虽然事后证明员工采取的方法是不可行的，但陈总觉得这没有什么，这些尝试性努力是为了将来的成功。

9.2 学习机制

动态能力的主要观点就是认为企业是知识的集合体，企业的竞争力来自知识的积累和学习。组织学习是企业在持续进行的内外部信息交流中努力改变或者重新设计自身以适应不断变化的环境的过程，其中最主要的是对知识的搜集、整理、应用，以改进和保持企业的竞争优势和创造能力。组织学习是围绕组织知识所采取的各种行动，包括知识获取、积累、传播、使用和创造，最终目的是形成企业创新能力，保持企业竞争优势。

9.2.1　企业高管学习行为有助于促进企业学习氛围的形成

企业高管学习包括了企业高管感知、获取和使用机会、资源的认知过程和行为过程（崔瑜和焦豪，2009）。对于企业高管学习的特点有两种不同的看法：一种观点认为企业高管学习是非线性和非连续性的，主要是对关键事件的学习（Deakins and Freel，1998）；另一种观点认为企业高管学习是一种连续的过程，是组织持续不断地积累必要的知识以管理企业经营活动的过程（Politis，2005）。这两种观点表面上看似矛盾，事实上企业高管在具体经营实践中逐步吸收和积累知识的行为既遵循一定的规律即具有某种必然性，也会随着主客观条件的变化而具有偶然性，某些关键性事件或重大事件的发生会促使企业家的学习过程和学习能力发生转折性的变化。企业高管的学习对象非常广泛，包括竞争对手、中介咨询专家、合作者以及朋友等（魏江等，2005）。

企业高管的学习既是知识获取的过程，也是知识复制及传播过程。企业高管在组织学习的过程中占据了主导地位，不但通过自身的学习充实了管理知识、提高了管理能力，而且在"干中学"和不断积累的知识和资源基础上所做出的决策是企业独特性竞争优势的重要源泉。企业家通过制定组织的学习导向，增强了组织吸收知识的能力，而企业吸收知识的能力就是创新的源泉（Zahra and George，2002）。

例如，海尔从一个年亏损147万元的小厂，经过20多年的发展成为一个年销售额达1 500多亿元的跨国企业，其成功的秘诀是海尔人做事情的态度和不断学习的精神。每当海尔兼并一家新的企业时，首先进入该企业的不是技术人员而是海尔文化中心的员工，可见海尔公司是一家注重学习的企业，是一家学习型企业，而海尔良好学习能力和氛围的形成与张瑞敏不断学习、引导和示范密不可分。

9.2.2　组织学习对企业创新能力的作用

组织学习是使企业的个体能力向组织能力转化，最终形成核心能力的必要手段，也决定了企业的异质性，因而构成竞争优势的源泉。学习的过程包括知识管理的过程，对知识管理的促进方法包括加大对知识管理的资金投入，如企业内部培训，送员工出去学习以及组织员工内部学习、交流等和建立信息平台、知识库、数据库等来支持企业内的知识管理活动。此外，应该鼓励从市场和客户处获得信息和知识。

以A公司为例，该公司非常重视员工的学习。每月中旬的第一个星期六为学习成长日，由公司内部或外部的老师讲课学习。除此之外，公司经常安排各类人员的内训，形式多种多样，包括外派、自学、学历教育、技能培训、E-learning、课堂学习等，而且公司还注重培养员工的团队学习精神。例如，公司每年举办的全国销售精英培训班，除了请老师讲课外，还特别安排了演讲和无领导小组讨论两项内容。按照规定的演讲要求，学员们在10分钟以内围绕销售、市场方面的内容展开演讲，考验的是学员们的语言表达能力、时间掌握能力和对市场的理解能力。无领导小组讨论则是设定角色和讨论的内容，学员们在开放的环境下进行自由讨论并最终达成一致的结果，旨在锻炼学员们沟通、团队合作、领导和协作能力。经过这种体验式培训，学员们在有限的时间里快速进入角色，在相互交流、相互学习中分享成长的经验，并在唇枪舌剑中与高手过招，受益匪浅，从而通过学习和知识共享提高了自身能力。为了建立知识共享机制，公司在2008年启动了知识管理系统，以实现与办公自动化系统、E-learning系统、数字化设计与制造等子系统的集成，并建立基于信息化的知识学习平台，促进企业内外交流和团队学习。

此外，以浙江瑞德设计公司为例，该公司提出"一切从学习开始"，认为学习是摆在瑞德设计师面前最紧迫的日常性任务。为了鼓励学习和知识交流，公司组织了"每周一设想"（从2008年8月18日开始"一日一设想"，2009年4月13日调整为"一周一设想"）、读书会、体验式培训等活动。以"每周一设想"为例，公司成立了23个学习团队，每个团队3~4名成员，其中组长由公司领导筛选有潜力的青年员工担任。该活动有效地培养了员工学习和思考的习惯。

综上所述，企业创新能力的演化源于企业的技术学习，伴随着相关技术知识的吸收、转化和运用，是一个复杂的动态过程，需要企业高管和企业内部员工的集体学习来共同提升企业创新能力。

9.2.3　海尔全面创新学习模式

海尔经过企业持续创新，逐渐形成了基于企业家创新精神的海尔全面创新学习模式。该模式顶层是企业的架构创新学习，除了以企业家精神推动的组织学习外，通过严格的管理制度（如OEC制度等）管控企业整个创新过程。而海尔的几大主要职能部门构成了海尔全面创新学习模式的支撑力量：海尔中央研究院主要作用是做超前、国际水平的探索性学习，整合全球技术研发资源，培育企业前沿的创新能力，为其他部门的新产品开发提供必要的技术支持；同时，海尔大学和海尔商学院则为海尔员工提供基础培训，提高员工的技能和管理知识。

　　海尔的组织学习活动主要表现在外部资源的获取、整合、利用和内部资源的共享、协同上。一方面，海尔整合外部资源，形成了企业间学习网络；另一方面，海尔内部跨部门之间形成内部学习网络，促进组织内部知识共享。在内部网络中，企业中层管理者发挥着至关重要的作用，如"型号经理"是海尔技术创新主要的横向协调模式和产品一体化创新的核心，几乎所有职能部门都参与产品创新，包括研发部门、销售部门、物流部门、生产部门、设计部门和财务部门等，同时也利用企业资源计划（enterprise resource planning，ERP）管理平台管理创新过程，这一产品与技术创新学习的协调模式至今在海尔执行得比较成功，这样就形成了目前海尔组织学习的基本模式。

　　海尔的学习模式的优势在于以市场需求作为学习的源头，以企业家精神为主导，通过外部资源的获取、整合与内部资源的共享、协作，把创新冲突中心引向市场竞争，把市场作为创新者与员工冲突的缓冲地带，这样既保护了企业创新的倡导者和推动者，又阻断了中国人传统的人际关系在企业转型升级过程中的负面作用，建立了以企业利益高于员工个人或小团体利益的创新文化氛围，使企业全面创新系统达到协同与和谐，也使企业家赢得了个人的威望和员工的信任，而不是成为企业改革与创新的焦点和牺牲品。并且，得益于企业家持续推动的创新学习，管理人员和基层员工基本素质的提高为企业创新奠定了最重要的基础，充分体现了企业创新"以人为本，学习为魂"的思想。

第三篇 积累律篇

第 10 章　知识与创新

10.1　创新驱动发展背景下企业创新现状[①]

10.1.1　知识与创新成为当代企业发展的两大主题

从21世纪初全球网络经济泡沫的破灭、2008年发端于美国次贷危机随后蔓延全球的金融危机、仍未解除的欧洲债务危机等现象来看，全球经济环境的动荡性与复杂性可见一斑，并且无一不造成企业的生存困境。企业不得不面对日益多样性并且个性化的顾客需求、不断缩短的产品生命周期、涌现出的意想不到的竞争对手与颠覆式创新带来的市场断裂等挑战并且敏捷响应。生存或死亡，对于个体企业而言，往往是瞬息而变的事情。如何在这样的环境中生存并能够为明天谋得生存的机会，是每个企业不可回避的问题。

在以"时基竞争"（Rothwell，1994）为特征的背景下，当今世界经济系统发展的最大的悖论之一就是：市场的领导者们必须不断地努力使自己最畅销的产品过时——因为他们知道，"在公司的周围，众多竞争者们正在'借用'自己的创意，并且提高同类产品的品质，进而把自己努力获取的消费者群体的胃口又吊了起来——要达到的满意度水平就这样不断地被提升"（Shapiro，2001）。世界经济的发展正将我们推入一个"创造性破坏的狂飙"（Schumpeter，1934）时代。创新已经毫无疑义地成为当代经济发展的主题之一。

与此同时，"知识社会"的到来意味着知识已不再是一般意义上的资源，而是生产过程中的一种关键性资源（Drucker，1992），是生产力、竞争力与经济绩效的关键（Prahalad and Hamel，1990）。随着知识在当代社会中的重要性日益提高，我们可以从一个全新的视角来审视组织的各种创新活动，包括技术创新、战略与组织创新等（Nonaka，1994）。在应对动态环境所带来的挑战的过程中，企业不再仅仅需要有效处理信息，更需要的是创造信息和知识，以解决复杂多变的环境

---

① 本部分内容已正式发表：张军. 基于知识积累的企业创新能力演化规律研究[D]. 浙江大学博士学位论文，2012.

抛给企业的各种问题。从这个视角来看，创新是知识创造的一种重要方式。企业汇聚、吸纳各种外部知识，并通过内部化（internalization）、组合化（combination）、外部化（externalization）与社会化（socialization）等活动，在实现组织知识创造（Nonaka and Takeuchi，1995）的同时，也提供了企业创新的基础、潜能与手段。而"将知识储存于程序、规范、规则和结构（forms）中，并通过向其成员学习积累这些知识"（March，1991），企业能够在一定的时间与空间范畴内将企业现有能力与其他知识重新组合，产生能够把握变革的新能力（Kogut and Zander，1992），并最终获得新颖的创新性竞争优势（Leonard-Barton，1992）。因此，知识整合或重构是创新不竭的源泉（Grant，1996a；Dosi，1988），而累积性知识是企业创新能力的基础。

在知识日渐成为企业战略性资产，创新日渐成为企业竞争利器的背景下，我国作为后进的发展中国家，如何在国际经济大潮中实现综合国力的提升与赶超，已经成为我国国家发展战略的核心内容。

10.1.2 创新能力薄弱已经成为我国企业竞争乏力的根本原因

我国在20世纪90年代中后期提出了"企业是创新主体"的思想，统计数据也显示企业用于R&D的投入以及企业职务内发明成果在全社会相应的投入和产出数据中的比重有所提高（许庆瑞等，2012），但2007年，我国企业提交了5 470个PCT申请，其中1 365个来自一家企业——华为（张春霖和曾智华，2009）。如果扣除华为的PCT申请数，我国企业2007年PCT申请总量仅相当于日本松下电器株式会社（2 100份申请）与荷兰的飞利浦电器公司（2 041份申请）两家公司的申请总量（张春霖和曾智华，2009）。

截至当下，我国企业中除了一些新兴行业（如通信设备制造业）中的企业以及极少数精英企业（如海尔）之外，绝大多数企业（特别是中小企业）仍然技术落后、产品陈旧，以加工制造等价值链低端的生产活动为主，创新活动少甚至没有。国家统计局对我国299 995家工业企业的调查显示：2004~2006年，被调查的53%的大型企业、86%的中型企业以及96%的小型企业都没有持续的研发活动（张春霖和曾智华，2009）。即使有创新活动，大多表现为微调型产品改善和实用新型、外观设计类专利，发明专利数较少。2006年，我国内资企业的发明专利只占到专利总量的11%，而外资企业发明专利的比例达到74%（张春霖和曾智华，2009）。此外，创新成果缺乏对核心技术的聚焦，没有围绕特定技术的专利簇，因此难以构建有效的技术壁垒以维持自有技术的竞争力（张军，2009）。由此可见，创新能力薄弱是我国企业乃至产业缺乏国际竞争力的根本性阻碍因素。

10.1.3 资源积累不足是企业创新能力薄弱的重要原因之一

浙江大学RCID于2008~2010年在对以浙江省为主的企业调研及访谈中发现，企业创新绩效不显著主要源于企业创新资源不足，包括企业的创新经费投入不足、创新性人力资源不足（张军，2009）以及知识积累不足。

（1）企业创新经费投入不足，一种是指客观上的创新经费不足，如企业本身规模小、利润薄，没有提供创新资金的能力，也难以吸引到创新基金与创新性人才；另一种则是创新经费惜投所导致的。其中，后者往往是企业无力感知与把握创新机会而导致的企业内创新经费瘀滞现象，即企业找不到合适的创新项目而导致创新经费投入偏低。

（2）创新性人力资源不足已经成为我国企业创新绩效难以提升的另一重要原因。国家统计局2006年对我国40个城市的调查显示，"科技人才短缺"已经成为阻碍创新的第二大因素。中国社会科学院对我国1 594家企业的调查显示，66%的企业认为"人才短缺"阻碍技术创新，而只有50%的企业将"资金短缺"列在其中[①]。

（3）知识积累不足是创新能力难以提升的原因之一。改革开放以来，我国工业企业主要通过"引进—消化吸收—再创新"的二次创新模式实现创新。这个过程在本质上是技术学习的过程，也是知识积累的过程。但是，一些发达国家设置的技术壁垒使得我国企业技术学习多停留在价值链低端的知识学习与获取上，如RCID团队在对富通集团进行调研中了解到，在研发光纤预制棒的生产与制造技术时，最初集团希望从国外引进相应的生产设备，因为光纤预制棒的生产技术在根本上是嵌入生产设备中的，而在引进相关设备时受到国际的封锁，这迫使富通集团转而通过自我开发、自我摸索、自我积累的方式，最终成功掌握光纤预制棒的生产与制造技术。但国内大多企业面对国际技术封锁时，其对于价值链高端知识会产生缺失，由此形成的知识积累不足成为创新能力构建的障碍，同时也意味着，要切实提高企业竞争能力，在根本上需要依靠自主创新与知识的自我积累。

无论哪种形式的资源投入不足，究其深层次原因，则可追溯到企业的能力基础或知识/经验积累层次，即企业创新能力薄弱或相关的知识/经验积累不足，导致其难以有效感知创新机会、对创新活动前景洞察不清，从而导致创新发起困难，对创新成功与否缺乏信心，并进而出现针对创新的资金惜投结果，表现为创新倾向不足。这就形成我国企业（特别是中小企业）创新发展的"死循环"：创新能力不足→创新机会感知不良、创新信心不足、创新倾向弱→针对创新的资金投入不足→创新能力难以积累提升→创新能力不足→……（图10.1），归根到底是企业缺乏相关知识积累与能力基础。

---

① 转引自张春霖和曾智华（2009）。

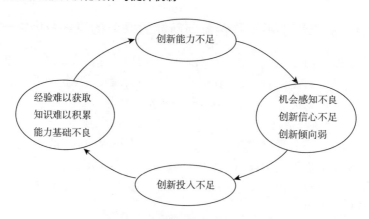

图 10.1　企业创新能力发展的消极自增强环

　　因此，如何提高知识积累从而构建企业得以有效创新的能力基础，已经成为我国企业创新能力提升的前提和关键。本篇主要研究企业知识积累与创新能力之间的关系，旨在从知识积累的视角洞察企业创新能力形成与发展的内在规律，从而为企业提高创新能力的实践提供理论指导。

10.2　知识与企业知识

10.2.1　知识内涵、特征与分类

　　所谓知识，简而言之是指识别外部实体与性质的是与不是，从一定意义上是指经验的固化结果，是人类的认识成果。知识来自社会实践，其初级形态是经验知识，高级形态是系统的科学理论。

　　不同学科领域对知识的界定及分类存在一定差异，如心理学领域将知识界定为"个体通过与环境相互作用后获得的信息及组织"，并将广义知识分为陈述性知识（declarative knowledge）与程序性知识（procedural knowledge）。其中，陈述性知识是描述客观事物的特点及关系的知识，主要包括符号表征、概念、命题等三种不同水平的知识形式；程序性知识是一套关于办事的操作步骤和过程的知识，主要用来解决"做什么"与"如何做"的问题，可用来进行操作和实践。

　　英国哲学家Polanyi（1957）指出，知识根据其可阐述性分为显性知识与隐性知识或缄默知识/默会知识。其中，显性知识是指可表述、可编码、易传递与转移的知识；隐性知识则是指难以表述、难以编码也难以转移的知识。Nonaka和Takeuchi（1995）则进一步将隐性知识分为可显性化的隐性知识与不可显性化的隐性知识。知识的性质不同，直接影响到知识的扩散与转移，进而影响知识的积累与传承。

心理学与哲学所关注的知识差异，主要存在于知识所属主体的差异。前者主要关注存在于人的头脑中的个体知识，后者则更加关注形成了社会共同财富的知识。其中，社会共同知识是客观存在的知识，而个体知识是一种主观表征，即人脑中的知识结构，包括感觉、知觉、表象、概念、命题、图式等，分别标志着个体对客观事物反映的不同广度和深度，是通过个体的认知活动而形成的。一般来说，个体的知识以从具体到抽象的层次网络结构的形式存储于大脑之中。

知识具有以下几点主要特征：

（1）主体所属性特征。知识具有主观性，每个人在对知识的接受过程中都存在自我心智参与的过程。知识必须经过一定的内化才能被主体接受并最终被准确运用。知识的主体所属特征，使知识主体具备一定的权力潜力。对于个体，拥有特定知识意味着一定的隐性权力或影响力（王秀红等，2004）；对于企业，则常常意味着市场竞争中的议价能力或谈判力、掌控力。

（2）价值特征。知识是有价值的，可被作为资本投入生产系统中，伴随生产系统中的资金流、物质流共同进行价值创造。与资金流、物质流不同，知识在流动中不因转移、复制而贬值，而是伴随着传播与流动具有边际递增的效应。知识在被纳入经济系统进行评价时，常常被赋予一定的产权性质而使其归属于特定主体，如企业专有性知识，这使得知识的价值特征得以体现。

（3）情境化与可拓展特征。知识必须在规定的情境下起作用。人类选择知识一般都会进行情境匹配。此外，知识具有情境间可拓展特征，表现为知识在应用、交流的过程中能够被不断地丰富和拓展，特别是纳入不同的情境因素。

（4）行动导向特征。与信息不同，知识因其能够在行动之前提供可预期的结果图景而能直接驱动人的决策和行动，因此具有行动导向特征。

（5）动态发展特征。知识的动态发展特征体现在知识始终在不断地转化、更新与修正中。知识具有一定的生命特征，存在时效性与衰亡（淘汰）等特征。

不同学科领域对知识的分类存在差异，较具代表性的是经济合作与发展组织（Organization for Economic Co-operation and Development, OECD）在1996年的年度报告《以知识为基础的经济》中的分类，即将知识分为四大类：①知道是什么的知识（know-what），主要是叙述事实方面的知识；②知道为什么的知识（know-why），主要是自然原理和规律方面的知识；③知道怎么做的知识（know-how），主要是指对某些事物的技能和能力；④知道是谁的知识（know-who），涉及谁知道以及谁知道如何做某些事的知识。

而以知识自身的属性特征为依据划分，知识可以分为显性知识与隐性知识。其中，显性知识主要是指那些可编码、可被清晰阐述、常常存在于文本或阅读资料中、易于复制与传播的知识。隐性知识则主要是指难以被清晰阐述、难以编码与交流、传播的知识，包括那些"只可意会不可言传"的缄默知识。显性知识与隐性知识之间并非完全对立，而是相互转化、螺旋发展的。按照艾莉（1998）的观点，如果将整个知识视为一座冰山，显性知识则仅仅是露在水面上的冰山一角，大量的隐性知识在水面下难以被观察到。知识从隐性向显性转化是知识进化的过程。而按照Nonaka（1994）的观点，显性知识与隐性知识通过不断转化实现知识整合的螺旋上升，包括隐性知识向隐性知识的"社会化"、隐性知识向显性知识的"外部化"、显性知识向显性知识的"组合化"以及显性知识向隐性知识的"内部化"等过程，即SECI模型。

各类知识的形成与发展，存在一定的共性特征，即知识的形成与成长是一个不断进阶的过程，从嘈杂的环境中分拣出原始数据，通过对数据价值的识别与筛选形成信息，并通过人类的努力形成用于解决问题的知识（结构化信息），最终升华成为达到目标而运用知识的能力（智慧）。

10.2.2　企业知识及其分类

1. 企业知识

在战略管理领域中，企业的知识基础观认为，企业是知识体（Spender，1989），是知识整合机构（Grant，1996b）或知识创造机构（Nonaka and Takeuchi，1995）。从企业知识创造的视角，Nonaka（1994）将知识界定为"一种被确认的信念"。他认为，知识是从不相关或相关的信息中变化、重构、创造而得到的，其内涵比数据、信息要更广、更深、更丰富。知识通过持有者和接收者的信念模式与约束实现知识的创造、组织与传递。知识传递过程伴随着一套文化系统的传递。Nonaka同样将知识区分为隐性知识和显性知识，其中，显性知识可以通过阅读材料或教材、参加会议和查询数据库获得，对这一类知识可以实现信息化；隐性知识是更加含蓄的知识，难以量化和信息化，难以通过正式的信息渠道转让。从这个角度来说，企业知识是以企业为单位界定知识的所属主体，并基于特定的主体性探讨知识的形成、发展对企业绩效的影响。

企业知识具有明确的企业专有性、情境嵌入性、价值主体性等特征，也正是由于这些特征，驱动众多学者研究企业知识的形成与发展规律及其对企业成长的影响。从企业战略管理研究视角来说，主要关注企业专有性知识的性质、特点、形成与发展，其关注范畴既包括隐性知识，也包括显性知识，特别是关注企业各类专有性知识的互动、转化与进化如何贡献于企业的竞争优势与可持续成长。企业管理领域不仅关注微观个体知识结构及其相互之间交互对知识创造，进而对企业整体效能的影响，还关注对宏观社会共同知识的获取、应用与转化如何形成企业专有性知识进而对企业绩效的影响。

2. 企业知识分类

从总体上来说，企业知识可以基本分类为存量（stocks）知识与流量（flows）知识。其中，存量知识不但使企业能够更好地利用相关知识，而且为企业更好地理解并评价技术进步的潜在商业价值（Cohen and Levinthal，1990）、深入理解问题解决方法（Zahra and George，2002）提供基础。而企业专有性知识的积累是持续竞争优势的来源（Dierickx and Cool，1989）。

由于不同类型的企业知识对企业发展具有不同的经济意义，因而在现有研究中，关于企业知识与企业成长（绩效）的研究，常常都是在特定的企业知识分类体系下进行的。从这个角度来说，对企业知识进行分类具有重要的研究意义。现有研究关于企业知识分类依据不同标准而存在不同分类体系（表10.1）。

表 10.1　企业知识的分类体系

分类依据	知识类型	描述及特点
可表述性	显性知识	显性知识可编码、可被清晰阐述，因此易于在个体与组织之间沟通与扩散
	隐性知识	隐性知识则由于深深根植于经验、技能以及诀窍类知识中而难以转移、不能正式沟通
过程性或事件性	陈述性知识	陈述性知识也称事实信息（factual information）
	程序性知识	程序性知识主要是指获取与管理陈述性知识的策略、规则与技能；程序性知识难以清晰表述，包含隐性维度及如何做事以及某特定任务特别是如何最好实施的知识的性质
所属主体层次	个体知识	个体知识是指单位内部个体所有的特定任务知识的总存量；根植在管理者与员工脑海里的隐性知识和能力
	集体知识	集体知识是指嵌入在组织成员中，包括如何协调、共享、分配以及重组个体知识的知识；组织知识包括嵌入组织层次的仓库中的体制化知识与编码化经验以及企业员工之间和企业及其伙伴之间相互信任、尊重与友谊的水平
所属专业领域	技术知识	技术知识是指与产品、技术以及工艺相关的知识
	科学知识	科学知识是指作为社会公共产品的知识，此类知识具有更高程度的一般性，普适性程度更高，在流动过程中相对企业专有性知识具有更高的自由度
	市场知识	市场知识主要包括市场相关知识、服务市场的知识、客户问题的知识等维度
	管理知识	管理知识主要是企业社会系统内关于沟通机制、员工交互、激励等相关知识
知识来源	内部知识	企业内部自有性知识，特别是指企业通过内部研发获得、自身积累、创造的内生性知识
	外部知识	企业边界外获取或拟获取知识，需要经过内化才能成为企业内部知识
知识提供产品-市场的可拓程度	核心知识	核心知识通常是产品或服务的核心并形成产品或服务基础的科学或技术知识
	集成知识	集成知识是指将不同活动、能力和产品整合或如何整合成一个或多个垂直链中的知识

资料来源：张军（2012b）

10.2.3 知识积累与知识创造

关于企业的知识积累，现有研究并没有明确的界定。本书认为，企业的知识积累包括静态视角与动态视角，其中静态视角下的知识积累是指企业累积性知识，在现有文献中常以"以前知识"（prior knowledge）（Cohen and Levinthal，1990）、知识存量（knowledge stocks）（Dierickx and Cool，1989）或组织记忆（organizational memory）（Walsh and Ungson，1991）的提法出现。Wegner等（1986）将企业每个成员所拥有的知识的总和以及关于谁知道什么的集体意识定义为组织交互记忆系统，其在本质上描述的是企业历史积累的知识在某一特定时刻的知识存量，反映的是组织记忆。一般实证研究实际测量的是累积性知识，而动态视角则往往是指知识积累的过程，包括知识的获取、转移从而形成企业知识存量的过程。本书不特别考虑知识的获取、转移过程，而是从"知识共享有效即可产生个体与组织知识增量"的视角洞察知识积累的过程。

知识创造，简而言之就是新知识的产生。与社会共同知识或作为公共产品的知识不同，企业知识创造更倾向于指组合了特定情境因素的企业新知识，是企业专有性新知识的产生或生成过程与结果。按照Nonaka和Takeuchi（1995）的观点，新知识的产生是显性知识与隐性知识交互作用后转化的结果；而根据艾莉（1998）的观点，知识的生成与创造是数据向信息转化、信息实现结构化后的产物。

知识创造最终产生企业知识的增量，是实现企业知识积累的重要来源与基础；而知识积累同时也提供知识创造的基础。因此，在企业实践中，知识积累与知识创造互为条件、相互作用，共同为企业构建自身的竞争优势服务。

10.3 自主创新能力

创新一词，最早由奥地利经济学家熊彼特于1912年提出，是指通过"生产要素的新组合"建立一种新的生产函数，即"企业创新就是把一种从来没有过的关于生产要素的'新组合'引入生产体系"，以便获得超额利润。它包括5种类型：①引入一种新的产品或提供一种产品的新属性；②采用一种新的生产方法；③开辟一个新市场；④获得一种原料或半成品的新的供给来源；⑤采取一种新的企业组织方式（熊彼特，1990）。创新的过程就是"创造性破坏"的过程，是打破旧结构建立新结构的过程。直到第二次世界大战之后，经济与社会快速发展而导致竞争重心转移，企业试图寻求创造超额利润的新空间的背景下，熊彼特的思想才逐渐受到学界的关注。

经济学家索洛（Solow，1957）将技术作为经济发展的外生变量，考察技术变革与总量生产之间的关系。他在对熊彼特理论展开的评论中提出了实现技术创新应具备"新思想来源"与"随后阶段的实现发展"两个基本条件,后来被称为技术创新实现的"两步论"。索洛的观点被认为是技术创新概念界定研究上的一个里程碑(傅家骥,1998),为日后的创新研究提供了一个基本框架。同时,索洛关于技术创新概念的界定,在狭义化了熊彼特最初的创新内涵的同时,也大大推动了技术创新研究的发展。1977年,Mansfield等(1977)将技术创新界定为"一种新产品或新工艺被首次引入市场或被社会所使用的过程"。这一界定不仅指出了技术创新包括产品创新与工艺创新两种基本形式,也强调了创新衡量标准之一在于引入市场或为社会所使用的首次性,与此同时也设定了首次性的参照系是市场,而不是企业本身。

针对技术创新的"新思想来源",熊彼特在其最初的论著中指出,企业家精神是创新来源(即熊彼特创新模式Ⅰ)。而在其后期的研究中,熊彼特又提出,大型企业的研发机构是创新来源(被称为熊彼特创新模式Ⅱ)(熊彼特,1999)。此外,有学者将发明与创新联系起来,认为发明是技术创新的重要来源,而创新是应用发明以提高现有技术、组织形式、社会结构的有效性,或导致上述各个领域的重大变革的新应用方式(Suarez-Villa,1990)。Freeman和Soete(1997)针对技术创新的"随后阶段的实现发展"过程指出,技术创新包括新产品的销售或与新工艺、新设备的第一次商业化应用相关的技术、设计、制造、管理与商业活动等。而伊诺思于1962年首次从行为集合的角度对技术创新定义予以明确界定,即"技术创新是几种行为综合的结果,这些行为包括资本投入保证、组织建立、制订计划、招用工人和开辟市场"(傅家骥,1998)。由此可见,第二次世界大战之后初期的创新研究的复兴,主要是将其限定在技术创新范畴内,重点关注技术创新活动构成或组织行为要素。这些为技术创新理论研究应用到实践中提供了指导框架。但是,关于"新思想来源"的研究相比而言则显著不足。

进入21世纪,我国提出建设"创新型国家"的发展战略,自主创新受到了学界与业界的高度关注。自主创新是我国学者基于我国现实国情而提出的概念,最早由浙江大学陈劲教授提出。通过对从技术引进到自主创新的学习模式的研究,陈劲(1994)教授认为其包括"干中学"、"用中学"与"研发中学习"等三种学习模式,其中在研究开发中学习是自主创新过程中的主导模式,只有通过研究与开发才能掌握技术的本质。陈劲教授从技术学习模式的角度强调如何实现自主创新,但并没有明确界定什么是自主创新。杨德林和陈春宝(1997)是国内较早对自主创新明确界定的学者,他们认为,自主创新是指依靠自身力量独自研究开发、进行技术创新的活动。同时,他们界定了自主创新的三个显著特点,即在核心技术上的自主突破、关键技术的领先开发、新市场的率先开拓。而傅家骥(1998)将自主创新界定为"企业通过自身的努力或联合攻关探索技术的突破,并在此基础上推动创新的后续环节,完成技术的商品化、获得商业利润,以达到预期目标的一种创新活动"。在Tidd等（2001）以及许庆瑞等（2006）的观点基础上，郑刚等（2008）将自主创新界定为"在创新中不单纯依赖技术引进和模仿，而是以创造市场价值为导向的创新中掌握自主权，并能掌握全部或核心技术和知识产权，以打造自主品牌、赢得持续竞争优势为目标"。自主创新并不是单纯技术层面的活动，而是包括战略（与商业模式）、管理、制度、文化、市场等非技术层面的全要素参与的创新活动（许庆瑞等，2006；许庆瑞，2007）。上述学者主要从企业层次界定自主创新，将自主创新视为从技术突破到成功商业化的完整过程，特别强调在此过程中创新主体自身努力在整个过程中的关键作用，认为自主创新是一种"以科技成果转化为基础的技术创新模式"（谢燮正，1995），是一种"自主掌控下利用一切可利用资源，形成体制、机制、产品以及技术上的竞争力"（朱毅，2006）的创新活动，这与国外学者提出的内生创新的概念比较相似（Andergassen and Nardini，2005），内生创新是相对于模仿创新、外部引进和衍生的技术创新模式，强调其产生是源自系统内自发的行为。

综上所述，企业自主创新概念的关键在于如何理解自主性的内涵。从微观主体的创新行为本身而言，获取现实市场价值或追寻未来市场价值是企业创新的根本动因，只要能够获得超额利润，其创新就是有效的。由于现实市场总是存在一定的分割性，因此索洛关于创新相对于市场的首次性的衡量标准，在本书的研究框架中也具有相对性，包括市场范围的相对性与相对于企业自身的相对性。本书所涉企业创新的相对性不特别强调市场或社会所用的首次性，而主要以企业自身为参照考虑其创新的新颖性因素。

第 11 章 知识积累与企业创新能力发展的规律[①]

我国于2006年提出建设"创新型国家"的国家发展战略。然而，一方面，学界虽提出自主创新（陈劲，1994）概念已近20年，但对何为自主创新的界定却存在诸多分歧，这进一步导致学界对企业自主创新能力研究难有实质性进展；另一方面，对如何提高企业创新能力的研究仍然沿用"技术引进—消化—再创新"的思路，表现为关注国外直接投资（foreign direct investment，FDI）（刘星和赵红，2009）以及国外直接投资背景下的国际技术转移（王华等，2010）与知识溢出（陈继勇等，2010）对企业创新能力的影响，而较少关注企业自主创新能力提升的企业内生性特点。

事实上，关涉企业竞争优势的资源需要通过内部渐进积累而逐渐形成，并由于时间压缩的不经济性、因果模糊性等积累特性而使企业独特资源得以隔离，从而使组织竞争优势得以维持（Dierickx and Cool，1989）。对于我国企业，提升自主创新能力的薄弱之处在于企业缺乏非物质性资源，特别是较难外购的组织能力资源和技术知识资源（陈小洪，2009）。但关于"企业知识资源与自主创新能力的关系到底是怎样的""关系形成的条件是什么"的研究却不多。本章将以企业知识资源（包括存量知识与流量知识）与企业自主创新能力提升之间关系及其作用条件为主要议题，探讨企业知识资源与企业自主创新能力的内在规律。

11.1 文献回顾与假设提出

企业创新能力提升研究主要以创新绩效为因变量，关注影响创新有效性的前因，主要包括组织前因，如组织结构（Damanpour and Gopalakrishnan，1998）、组

① 本章主要内容已正式发表：张军，许庆瑞，张素平. 动态环境中知识管理与创新能力关系研究[J]. 科研管理，2014，35（4）：59-67.

织复杂性（Damanpour，1996）、组织规模（Damanpour，1992）；战略因素，如市场导向、学习导向与创业导向（Hult et al.，2004）；资源与投入因素，如研发投入强度（Cohen and Levinthal，1990）以及管理态度、技术知识资源、内外沟通、冗余资源等（Damanpour，1991）。随着Nonaka和Takeuchi（1995）指出应从知识创造的动态视角来审视企业创新活动的理论以来，知识（特别是那些嵌入性、隐性的诀窍类知识）是企业获得可持续竞争优势的基础（Grant，1996b；Kogut and Zander，1996）的观点日益受到认同。产业/企业的技术创新与知识管理的关系（许振亮，2011），特别是围绕高新技术产业开展的制度创新与组织创新、知识管理研究（陈悦等，2011）成为创新研究的热点之一。

　　本章所谓企业知识积累，是指特定企业对其专有性、生产性、组织与管理类等相关知识历史保留与传承的各类活动或努力，其结果是形成企业专有的存量知识资源或知识基，包括企业专有的各类知识与经验及相关的核心人力资源等，具有时间压缩的不经济性、企业专有性、难以被模仿等特征。

　　企业行动能力的基础是企业知识（Iansiti and Clark，1994）。以前知识或经验积累对企业技术创新具有直接影响，因为知识积累不仅使企业能够更好地利用相关知识，还为企业更好地理解并评价技术进步的潜在商业价值（Cohen and Levinthal，1990）、深入理解问题解决方法（Zahra and George，2002）等提供基础。在创新过程中，企业系统性知识积累与应用机制，是技术整合能力的核心（Iansiti，1995a）。技术知识的多样性与积累程度对跨国公司创新能力具有显著的正向效应（Almeida and Phene，2004）。而保留具有直接开发经验的核心人员是非连续性技术变革环境下产品开发成功的关键（Iansiti，1995b）。对72个技术型企业进行的田野调查也显示，员工现有知识与知识交流状况是企业新产品/新服务导入率的重要决定因素（Smith et al.，2005），而成员直接任务经验能够带来更高的团队创造性与更具创意的新产品（Gino et al.，2010）。因此，作为知识载体的企业内部人力资源是企业能力的来源，对技术商业化具有促进作用（Zahra and Nielsen，2002），保护企业专有性人力资本是确保企业可持续竞争优势的基础（Hatch and Dyer，2004）。对联盟成功要素的研究表明，参与联盟的企业拥有的技术经验（Hagedoorn and Duysters，2002；Lane and Lubatkin，1998）与过去联盟经验（Zollo and Reuer，2010）由于提供了有效识别联盟机会与选择恰当伙伴的知识基础而对联盟或并购成功至关重要（Ernst et al.，2011）。由此可见，企业最关键的资源是专家知识或专业化技能、知识（Foss，1996），特别是那些嵌入人、工具、任务交互关系中的知识，由于最难与新情境匹配而难以转移，所以提供企业竞争优势的来源（Argote and Ingram，2000）。因此本章提出H_{11-1}：知识积累对企业自主创新能力具有正向影响。

　　企业知识与经验的积累对企业能力发展的正向影响并非是无限的（Leonard-

Barton，1992；Sørensen and Stuart，2000）。嵌入人、任务与工具中的各种知识，一方面由于难以转移而形成维持竞争优势的壁垒（Argote and Ingram，2000），另一方面也可能随着知识积累的累进性维持成本（包括群体对现有知识与经验日渐形成的承诺所产生的心理成本）的增加而成为可互换性（fungible）或柔性的负累。事实上，随着经验增加，过度自信的危险逐渐显现（Heimerisks，2010）。因此，知识与经验积累可能导致组织能力的刚性（Leonard-Barton，1992；Tripsas and Gavetti，2000），特别是当新知识至关重要时，经验甚至可能是有害的（Haas and Hansen，2005）。从这个角度来说，知识积累对自主创新能力的影响可能呈现倒U形二次曲线的特征。因此本章提出H_{11-2}：知识积累对企业自主创新能力的边际贡献是递减的（倒U形关系）。

　　企业获取并利用外部知识的能力是获得并维持竞争优势的关键（Bierly Ⅲ et al.，2009）。外部知识共享，如交流信息、获得是什么的知识以及从客户、专家及其他外部机构获得的反馈等，由于能够获得更多来源、更多样性的知识/信息而对组织绩效具有重要意义（Cummings，2004）。企业共享并整合外部知识对于创新过程中的概念开发能力尤为重要（Iansiti and Clark，1994）。也就是说，在产品创新的模糊前端阶段成功导入外部多源知识，决定产品创意的质量（张军，2012a）。无论利用正式的还是非正式的社会化机制，企业与外部组织之间共享知识都能够有效提升企业技术创新能力，并最终体现在产品开发绩效与企业整体财务绩效中（Lawson et al.，2009）。能够向客户、竞争者、规则制定者学习的企业具有更好的机会感知能力，并使其产品/服务更好地适应不断涌现的市场（Day，1994），提高新产品开发向企业总体战略匹配的能力与新产品开发效率（Hong et al.，2011）。因此，在产品创新的各个阶段，组织间信息/知识共享对于新产品开发的设计目标、项目规划、情境因素、所需资源、技能和知识等都是关键要素（Hummel et al.，2001）。因此本章提出H_{11-3}：企业外部知识共享对自主创新能力具有正向影响。

　　同样，企业外部知识共享的利益是有限的。因为，企业在获得外部知识共享的利益时，同时要承担知识搜索以及为维护外部共享主体间关系所产生的成本。而且，外部共享所获得的知识必须进行企业内化才能应用（Nonaka，1994），这也会产生大量成本。这些因素使得企业外部知识共享对企业创新能力的边际贡献可能是递减的，因此本章提出H_{11-4}：企业外部知识共享对自主创新能力的边际贡献是递减的（倒U形关系）。

　　企业内部知识共享或知识转移对创新能力提升及竞争优势的获取具有显著的正向影响（Szulanski，1996；Sáenz et al.，2009；宋志红等，2010），但不同知识共享模式（如基于IT与基于人际互动模式）对不同类型企业（如低技术型企业与高技术型企业）创新能力的影响存在一定差异（Sáenz et al.，2009）。内部知识共享或信息沟通有利于加强创新团队内部的凝聚力（Keller，2001），并提高新产品开发效率，缩短新产品上市时间（Hong et al.，2011），促进对存量知识的利用与转化，但受到部门之间网络路径长短程度（Hansen，2002）与关系强弱（Hansen，1999）的影响。而企业存量知识的利用率越高，越利于企业成长（刘满凤和唐厚兴，2011）。因此本章提出H_{11-5}：企业内部知识共享对自主创新能力具有正向影响。

企业内部知识共享过程是对企业现有知识的整合、利用与转化的过程，因此更倾向于利用式学习过程，是对企业存量知识激活的过程，但也是一个产生大量成本的过程（Nonaka，1994）。与经验或知识积累相似，内部知识共享的利益可能也是有限的（Argote，1999；Sampson，2005）。但相比于知识积累，内部知识共享可以通过激活存量知识应对新挑战，从而导致刚性与锁定产生的效应（Leonard-Barton，1992）也相对有限。环境发展可能导致知识折旧，企业以前知识利用的边际回报率也会降低（Sampson，2005）。因此本章提出H_{11-6}：企业内部知识共享对自主创新能力的边际贡献是递减的（倒U形关系）。

动荡环境中，企业生存与发展在很大程度上取决于企业的创新能力，而创新能力又依赖于企业以前知识积累（Cohen and Levinthal，1990）与知识共享（Cavusgil et al.，2003）。从一定意义上说，企业创新能力是企业对环境动态适应的能力基础，环境动态是企业创新能力有效性的重要参照因素。在动荡环境中，企业业已积累的知识和经验的贬值风险大大增加，也就是说，环境越动荡，知识积累对企业创新能力的贡献值可能越小，甚至是损害作用。因此本章提出H_{11-7}：环境动态性对知识积累与自主创新能力之间关系具有负向调节效应。

环境动态性与竞争性等特征被认为对探索/利用与绩效之间关系具有调节作用（Levinthal and March，1993；Lewin and Volberda，1999）。实证研究表明，在动荡环境中，探索性创新对组织更有利（Jansen et al.，2006）。从知识的视角来说，探索更多是通过外部知识共享来加以实现的。因此本章提出H_{11-8}：环境动态性对知识外部共享与自主创新能力之间关系具有正向调节效应。

内部知识共享主要是对企业现有或以前经验的挖掘与利用。在动荡环境中，新知识导入对于企业就变得尤为重要，但内部知识共享更多基于现有知识与经验。此时，如果仅有高水平内部知识共享，则可能由于现有知识与新知识之间相关性快速降低（Griliches，1990）或现有知识快速贬值，从而内部共享对创新能力的贡献降低。因此本章提出H_{11-9}：环境动态性对知识内部共享与自主创新能力之间关系具有负向调节效应。

企业知识管理与自主创新能力关系模型如图11.1所示。

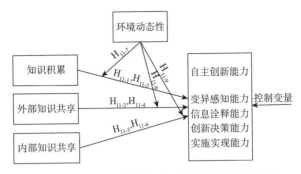

图 11.1　企业知识管理与自主创新能力关系模型

11.2　研究设计

作为一种动态能力，企业自主创新能力最终嵌入企业的管理与组织活动过程中（Teece et al.，1997），需要在组织活动过程中加以观察。企业层次的自主创新能力构思请参阅本书第4章。结合知识管理相关研究成果，设计了用于本书研究数据收集的调查问卷。

11.2.1　数据收集

利用企业调研机会以及个人社会关系发放问卷，回收问卷501份。其中前期收到191份时汇总，剔除无效问卷后，获得有效问卷162份，用于探索性因子分析。后期回收问卷310份，剔除无效问卷后，剩余有效问卷257份，用于验证性因子分析与模型检验。

11.2.2　变量测量

1. 因变量

企业自主创新能力是多维构思，包括变异感知能力、信息诠释能力、创新决策能力与实施实现能力等四个维度（参阅本书第4章）。

2. 自变量

知识积累：在Barrales-Molina等（2010）、Sáenz等（2009）研究基础上，结合实地调查研究，选择核心人员的保留、企业专有性知识的传承（如师徒式新员工培养方式）、组织对任务实施过程中的经验总结与推广以及教训的集体性反思等4个题项，采用7点量表测量企业知识积累。

外部知识共享：采用Lee（2001）与Lin（2007）的量表，提取4个题项，采用7点量表测量外部知识共享，即我们与外部伙伴企业共享彼此工作经验中的一些诀窍、我们与外部伙伴企业共享彼此关于"到哪里找知识"与"谁知道这些知识"

的信息、我们与外部伙伴企业共享彼此来自各自教育与培训的专业知识以及我们企业使用能够使员工与外部人员共享知识的技术。

内部知识共享：综合考虑现代企业内部交互模式的多样性，如基于IT技术与基于人际互动等，但关注核心是交互活动本身。测量在Wiig（2004）、Sáenz等（2009）与Lin（2007）等研究基础上，提取5个题项，采用7点量表测量内部知识共享，包括员工广泛利用企业电子图书馆（如在线数据库和数据仓库）获得知识；员工使用知识网络（如群件、局域网、虚拟社区）来与同事沟通；企业提供能够促进内部员工共享知识的技术；企业有各种基于兴趣而建立的社团/论坛或会议；员工经常聚会，分享工作中的故事/经验/最佳实践。

环境动态性：采用Barrales-Molina等（2010）研究中的量表，题项为对组织产生影响的法律/技术/经济环境不断变化、组织环境中的主要主体（政府、供应商、客户等）毫无预测性地改变其要求与组织环境要求管理者对所出现的变化快速响应。采用7点量表。

3. 控制变量

企业规模：本章对不同形式的企业规模均进行了控制，包括企业的人员规模、资产规模、主营业务收入规模等。为便于数据采集与应答者填写，本章将各规模值分为5个等级，如人员规模测量近三年企业年均员工数为：①50人以下；②50~99人；③100~499人；④500~999人；⑤1 000人以上。其他规模值测量方式类似。

企业年龄：本章对企业年龄进行了控制。企业年龄测度采取直接测量方法。数据处理中对年龄取对数，以减小变异。

研发强度：研发强度的测量与上述规模测量采用类似方式即定序变量，进行5级测量，分别为：①无投入；②<5%；③5%~10%；④10%~15%；⑤≥15%。

11.2.3　分析程序与方法

分析过程包括问卷信度与效度分析、因子分析（包括探索性与验证性因子分析）;采用层次回归方法分析企业知识积累与自主创新能力之间关系以及影响两者之间关系的因素。采用SPSS 19.0进行探索性因子分析与回归模型检验，采用AMOS 19.0进行验证性因子分析。

11.3　实证分析结果

11.3.1　探索性因子分析

由于企业自主创新能力是新构思，因此需要进行探索性因子分析，并检验变量的结构效度，本书第4章已经详细阐述，在此不再赘述。结果如表11.1所示。

表 11.1 企业自主创新能力探索性与验证性因子分析

名称	题项	探索性因子载荷	验证性因子载荷	建构信度
实施实现能力	在创新项目进行过程中，我们基于评估状况提出改善建议并及时调整工作	0.766	0.888	0.88
	我们定期对创新项目（如产品开发等）的资源使用状况进行评估	0.761	0.867	
	我们各个部门之间有定期会议，讨论技术与市场发展趋势以便修正与调整项目	0.760	0.804	
	我们企业容易从外部获取创新（如产品开发、工艺改良等）所需的资源（如资金、人才等）	0.695	0.782	
	我们管理人员经常对相关政策、法规、竞争者动态及其可能结果进行讨论，以及时响应调整	0.689	0.784	
创新决策能力	在制定创新战略过程中，我们将方案的选择建立在多个成员观点基础上	0.842	0.879	0.91
	在制定创新战略过程中，我们尽可能多角度地产生尽可能多的方案/对策	0.792	0.883	
	我们对每个方案都进行全方位考察，以提高决策水平	0.734	0.869	
	在制定创新战略过程中，我们在多角度评估基础上选择方案/措施	0.692	0.854	
信息诠释能力	我们经常邀请外部的技术专家来企业进行专题研讨	0.862	0.932	0.92
	我们经常邀请行业资深的市场分析人员到企业进行专题研讨	0.813	0.931	
	我们的专业人员（如技术、市场人员）经常参加外部举办的各种会议/论坛/研讨会	0.687	0.856	
变异感知能力	我们的市场人员与客户广泛沟通，以及时获取客户需求信息	0.845	0.851	0.80
	我们关注客户需求变化信息	0.813	0.846	
	我们企业设有专门的市场研究职能，负责市场与客户需求变化信息的收集	0.749	0.756	

注：探索性因子分析采用样本量为162份；验证性因子分析采用样本量为257份

本章将知识积累与知识内外共享作为企业知识管理的重要内容，基于文献研究并结合实地调查选择现有研究中题项组合进行测量。因此，也需要进行探索性因子分析，以检验问卷的结构效度。采用主成分分析与最大方差旋转方法进行探索性因子分析。分析显示：KMO值为0.889、Bartlett球形度检验χ^2值为992.33（df=78，$p<0.001$），说明适合进行因子分析。累积解释总方差比例为64.64%。计算Cronbach's α系数，分别为0.891、0.829与0.744，均大于0.70，表明具有良好的内部一致性。结果如表11.2所示。

表 11.2　知识管理探索性因子分析与验证性因子分析

名称	题项	探索性因子载荷	验证性因子载荷	建构信度
外部知识共享	企业使用能够使员工与企业外部人员共享知识的技术	0.795	0.876	0.94
	我们与外部伙伴企业共享彼此工作经验中的一些诀窍	0.784	0.743	
	我们与外部伙伴企业共享彼此关于"到哪里找知识"与"谁知道这些知识"的信息	0.777	0.842	
	我们与外部伙伴企业共享彼此来自各自教育与培训的专业知识	0.774	0.844	
内部知识共享	员工广泛利用企业电子图书馆（如在线数据库和数据仓库）获得知识	0.753	0.736	0.90
	企业有各种基于兴趣而建立的社团/论坛或会议	0.737	0.735	
	员工经常聚会，分享工作中的故事/经验/最佳实践	0.736	0.773	
	员工使用知识网络（如群件、局域网、虚拟社区）来与同事沟通	0.688	0.627	
	企业提供能够促进内部员工共享知识的技术	0.601	0.735	
知识积累	我们企业中的那些核心人员一直保持稳定，流失率很小	0.753	0.625	0.87
	企业重视对成功经验的总结和推广	0.737	0.921	
	我们企业普遍对新员工实行"师傅带徒弟"的培养方式	0.736	0.556	
	我们企业高管强调对失败教训进行反思并总结推广	0.688	0.703	

注：探索性因子分析采用样本量为162份；验证性因子分析采用样本量为257份

11.3.2　验证性因子分析

利用后期回收的257份有效问卷进行验证性因子分析与模型检验。应答企业分布于22个省、自治区与直辖市，其中来自于企业创新比较活跃的华东地区与广东省的问卷分别为208份与18份，共占总量的87.94%。应答企业的平均年龄为15.31年。从资产规模、营业收入与员工人数的分布来看，样本企业以中小企业为主。超过92%的样本企业具有研发投入，48.64%的企业每年研发投入强度超过5%。超过73%的样本企业为内资企业，而民营企业占全部样本比例超过55%。按照王华等（2010）与陈小洪（2009）研究结果所显示的观点——我国内资企业，特别是民营企业是我国转型阶段技术创新的主体或生力军，本次样本用于创新能力的调查，具有一定的代表性。用AMOS 19.0分别对企业自主创新能力与知识管理进行验证性因子分析，验证性因子分析指标分别如表11.1、表11.2所示。

企业自主创新能力与知识管理的验证性因子分析显示，各个题项载荷均在0.50~0.95，建构信度均大于0.60，说明变量具有良好的聚合效度与区分效度。核心变量拟合指标均达到可接受范围（表11.3），意味着核心概念的数据与测量模型拟合良好，因子建构信度良好。环境动态变量采用成熟量表，测量3个题项。验证表明完全拟合。

表 11.3　核心概念的拟合指标

变量	χ^2	df	χ^2/df (<3.0)	RMSEA (<0.08)	CFI (>0.90)	NFI (>0.90)	GFI (>0.90)	IFI (>0.90)
创新能力	196.56	84	2.34	0.072	0.964	0.939	0.906	0.964
知识管理	70.3	57	1.23	0.030	0.993	0.962	0.961	0.993

11.4　模型检验

11.4.1　描述性统计分析与相关系数

表11.4显示各变量的描述性统计参数与变量之间的相关系数矩阵。由表11.4初步可见：外部知识共享、内部知识共享和知识积累一次项与自主创新能力的四个维度相关性均为正向显著；二次项与四个维度的相关性体现出一定差异，但总体上均显示为负相关。因此知识内外共享和知识积累与自主创新能力之间关系不是简单的线性相关，而是呈现出较为复杂的二次曲线关系。

11.4.2　层次回归分析

采用层次回归分析进行模型检验。依次输入控制变量、自变量与交互项，分别对自主创新能力的四个维度进行回归分析（表11.5）。

1. 自变量一次项检验

（1）知识积累。知识积累对自主创新能力的四个维度都具有显著促进作用，其中信息诠释能力显著性水平为$p<0.01$，其他三个维度均为$p<0.001$。因此，H_{11-1}得到完全支持。

（2）外部知识共享。外部知识共享对自主创新能力中的信息诠释能力、创新决策能力与实施实现能力均产生积极影响（$p<0.001$），但对变异感知能力的效应不显著。因此，H_{11-3}得到大部分支持。外部知识共享对变异感知能力作用不显著，可能是因为从企业组织活动层次来说，对外部变异信息的感知与监控本身是自内向外的过程，这个过程往往是规范化收集信息的过程，有其稳定甚至是固定的信息监测点与信息渠道，是一种单向性组织活动，并不强调与外部主体之间产生双向甚至多向交互性活动。但变异信息的组织感知是创新发起的前提条件，而变异本身不仅仅产生于内部，更多来源于外部变革产生的机会，因此提高创新过程中信息的多源性与信息监控的开放度或许是有利的。

表 11.4　描述性统计表与相关系数矩阵

变量	均值	标准差	1	2	3	4	5	6	7	8	9	10	11	12	13	14	15	16
1.感知能力	5.455 6	1.066 28																
2.诠释能力	4.238 7	1.516 61																
3.决策能力	4.907 0	1.169 25																
4.实施能力	4.771 4	1.238 69																
5.lg（年龄）	1.032 3	0.402 06	0.066	-0.004	-0.017	-0.041	1.000											
6.研发强度	2.944 5	1.154 03	0.265***	0.194**	0.166**	0.222***	-0.054	1.000										
7.员工规模	3.455 3	1.371 74	0.182**	0.251***	0.105†	0.094†	0.482***	-0.037	1.000									
8.传统制造	0.528 5	0.500 21	0.047	0.025	0.043	-0.014	0.113*	-0.093†	0.136*	1.000								
9.高新技术	0.252 0	0.435 07	0.039	-0.063	0.040	-0.001	0.076	0.286***	0.053	-0.615***	1.000							
10.外部共享	-0.007 3	1.323 22	0.419***	0.581***	0.591***	0.573***	-0.125*	0.190*	-0.020	-0.037	0.040	1.000						
11.内部共享	-0.016 5	1.230 35	0.530***	0.509***	0.465***	0.565***	-0.080	0.326***	-0.004	-0.139*	0.129*	0.648***	1.000					
12.历时积累	-0.013 5	1.077 69	0.537***	0.414***	0.552***	0.566***	-0.070	0.184***	-0.041	0.012	0.020	0.549***	0.510***	1.000				

续表

变量	均值	标准差	1	2	3	4	5	6	7	8	9	10	11	12	13	14	15	16
13.环境动态	-0.025 7	1.152 49	0.174**	0.199**	0.220***	0.241***	-0.024	0.086*	-0.098†	-0.068	-0.001	0.116*	0.205**	0.179*	1.000			
14.外部共享²	1.743 8	2.275 59	0.049	-0.100†	-0.203**	-0.029	-0.013	-0.041	-0.080	-0.019	-0.132*	-0.237***	-0.009	-0.015	0.166**	1.000		
15.内部共享²	1.507 9	1.998 91	-0.021	-0.099†	-0.104†	-0.141*	0.088†	-0.093†	-0.023	0.015	0.003	-0.213***	-0.248***	-0.098†	0.104†	0.473***	1.000	
16.历时积累²	1.156 9	1.854 21	-0.020	-0.022	-0.158**	-0.151**	0.041	-0.126*	0.100†	-0.057	-0.114*	-0.285***	-0.206**	-0.413***	-0.008	0.471***	0.455***	1.000

***代表 $p<0.001$; **代表 $p<0.01$; *代表 $p<0.05$; †代表 $p<0.1$

表 11.5 知识管理与企业创新能力层次回归模型

变量	变异感知能力			信息诠释能力			创新决策能力			实施实现能力		
	M1	M2	M3	M4	M5	M6	M7	M8	M9	M10	M11	M12
常量	4.183***	4.386***	4.426***	2.816***	3.148***	3.287***	4.155***	4.535***	4.585***	3.940***	4.264***	4.396***
lg（年龄）	-0.038	0.085	0.049	-0.490†	-0.223	-0.213	-0.253	-0.041	-0.040	-0.271	-0.059	-0.054
研发强度	0.263***	0.102*	0.101*	0.329***	0.123†	0.111†	0.165*	0.008	0.012	0.269***	0.070	0.053
员工规模	0.154**	0.114**	0.109†	0.387***	0.324***	0.295***	0.120†	0.076	0.063	0.147*	0.116*	0.091†
传统制造	0.055	0.245†	0.268†	-0.353	-0.137	-0.127	0.165	0.252†	0.260†	-0.193	-0.030	-0.009
高技术	-0.089	0.101	0.127	-0.748***	-0.568***	-0.548***	0.097	0.170	0.190	-0.349	-0.174	-0.130
外部共享		0.011	0.027		0.424***	0.481***		0.274***	0.280***		0.239***	0.250***
内部共享		0.270***	0.228***		0.221*	0.178*		0.075	0.076		0.195**	0.209**

续表

变量	变异感知能力			信息诠释能力			创新决策能力			实施实现能力		
	M1	M2	M3	M4	M5	M6	M7	M8	M9	M10	M11	M12
历时积累		0.453***	0.477***		0.254**	0.242**		0.440***	0.450***		0.395***	0.377***
环境动态		0.047	0.067		0.165*	0.047		0.153**	-0.069		0.134*	0.026
外部共享$_2$		-0.025	-0.009		-0.089*	-0.077†		-0.127**	-0.149***		-0.005	-0.023
内部共享$_2$		0.006	-0.015		0.013	0.009		0.012	0.026		-0.036	-0.022
历时积累$_2$		0.153***	0.218***		0.176**	0.210***		0.144***	0.183***		0.083†	0.078†
外享×环境动态			0.024			-0.165*			0.015			-0.116*
内享×环境动态			0.073			0.125*			-0.133**			0.054
积累×环境动态			-0.120*			0.103			0.090			0.017
外享$_2$×环境动态			-0.011			0.060†			0.101***			0.062*
内享$_2$×环境动态			0.018			-0.026			-0.009			-0.028
积累$_2$×环境动态			-0.068***			-0.044†			-0.037†			0.023
F	5.951***	23.959***	3.346**	8.283***	25.090***	2.799**	2.405*	31.099***	6.259***	3.935***	28.004***	2.516**
R^2	0.110	0.483	0.525	0.147	0.514	0.547	0.048	0.508	0.578	0.076	0.498	0.529
调整的 R^2	0.092	0.456	0.487	0.129	0.489	0.511	0.028	0.482	0.544	0.057	0.472	0.492
ΔR^2	0.110	0.372	0.042	0.147	0.367	0.033	0.048	0.460	0.070	0.076	0.422	0.031
df	240	233	227	240	233	227	240	233	227	240	233	227

***代表 $p<0.001$；**代表 $p<0.01$；*代表 $p<0.05$；†代表 $p<0.1$

注：VIF<3.184；DW 分别为 2.167、1.829、2.089、1.964

（3）内部知识共享。内部知识共享对自主创新能力中的变异感知能力（$p<0.001$）、信息诠释能力（$p<0.05$）与实施实现能力（$p<0.01$）均具有正向影响，显著性水平存在一定差异。但对创新决策能力没有显著影响，这可能是由于创新决策更多是对外部挑战或变异产生的机会的响应性组织活动。Hong等（2011）在对美国、加拿大与西班牙的企业创新中知识共享的作用研究中也得到类似结论。H_{11-5}得到大部分支持。

2. 自变量二次项检验

（1）知识积累二次项。知识积累二次项对自主创新能力的四个维度的效应均显著，但与H_{11-2}假设的方向相反。因此，H_{11-2}未能获得支持。该结果表明：知识积累不仅对企业自主创新能力具有正向促进效应，而且具有递增的边际贡献。产生这样结果的原因一方面可能与本章研究所基于的样本有关，本章研究样本平均年龄为15.31岁，一般来说，这个年龄的企业的刚性尚未形成，其负面作用也难以体现出来；另一方面可能是因为企业知识积累水平越高，企业对外部知识的吸收能力越强（Cohen and Levinthal，1990），进而越有利于更多新知识导入企业内部形成新的知识积累，而这又进一步提供了提升自主创新能力的基础。所以，提高企业知识水平，对自主创新能力提升具有递增的边际贡献。

（2）外部知识共享二次项。外部知识共享二次项对自主创新能力中信息诠释能力呈现出弱负向效应（$p<0.1$），对创新决策能力的作用负向显著（$p<0.001$），对其他两个维度（变异感知能力与实施实现能力）没有显著影响，但符号为负。因此，H_{11-4}得到部分支持，即外部知识共享对自主创新能力具有递减的边际贡献作用。除了外部知识共享活动产生成本之外，这还可能是由于随着外部知识共享水平的提高，所获得新知识量增大，而这要求信息接收者具有很强的信息处理或知识整合能力。当组织信息处理与知识整合能力不能匹配大量新知识涌入的要求时，则产生信息过载，进而影响决策能力。

（3）内部知识共享。内部知识共享二次项对自主创新能力各个维度影响均不显著，因此，H_{11-6}未能获得支持。该结果表明：内部知识共享对自主创新能力提升的贡献作用是线性关系。

3. 调节效应检验

环境动态对知识积累与自主创新能力之间关系的调节作用比较复杂。在对知识积累一次项与变异感知能力之间关系中表现为显著负向调节作用，即环境动态程度越高，知识积累对变异感知能力的贡献越小。这可能是因为动态环境中，知识积累水平越高，越可能形成企业内信息过滤器并进而产生信息筛选，最终导致知识积累对变异感知能力降低；环境动态对于知识积累与自主创新能力其他三个维度，即信息诠释能力、创新决策能力及实施实现能力之间正向关系的调节效应不显著。但环境动态对知识积累二次项与自主创新能力之间关系的调节效应，除实施实现能力外，均具有显著负向调节效应。这意味着，在动态环境中，随着知识积累水平提高（主要是隐性知识），知识积累对自主创新能力的贡献受环境动态影响强度减弱。知识积累对实施实现能力的贡献不受环境动态性的影响。因此，H_{11-7}仅得到局部支持。

环境动态性对外部知识共享与企业自主创新能力之间关系具有负向调节作用，与假设方向相反，并只体现在信息诠释能力与实施实现能力维度上，表现为对一次项的调节效应为负，对二次项的调节效应为正，这表明：环境动态程度越高，外部知识共享对自主创新能力（信息诠释能力与实施实现能力）的贡献越小，并且随着外部共享水平的提高，环境动态对两者之间的关系削弱强度越大。可能是因为在动态环境中，高水平的外部共享更易导致信息过载问题，不仅削弱企业对信息的诠释能力，还带来实施过程的干扰，降低创新实施实现效率，此外还可能因为高水平共享产生的高成本降低实施效率。此外，环境动态性对外部知识共享二次项与创新决策能力之间关系呈现显著的正向调节作用，这意味着环境动态性可能是导致外部知识共享与创新决策能力间关系显示倒U形关系的原因之一。因此，H_{11-8}未得到支持。

环境动态对内部知识共享与自主创新能力各维度之间关系的调节作用表现为：对信息诠释能力的调节效应为正向显著，但对创新决策能力的调节效应为负向显著。调节效应在其余维度及二次项上均不显著。因此，H_{11-9}得到部分支持。

假设检验结果汇总如表11.6所示。

表 11.6　假设检验结果汇总

序号	假设	检验结果
H_{11-1}	知识积累对企业自主创新能力具有正向影响	支持
H_{11-2}	知识积累对企业自主创新能力的边际贡献是递减的（倒 U 形关系）→边际贡献是递增的	不支持
H_{11-3}	企业外部知识共享对自主创新能力具有正向影响	部分支持
	（a）变异感知能力	不支持
	（b）信息诠释能力	支持
	（c）创新决策能力	支持
	（d）实施实现能力	支持
H_{11-4}	企业外部知识共享对自主创新能力的边际贡献是递减的（倒 U 形关系）	部分支持
	（a）变异感知能力	不支持
	（b）信息诠释能力	支持

续表

序号	假设	检验结果
H₁₁₋₄	（c）创新决策能力	支持
	（d）实施实现能力	不支持
H₁₁₋₅	企业内部知识共享对自主创新能力具有正向影响	部分支持
	（a）变异感知能力	支持
	（b）信息诠释能力	支持
	（c）创新决策能力	不支持
	（d）实施实现能力	支持
H₁₁₋₆	企业内部知识共享对自主创新能力的边际贡献是递减的（倒U形关系）	不支持
H₁₁₋₇	环境动态性对知识积累与自主创新能力之间关系具有负向调节效应	部分支持
	（a）变异感知能力	支持
	（b）信息诠释能力	不显著
	（c）创新决策能力	不支持（正）
	（d）实施实现能力	不显著
H₁₁₋₈	环境动态性对知识外部共享与自主创新能力之间关系具有正向调节效应	不支持
	（a）变异感知能力	不显著
	（b）信息诠释能力	不支持
	（c）创新决策能力	不显著
	（d）实施实现能力	不支持
H₁₁₋₉	环境动态性对知识内部共享与自主创新能力之间关系具有负向调节效应	部分支持
	（a）变异感知能力	不显著
	（b）信息诠释能力	不支持（正）
	（c）创新决策能力	支持
	（d）实施实现能力	不显著

11.5　结论

（1）企业知识积累、内/外知识共享对自主创新能力都具有积极影响，但这些影响并非都是线性的。其中，知识积累对自主创新能力的贡献具有边际收益递增的特点，两者之间呈现出近似J形的二次曲线关系；外部知识共享对自主创新能力的贡献具有边际收益递减的特点，两者间呈现出倒U形二次曲线关系；内部知识共享对自主创新能力的正向影响在统计上显示出线性特征，如图11.2所示。

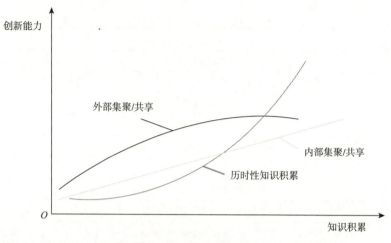

图 11.2　不同模式知识积累与创新能力间关系示意图

（2）知识积累、外部知识共享与内部知识共享对自主创新能力内在结构的不同维度影响存在差异。其中，知识积累对企业自主创新能力的四个维度均具有显著影响，并且都显示出递增的边际贡献；外部知识共享对变异感知能力作用不显著，其他维度上均表现出显著的积极影响，但在信息诠释与创新决策两个能力维度上表现出递减的边际贡献效应。内部知识共享对创新决策作用不显著，其他维度上表现出显著的正向效应。

（3）环境动态性对知识积累、知识内外共享与自主创新能力之间关系具有一定的调节作用，但在各个维度上表现存在差异。其中：环境动态对知识积累与变异感知能力之间关系具有负向调节作用，而对知识积累与创新决策之间的关系具有正向调节作用。但随着知识积累水平的提高，环境动态的调节强度减弱；环境动态对外部知识共享与信息诠释、实施实现能力之间关系均有负向调节作用，并且随着外部知识共享水平的提高，负向调节的强度增强；环境动态对内部知识共享与信息诠释能力之间关系具有正向调节作用，负向调节内部知识共享与创新决策能力之间关系。

（4）动态环境中，外部知识共享与内部知识共享对企业自主创新能力的效应存在一定的交替性，表现为除变异感知能力外的其他三个维度上，环境动态对两者分别与其他三个维度上调节效应虽非一一对应性地达到显著性水平，但符号始终是相反的。如果从外部知识共享更倾向于探索性学习、内部知识共享更倾向于利用性学习的角度来看，本章的研究一定程度上验证了在特定环境条件下，两种学习模式对企业自主创新能力不同能力维度的作用具有交替性特征，体现了两种学习模式对自主创新能力提升的对立统一的二元效应。

第12章 知识积累提升创新能力规律的管理意义

12.1 创新能力结构探索的管理意义

前序章节从企业整体层次上探讨创新能力的理论内涵及其内在结构的过程中发现，企业创新能力主要包括变异感知能力、信息诠释能力、创新决策能力以及创新的实施实现能力等四个维度的构成要素。因此，创新能力是一种综合性的多维能力，提供企业从感知变异、识别机会到有效决策与实施的动态适应过程的能力基础。这一研究结果表明：企业创新能力从一定意义上是企业的动态适应性能力，正如Metcalfe（1998）指出的那样，企业的适应性能力本身也是一种创新能力，它是在企业与其内外环境变化之间动态适应、实现企业可持续发展目标的企业"深层次能力"（Francis and Bessant，2005）。这一研究结果的管理意义在于：

第一，企业创新是一个组织化的过程，该过程以企业对内外环境的变异感知为起点，以对变异性信息的新颖性或独特性诠释为基础所形成的特定企业创新/创业方向为引导，企业创新是在此指引下的创新决策及创新后续的实施与实现等活动构成的系统性过程。从强调获取或掌控知识产权的自主创新的视角来看，企业创新不仅需要掌握实施实现过程中的主动权，更要在"新思想来源"环节上获取掌控权。本章的研究对企业创新能力的解构，从企业能力基础的层次上提供提高企业自主创新能力的战略性支持。但创新能力是综合性能力，需要以全面创新管理的思想建议培育与构建。不同企业具有自身独特的能力基础，而不同企业能力基础的内在结构可能存在较大的差异，这种差异在整体上表现为，企业对自身创新成果的把握程度可能存在差异。例如，在创新链上末端的能力较强，意味着企业实施实现能力较强，但如果同时创新链前端能力薄弱，则该企业可能难以掌控创新成果的收益权或收益分配权，较为典型的有浙江省一些服装代工企业，在一定的创意给定条件下，它们能够快速有效地实现创意。然而，由于创意来源并非自己掌控，虽然能够保证质量地完成创意，却在整个价值链的低端，以获取加工费甚至依靠出口的国家退税为收入来源，对熊彼特租金毫无收益能力。

第二，企业创新能力的四个维度，由于其在创新链上的分布特征以及处于创新链不同位置对于企业整体创新能力，特别是提供以自主知识产权、自主品牌为追求目标的自主创新能力有效实现的意义不同，因此在我国当前以创新促转型的特定时期，企业创新能力培育从创新链末端向前端迁移具有重要意义。

第三，企业创新能力结构研究中发现，我国企业创新仍然忽略技术动态监控而重视市场动态信息，这在一定程度上反映了以下几个问题：①重市场动态信息轻技术动态信息；②企业创新中市场与技术之间缺乏有效协同；③尚未将竞争者、政策动态等因素纳入企业创新体系中进行思考。

我国企业培育创新能力时，首先要重视把握能够带来熊彼特租金收益权或收益分配支配权的相关能力的培育，如建立有效的市场、技术及规章制度等监控体系，提高企业变异感知能力，为获取创新创意提供组织保证。其次，重视提高企业对变异信息的解读能力，要重视发挥企业员工的集体智慧与全员创新的积极性，从而为企业创新决策提供具有更加广泛、多样性的创意来源。再次，建立科学的企业创新决策机制，广泛征集创意或创新点子，建立企业自身的创意或概念库/概念池，建立多样性、差异化的创意评价体系，从而提高企业创新的决策水平。最后，在实施实现过程中，企业应建立合理的创新或创新项目的实施管控体系，提高实施实现的效率与可达性。总之，全面提高企业对动态环境的变异感知能力、信息诠释能力、创新决策能力以及创新的实施实现能力，是我国企业提高创新能力的前提和基础。

12.2　知识积累与创新能力关系研究的管理意义

企业知识积累对创新能力提升具有重要意义，特别是在当前转型经济背景下，如何从长期的技术追赶的二次创新模式向技术超越进而技术领先的自主创新模式转变成为关系到我国"建设创新型国家"的发展战略能否实现的关键，提高企业知识积累水平对提高企业自主创新能力具有战略性意义。

第一，知识积累对企业创新能力的四个维度均具有显著影响，并且，知识积累对创新能力的贡献具有边际收益递增的特点，两者间呈现出近似J形的二次曲线关系。据此，知识历时积累对于创新能力提升的意义在于：知识历时性积累，特别是核心人员的保留、知识通过师徒间传承、经验的总结与扩散等，对企业创新能力提升具有递增边界贡献能力。这同时意味着，企业知识积累（特别是隐性知识积累）不是空泛、抽象的，而是要通过切实的人力资源管理系统，如人才激励与保留项目、人才培训与开发等具体项目的合理设计与有效实施加以实现的。例如，RCID团队在浙江绍兴调研时发现，作为一家创新性纺织材料生产企业，古纤道的总裁告诉我们："我们之所以比其他企业能够更多地推出新产品，制胜法宝之一就是我们特别注重保留我们的核心技术与开发人员，……留住他们，就是留住了我们企业发展的基础。"当问到如何保留这些核心人员时，这位老总说："……给他们股份，留住他们……尊重他们……。"

第二，外部知识共享对变异感知能力作用不显著，在其他维度上均表现出显著的积极影响，但在信息诠释与创新决策两个能力维度上表现出递减的边际贡献效应，两者之间呈现出倒U形二次曲线关系。这一研究发现表明：企业加强外部知识共享总体而言对创新能力提升是有利的，但企业在加强对外部知识的获取与共享的同时，要充分考虑相关的成本、知识距离大小以及知识/信息量的多寡，因为成本过大会导致知识获取收益被耗尽；知识距离过大不利于企业有效吸收，会导致知识获取效率降低；而信息量或知识量过大，则可能导致企业知识/信息过载，并以此形成知识的废弃或过度沉淀从而降低外部知识获取的收益。此外，研究结果同时表明：我国企业尚未将外部共享所获得的知识与信息纳入企业创新战略性感知系统中。而从一定意义上来说，企业创新本身就具有战略性内涵，而外部共享没能纳入创新战略体系中，是不利于我国企业创新能力有效提升的。

第三，内部知识共享对创新决策作用不显著，其他维度上表现出显著的正向效应，即内部知识共享对创新能力的正向影响在统计上显示出线性特征。这一研究结论意味着：企业应当建立有利于促进内部不同部门间员工沟通与交流的组织机制，建立企业内交流与沟通平台、社区等。例如，RCID团队在调研聚光科技股份有限公司（简称聚光科技）如何提升创新能力的过程中发现，聚光科技建立了市场部门与研发部门之间的沟通例会制度，定期进行信息交流与知识共享，有效地增进了企业内知识流动效率，提高了企业对技术与市场环境变化的感知力、对动态信息现实与潜在价值的解读能力，从而为有效地创新决策提供了基础。并且，聚光科技通过产品部功能的强化，提高技术部门与生产部门、市场部门之间的知识共享与信息交流的有效性，从而确保新产品开发有效实现，并获得稳定的生产质量，提高了实施实现效率和质量。

12.3　环境因素对创新能力构建的影响

如果假设企业所处环境是稳定的，或者具有可预测性的动态性，那么企业要么无须创新，要么依靠惯例发展即可。正是由于环境发展的动荡性、不确定性等特点，企业必须通过创新来使自身发展与环境动态发展所提出的需要相匹配，因此，环境因素对创新能力构建或提升影响的研究发现具有以下意义。

第一，环境动态性对知识积累、知识内外共享与创新能力之间关系具有一定的调节作用，但在各个维度表现上存在差异。

（1）环境动态对知识历时性积累与变异感知能力之间关系具有负向调节作用，而对知识历时性积累与创新决策之间关系具有正向调节作用；但随着累积性知识水平的提高，环境动态的调节强度减弱。这一研究发现意味着：在环境动态水平高的条件下，知识积累水平对感知能力提升的贡献受到削弱，但是企业的创新决策能力则更加依赖于内生性的知识积累，此时，企业原有知识积累就变得尤为重要。这一研究发现验证了"企业专有性知识积累是企业竞争优势来源"（Dierickx and Cool，1989）的观点，也进一步表明企业日常专有性知识积累的重要性。

（2）环境动态对外部知识共享与信息诠释、实施实现能力之间关系均有负向调节作用，并且随着外部知识共享水平的提高，负向调节的强度增强。这一研究发现意味着：环境越动荡，外部知识共享对信息诠释、实施实现能力的作用越弱，并且随着动荡程度剧烈化程度提高，外部知识共享对两者之间的削弱能力增强。这可能是因为在动荡环境中，外部知识的获取提高了企业知识与信息的复杂性，从而更易导致企业信息过载以及对信息/知识的解读困难，干扰企业创新的实施过程。因此，在动荡程度高的环境中，企业需要适度屏蔽一些信息，以减轻企业信息处理的荷载。关于这一点，在聚光科技的调研中，其CEO曾经说过："组织边界应该是个半透膜，既要保持信息的畅通，又要同时保持对信息的选择或筛选……这样才能保证企业内稳定运营。"

（3）环境动态对内部知识共享与信息诠释能力之间关系具有正向调节作用，负向调节内部知识共享与创新决策能力之间关系。这一发现意味着：越是动荡的环境，企业越依赖于内部员工之间的知识共享与交流来提高对特定信息的解读能力，这一结论进一步验证了组织"半透膜"功能的重要性。但动荡环境会削弱其对创新决策能力的贡献，结合上述研究结果发现，特定环境动荡水平，仅仅依靠内部知识共享与交流是不够的，提高知识积累水平才能有效提高决策能力，再次验证了企业知识积累的战略性意义。

第二，在动态环境中，外部知识共享与内部知识共享对企业创新能力的效应存在一定的交替性，表现为在除变异感知能力外的其他三个维度上，环境动态对两者分别与其他三个维度上调节效应虽非一一对应性地达到显著性水平，但符号始终相反。如果从外部知识共享更倾向于探索性学习、内部知识共享更倾向于利用性学习的角度来看，本书的研究一定程度上验证了在特定环境条件下，两种学习模式对企业创新能力不同能力维度的作用具有交替性特征，体现了两种学习模式对创新能力提升的对立统一的双元效应。同时，本书的结论也表明企业需要在内部知识利用与外部知识获取之间取得平衡，外部知识获取必须考虑内部知识（Al-Laham et al.，2011）。这一发现表明：企业在外部知识获取与内部知识利用之间可能因企业发展所处的不同战略阶段而有所取舍。对于战略转型时期的企业，加强对外部知识的共享与获取，同时保证一定水平的内部共享与学习，有利于企业实现战略转型。例如，浙江高技术企业中控集团在考虑从最初的集散控制系统（distributed control system，DCS）技术向以太技术跃迁时，首先增大外部技术知识的搜索与获取以及企业及研究机构的调研，然后针对所获取的知识与信息，加强内部核心人员之间的共享与交流，最终成功实现了技术路径的跃迁。而在一般企业实践中也常常看到，当企业处于较为平稳的发展阶段时，往往更加强调内部的学习与培训，而当企业面临动态环境或预备转型时，往往更倾向于派遣相关人员进行外部学习或频繁调研。

12.4 创新能力提升的积累律对管理实践的意义

在当前强调提高企业自主创新能力的战略背景下，提高企业知识积累水平、促进企业内外知识流动是构建企业创新能力的重要基础。加大对企业知识积累方面的投资，特别是在外部异质性知识获取方面进行投资，将有利于获得递增的边际回报，并且能够提高企业抵抗环境动荡所致风险的能力。

（1）企业需要对知识积累进行长期、可持续投资，以开放创新的视野，提高企业对内、外部知识的集聚能力，才能获得知识积累对创新能力的边际递增的贡献。具体举措可分别从提高企业外源性知识与内生性知识积累三个方面入手：

其一，提高外源性新知识获取与积累能力，可通过设立企业对动荡环境进行监控与追踪的体系，一方面为企业战略性知识储备提供引导，也有利于提高企业对创新机会的感知从而为外源性新知识获取提供基础（张军等，2012）。典型案例诸如我国DVD生产企业新科电器，其在美国硅谷设立"超越号"实验室，参与芯片设计，更注重对技术前沿的追踪监控（路风和慕玲，2003），为自身未来发展进行战略性知识储备。这也是新科电器从一个乡镇企业发展为DVD行业领军企业的重要经验。另一方面提高企业与外部各类主体之间的知识联系与联结能力。通过构建企业间知识联盟与知识网络，提高企业与外部各类知识主体之间知识界面的深度与广度。

其二，内生性知识创造与知识扩散是企业知识积累的另一个重要来源。企业应加大对人力资源投资，积极构建企业内"干中学"、"用中学"以及"研发中学习"（陈劲，1994）等多模式并存的组织学习机制，提高组织学习能力与知识吸收能力。此外，营造有利于企业内知识共享的组织氛围，提高知识扩散与知识创造能力。

其三，重视核心人员的保留与激励，强化企业内部知识之间的传承与扩散，要针对企业发展过程的成功经验与失败案例进行反思与总结，形成企业仓库，从而提高企业专有性知识的积累水平，为企业构筑创新能力进而获取可持续竞争优势提供不竭的源泉。具体工作是加强企业知识系统建设、提高企业知识共享激励、用人与育人相结合等企业知识管理活动。

（2）转型经济背景下，敏锐捕捉变异信息是创新发起的关键，但国内企业尚未将变异感知提高到战略性感知层次并纳入企业创新系统中。开放式创新有利于提高企业自主创新能力，但这种利益要建立在适度开放的基础上，过度开放可能反而带来损害。而且，企业应充分利用创新网络提供的战略性感知潜力，而不仅仅局限于有形资源获取与共享。提高企业对异质性知识的敏感度与关注度，将其纳入企业战略性知识储备框架内进行辨识，有利于解决企业自主创新能力发展的刚性问题。

（3）企业需要在知识的内、外部共享活动之间进行权衡，以获得更优的知识收益。企业与其他企业建立合作关系的战略决策受到其是想获得新知识还是利用现有能力的动机的驱动（Rothaermel and Deeds，2004），而探索性创新与利用性创新相比更具有创新决策的内涵，因此当企业处于战略转型或希望进入新的市场时，加大企业外部知识共享可能更加有利。

第13章　知识积累提升创新能力的组织机制①

　　本章以企业创新能力提升为关注焦点，通过案例研究的方法，以前文研究的创新能力的四个能力维度为分析框架，探讨影响企业创新能力提升的前因。研究发现：创新能力构建过程是不断导入外部新要素并与现有能力基础实现互换的连续过程；知识共享与集体解释是企业创新能力形成与转化的关键。

13.1　文献回顾

13.1.1　创新能力研究简评

　　创新的原始内涵是指为获得超额利润而进行的"生产要素的新组合"，具体包括开发一种新产品、新工艺，开拓一个新的市场、建立一种新的组织形式、获取一种新的原料来源等（Schumpeter，1934）。在对熊彼特理论的评论中，索洛提出了技术创新实现的"两步论"，即实现技术创新应具备"新思想来源"与"随后阶段的实现发展"两个基本条件（傅家骥，1998）。随后关于创新的研究主要局限于技术创新的范畴。相应地，创新能力研究也以技术创新能力为主要内容。

　　20世纪80年代初，基于第三世界国家作为技术引进方如何获得自主技术的研究，创新能力逐渐引起学界关注。基于当时特定历史背景，创新能力强调在技术引进和消化吸收的基础上变革求新，以超越原有技术并创造出新的、可持续的租金来源，获取独特的竞争优势。这在本质上是指二次创新能力（Xu and Wu，1991）。二次创新能力强调吸收能力的核心作用，表现出与U-A模型（Utterback and Abernathy，1975）相反的特性，即工艺创新先于产品创新的特点（Xu and Wu，1991）。这个时期的研究中，吸收能力作为创新绩效的重要前因变量得到广泛关注（Cohen and Levinthal，1989，1990，1994；Lane and Lubatkin，1998；Zahra and

---

　　① 本章主要内容已正式发表。张军，张素平，许庆瑞. 企业动态能力构建的组织机制研究——基于知识共享与集体解释视角的案例研究[J]. 科学学研究，2012，（9）：1405-1415.（中国人民大学书报资料中心全文复印：《企业常理研究》，2013，（1）：160-170.）

George，2002），在一定程度上被视为创新能力的代理者。

进入21世纪，以新兴工业化国家从追赶向超越转型为背景，企业如何在时基竞争背景下把握创新过程的主动权，并确保独占或掌控创新成果所产生的租金收益权与支配权，已经成为新时代下企业创新能力研究的重点。这意味着创新能力的内涵随着经济与社会发展在不断演进。

然而，现有研究局限于技术创新领域，忽视了企业是一个"社会-技术"系统，进而忽视企业的非技术要素创新。德鲁克曾经指出，创新有两种：一种是技术创新，它在自然界为某种自然物找到新的应用，并赋予其新的经济价值；另一种是社会创新，它是在经济与社会中创造一种新的管理机构、管理方式或管理手段，从而在资源配置的改进中取得更大的经济价值与社会价值（林如海和彭维湘，2009）。因此，仅从技术层面界定企业创新能力是远远不够的。本章认为，企业创新在本质上是一种系统性求变或应变以获利，最终获得长期竞争优势的一系列组织活动，是"通过实施较对手更多、更好概念的方式获得竞争优势的企业深层次能力"（Francis and Bessant，2005），包括技术要素与非技术要素活动（许庆瑞，2007）。这种系统性组织活动为企业提供了"将变革转化为可实现机会"（Drucker，1994）的潜力。因此，本章将创新能力定义为基于对不断变化或涌现的新价值诉求的识别与评价，或为了创造新的价值主张，对各种可得性要素/资源进行整合/组合的才能或潜能，是一组具有序贯关系的相关能力模块的集束。关键是"识别、拓展并利用商业机会的才能"（Carlsson and Eliasson，1994）。依据从变化到机会以及机会潜力的实现的过程，本章将创新能力划分为变异感知能力、信息诠释能力、创新决策能力与实施实现能力等四个基本能力模块。

13.1.2　创新能力的构建研究

关于创新能力构建的研究，学界主要秉承熊彼特先后提出的两个模式所指示的脉络进行，即以企业家精神为企业创新能力来源的熊彼特模式 I（Schumpeter，1934），与以大企业有组织的研发活动或实验室建设为企业创新能力来源的熊彼特模式 II（Schumpeter，1942）。其中，熊彼特模式 I 强调创新型小企业的"新产品/新过程商业化应用"无休止的"创造性破坏"过程。遵循熊彼特模式 I 的研究传统，主要从企业家层面关注企业创新能力的构建，如企业家精神（Teece，2007；Freiling et al.，2008）、创业导向（焦豪等，2008）在企业创新能力形成与发展中的作用，并特别强调企业家对市场机会的识别与把握能力是企业创新能力的关键（Carlsson and Eliasson，1994）。

熊彼特模式 II 强调惯例化或常规化创新活动，表现为大型企业致力于一些高风险、大规模的研发活动，是企业"一项日常的甚至是普通的内容"（Baumol，2002）。

遵循熊彼特模式Ⅱ的研究传统，主要关注大型企业的研发组织及其活动对企业创新能力的效应，如研发组织的结构与制度安排对创新能力的影响（Argyres，1996；Argyres and Silverman，2004），创新惯例在企业不同要素之间联动性运营（如创新要素与创新活动所居层次的迁移）对组织能力动态演化的内生的推动效应（张军和金露，2011）等。

长期以来，关于熊彼特提出的两个创新模式到底孰是孰非，存在一定的争议。有观点认为小企业创新更多遵循熊彼特模式Ⅰ，而大型企业或跨国公司的创新能力更多适用于熊彼特模式Ⅱ。其隐含逻辑在于：企业家精神在中小企业中更容易发挥其影响力；研发机构理性的、规划性创新活动则更能发挥出大型企业在创新中的资源优势。这些观点更多将两种模式分离对待，缺乏对两种模式整合的观点。事实上，创新是一个过程，包括发起启动、采纳决策、实施三个基本阶段（Pierce and Delbecq，1977；Damanpour and Schneider，2006）。在创新过程中，不同创新阶段影响因素的来源也不同。例如，在创新的采纳决策阶段，组织特征与管理者态度对创新的影响，大于环境特征与管理者的人口统计学特征对创新的影响（Damanpour and Schneider，2006）。本章认为企业创新能力包含来自个体层次的因素，特别是企业内具有权势的个体（如企业家、管理者等）对组织能力（如创新能力）的形成与发展具有关键性作用（Hambrick and Mason，1984），尤其是在创新发起与创新采纳决策阶段。而惯例化的R&D运作体系则在创新实施过程中（特别是大规模、高风险性的创新项目实施过程中）扮演着更加显著的作用。而且，熊彼特模式Ⅰ更多强调企业个体层次因素对创新能力的影响，而熊彼特模式Ⅱ则从企业的组织层次的因素关注其对创新能力发展的影响。本章关注企业创新能力提升前因，不仅会考虑企业家个体层次因素，还考虑企业集体性活动层次的因素。

13.1.3　本章研究框架

企业创新能力是一种组织高阶、多维性综合能力，是多个基础性能力模块的集束。依据管理学大师德鲁克"创新是将变革转化为机会的唯一方式"的观点，本章关注企业创新能力的变异感知能力、信息诠释能力、创新决策能力与实施实现能力四个维度能力提升的影响因素，因此仍然以"知觉—响应"模型为分析框架。

13.2　研究方法

能力研究的方法困境在于：定量方法研究可能通过检验企业绩效推论创新能力存在，难以避免同义反复的问题（Ambrosini and Bowman，2009）。大样本的定量研究虽可描述广泛的组织过程,但不能深入研究能力如何利用或运作的详细的、微观的机制。因此,精心设计的案例研究对于理解资源创造和再造过程的微妙之处更加合适(Ambrosini and Bowman,2009)。本章探讨企业创新能力提升因素,因此,选择案例研究方法是与研究主题的特征相匹配的。

13.2.1　案例选择

结合案例选择的典型性原则(Eisenhardt,1989a)与研究主题,本章选择具备以下特征的企业:①案例企业应当对环境变革表现出较好的适应性,实际操作上选择超过平均寿命的存活期并仍然保持良好成长性的企业。②案例企业创新活动应当比较活跃,便于观察,实际操作上以企业新产品开发过程为关注焦点。结合案例选择的地理接近性与便利性原则,本章选择浙江杭州的两家同处仪器仪表行业、但分处不同细分市场的高技术企业(编码为S与F)作为研究对象。选择二者作为研究对象的具体依据如下。

(1)两家企业所处的仪器仪表行业变化速度较快,表现为技术更新速度快,但总体而言仍具有一定的可预测性;市场需求客制化、多样性特征显著,但各个细分市场容量有限,市场变化速度快。行业特征为观察企业创新能力发展与提升提供了良好参照。同时,选择处于同一行业内不同细分市场的企业作为研究对象,既有利于控制企业之间的横向比较,又能够提高研究结果的概化效度。

(2)两家企业均为高技术企业,创新活跃,能够提供较好的观察点。两家企业的发展都已经越过了国内中小企业平均寿命期,都经历了一个快速成长的时期并仍保持良好的成长性,具备一定的能力基础。例如,两家企业都各自主持制定国际电工委员会(International Electrotechnical Commission,IEC)国际标准与多项国内行业相关标准。同时,经过一定时期的发展,企业管理与组织过程具有一定的规范性和系统性,这为本章提供了观察组织机制特征的便利性。

(3)两家企业依赖于不同的技术路线,但企业的技术基础又存在共性部分,如自动化技术、软件技术、网络技术等。两家企业的共性和差异性,为本章进行多层次分析提供了良好基础。

13.2.2　数据收集

为确保研究中的"证据三角"(Patton,1987;殷,2004),也为了能够就所研究的问题进行充分讨论,我们组建了一个由2~3名固定成员加上3~4位机动人员构成的调研小组。采用多种方法收集案例企业的数据和信息,包括深度访谈、蹲点半参与性观察、问卷调查及公开发表文献收集等方法。总之,在资料收集过程中,尽可能多途径获取资料,组建多人研究小组,并通过不断互动尽可能确保所收集数据之间能够得到交叉验证。

访谈对象主要包括企业高管、技术部门与市场部门的主管，一些项目经理或产品经理等。采取开放访谈方式，围绕诸如"采取什么样的方式获取行业乃至更加宏观的信息""如何选择拟开发的产品概念""产品开发中，部门之间如何合作与互动"等问题展开访谈。

13.2.3　数据分析

为了便于数据分析，依据研究框架对企业的相关组织活动进行理论界定：变异/动态感知活动，是指企业信息/知识监测、收集、整理的各种努力与活动；变异/动态信息诠释活动，是指基于信息的现实或潜在商业价值，对信息/知识企业应用的可能性以及企业可实现性等进行理解与评估的各种交互性活动，包括个体层次与集体层次的各种互动；创新决策活动，是指在各种互动产生共识的基础上对企业未来创新行动或行动方向的选择活动；实施实现活动，是指基于确定的方向而采取的各种旨在实现创新目标的常规化活动。

在上述各类组织活动界定的基础上，本书对所收集的数据和信息资料进行编码、分类，依据Nonaka和Takeuchi（1995）提出的"创新是知识创造的一种方式"的观点，本章将主要以信息/知识的流动、转化以及创造活动为基点进行分析。

13.3　案例分析与结果

13.3.1　案例素描

1. F公司：基于同步调研与集体解释的研发决策

F企业成立于2002年，主要基于光电测量技术，提供工业过程在线监测及分析仪表的设计、研发、生产与销售等服务，2011年销售收入超过7.6亿元。自2004年产生销售收入以来，年平均增长率约为80%。F企业每年平均投入的研发经费占销售收入的8%。F企业连续三年作为唯一的分析仪器企业入选"中国最具生命力百强企业"，并连续四年上榜"福布斯中国最具潜力企业百强"。2008年，F企业的《可调激光气体分析仪国家标准提案》获得IEC全票通过。F企业成长数据如图13.1和图13.2所示。

F公司成立之初明确定位国内高端仪器仪表市场，采取直销经营模式的战略。针对当时该行业普遍采取代理经营模式，而F公司确定采取直销经营模式的原因，其CEO解释道：一是为了建立自主品牌，二是通过直销模式获得第一手的客户资料（客户知识）。在这个整体战略下，F公司提出了"做市场导向的产品研发"技术战略，并明确了"技术调研与市场调研同步走"的研发思路。

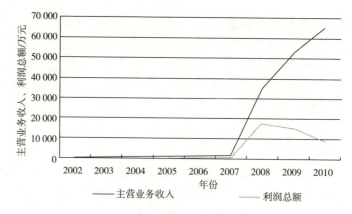

图 13.1　F 企业主营业务收入与利润总额

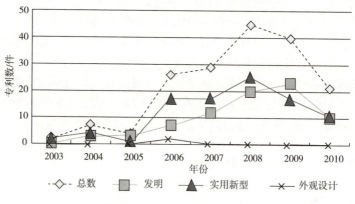

图 13.2　F 企业三项专利申请

1）变异/动态感知活动

　　F公司最初的战略性感知来源于最初的高管个体。2001年，创始人之一的Y已经是阿里巴巴美国公司的总经理。在美国斯坦福大学浙江同乡会的一次聚会上，他结识了W（另一位创始人）——机械工程专业的博士。W向Y展示了光机电一体化分析技术的应用前景。在商海已经具有一定经验、对分析技术有所了解并且一直关注各类产业发展状况的Y，立刻意识到这项技术蕴含的巨大商机。通过商业计划书，两人获得了一笔天使投资，2001年在美国注册了F公司，2002年1月以F公司全资子公司的身份在杭州注册。结合国内仪器仪表行业状况，Y将F公司的市场定位于高端监测仪器的研发、制造与销售领域。

　　2002年成立之初，基于最初直觉所感知的商业机会，Y对国内高端监测仪器市场进行深入信息扫描，寻找技术的商业化切入点。Y最终选定冶金工业过程的在线气体分析仪器作为切入点，并历时两年成功开发出适用于冶金工业过程的在线企业监测与分析仪器的样机。在此基础上，F公司实时监测市场动态，整合客户知识，开发出LGA系列激光气体分析仪表。截至目前，该系列产品已经占领了国内冶金工业过程在线气体监测仪表市场的95%以上份额。

2004年，基于对高端仪器市场特征的深刻理解，F公司意识到未来市场成功所需要的技术——紫外分光技术与近红外技术。F公司组建了以CTO为首的技术扫描小组，一方面针对紫外分光技术的发展动态进行了收集，并于2004年4月到位于合肥的中国科学院安徽光学精密机械研究所（简称光机所）进行了走访与沟通。在了解到光机所的紫外分光技术已经转让后，基于自身所积累的技术能力和产品开发经验，F公司最终决定自主开发该项技术，并于2006年初推出以紫外分光技术为基础、适用于环保气体监测领域的"CEMS烟气排放连续监测系统"等系列产品。CEMS系列产品已经通过替代进口在国内市场占据20%左右的份额。另一方面，F公司追踪近红外技术发展动态，并最终通过并购北京英贤仪器获得该项技术。

F公司在成功获得第一台样机后的2004年上半年，充分认识到监控外部动态信息对于企业创新活动的重要性。基于初期经验与知识积累，针对外部变异/动态信息感知的重要性，建立了"技术调研与市场调研同步走"的环境动态感知机制，践行"市场导向的研发"策略。通过系统化导入集成产品开发（integrative product development，IPD）系统，公司在研发流程前端就确保输入两类基本信息——技术动态信息与市场动态信息。技术调研与市场调研分别由企业研究中心、市场发展部门承担，并将调研活动分为三个层次开展，即宏观、微观及过程调研。对于宏观层次调研来说，研究中心主要通过会议、信息监测等方式，获得宏观层次的技术信息，把握新技术动态；市场发展部着重于监测国内外业界的进展，监控并获取市场信息，寻找市场机会，面向行业挖掘行业需求。微观层次调研主要围绕有限的产品概念，进行具体的技术先进性、差异性与可行性以及市场容量、市场成长等方面的信息收集。研发过程中，F公司仍然会定期或不定期地进行技术与市场的调研，以把握产品研发过程中环境的变革并评估其对在研项目的可能影响。

"每个新产品的研发，我们都要不断地进行这三个层次的调研"，F公司的产品总监说，"如果研发过程中的调研发现市场需求已经发生变化，我们甚至可能会停止一些在研项目"。

2）变异/动态信息诠释活动

F公司的"技术调研与市场调研同步走"，在宏观、微观以及研发过程中持续进行。针对通过专业化部门获得的专业类信息，要先在专业群体内进行共享，就一些关键信息/知识进行集体性诠释，从而将信息转化为具有行动导向的知识，并且实现知识从个体向群体乃至组织层次的转移与转化。例如，在紫外分光技术开发之前，公司专门组建以技术专业人员为核心的技术动态调查小组，通过从广泛收集信息到定点深入了解这一过程，对紫外分光技术特性以及进行自行开发的可能性、可行性进行研讨与论证。而紫外分光技术的市场机会及市场进入可能性等方面的信息，则主要由市场部门基于市场信息收集而进行小组分析与讨论，形成初步思想。F企业组建自己的产品评审委员会，主要由CEO、技术总监（创始人之一）以及外聘专家［包括国内两名近红外技术方面的专家、院士与国外激光技术方面的专家（也是创始人之一在国外攻读博士时的导师）］组成。产品评审委员会组织技术人员、市场人员，有时包括供应链与工程人员等，对宏观层次调研形成的概念簇进行研讨、评审与筛选。对微观层次调研形成的概念进行研讨、评审，并进行选择性预研，最终确定当前需要研发的产品。过程调研获得的重要动态信息，也常以联合例会方式被讨论。此外，F公司还存在部门间非正式共享与解释机制。正如F公司市场总监所说："市场与技术部门之间有例会，例会频率未必很高。但两个部门的头儿经常碰头，而且中午吃饭一定会在一起。"

　　因此，F公司的技术调研、市场调研不但同步走，而且协同进行。对专业性监测所获信息通过两个层次的集体性解释——群内解释与跨职能集体解释，并且包括正式集体性解释机制与非正式共享机制。此外，F公司组建包含企业内行、行业内专家在内的评审委员会，定期或不定期就行业动态、未来趋势及技术前沿等信息进行研讨。

　　3）创新决策活动

　　F公司以IPD为基础的三层次监控（宏观、微观、过程）、两层次集体解释（专业群内、跨职能群或组织外部）、两种共享与集体解释机制（正式、非正式）（简称"三两两"机制），为公司创新活动提供了决策依据。宏观调研信息经企业内外专家集体研讨，具有研发潜力的初步概念被保留下来，形成公司产品研发的概念池。这个过程更强调信息来源多样性、概念形成的视角多样性等，从而为后续的漏斗形研发机制提供丰富的概念来源。微观调研与过程调研所获得的信息，在专业性团队内部交流和研讨，兼顾不同职能部门间的跨职能信息的交换与讨论。其中，微观调研经专业性团队内部以及跨职能的集体解释，最终形成公司预研产品的备择方案或项目。这个过程强调从市场回报潜力、研发可行性、研发资源可获得性等各个方面进行评估，按照一定比例放大最终研发实施的概念数，进入企业内部试研备择库。过程调研经专业性团队内部以及跨职能的集体解释，根据技术与市场动态状况，随时评估在研项目的状况。期间可能会调整产品研发方向，甚至做出停止一些在研项目的决策。这些决策都是根据"做市场导向的产品研发"的战略思维做出的。

　　基于知识共享与信息跨界集体解释机制的创新决策，不仅提高了产品研发决策的质量，也提高了市场发展的决策质量，体现在F公司创新绩效得到了有效提高。例如，F公司第一产品（LGA系列激光气体分析仪）是在细分市场定位的前提下进行研发的，没有明确的市场与技术的互动，历时两年开发出新产品，然后再花时间和精力进行市场推广，滞延了新产品上市时间。同时，产品在研发完成后再接受市场的评价，增加了新产品的市场风险。2004年底，F公司决定引入IPD后，市场信息与技术信息被同等重要地作为研发产品前端输入，增强了研发中组织要素之间的协同度，研发效率有所提高（每年至少推出两个新产品），也提高了企业对于环境动态的响应能力，同时减少了产品上市面临的市场风险。

4）创新实施与实现活动

F公司第一项产品开发，基于30多人的产品开发小组、以师傅带徒弟的方式进行创新活动（新产品开发）。在此过程中，学科带头人（CTO）的技术洞察力与对项目进程中的技术质量、进度等方面的掌控力起到关键作用。而公司的CEO在创新资源的聚集、外部市场动态信息的把握方面，为产品顺利开发提供了重要支持。

在基于半导体激光技术的新产品开发成功之后，F公司迅速进行紫外分光技术开发。多技术路线并行开发以及多细分市场并存，挑战了公司创新活动的协调与资源配置能力。由于兼顾市场与技术动态信息的前端导入，公司在整体组织架构上表现为哑铃形结构，并在"哑铃球"内部形成矩阵结构，矩阵内不同项目组之间不断进行成功经验的复制和扩散。此时，企业研发第一个产品过程中所积累的经验起到了重要作用，最初经验正是通过矩阵制结构迅速在企业内各个研发小组之间复制与扩散，并在复制与扩散的过程中不断改进与完善的。在以项目开发为载体的活动中，最初经验得到不断激活，经验在不断积累的同时也保持了柔性，这为进一步提高研发效率提供了基础。随着公司全面导入IPD管理模式，公司整体的创新资源得到有效整合。在创新组织结构上，构建了两层次（共性技术开发平台与产品开发平台）研发体系，将初期积累的创新经验与知识惯例化、规则化，纳入IPD体系中运作，形成漏斗形全过程研发管理体系，建立项目进度、质量等里程碑式过程控制模式，并通过IPD流程e化方式，综合管理、配置创新资源。在访谈过程中，F公司的CTO，也是创始人之一的W指出："我们基于IPD的货架技术，有效地管理创新过程中的部件、配件选型问题，优化创新资源，有效控制创新成本。"IPD的引入大大提高了F公司的新产品开发效率。而这得益于"我们在产品开发过程中不断积累的知识与经验"，"IPD提供了我们更好复制与利用经验的管理体系"——技术总监说。

2. S公司：基于技术扫描的研发决策与行动

S企业成立于1993年，是主要涉及工厂自动化、公用工程信息化与先进装备自动化等三个领域的自动化与信息化技术及产品/解决方案的供应商。目前，S企业已形成了以WebField为统一品牌，包括JX、ECS、GCS三大系列的控制系统产品体系，满足不同行业、不同用户对控制系统的个性化需求。截至2009年底，S企业控制系统累计销售1万多套，产品销售区域覆盖国内30多个省（自治区、直辖市），以及东南亚、中亚、西亚、非洲等地。

1993年推出中国第一套具有1∶1热冗余技术的控制系统。1997年，着手研究实时以太网技术，将实时以太网技术应用在工业过程控制中，制定EPA（ethernet for plant automation，即用于工厂自动化的以太网）标准。2000年，将以太网技术应用到工业控制领域，并制定出工业通信的国家标准。2005年，EPA上升为第一个具有自主知识产权的工业自动化国家标准，2007年正式被IEC接收为国际标准（IEC 61784-2实时以太网标准）。到目前为止，S公司牵头制定并已发布的国际标准共1个系列8项标准。2009年获得国家科技进步二等奖、国家发明奖。2010年合同额超过21亿元，2011年实现销售收入27.5亿元。S公司的年均研发经费投入占销售收入的10%~15%。S公司成长的部分相关数据如图13.3和图13.4所示。

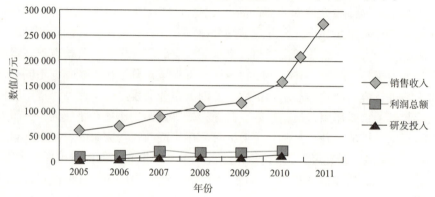

图 13.3　2005~2011 年 S 企业销售增长状况

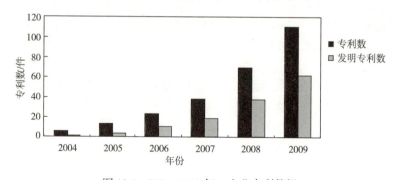

图 13.4　2004~2009 年 S 企业专利数据

1）变异/动态感知活动

S公司最初对信息的感知与获取基于高管个体。1993年，创始人从海外学成归来，凭借自己所掌握的专业知识，结合对国内工厂自动化状况的了解及其与国外相关状况的比较，敏锐感知到自动控制技术在国内企业技术升级进程中的重大商业价值，因此创立S公司，并确立了公司初创时期的市场战略。

在此战略下，公司组建了总裁带队的技术扫描监测小组，为技术选型，走访国外相关企业，主动感知并获取技术动态信息。通过对国际上优秀的集散控制系统进行调研，结合当时所了解的国情，最终选择日本横河公司的μXLDCS产品（基于集散控制技术）。1997年，公司再次通过组建技术扫描监测小组，关注到国外自动控制领域中的现场总线（field bus）技术，这为其随后果断打破现有技术路径的依赖、跃迁到新的技术轨迹提供了依据。

S公司秉持传统的技术视角，重视技术动态的监测，相对缺少对市场动态的关注。2005年前，公司研发项目都是以基于以高管团队成员为核心的技术扫描小组感知、获取的技术信息而提出一个初始概念为起点的，开发过程中极少有工程技术以外的人员介入。2005年开始，公司开始引入外部咨询公司帮助进行产品开发前端市场需求分析。此外，为把握需求，公司通过派人专门收集分析、高层带队走访客户、售后服务、定期走访等方式获取需求信息/客户知识，以监控市场动态，并努力将市场动态的信息导入产品开发前期，提高所开发产品的未来市场适合度。S公司逐渐形成了以技术动态与市场动态为两个基本核心的信息感知与监控的工作惯例，但并没有从组织结构、组织流程的角度建立明确的外部动态信息的监控机制。

2）变异/动态信息解释活动

S公司最初更多关注技术动态信息。对于技术扫描小组监测、收集到的技术信息，只在技术扫描监测小组或研发小组内部进行共享与研讨，对一些关键信息进行专家共享的集体性解释，形成简单概念，直接作为研发项目的备择。

1998年起，以单个项目开发为载体的信息/知识共享过程纳入工程服务人员，拓展了共享范围并提高了研讨频次（从最初1~2次提高到6~8次），但仍局限于专业内共享与解释，市场需求动态信息难以被纳入共享系统内。

2005年，公司开始关注产品开发中的前端需求分析，并委托外部咨询公司帮助进行市场需求分析，市场动态信息受到重视。此后，技术与市场之间的信息/知识流动渠道逐渐建立，如技术部门从售后部门获取资料后，再定位问题、分析问题、进行研发。但该渠道仅限于信息/知识流动，没有考虑组织要素之间的同步共享、跨职能集体性解释的交互机制。

从2007年公司提出市场与技术双轮驱动的全球化发展战略以来，公司越来越重视"外脑"利用，利用与高校的关系资源优势，定期邀请高校、行业内、研究院所的专家对行业发展、技术前沿等动态进行广泛讨论。

3）创新决策活动

成立之初，S公司定位于"中小规模，面向具有很大市场潜力的中小企业，以及大企业的中小装置、老装置的改造项目"。在技术动态扫描、专家集体解释信息的基础上，S公司决定在技术引进基础上结合自身核心技术进行产品创新。

1993年，通过技术扫描小组的调研与比较评估，决定选择日本横河公司的μXLDCS产品。利用自身所掌握的热冗余技术与软件组态技术，基于μXLDCS产品，在控制站中采取双机冗余体系结构，开发出1∶1热冗余集散控制系统（JX-100），超越了日本横河公司的产品。在此基础上，公司开发出JX系列产品。例如，1996年，开发出能够实现线路板级冗余、数据存取速度更快、实时性更强、组态更方便的JX-300产品，2005年开发出JX-300XP产品等。

1996年，在侦测到现场总线技术的发展并集体评审该项技术在控制领域未来发展趋势后，S公司决定打破原有技术路径的依赖而跃迁到新的技术轨迹上，以把握与国际巨头共同进入工业自动化的"网络时代"的机会，并最终在技术上实现了从第三代集散控制系统向第四代现场总线控制技术的跨越，开发出ECS系列产品（基于现场总线技术），如2001年开发出的ECS-100控制系统、2007年开发出的ECS-700控制系统等。

2007年，S公司开始强调市场与技术双轮驱动的全球化发展战略，着力于向不同行业提供解决方案。从创新的视角来说，要求公司提高自身产品集成度，更大程度上将客户知识纳入自身的技术创新系统中来，这将影响公司未来能力结构的调整与发展。

4）创新实施实现活动

S公司的创新实施活动从最初的小组开发，逐渐发展到基于部门分工的研发，目前已经建立了公司的中央研究院与技术公司，进行创新实施实现活动，并且已经实现了运营惯例。

1993年成立之初，公司整体从一定意义上来说就是一个研发小组。创始人负责创新决策，包括技术选择、产品选型与新产品增值点选择等。同时，创始人负责产品开发过程中所需资源的聚集，并对开发进度、质量等进行监控及适时调整等。这个阶段的创新项目的实施实现活动特点表现为探索性、试错性。随着JX系列产品开发推进与经验积累，研发小组逐渐分化为软件开发部与硬件开发部，分别负责产品开发中的软件开发与集成以及硬件开发。

1996年，公司决定采纳第四代现场总线控制技术，基于控制技术、电气技术、软件技术、网络技术开发现场自动化控制系统。此时，公司发展出现了多技术路线并存的产品开发活动。创新活动更加依赖企业规则与惯例加以实现，体现在组织层面，就是原先的软件开发部与硬件开发部的粗分工状态下的组织架构，逐渐分化为软件开发部、硬件开发部、新技术开发部与仪表开发部等更加细化分工的功能性组织模块，最终整合为公司技术中心。公司技术中心统一规划、配置各创新项目资源，并监控创新项目进度与质量。

2000年，公司将工业以太网技术应用到工业控制领域，并行发展多技术路线，同时在多个细分市场上参与竞争。这对公司创新活动的组织与资源配置等方面提出了新的要求。公司技术中心分化为两个部门，即基础研究部（原先技术中心的主要职能）与应用研究部（产品中心），并于2008年正式成立中央研究院，构建起三层次研发体系，支持公司创新活动有层次（基础性研究、应用性研究、产品开发）、有针对性地实施与实现。至此，公司的创新活动基于经验/知识积累与理性设计，更多依赖于组织架构、组织管理流程及惯例运作加以实现。

13.3.2　分析与结果

1. 有效的环境动态监控是创新能力构建的起点

基于管理认知（Tripsas and Gavetti，2000；Adner and Helfat，2003；Kaplan et al.，2003；Gavetti，2005）的环境动态是企业创新能力的外部驱动要素（D'Este，2002；Mota and de Castro，2004；Athreye，2005）。因此，企业需要建立监控体系（Scheyögg and Kliesch-Eberl，2007）来监测、识别能力动态发展的具体驱动要素，以提供企业创新能力构建的起点。S、F两家企业都建立了技术动态信息监控机制，为技术发展提供方向。

对于市场动态，两公司表现不同。F公司建立市场发展部，专职市场动态的监测与分析，与研究中心同步调研，保证企业"做市场导向的产品研发"。相比而言，S公司一直忽视市场需求动态的监测，采用先研发后推广的经营模式，直到2005年，S公司逐渐认识到新产品前端需求分析的重要性（而不是全过程市场动态监控的重要性）。相对于F公司而言，S公司新产品的上市周期较长、市场风险相对大。S公司2007年提出市场与技术双轮驱动的全球化战略，表明S公司已将市场动态扫描纳入环境动态监控体系中。

由于专业人员对其领域信息动态具有更高的敏感性，所以基于专业分工的监控体系将有利于提高对各自领域信息动态的感知质量。

2. 跨职能知识共享与集体解释提供创新能力构建基础

感知总是发生在个体层次。从组织学习视角来说，感知是直觉形成的基础，而直觉是新学习的起点（Crossan et al.，1999）。但直觉是个体层次洞见发展的潜意识过程，需要进行某种转化，才能转化为组织层次的能力。解释（包括个体层次与集体层次）提供了转化的途径。个体解释使个体开发出关于所处领域的各种认知图式（Huff，1990），并提供个体之间沟通与交流的基础；集体解释能够促进知识转化（Nonaka and Takeuchi，1995），并使学习在组织层次间转化（Crossan et al.，1999）。因此，解释过程也是知识转移、转化、整合特别是创造的过程，是为企业提供资源基础的冗余与变革潜力，形成能力动态发展的内在基础。

F公司通过"三两两"机制，推动信息向具有行动导向的知识转化，拓展了企业知识基础与能力冗余。S公司则主要通过技术扫描小组内部的研讨与交流，为研发决策提供依据。相比而言，S公司在新产品后期市场推广中花费了更多的时间和成本。

经济组织中的次优与路径依赖是普遍现象（Marengo et al., 2000）。基于知识共享的集体解释，特别是跨职能的集体解释能够拓展局部搜索空间而使决策优化。此外，跨职能集体解释有利于选择更优的搜索起点而提高搜索效率（Gavetti and Levinthal, 2000），并因此提高决策效率。所以，基于跨职能知识共享的集体解释是企业内知识转化与知识创造的关键，也是创新能力从潜在转化为显性的关键。

3. 基于战略的本地化决策决定创新能力结构与演化方向

跨职能知识共享与集体解释，有利于将个体层次的专家直觉与企业家直觉（Crossan et al., 1999）整合到群体及组织层次上，并常常产生一定的决策，包括企业整体决策与基于劳动分工的本地化决策。决策即选择。选择机制是演化的重要内容，它使最好地适应其环境的技术、组织惯例和产品得以流行（Foster and Metcalfe, 2001），从企业整体层次而言，它决定了能力的演化方向，从局部层次而言，它决定了创新能力的内在结构。S公司与F公司都在把握领域内技术与市场趋势的基础上确定愿景与阶段性发展战略。在一定的战略框架下，基于对技术与市场动态监测信息的集体解释，做出相应的市场与研发决策。

但选择监控的重点不同，以及由此导致的知识/信息共享与集体解释的程度存在差异，使得两家企业内在能力结构存在差异，并且在时间维度上观察到的演化路径也存在差异。F公司由于同时强调技术与市场，因此在组织结构上呈现出典型的哑铃构型，与其技术能力与市场能力均衡发展的内在结构相适应，并在时间脉络上体现为"扰动均衡性发展路径"（Siggelkow, 2002）。S公司偏重技术，在其发展历程中的相当长时间内，组织结构表现为技术部门内部的不断分化、其他部门变化不显著并且没有形成与技术部门之间有效交互的机制的特征，而其能力演化表现为"重新导向型的线性发展路径"（Siggelkow, 2002）。

4. 行动与反馈是创新能力实施形式

能力紧邻行动，从概念上而言，能力与行动或实践不可分离（Scheyögg and Kliesch-Eberl, 2007）。但由于局部最优的达成，搜索在吸引盆内游荡并产生能力陷阱（Gavetti and Levinthal, 2000），企业需要建立对内的能力监控体系，以便及时发现能力执行过程中的盲点（Scheyögg and Kliesch-Eberl, 2007）以及组织能力结构的内在不均衡之处（张军和金露，2011），从而获得"修改其运营惯例以寻求改善的效果"（Zollo and Winter, 2002）的内在驱动因素。对此，S公司与F公司都缺乏相应的监控机制，虽然F公司针对研发过程中开展的技术与市场调研发挥了一定的内部监控职能，但仍然远远不够。

综上分析，本章基于知识转化与创造视角，归纳出企业创新能力构建的组织机制（图13.5），包括基于专业分工的环境动态信息监控体系、基于跨职能知识共享与集体解释机制、战略框架下的本地化决策、本地化行动与反馈等四个子过程。其中，跨职能知识共享与集体性解释机制是企业知识转化与知识创造的关键，决定着企业资源基础的冗余与变革潜力，提供创新能力形成的基础。

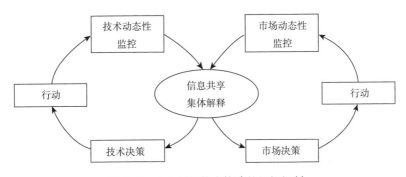

图 13.5　企业创新能力构建的组织机制

13.4　结论与讨论

13.4.1　结论

本章对同一行业、不同细分市场中的两家企业进行案例研究。通过分析企业对外部环境动态性的"知觉—响应"的过程，包括动态监控、信息解释、决策与行动等，探讨基于跨职能知识共享视角的企业创新能力构建的微观组织机制，主要得出以下几点结论。

（1）创新能力构建过程是企业不断导入外部新要素并与现有能力基础实现互换的连续过程。企业创新能力的构建过程，是以外部环境动态为参照与匹配目标，不断将外部的环境动态作为新要素导入企业内部，并与企业现有资源/能力基础进行互换，最终实现企业资源/能力基础更新的过程。在企业实践中，这个过程通过动态信息监控与感知、动态信息共享与解释、决策以及行动四个基本环节构成的组织机制的日常运营而实现。感知环境动态是企业寻求创新能力构建标杆/参照系的需要，也是获得创新能力发展驱动要素的需要。但信息并不必然使人知情（Carroll and Payne，1976）。因此，感知到环境动态，并不意味着企业必然产生有效响应，因为与知识相比，信息不具有行动导向的功能。在感知动态信息与产生有效响应之间，企业需要理性认知感知到的环境动态，并评价其是否应该被作为新要素导入企业内部、是否具备与现有资源/能力基础互换的可能性等，而这个过程就是信息向知识转化的过程。本章研究发现：基于信息/知识共享的集体性解释机制，不仅能够实现信息向决策与行动导向的知识转化，还为企业内知识转移、转化、整合与创造提供运行框架，从而推动企业知识基础的动态发展。同时，知识共享与集体解释有利于推动管理者的认知变革，进而推动管理者关于企业"资源图式"的认知变革（Danneels，2010），为企业有效响应外部环境动态而进行新的资源配置决策（Eisenhardt and Martin，2000）提供认知基础。因此，企业创新能力的构建过程，是企业对外部新要素进行"感知—解释"并实现与现有资源/能力基础互换的"决策—行动"过程。企业创新能力的构建需要精心设计的组织机制。

（2）跨职能知识共享与集体性解释是企业创新能力形成与转化的关键。Pandza和Thorpe（2009）指出：演化经济学（Nelson and Winter，1982）与体验式学习不足以解释创新能力的存在，而应强调源自管理者的知识间断与导致创造性搜索、路径创造与战略性感知的能力。但他们没有回答如何产生上述各种能力。本章研究发现表明：对环境动态信息的解释（特别是基于信息/知识共享的集体性解释）是导致管理者的知识间断、创造性搜索、路径创造以及战略性感知的决定性因素。本章案例分析的结果也显示：知识共享与集体解释是企业实现将感知转化为决策与行动的关键环节。知识共享与集体解释的内容特性、宽度、深度及方式都将影响决策方向。与Zahra和George（2002）对吸收能力的划分一样，本章认为创新能力也可划分为潜在与现实能力。其中，潜在能力提供对变革的冗余，可能更利于应对非连续性环境变革；而现实能力应对的是短期的或者变革具有可预测性的环境动态。在两种能力之间，知识共享与集体解释提供了创新能力从潜在向现实转化的机制。

13.4.2 讨论

本章的发现具有一定的理论意义。首先，创新能力的构建过程是不断导入外部新要素并与现有能力基础实现互换的连续过程。环境动态是外部新要素的来源，因此，企业需要感知、解释环境动态，并对其进行评价与选择，最终为组织活动实现提供可能性。创新能力理论提出以来，许多学者围绕创新能力的定义、性质、影响与后果进行争论，但很少有关于创新能力构建的组织微观机制的研究。Salvato（2009）通过对一家领先设计公司跨越15年的90个产品开发项目的研究发现：能力发展是通过产品开发演化过程中普通的日常活动而实现的，因此，对能力的研究要从总体层次上的关注转移到核心组织流程的实践中来。但Salvato（2009）并没有深入研究核心组织流程是如何安排的。本章从知识共享与集体解释的视角探讨创新能力构建的组织机制，将创新能力理论研究向前推进了一步。

其次，本章指出知识共享与集体解释（特别是跨职能的知识共享与集体解释）是创新能力构建机制中的关键，它们由于能够改变企业的知识基础以及管理者的

"资源图式"而对企业创新能力的构建具有决定性意义。这一研究发现将Nonaka和Takeuchi（1995）提出的SECI知识转化模型深入组织过程中，发展了知识管理理论。同时，本章的研究结论可以延伸到吸收能力理论中，对吸收能力的四个维度（Zahra and George，2002）之间的相互转化机制提供解释。

最后，本章的结论验证了Teece等（1997）提出的"需要从管理与组织过程中理解动态能力"的观点，并通过确认知识共享与集体解释是嵌入在组织流程中的，回答了Ambrosini和Bowman（2009）提出的"动态能力是独立运行还是与其他因素联合运行"的问题。

本章研究结论同时具有一定的管理意义。基于多案例研究总结的创新能力构建的组织机制（图13.5），具有一定的跨企业共性（Eisenhardt and Martin，2000），作为最佳实践，为企业构建创新能力提供了参照框架。

毋庸讳言，本章的研究也存在一定的不足。理论方面，本章虽然发现知识共享与集体解释在创新能力构建中扮演关键角色，但它们对企业创新能力的影响过程、结果到底是怎样的，其中的影响因素有哪些——这些都将是未来研究的主题。方法论方面，本章采用同一行业中处于不同细分市场的两家高技术企业作为研究对象，控制了行业对研究结果的影响，同时也提高了研究结果的概化效度。但这种提高是有限的，在其他高技术行业中，基于"监控—共享与解释—决策—行动及反馈"构建创新能力的组织机制是否仍然适用，是需要数据进一步支持的。此外，本章更多关注了两家企业在创新能力构建的组织机制上的共性要素，而对两者之间的差异及其对构建创新能力的影响关注不够。虽然本书也发现不同的知识共享与集体解释机制，可能导致企业能力内在结构以及能力演化路径上的差异（如扰动均衡性能力发展路径或重新导向型直线式能力发展路径），但这仍然远远不够。因此，未来可以选择其他行业中的企业进行进一步研究，以在更大范围内检验本章研究结论的一般性或成立条件。另外，对比案例企业之间的差异性，将是未来理论创新的切入点之一。

第四篇　共演律篇

第14章 共演律概述[①]

处于转型经济背景下的我国，面临着企业技术创新能力难以演进的问题。我国大多数企业仍处于以仿造为主的阶段，缺乏技术集成与原创能力，企业能力结构现状和环境需求不匹配。对于企业技术创新能力演进而言，转型经济背景不仅意味着需求，还意味着挑战。

14.1 问题提出

14.1.1 我国企业技术创新能力发展现状

1. 经济转型和建设创新型国家急需我国企业技术创新能力的演进

我国政府已经把自主创新提到了战略的高度，明确了自主创新对我国社会经济发展的战略意义。十七大阐述了"和谐社会-创新型国家-自主创新-改革开放"之间的本质联系。"十二五"时期，我国把提高技术创新能力作为调整经济结构、转变经济发展方式、提高国家竞争力的中心环节，这更需要注重自主创新，谋求经济长远发展主动权，形成长期竞争优势。

但是，现在我国大多数企业仍处于以仿造为主的阶段，缺乏技术集成能力与原创能力，企业能力结构现状和环境需求不匹配。这样的能力结构使得我国在产业核心技术方面仍然与发达国家的创新型企业有较大差距，发明专利偏少。彩电、手机、电脑的关键技术50%以上掌握在跨国公司手里。我国的外贸总额已经居世界第三位，但是自主创新的高技术产品仅占外贸总额的2%（田力普，2007）。2011年瑞士洛桑国际管理学院发布的《洛桑报告》显示我国的创新能力在49个国家中排名19名，依然处于中等水平。

由于缺乏自主创新能力，我国企业过度依赖国外技术，大多数企业只能被动服从于国外设定的技术路线，在竞争中受制于人，困于全球产业链下游。产业结构的弊端在2008年金融危机的冲击下尽显无疑。以浙江为例，破产企业多发生在

---

① 本章主要内容已发表。陈力田. 企业技术创新能力演进规律研究[D]. 浙江大学博士学位论文，2012.

劳动密集型行业，如纺织、服装、箱包等行业，这些行业里突然倒闭的企业占总数的38.4%（张军，2009）。海尔CEO张瑞敏说："唯有'中国创造'才能超越'中国制造'，战胜'外国制造'。"在当今转型背景下，作为产业结构调整的内在推动力，技术创新能力演进引起学界与业界的关注，成为我国经济发展战略的重要内容。

2. 经济转型背景为我国企业技术创新能力演进带来的挑战

首先，对企业而言，转型经济背景的一大特征是充满快速变化又具有大量机会的环境。具体而言包括以下四点：①经济发展方式的转变带来的新市场需求。②科技发展带来的新技术机会和竞争。③社会发展带来的人的观念和需求的变化。④国家关于经济转型的政策带来的制度压力和机会。因此，在转型经济背景下，企业需要明晰更好地适应快速变化的环境的技术创新能力演进路径。

其次，存在于企业边界内各层次能力之间的跨层联系。企业创新能力是一个由多层次能力共同组成的体系。在技术创新能力演进过程中，战略层次能力不仅作用于技术创新能力演进的过程，而且还要对技术创新能力演进做出调整，企业需要利用这种企业边界内跨层次能力之间的选择-适应关系，实现各层次能力之间的良性互动和协同发展，保证技术创新能力的持续演进。

14.1.2 我国企业技术创新能力难以实现和环境共演的原因分析

识别问题是解决问题的前提。调研发现造成上述问题的原因有三点。第一，很多企业不明确在转型背景下，为了更好地调适环境，技术创新能力演进的路径；第二，很多企业无法通过企业边界内部各子能力之间的协同发展，促进技术创新能力向适应外部环境变化的路径演进；第三，转型经济的一大特征是快速变化的环境，但很多企业对环境中机会的全面感知能力不足，导致难以根据新机会及时地引发技术创新能力的演进。下文将对这三个问题的原因，分别展开、深入分析。

1. 很多企业不明确调适转型经济环境所需要的技术创新能力演进路径

长期以来，在国际市场的竞争环境中，我国企业一直处于跟随者的状态。我国企业通过模仿和低成本优势在激烈的竞争中生存下来。这种惯性如此强大，以至于在通信设备制造业这样国际竞争力最强的行业中，我国企业从跟随者转变为领先者后，却不知在哪方面去提高技术创新能力。调研发现，因为找不到发展方向，华为的预研经费不知投向何方。对于一般的高技术上市公司，在制定技术创新能力演进方向时，更会呈现短视化倾向。以软件公司信雅达为例，这一问题表现在两点。其一，在新产品研发的选择上，倾向于研发周期短、见效快的产品。其二，由于研发投入在见效上的滞后性，公司会限制研发投入比重（很多公司低于1%），从而阻碍了技术创新能力的演进。而实际上，从可持续竞争优势的角度，企业必须考虑长远，规避短视化倾向。因此，很多企业不明确转型背景下创新能力演进路径，是导致我国企业技术创新能力难以为继的重要原因。

2. 内部能力不协同而难以适应外部动态环境的变化

战略管理理论认为，企业创新的目的是在动态环境下保持可持续竞争优势。从这个角度出发，企业创新是为了实现对外部环境的动态适应。而创新是一个系统过程，创新能力包括嵌入不同过程行为中的多种要素子能力。基于知识链视角，处于知识链顶端的为最高层次的战略柔性，处于知识链中端的为中间层次的组织柔性，处于知识链底端的为低层次的技术创新能力。技术创新能力的提升过程受战略柔性和组织柔性的影响，也会反作用于战略柔性（通过知识缺口和知识存量）。基于知识链视角的技术创新能力形成过程如图14.1所示。

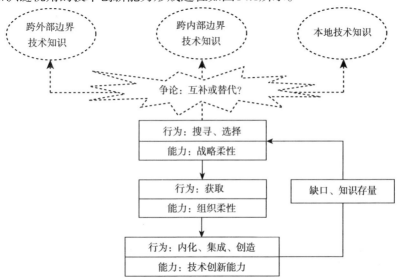

图 14.1 基于知识链视角的技术创新能力形成过程

因此，要实现技术创新能力的演进，实现对外部环境的动态调适，必须要实现企业边界内各子能力之间的良性互动和协同发展。但是，现在有很多企业无法做到这一点，表现为两方面。

第一，缺乏驱动技术创新能力演进的要素能力（战略柔性和组织柔性）：①在创新战略的选择过程中，创新战略、环境动态性之间的动态匹配存在问题；②在创新战略执行过程中，组织结构、制度和战略之间的动态匹配存在问题。不同类型的产品创新战略有不同的创新要求，内部组织结构应随之变化，以重新配置资源满足创新需求。例如，通过对软件行业中信雅达公司为期九个月的调研，发现信雅达存在的主要问题是研发人员的高离职率导致的技术知识的积累不足，其表层的原因为内部组织结构和创新战略不匹配，妨碍了知识的获取、共享和创造，更深层次的原因则是在公司的战略制定过程中，能力基础、环境、战略三者没有很好地实现动态匹配，进而通过组织对技术创新起到了反作用（陈力田，2009）。换句话说，导致VPN（virtual private network，即虚拟专用网）项目被移出的原因在于缺乏战略柔性（战略-环境的动态协调）和组织柔性（结构-战略的动态协调），如图14.2所示。

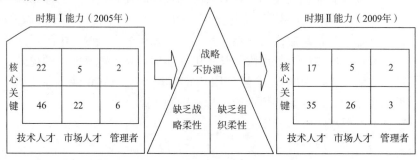

图 14.2　缺乏战略柔性和组织柔性导致技术创新能力下降

技术创新能力以核心人员为载体，故用核心技术、市场、管理人才的数量作为创新能力的衡量指标；方格内数字表示人才的数量；缺乏战略柔性：公司战略和环境的不协调，制定了不相关多元化战略，未搜寻和选择环境机会所需的知识；缺乏组织柔性：组织结构和发展目标的不协调，成立了市场导向的事业部结构，不利于内部技术知识的获取和研发

　　这些问题不仅出现在一家企业，还具有普遍性。由于技术对于高技术企业的重要性，很多高技术企业把创新片面地理解为技术上的进步，孤立地抓技术创新中的技术要素（如研发）方面，忽视了非技术要素能力的培育，阻碍了技术创新能力的演进。研究表明，只注重研发中心建设而忽视其他非技术要素的企业中仅有25%取得较好的绩效。认识到这一点，OECD关于技术创新政策的《奥斯陆手册》制定中也加入了非技术因素的指标。Tidd和Brocklehurst（1999）也指出，许多创新未实现预期效益的重要原因是没有采取系统方法，忽略了创新系统中各要素的相互关系。

　　第二，缺乏技术创新能力及其驱动要素能力的良性互动。大量实践表明：很多时候企业技术创新能力演进出现问题，主要不在于技术要素（如研发、产品与工艺创新及其技术平台建设等）本身，而在于缺乏非技术要素和技术要素的良性互动和协同，阻碍了技术创新能力的演进。例如，朗讯等企业由盛到衰的重要原因为缺乏技术创新能力和战略柔性的协同。虽然技术创新能力的提高会提高知识存量，从而为知识搜寻能力提供物质基础。但是，若企业未能识别环境中的新机会，技术创新能力增强到一定程度后，会缩小知识缺口，进而减少战略柔性和知识搜寻行为，导致技术创新能力和战略柔性的一同衰退。

　　综上所述，无法进行企业创新能力内部子能力间的协同发展是阻碍企业技术创新能力演进、实现对外部环境动态适应的重要原因。

3. 很多企业对环境、自身战略和能力的全面感知能力弱

然而，阻碍企业技术创新能力和战略柔性协同发展的原因又是什么呢？战略柔性蕴含在企业战略行为过程中。企业家团队的战略构架（strategic schema）是影响战略柔性形成的深层次原因。企业对环境变化的感知是促进企业适应环境能力的动力。

企业家团队认知层面的问题使得技术创新能力和战略柔性难以协同发展，是企业难以适应环境的重要原因。例如，朗讯等由盛到衰的企业由于缺乏复杂的战略构架，无法持续感知快速变化和涌现的机会，造成战略柔性的缺失，进而阻碍了技术创新能力演进。近期学界亦开始关注这一问题，根据相关资料整理，在动态环境下感知能力不足造成战略柔性及其对应的搜寻行为的缺失，导致企业衰退的机理如图14.3所示。

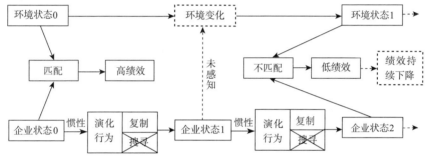

图 14.3　在动态环境下感知能力和战略柔性的缺失导致企业衰退的机理

资料来源：修改自肖红军（2010）

图14.3中，"企业状态0"是企业最为成功的时候，而"环境状态0"则为企业成功时所处的环境状态。这时，企业创新体系内部各要素与外部环境非常匹配，获得高的创新绩效。而且，随着企业高效率地运转，企业思维惯性和行为惯性也达到了前所未有的强度。在这一高组织惯性的影响下，民营企业的演化行为基本上都表现为能力的"自我复制"，这使得企业演化状态"0"和"1"基本相似，且组织惯性得到进一步强化。然而，随着外部环境的不断演化和剧烈变化，企业在惯性思维和打折偏差的影响下，对这一变化并没有感知，仍然采取能力的"自我复制"，而非基于战略柔性的"搜寻"，从而使得企业的惯例状态仍保持稳定，而演化结果所形成的"企业状态2"的能力状况与"企业状态0""企业状态1"的能力状况并无太大区别。显然，外部环境演化后形成的"环境状态1"对企业创新能力有了新的要求，但若企业无法感知到这些新需求，一味地"复制"已有能力，疏于"搜寻"新的知识以提升已有能力，则无法满足环境的新要求。这样，在企业成功后，受组织惯性主导的企业演化结果"企业状态2"与"环境状态1"表现

出明显的不匹配，企业能力无法适应外部环境，绩效下降。若企业继续无法感知到环境变化带来的新需求，则能力-环境之间的不匹配会越来越严重，绩效会持续下降。

综上可见，明晰企业技术创新能力演进路径的规律性，以及蕴含在该过程中的要素能力协同机制和基于认知的提升途径的重要性，将共演视角和协同视角结合起来研究技术创新能力演化，有助于均衡柔性和效率，更加全面深入地揭示技术创新能力演化的规律。一方面，共演视角有助于揭示为了调适环境，企业在技术创新能力演进过程中动态目标的调整。另一方面，协同视角有助于揭示为了实现共演路径，企业创新能力内部如何通过子能力间的协同发展实现各演进阶段的静态目标。但其仍有局限性：①缺乏对于技术创新能力随环境共演路径的实证研究；②企业创新能力内部协同机理不明；③缺乏认知因素促进企业技术创新能力演进路径跃迁途径的研究。

沿着"认知基础—协同创新—企业技术创新能力随环境共演"的主导逻辑，一个尚未解答的研究问题为：在转型背景下，企业如何通过战略构架这一认知因素促进企业创新能力内部协同，以实现技术创新能力演进路径跃迁和转型经济环境共演。

14.2 共演律及其理论框架

如前文所述，企业在面临转型经济挑战时存在以下问题：①企业不明确通过技术创新能力的演进来适应快速变化的环境的路径；②企业不明确如何通过创新能力内部各子能力间协同，实现对环境的适应。

现有研究尚不足以解决以上两个问题。制度理论、资源基础观、动态能力观等静态分割观分别从各自视角出发试图解释技术创新能力演化的前因、结果变量，但由于其静态、分割的特性，忽略了前因和结果变量之间重要的必然联系，存在着"选择-适应"核心争论。静态分割观难以解释技术创新能力演化的全貌，对于技术创新能力如何实现演进的解释不足，从而使得学界不能很好地针对我国经济转型的需求，帮助政府和企业制定促进技术创新能力演进的政策和管理措施。在快速变化的转型环境中，企业只侧重指向静态目标的内部协同会造成技术创新能力和环境不匹配，进而侵蚀持续竞争优势的来源。因此，企业需要将共演视角和协同视角整合起来考虑技术创新能力的演化问题。首先，在设定技术创新能力的动态目标时，基于共演视角探讨技术创新能力和环境的共演规律。其次，在技术创新能力演进的各个阶段，基于协同视角探讨通过企业创新能力内部各子能力的协同促进企业技术创新能力的演进，以调适环境变化的协同规律。

企业和环境共演规律表现在两个方面：企业对环境的适应性演化规律；企业

和环境的共同演化规律。据此，本章将企业技术创新能力演进分为三个维度，即空间维、要素维、时间维。

空间维：企业边界内外主体间的相互嵌套的演化关系。根据所处边界内外的不同，共演可以分为跨企业边界的共演和企业边界内部的协同演化（Gual and Norgaard，2010）。共演强调组织对环境的动态调适，如企业能力对产业竞争环境的动态调适（McKelvey，1997）。协同则强调组织内部子系统之间的相互关系，如组织内生态过程（Burgelman，1991，1994；Burgelman et al.，1996），公司内层面分析选择和适应（Volberda and Lewin，2003）；吸收能力直接影响知识转移速度、效率和范围，从而影响跨国公司的知识与能力发展轨迹及总体知识存量与流量的管理效率，并最终形成异质性与竞争优势（Madhok and Liu，2006）。

要素维：企业边界内的协同过程中，不同层次创新要素能力之间的协同关系。创新系统内各子系统间存在微观多向因果。为了实现系统目标，组织组成部分不仅会演化，还需协同演进（McKelvey，1997）。组织内部协同演进是多因多果的动态关系，是相互依赖、因果循环、递归反馈的，一个变量的变化可能是另一个变量的变化内生引致的（Murmann，2003）。

时间维：上述跨空间、要素演化关系发生具有路径依赖性和历史依赖性，系统某一时期的演化方向受到上一期的演化轨迹的影响。基因是可遗传与复制的，具有变异保留机制（Kieser，1989；Calori et al.，1994；McKelvey，1997）。这也表明时间因素在系统演化过程中成为不可忽视的因素（Loasby，2001）。共演律分析框架如图14.4所示。

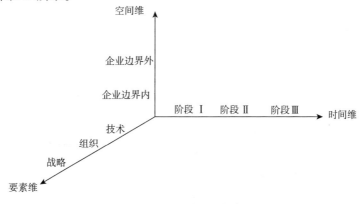

图 14.4 共演律分析框架

第15章 企业技术创新能力与环境的
共演规律[①]

15.1 技术创新能力对环境随时间的适应演化规律

15.1.1 转型经济环境的特点和挑战

转型经济背景的一大特点是作为多重制度压力来源的市场组成和非市场组成之间的互动频繁（Magali and Michael，2008）。具体而言包括以下四点：①经济发展方式的转变带来的新市场需求；②科技发展带来的新技术机会和竞争；③社会发展带来的人的观念和需求的变化；④国家关于经济转型的政策带来的制度压力和机会。在企业技术创新能力的演进过程中，也体现出对多来源压力的适应。技术创新起源于企业对知识缺口的感知，是对环境的主动适应。在技术创新能力演进过程中，存在着从环境到企业自上而下的效应，企业适应环境、争取资源以谋求产品创新，这继承并延展了早期制度理论结构观的遵循逻辑。企业发现了能力-环境不对齐后，会促进技术创新能力的演进。

15.1.2 企业技术创新能力适应性演进案例分析

技术创新能力沿"吸收能力主导沿吸收、集成能力为主向吸收、集成、原创能力高水平均衡发展"路径演进，有助于对环境变化的适应（表现在创新绩效增长速度的加快上）。以下内容将分别以信雅达、华为、福建邮科三家企业为对象，分析它们技术创新能力随环境变化的适应性演进路径。

技术创新能力演进过程是实现技术创新能力和环境动态对齐的过程。而绩效反映了能力和环境要求的对齐。能力-环境越对齐，绩效越高。因此，创新绩效增长速度的高低程度可以反映技术创新能力-环境的对齐程度。从这个角度出发，通

---

① 本章主要内容已发表。陈力田. 企业技术创新能力演进规律研究[D]. 浙江大学博士学位论文，2012.

过创新绩效取值的纵向比较（图15.1~图15.3），可以识别技术创新能力的演进。无论是对于信雅达、华为还是福建邮科，导致创新绩效增长速度由低到高的技术创新能力都依次是"吸收能力主导沿吸收、集成能力为主向吸收、集成、原创能力高水平均衡发展"。

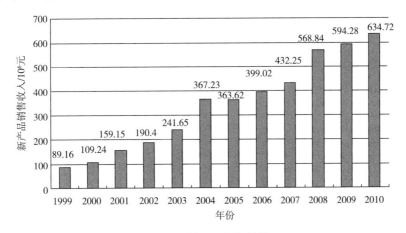

图 15.1 信雅达创新绩效

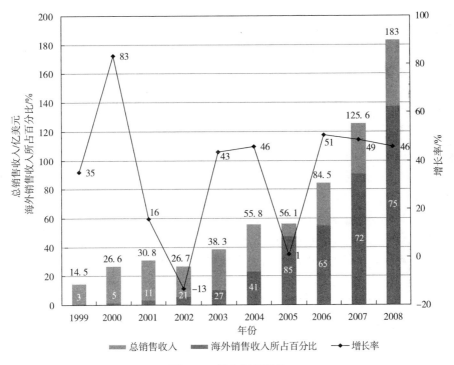

图 15.2 华为创新绩效

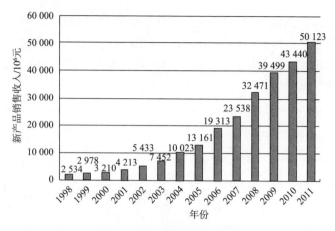

图 15.3　福建邮科创新绩效

其中，华为和福建邮科的技术创新能力构成均经历吸收能力主导到吸收、集成能力为主再到吸收、集成、原创能力高水平均衡发展阶段。而信雅达的技术创新能力构成则在从吸收能力主导走向吸收、集成、原创能力高水平发展后，回到了集成能力主导阶段。从能力构成演化的角度看，华为和福建邮科出现了进化，而信雅达却出现了退化的现象。多种不同类型的技术创新能力会出现并存，使能力结构发生了从量变到质变的演进。

这一发现和已有研究逻辑一致。现有研究认为对创新绩效产生影响由低到高的技术创新能力分别为吸收能力、集成能力和原创能力。技术创新包含价值创造与价值获取，在不同阶段（技术研究阶段、技术开发与商业化阶段），其对创新绩效的影响重要性存在一个动态变化的过程。我国企业现阶段的技术创新活动还大多依赖于技术获取的"拿来主义"及技术发展的复制性模仿，注重追求产品的短期竞争力和成本降低型的规模竞争优势（高宇和高山行，2010）。但是，自主创新从本质上要求企业注重创新绩效，张媛媛和张宗益（2009）发现知识创造能力比外部知识利用能力对创新绩效的作用更加显著。吸收能力、集成能力和原创能力这三者体现的创新自主性呈现由低到高的趋势。吸收能力影响外部知识利用；集成能力影响技术整合；原创能力主要影响知识创造。预期创新的自主程度越高，新技术和新产品来自企业内部的比例越大，绩效越可能得到提高。为此，创新自主性越大，创新绩效越高（杨燕和高山行，2011），这是一个自我增强的过程（Nelson R R and Nelson K，2002）。环境动态性越强，该作用越显著（Jansen et al.，2006）。

因此，企业技术创新能力随环境的适应性演化规律可表述为企业技术创新能力对环境存在跨空间随时间的适应性演化规律。首先，转型经济背景下多种环境要素（政策压力、市场需求、技术竞争、观念转变）的变化对企业技术创新能力的演进提出要求。其次，为了应对越来越动荡的竞争环境，技术创新能力演进路径是"吸收能力主导沿吸收、集成能力为主向吸收、集成、原创能力高水平均衡发展"。

15.2　企业技术创新能力与环境的共同演化规律

15.2.1　基于共演视角研究的必要性

上述研究结果表明，在整体层面上，企业技术创新能力演进，可以实现对环境动态性的适应（图15.4）。

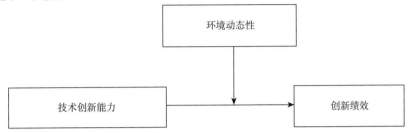

图 15.4　适应性演化下企业创新能力适应环境动态过程的关系模型

上述研究结果可以解释以下问题：在同一时间截面上，为何有的企业能够更好地适应环境的变化，快速地实现技术创新能力的演进。然而从动态角度来看，企业和环境的关系却未必是确定的，企业还会反作用于环境。这是因为：①核心企业作为产业平台的引领者，会对环境中的其他竞争成员的行为产生显著影响；②在转型经济背景下，跨层联系频繁。在产业从新兴走向成熟的过程中，会发生大量的跨层联系。因此，在考虑了时间维度后，原先反映企业创新能力与环境动态性之间关系的概念模型就变成了如图15.5所示的动态意义上的模型。模型解释了随时间变化，核心企业技术创新能力和所处环境变化之间的关系，该模型为企业技术创新能力和环境动态性共同演化的内在机理研究提供了基础和方向。

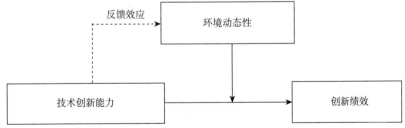

图 15.5　共演视角下企业创新能力适应环境动态过程的关系模型

15.2.2 高集中度行业领先企业案例分析

15.2.1小节通过演绎构建了企业创新能力与环境动态性共同演化的概念模型，该模型从逻辑上解释了二者之间的动态关系与共演现象。本节将在此基础上选择通信行业的两个案例（谷歌用于智能手机中的Android系统案例、华为案例）进行纵向的案例研究，以情境化分析和深描的方式展示核心企业的技术创新能力与环境动态性在产业的核心企业发展过程中具体的相互影响方式和共同演化现象。

研究将从案例描述、纵向分析和引申讨论三个层次进行分析，以全面挖掘华为技术创新能力和环境动态性共同演化的机理。具体而言，将从以下三个阶段对企业技术创新能力和环境动态性共同演化的关系展开研究：共演阶段一，环境变化对企业技术创新能力的影响；共演阶段二，企业技术创新能力对环境变化的反作用；共演阶段三，变化后的环境促进技术创新能力演进。

1. 华为技术创新能力演化分析

阶段一：适应环境，动态环境使华为不断推进技术创新能力的演进。

在发展过程中，华为不断根据产业环境的要求，通过多种战略柔性的互补，实现了技术创新能力的演进，提高了创新绩效，适应了环境。企业发现了能力–环境不协同后，会触发战略柔性，进而对技术创新能力演进产生影响。

1987~1995年是通信设备制造业的2G时代，由于面临着改革开放带来的电信需求与本土企业技术落后之间的矛盾，邮电部在1982年制定了供给层面的产业政策，即引进、消化、吸收和创新相结合，重在创新，旨在通过引进外资来促进技术转移，提升研发能力，这一政策降低了环境动态性。

面对这样的产业环境，华为发起了多种战略柔性（跨外部边界搜寻和本地搜寻）和组织柔性的互补，进行创新所需知识的搜寻、选择和获取。首先，通过跨外部边界搜寻和代理获得，大规模引进先进的程控交换设备装备通信网，代理香港模拟交换机，发现、选择并获得了当时比较先进、没有完全商业化的SDH（synchronous digital hierarchy，即同步数字体系）的光传输技术。其次，通过本地搜寻和反求工程，于1990年，基于1989年第一款产品BH01的24口电路和软件，进行自主知识产权的电路设计和软件开发。

经过第一阶段的发展，华为形成了以吸收能力为主的技术创新能力结构，因为其产品主要是利用外部知识进行开发的，包括多种利用外部知识开发的新产品（阳春机型、HJD48、JK1000、2000门C&C08、万门C&C08、光网络SDH设备、Quidway S2403以太网交换机、商用GSM数字蜂窝移动通信系统）和1个利用企业内部创造的新知识开发的新产品（商用GSM数字蜂窝移动通信系统）。

1996~2002年是通信设备制造业的2G时代后期到3G时代前期。由于面临国内市场需求和核心能力缺乏造成的国内企业后发劣势之间的矛盾，原邮电部制定了加大研发投入和支持自主知识产权的通信设备市场开拓的产业政策，企业自由竞争的行为表现得比国家主导的行为更加突出。国内环境动态性逐渐提高。同时，虽然GSM主导的2G在中国方兴未艾，华为预测到环境即将变化（2G终将被3G替代），将目光投向国际市场，主动选择了动态性较高的竞争环境。

面对这样的产业环境，华为引发了多种战略柔性（跨外部边界搜寻、跨内部边界搜寻和本地搜寻）和组织柔性的互补进行创新所需知识的搜寻、选择和获取。首先，通过跨外部边界搜寻，以战略联盟的方式吸取国外的先进技术。例如，与TI等世界一流企业建立了联合实验室，与松下、3COM成立合资公司，建立3G开发实验室，数据通信研究所与移动通信研究所分别于1994年和1997年在北京和上海设立，并发现和获取了R4软交换技术。其次，通过跨内部边界搜寻，华为1996年开始有意识地跨接入网产品线搜寻交换机业务部和多媒体业务部等部门的技术作为创新源，并通过组织结构的变革，从将研发全部设置于制造部的组织结构调整为分层式的组织结构（中央研究院），使得权力下放、分层控制、线条清晰，保证各条产品线技术的输出和共享，解决了接入网产品部与交换机业务部的远端模块有冲突，单一产品线的技术难以满足需求的问题。最后，通过本地搜寻，将数字交换技术等基础技术模块化和平台化，不断内部搜寻这一技术以应用在不同的产品中。

经过这一阶段的发展，华为形成了"吸收、集成能力为主"的技术创新能力结构，推出了多种利用外部知识和集成后的内部知识开发的新产品（基于核心ASIC基带芯片的R4系统、10吉比特 MADM设备、Metro系列MSTP设备、STM-64光传输系统、Quidway NetEngine 80核心千兆交换路由器、Quidway S全系列智能以太网交换机、1 600吉比特 DWDM商用系统），以及1个利用企业内部创造的新知识开发的新产品（基于核心ASIC基带芯片的R4系统）。

阶段二：改变环境，具有高技术创新能力的核心企业通过知识扩散影响环境。

作为行业中的核心企业，随着技术创新能力的演化，华为逐渐成为产业联盟中的主导企业，对行业中的其他企业产生影响。专利的数量和质量是衡量企业技术创新能力的重要指标之一。通过USPTO（United States Patent and Trademark Office，即美国专利商标局）数据库统计中国企业的美国专利申请数量，有助于控制专利的质量。华为和同行企业专利申请数对比如图15.6所示。

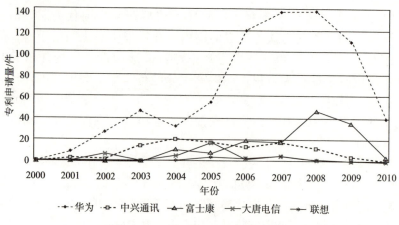

图 15.6　华为和同行企业专利申请数对比

资料来源：郭磊和蔡虹（2013）

　　在产业网络中，由于位势的不同，知识常会由核心企业扩散至其他企业。知识扩散是指知识通过合法手段，从发源地的生产者处，传播和转移至具有一定空间距离的使用者处的过程，其目的是促进社会对知识的利用。已有研究基于网络平均路径长度和聚类系数两个指标，对网络内知识扩散特性进行刻画。例如，孙耀吾和卫英平（2011a，2011b）运用UCINET软件，计算并发现了由中国主要通信设备制造企业组成的网络具有较高的聚类系数和较短的特征路径长度，行业的集中度很高，并且每两个企业平均只需要通过一个企业就能与对方建立联系。这也意味着，在这样的行业里，核心企业对其他企业，乃至整个行业的影响巨大。这种影响可以从图15.7中表现出来。删除华为核心企业的连接后，中国通信设备制造企业组成的网络分布显著分散（孙耀吾和卫英平，2011a，2011b）。这从一个侧面说明了核心企业的知识扩散对行业知识水平的影响力。

　　这一网络内影响力的发生原因，不仅包括简单的点对点知识扩散，还包括核心企业作为网络中心的发散式扩散。中国通信设备制造业的高集中度使得核心企业对行业的影响作用进一步加大。作为产业联盟核心企业，华为创造新知识扩散后，行业中对于交换技术的关注增强，技术环境的动态性也因此提高。在企业微观层面，这一现象在R4交换技术上体现得尤其突出。交换技术是通信行业，特别是通信交换设备制造业的关键技术，华为推出R4交换技术后，产生了知识扩散。产业内其他企业对该技术进行了模仿、改进和竞争（如中兴通讯的数据卡技术和大唐电信的软交换技术）。

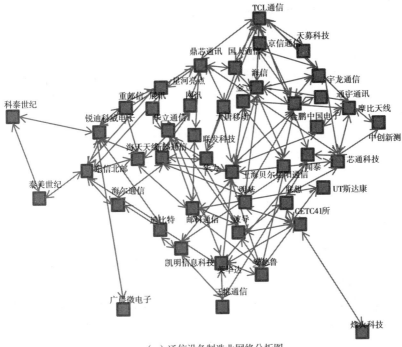

（a）通信设备制造业网络分析图

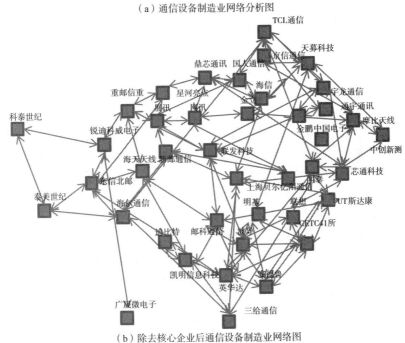

（b）除去核心企业后通信设备制造业网络图

图 15.7 核心企业对于通信设备制造业的影响效果

资料来源：孙耀吾和卫英平（2011a，2012b）

　　阶段三：动态环境激发华为进一步推动技术创新能力的演进。

　　面临着全球化激烈竞争与国内企业国际竞争能力缺乏之间的矛盾，国内企业研发经费比重显著增加，技术竞争激烈。行业处于技术–经济范式转变期，环境动态性增强。在这一环境下，华为通过多种战略柔性和组织柔性互补，实现技术创新能力的进一步演进。相比于以前，在激烈竞争的环境中，华为更加注重跨外部边界搜寻，成立跨国研究机构。与此同时，通过跨内部边界搜寻选择"板级开发"技术，并利用国内研发人员的低廉成本的优势，降低整个电路板的成本；通过本地搜寻在中央硬件部、中央软件部内进行模块化技术的内部搜寻，并以此作为新产品开发的基础。例如，华为在2004年成立的海思半导体公司内搜寻ASIC芯片技术。在这个过程中，先进的研发组织结构是华为技术创新能力提升的加速器。华为专门对涉及专利的内部管理体系进行调整，更加注重研究开发过程中内部知识的获取。

　　经过这一阶段的发展，华为形成了"吸收、集成、原创能力高水平均衡发展"的技术创新能力结构，推出了7个利用外部知识、集成后的内部知识和企业内部创造的新知识开发的新产品（EnerG GSM、新一代WCDMA基站、STM-64光传输系统、STM-16光传输系统、大容量智能光交换系统OSN9500、从路由器到传输系统的端到端100吉比特解决方案、LTE/EPC商用网络）。

　　2. 谷歌公司技术创新能力演化分析

　　阶段一：适应环境，动态环境使谷歌推进技术创新能力的演进。

　　（1）产业环境动态性。从2005年开始，触摸屏智能手机已成为通信设备终端设备业新发展方向。iPhone问世不久，各大厂商迎头赶上纷纷推出了自己的触屏手机。

　　（2）战略柔性。原本聚焦于搜索引擎技术开发的谷歌敏锐意识到这一点，通过分析对手的竞争策略、市场环境，调整其习惯性思维，感知到了市场机会和已有知识基础之间的知识缺口，决定发展智能手机中的核心技术——操作系统。通过搜寻和评估，谷歌发现了刚刚成立的高科技企业Android有关于智能手机操作系统研发的潜力和初步成果。于是，谷歌于2005年收购了Android这一初创高科技企业，2007年又与34家芯片制造企业、手机制造企业、软件开发企业和电信运营企业创建开放手持设备联盟。

　　（3）技术创新能力。经过两年的研发，2007年11月5日，谷歌公司正式向外界展示Android操作系统。并于2008年9月22日正式对外发布第一款Android手机HTC G1，成为仅次于iPhone的热门机型。

　　阶段二：改变环境，基于高技术创新能力进行系统开源与知识扩散。

　　（1）知识扩散。Android系统推出后，由于其技术的先进性和免费开源性，在智能手机领域迅速扩散，占领了大部分操作系统份额，把握了核心技术，对产业环境产生了重大影响（表15.1和表15.2）。

表 15.1　Android 设备用户数大事记

时间	事件
2010 年 9 月 21 日	Android 设备每日新增 20 万新用户
2010 年 10 月 26 日	Android 应用具有 10 万用户数
2011 年 1 月	Android 设备每日新增 20 万新用户
2011 年 7 月	Android 每日新增 55 万新用户
2011 年 11 月 18 日	Android 设备用户总数超过 2 亿，每日新增超过 55 万新用户
2011 年 12 月 18 日	Android 每日新增 70 万新用户
2011 年 12 月 26 日	圣诞节前后两天，Android 新增 370 万新用户
2012 年 1 月 20 日	Android 设备用户已超 2.5 亿
2012 年 2 月 15 日	美国联邦政府总务署宣布已采购 2 万台 Android 手机
2012 年 2 月 28 日	Android 设备每日新增 85 万新用户
2012 年 6 月 28 日	2012 年，已经有 4 亿台 Android 设备激活
2012 年 8 月	2012 年 8 月，Android 设备数量超过 5 亿台

资料来源：根据谷歌官网等多种数据来源整理

表 15.2　Android 系统市场份额大事记

时间	事件
2010 年 7 月 9 日	Android 占 28% 的美国市场份额，17% 的全球市场份额
2011 年 6 月	Android 占 57% 的日本智能手机操作系统市场份额
2011 年 7 月	Android 占 22.3% 的欧洲智能手机操作系统市场份额
2011 年 8 月 2 日	Android 占 48% 的全球智能机市场份额，并在亚太市场占据统治地位，超越塞班，跃居全球第一
2011 年 8 月	Android 占 95% 的韩国智能手机操作系统市场份额
2011 年 8 月	Android 平均市场占有率达到 48%，在 35 个国家，市场占有率为第一
2011 年 8 月	Android 市场占有率为亚太地区第一
2011 年 9 月	Android 占 43% 的美国市场份额
2011 年 11 月 15 日	Android 占 58% 的中国大陆市场份额
2012 年 2 月 4 日	根据 ComScore 等数据市场研究机构的数据，Android 占 47.3% 的美国市场份额
2012 年 2 月 22 日	Android 占 68.4% 的中国大陆市场份额
2012 年 2 月	36% 的美国移动用户拥有智能手机，其中 48% 的用户选择了 Android。而其竞争对手 iPhone 仅有 32.1% 的市场份额。黑莓及其他智能手机仅占 11.6% 的市场份额
2012 年 3 月 4 日	Android 占 34% 的印度市场份额，占 50.1% 的美国市场份额

资料来源：根据谷歌官网等多种数据来源整理

（2）产业环境动态性。Android系统成为除了iPhone以及诺基亚以外所有手机品牌系统软件的首选。Android系统的高性能和开源是其迅速扩散的原因。一方面，首创性的开源为谷歌赢得了低成本优势。另一方面，鼓励了一大批徘徊在行业边缘的企业进入应用软件开发的行业。

Android系统的迅速扩散大大加速了手机核心技术（操作系统）的统一，在为谷歌主营业务提供市场机会的同时，也带来了更多的竞争。操作系统是手机应用软件竞争的平台。随着Android系统的推广，其他的手机应用软件有了和谷歌开发的应用软件同平台竞争的机会。因此，谷歌主营业务面临的产业环境动态性提高了。

阶段三：变化后的产业环境推动谷歌核心产品的技术创新能力演进。

Android系统推出后，对产业环境产生影响，推动谷歌进一步提升技术创新能力。谷歌把握了潜在客户群，为其主导产品/业务的技术创新能力提升提供了基础。

首先，HTC手机自身操作系统不断升级，从2008年9月23日首次推出Android 1.0系统之后，在不到4年的时间里，完成了10余次升级，至今已经升级至Android 4.1版本（表15.3）。

表 15.3　谷歌对 Android 系统自身的升级大事记

时间	事件
2008 年 9 月 23 日	谷歌发布 Android 1.0
2009 年 4 月 30 日	Android 1.5 正式发布
2009 年 9 月 25 日	Android 1.6 正式发布
2009 年 10 月 28 日	Android 2.0 智能手机操作系统正式发布
2010 年 2 月 19 日	Android 2.1 智能手机操作系统正式发布
2010 年 5 月 19 日	谷歌正式对外发布 Android 2.2 智能操作系统
2010 年 12 月 7 日	谷歌正式发布 Android 2.3 操作系统
2011 年 2 月 2 日	Android 3.0 正式发布
2011 年 10 月 19 日	谷歌正式发布 Android 4.0 操作系统
2012 年 6 月 28 日	谷歌推出 Android 4.1 操作系统

资料来源：根据谷歌官网等多种数据来源整理

其次，HTC手机中的应用软件绑定谷歌自身软件和业务，且被设置为不能在iPhone中切换社交网络的信息。通过这样的战略，谷歌基于Android带来的平台和巨大客户群，实现了对自身业务的开拓，提高了创新能力（表15.4）。

表 15.4　谷歌在 Android 系统基础上发展业务大事记

时间	事件
2010 年 5 月 20 日	谷歌对外展示了基于 Android 系统的全球首台智能电视搭载的智能电视谷歌 TV
2010 年 7 月 1 日	多项 Kindle 服务和雅虎服务在 Android 上推出
2011 年 2 月 3 日	专用于平板电脑的 Android 3.0 蜂巢系统发布
2011 年 11 月初	约 18 万个应用程序被从 Android Market 上清除，优质应用程序总数达 31.5 万个
2012 年 1 月 4 日	Android Market 上超过 40 万个应用程序，每 4 个月增加 10 万个

续表

时间	事件
2012 年 2 月 28 日	Android 设备每日激活 85 万台。通过谷歌服务器激活的用户数超过 3 亿台，Android Market 上的应用程序超过 45 万个，一年内增加 30 万个
2011 年 11 月 20 日	Android Market 开始定期清理不合格、低质量、违法恶意的应用程序
2011 年 11 月 18 日	美国 NPD（new product development，即新产品开发）数据显示，Android 和 iOS 平台上的游戏占有率都首度超过任天堂的 DS 掌机和索尼的 PSP 掌机，手机游戏玩家也超过了掌机玩家，游戏开发商更倾向于在 Android 和 iOS 手机上开发游戏
2012 年 3 月 1 日	谷歌对外宣布，Android Market 的累计下载量已经突破 130 亿次
2012 年 1 月 4 日	Android Market 上的应用程序数量突破 40 万个，每 4 个月增加 10 万个，登记于谷歌电子市场的 Android 开发者已达 10 万人
2012 年 2 月 28 日	Android Market 上的应用程序数量已突破 45 万个，年增 30 万个
2012 年 3 月 1 日	Android Market 的累计下载量已突破 130 亿次

资料来源：根据谷歌官网等多种数据来源整理

3. 案例讨论和结论

目前普遍认为企业对产业的影响需要经过长期的过程才能实现。但实际上在一些集中度高、变化速度快的产业中，核心企业的行为会对产业产生可迅速观测的影响。例如，在通信设备制造业中的交换设备制造子行业中的华为，以及移动通信设备子行业中的谷歌。本书将把创新能力子系统作为一个黑箱，只关注环境和其输入、输出的共演关系。结果发现：跨空间、时间共演机理——组织边界内、外的主体之间随时间共演的"适应-选择"双元性。

基于理论和案例，在产品创新过程中，企业和环境之间的关系存在随时间共演的"适应-选择"双元性的规律。技术创新能力的演进是为了适应环境变化及趋势；创新能力演进后，对环境动态性产生反作用。该规律包括两部分。

第一，组织对环境的被动适应性。这是从环境到企业自上而下的效应，企业适应环境、争取资源，从而谋求产品创新，继承并延展了早期制度理论结构观的遵循逻辑。环境动态性对企业创新能力的影响机理：环境动态性越高，企业外部的技术知识变化速度越快，机会越多。企业的战略构想越复杂，越容易识别这些机会，促进企业创新能力的演进。

第二，组织对环境的主动调适/选择性。从企业到环境存在自下而上的影响，高技术创新能力的企业通过知识扩散对产业环境产生影响。对于个别扮演行业平台构建者角色的技术领先企业，技术创新能力产生的知识扩散后，对环境动态性产生影响。前一期产生的核心知识会影响后一期技术动态性和市场动态性，是环境动态性变化的内部驱动因素。这一逻辑和后期制度理论中代理观的逻辑一致。

华为能够在市场中快速反应，关键是具备迅速将客户的需求转换为产品并提供给客户的能力。这种能力是跨国公司在中国市场不易做到的，华为不但从顾客现实需求出发发现未来需求,而且还在顾客未来需求基础上把握更为长远的需求,使技术创新活动变被动为主动。这样,既能够及时捕捉机会、快速反应、顺应市场,又能够创造机会、引导市场。

创新能力演进对环境动态性的影响机理:企业创新能力的演进会促发新知识创造,为行业带来新知识;接着,行业中的其他企业会采取多种竞争行为(模仿、研发竞争等);知识扩散效应会提高环境的动态性,如华为、英特尔、微软等产业平台的引领者,都是通过原创性技术的研发和知识扩散来加快产业环境的动态性的。然后,在产业环境变化的刺激下,核心企业为了保持持续的竞争优势,不断地提高自身的创新能力。由于其自身创造的环境要求,核心企业(相比于不改变环境的企业)的创新能力演进速度会更快。这是一个企业技术创新能力演进主动提速的过程。

综上所述,对于高集中度行业中的领先企业,企业技术创新能力和环境动态性之间存在着共同演化的规律。需要强调三点:①共演律中技术创新能力演进的路径仍是"吸收能力主导沿吸收、集成能力为主向吸收、集成、原创能力高水平均衡发展";②共演区别于适应性演化的特定边界条件是高集中度行业中的领先企业;③共演带来的结果是技术创新能力沿上述路径加速演进。

共演机理:企业感知到环境变化导致的知识缺口后,为了适应环境变化,会不断通过战略柔性行为实现技术创新能力演进;技术创新能力演进后,原创能力增强,知识扩散效应增强,使得环境动态性往有利于激发自身技术创新能力演进的方向发展。技术创新能力对于环境动态性的反作用在高集中度产业中的核心企业/龙头企业中表现得尤其明显。因此,对于能够有效感知环境的企业,技术创新能力的演进本身就会带来技术创新能力和环境的良性共演。

理论意义:①本章基于共演理论,较好地弥补了静态分割观的不足,整合了制度理论、动态能力观、知识基础观等理论视角。同时,将中观层面的企业场域分析与微观层面的企业内部战略管理相结合,体现了Hoffman(2001)所倡导的跨层次分析思路。②弥补了共演理论缺乏在转型经济背景下应用的问题。

实际意义:①吸收能力、集成能力和原创能力分别通过知识内化、知识集成和知识创造对企业知识缺口产生影响。在其他条件不变的情况下,企业技术创新能力越强,知识缺口越小,进而外部搜寻行为越少。这解释了为何在位者企业会存在刚性,使得后发企业赢得后发优势。为了克服这一点,只有不断提高战略构想的复杂性,才会不断发现已有知识的不足,进而引发外部搜寻,进一步提高知识结构的多样性,不断促进原创能力的提升。②成功企业不仅会被动适应环境,而且还会主动选择环境;不仅会有效感知、快速反应现有机会,而且还会主动创造机会。③为今后优化企业技术创新能力演进的政策分析奠定基础。

15.3　本章小结

在转型经济环境背景下，企业"吸收能力主导沿吸收、集成能力为主向吸收、集成、原创能力高水平均衡发展"的路径演进有助于动态适应环境；对于高集中度行业中的领先企业，该路径可通过知识扩散主动引发环境变化，从而在下一期激发技术创新能力更快演进（图15.8）。

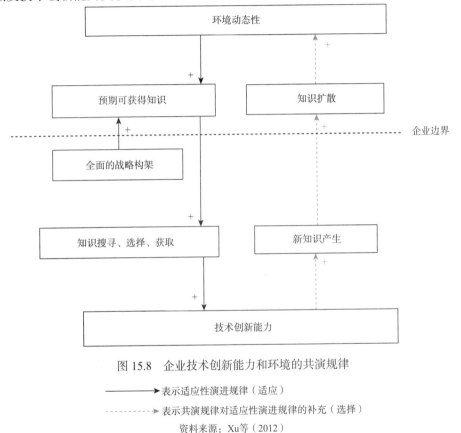

图 15.8　企业技术创新能力和环境的共演规律

　———————▶表示适应性演进规律（适应）

　- - - - - - -▶表示共演规律对适应性演进规律的补充（选择）

资料来源：Xu等（2012）

第16章 企业技术创新能力和环境共演的互补机制①

现有研究尚存两点不足：①缺乏技术创新能力演进机理的研究。Lavie（2006）提出三种重构方式，但是没有深入研究其机理。现有研究没有区分随创新能力的演化，创新能力提升机制的不同。②能力演进需要战略柔性，但已有研究缺乏对战略柔性的细分以及对技术创新能力演进影响的关注。据此，本章研究转型背景下，高技术企业通过战略柔性促进技术创新能力演进的机制。基于"战略能力—技术能力"逻辑，本章研究前一阶段能力对后一阶段能力类型的影响，以揭示战略柔性间互补行为和组织柔性对战略柔性的补充行为带来的协同效应。

16.1 理论基础和假设

16.1.1 技术创新能力的类型

技术创新的本质是获取/重新整合/产生对企业而言的新知识，并利用其来创造价值。根据产生知识的新颖程度不同，技术创新能力可由以下三种子能力组成（图16.1），即吸收能力、集成能力和原创能力。吸收能力是指利用外部技术知识的能力；集成能力是指集成和利用不同来源技术知识的能力；原创能力是指创造和利用内生性新知识的能力（Yam et al., 2004；Dutta et al., 2005；Forsman, 2011）。

在企业实际发展过程中，技术创新能力的三种组成部分并不一定同时存在，技术创新能力的形成呈阶段性的特点。技术创新能力演进过程是实现技术创新能力和环境动态对齐的过程（Lee，2007）。绩效反映了能力和环境要求的对齐。能力-环境越对齐，绩效越高。因此，创新绩效的高低程度可以反映创新能力-环境的对齐程度。

---

① 本章主要内容已正式发表。陈力田，许庆瑞. 知识搜寻跨边界协同对自主创新能力结构类型影响的实证研究[J]. 科学学与科学技术管理，2014，（10）：13-25.

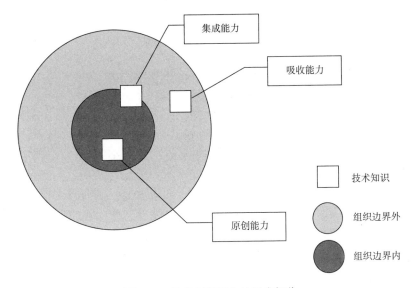

图 16.1　技术创新能力的组成部分

　　从这个角度出发，通过创新绩效取值的纵向比较，可以识别技术创新能力的演进。以中国通信设备制造企业华为和福建邮科为例，影响这两家企业创新绩效由低到高的技术创新能力都依次是"吸收能力主导沿吸收、集成能力为主向吸收、集成、原创能力高水平均衡发展"。多种不同类型的技术创新能力会出现并存，得到能力结构的质变，这是能力演进的正反馈过程。根据两个企业每阶段的新产品数值，本章绘出两个企业的技术创新能力发展图，如图16.2和图16.3所示。

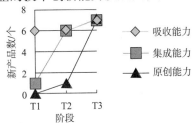

图 16.2　华为技术创新能力发展

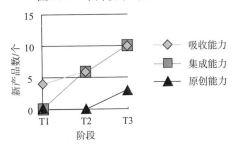

图 16.3　福建邮科技术创新能力发展

H$_{16-1}$：技术创新能力存在多种类型：吸收能力主导型；吸收、集成能力为主型；吸收、集成、原创能力高水平均衡发展型。

16.1.2 战略柔性对技术创新能力类型的影响

技术创新能力是处理（集成、创造、利用）不同来源的基础技术知识的高级知识。要提升技术创新能力，首先应明确知识更新及其应用的方向，并对企业知识库进行改造和重组。秉承知识结构视角的研究通过揭示创新行为背后的知识基础，解析表现为不同行为（跨外部边界搜寻、跨内部边界搜寻、本地搜寻）的战略柔性对不同技术创新能力类型选择的影响。知识被按一定的方式和比例组成为各种类别，形成知识结构。已有知识结构的柔性是新思想的源泉，其刚性阻碍创意的产生（Georgsdottir and Getz，2004）。

1. 战略柔性对吸收能力主导型技术创新能力的影响

吸收能力主导型能力结构的培育基于外部技术知识的搜寻、选择。在此基础上，更要加以理解和利用。跨外部边界搜寻能力可以帮助企业识别应对环境新需求所需的技术知识。跨内部边界搜寻能力可以帮助企业识别自身应对环境不同需求而生成的技术知识。跨外部边界搜寻能力和跨内部边界搜寻能力的互补会带来外部技术源和内部技术源之间的整合。这一行为可以加强外部连接，有助于利用外部技术知识更快地响应市场需求（Freeman，1991；Rigby and Zook，2002）；企业需要内部知识去更有效地使用和理解外部知识（Arora and Gambardella，1994）。当搜寻到相似的科学技术领域的知识时，企业会更容易形成理解、吸收和利用这些知识的能力（Nonaka et al.，1996）。反之，若跨内部边界搜寻和跨外部边界搜寻行为之间没有实现互补，企业只是简单地搜寻外部技术知识，将很难真正理解和利用外部技术知识，吸收能力的培育将受阻。而且，相对于本地搜寻，跨内部边界搜寻更容易引发吸收能力的形成，因为这是内部知识共享的前提，而内部知识共享和外部知识共享之间存在着共同点：理解和利用对自己而言是新的知识。不断加强跨内部边界搜寻行为，有助于企业积累理解和利用新知识的经验，为吸收外部技术知识做好准备。因此从理论上看，相比于其他能力结构，吸收能力主导型能力结构更加需要表现为跨外部边界搜寻和跨内部边界搜寻互补的战略柔性。跨外部边界搜寻和跨内部边界搜寻在引发吸收能力主导型能力结构过程中存在协同效应。

观察华为、福建邮科、信雅达这三家高技术企业，本书发现华为在部门间、企业外知识的互补上做得最好。例如，华为在初始阶段开发阳春机型时，为了适应环境的变化（农村市场的需求），选择了外部的技术源。更重要的是，它搜寻和选择了部门间的知识源，并通过反求工程进行消化吸收。而另外两家企业则把主要的资源都放在了跨外部边界搜寻技术源上，没有很好地实现内外技术知识的互补，进而吸收能力表现得不如华为那么突出。华为在内外技术知识的互补上做得最好，吸收能力相比于其他两个企业也最高，处于高等水平。

H$_{16-2}$：相比于其他战略柔性行为，表现为跨外部边界搜寻和跨内部边界搜寻互补的战略柔性，更易引发吸收能力主导的技术创新能力类型（相比于其他能力结构类型）。

2. 战略柔性对吸收、集成能力为主型的技术创新能力类型的影响

相比于吸收能力主导型能力结构，吸收、集成能力为主型能力结构更加侧重集成能力。集成能力的根本目的在于实现自有知识和新知识（企业内外）的集成，因此，相比于吸收能力，集成能力更强调本地搜寻的重要性；相比于原创能力，集成能力更侧重知识搜寻之间的互补性。跨外部边界搜寻有助于拓展本地搜寻的范围，寻找技术上互补的知识，更加有助于创新，但是，也增加了技术集成的成本（Katila and Ahuja，2002）。整合互补的技术很难，因为这相比于整合相关的知识需要更多的资源投入。但当企业将具有目标知识源的组织收购到同一个部门，具有同样的知识存量时，这一知识存量将有助于企业实现协调和沟通，进而了解企业部门之间的互补的技术知识，从而加强了集成能力（Makri et al.，2010）。能够整合内外部互补性知识的企业，更易推出相关性较强的新产品，也就是说，集成、利用新知识的能力较强（Rothaermel et al.，2006）。因此，从理论上说，跨外部边界搜寻和本地搜寻之间的互补会引发企业选择吸收、集成能力为主的技术创新能力类型。跨外部边界搜寻和本地搜寻在引发企业吸收、集成能力为主型的能力结构时，存在协同效应。

以软件企业信雅达为例，相比于初创期的企业外部搜寻，信雅达更侧重了本地搜寻，不仅选择了外部的技术源，还选择了部门内的技术源。吸收能力和集成能力都得到了提升。公司的副总裁魏总说："银行在2008年有指导思想上的转变，变为'前台受理，后台处理'，我们认为可以把OCR①技术和工作流协同技术集成起来，开发流程银行软件满足便捷服务的需求。"信雅达选择将这两种技术集成起来的原因在于，在开发过程中发现这两种技术的互补性很高，集成创新战略的激励性强。

H$_{16-3}$：相比于其他战略柔性行为，表现为跨外部边界搜寻和本地搜寻互补的战略柔性更易引发吸收、集成能力为主的技术创新能力类型（相比于其他能力结构类型）。

3. 战略柔性对吸收、集成、原创能力高水平均衡发展的技术创新能力类型的影响

相比于另外两种能力类型，吸收、集成、原创能力高水平均衡发展的技术创

---

① OCR，optical character recognition，即光学字符识别。

新能力类型更侧重原创能力。原创能力是产生对行业而言都是新技术的能力。因此，它要与已有技术有显著的差别（Chandy and Tellis，1998）。原创能力的培养需要管理者以一种全新的方式组合技术知识（Henderson and Clark，1990）。外部知识源可以帮助管理者认识到多种新技术和市场解决方案（Hargadon and Bechky，2006）。认识到多种解决方案可以帮助管理者获得能够满足客户新需求的技术的机会（Hargadon and Sutton，1997）。相比于其他搜寻行为，跨外部边界搜寻行为更易促发原创能力（Chiang and Huang，2010）。据此，本章认为相比于其他类型的技术创新能力，吸收、集成、原创能力高水平均衡发展的技术创新能力类型更容易被跨外部边界搜寻以促发企业原创能力。

以华为和福建邮科为例，两者都是从吸收、集成能力为主型的能力结构转为吸收、集成、原创能力高水平均衡发展型能力结构的。相较于以前，都更加侧重跨外部边界搜寻，将外部技术知识作为创新源的行为得到了增强。例如，华为更加重视合作研究，成立跨国的研究机构。福建邮科则根据发现的随手机普及而逐渐增强的无线信号覆盖的需求，通过外部合作搜寻并选择外部的直放站共有模块知识和架构知识。华为和福建邮科的行为是开放式创新和自主创新集合的体现。跨企业边界搜寻外部技术知识引发企业创意的产生和原创能力的培养。

H$_{16-4}$：相比于其他战略柔性行为，表现为跨外部边界搜寻行为的战略柔性，更易引发吸收、集成、原创能力高水平均衡发展的技术创新能力类型（相比于吸收、集成能力为主的能力结构类型）。

16.1.3 组织柔性、战略柔性与技术创新能力类型

早期制度理论、定位观、外部权变观解释了不同环境下企业行为的异质性。但对复杂的能力演化过程，其解释是不够的，因为它们忽视了相同情境下行为的异质性。资源基础观、知识基础观和动态能力观弥补了这一缺陷，识别了创新能力演化的内在影响因素。和上述视角结合起来的协同理论强调企业的创新系统是一种复杂系统（陆园园和郑刚，2009），其特征之一是企业创新系统内的协同行为。例如，组织要素如何协同以适应战略，进而提升产品创新能力。这种协同行为基于架构能力。架构能力的概念起源于Henderson和Clark（1990）的技术架构能力，即协调技术组件知识之间关系的能力。Henderson和Clark（1990）指出除了技术活动，组织的其他活动（营销、制造）也可被视作在稳定框架中的相互交联的要素，架构能力就是协调这些要素能力的能力，体现为沟通渠道、信息过滤、解决问题的策略等惯例。创新系统中的协同行为促使组织要素能力和战略要素能力得以有机链接和耦合。另外，基于适合度景观理论（fitness landscape theory），创新系统中各要素能力的不同配置决定了创新结果对外界环境变化的适应程度（Li et al.，2009）。

　　企业产品创新过程中存在两类浪费阻碍产品创新能力的提升，分别是目标和需求南辕北辙造成的资源投入和机会成本的浪费，以及目标确立后等待知识基础造成的时间、资源有效性的浪费。战略柔性避免了第一种浪费，组织柔性避免了第二种浪费。前者使企业可以根据环境变化快速搜寻、选择知识源，为改进知识结构提供了方向，进而保证创新目标设立的动态效率。后者使企业根据战略变化快速从源头获取知识，并为改进知识结构提供了异质性知识基础，进而保证实现创新目标所需要知识获取的动态效率。换句话说，在战略柔性促发创新知识源快速设立后，组织柔性强的企业通过组织结构、制度和流程的变化快速获取新知识来保证管理控制（Bock et al.，2012）。具体而言，这类企业通过跨内部边界共享知识，帮助新产品开发团队之间更好地协同彼此的任务和活动，保证新产品开发团队识别、组合和分配资源，将合适的人分配至合适的岗位（Ellonen et al.，2009）。组织柔性对战略柔性的补充会导致企业更快更好地获得适合创新目标所需的知识，进而为产品创新能力的培养提供了基础。组织柔性和战略柔性在引发吸收能力为主的能力结构时，存在协同效应。

　　以软件企业信雅达的光盘微缩产品和金融客服中心系统为例，其战略柔性主要体现在跨外部边界搜寻行为中。为了适应环境变化（银行节约成本的需求），它选择了行业内企业外的电子成像技术和工作流技术作为创新源，并通过设计层次多、结构化程度高、市场导向的组织结构（银行票据光盘压缩系统产品负责人成立事业部的组织设计），形成了利用外部技术知识的能力。

　　H$_{16-5}$：组织柔性对表现为跨外部边界搜寻的战略柔性的补充，更易引发吸收能力主导的技术创新能力类型（相比于其他能力结构类型）。

　　本章概念模型如图16.4所示。

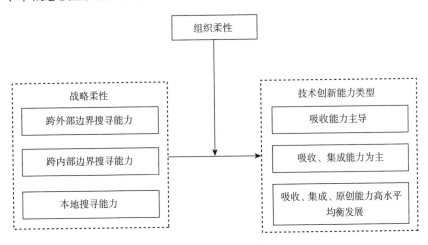

图 16.4　本章概念模型

16.2 研究方法

16.2.1 调查程序与样本情况

2011年底，本书以浙江省和福建省高技术企业（研发投入>5%）为研究对象，并向其发放了850份问卷，回收问卷437份，剔除非高技术企业（研发投入<5%）、数据不完整和质量不高的问卷后，有效问卷数为376份。有效回收率为44.2%。被剔除问卷的空白项分布并不呈规律性（无集中分布于问卷某一部分的倾向），故所答者的知识水平和问卷涵盖领域是匹配的。

16.2.2 分析方法

本章采用多元logistic回归分析来进行数据分析，采用信度和效度分析来进行测量评估，采用SPSS for Windows 16.0软件进行内部一致信效度分析、探索性因子分析、描述性统计分析、相关分析和多元logistic回归分析。多元logistic回归模型适用于被解释变量是离散型的情况（Hosmer et al.，1997；王济川和郭志刚，2001）。采用AMOS 7.0进行验证性因子分析。

16.2.3 研究量表及其信效度分析

本章参考Lichtenthaler（2009）、Lane等（2006）及Abreu和Pearce（2007）的研究测度吸收能力；参考Almirall和Casadesus-Masanell（2010）及Mahmood等（2011）的研究测度集成能力；参考万君康和李华威（2008）、Nahapiet和Ghoshal（1998）及Smith等（2005）的研究测度原创能力。自变量是跨外部边界搜寻能力、跨内部边界搜寻能力和本地搜寻能力，本章参考了Rosenkopf和Nerkar（2001）、Sanchez（1997）及Li等（2010）等研究进行指标的测度。调节变量是组织柔性，本章采用Li等（2010）的指标。上述量表均采用7点利克特式量表。控制变量为企业年龄、规模，均是虚拟变量。若成立时间小于等于10年，则企业年龄等于0，反之为1；若员工人数小于等于500，则企业规模等于0，反之为1。

根据Kaiser（1974）的观点，表征变量间共同因素程度的KMO值大于0.6时比较适合因子分析（Kaiser，1974；吴明隆，2010a；周泯非，2011）。表16.1所显示结果中，所有样本数据的KMO值都大于0.6，Bartlett球形度检验值在0.001的水平上显著异于0，说明修正后的量表都已经较好地满足因子分析的条件。

表16.1　变量的信度和效度分析结果

变量	测量题项	CITC	Cronbach's α if item deleted	KMO	因子负荷	α系数
跨外部边界搜寻能力	搜寻并选择技术许可的技术与知识，以作为更新已有知识的方向	0.682	0.726	0.801	0.851	0.870
	搜寻并选择专利公告披露的技术知识，以作为更新已有知识的方向	0.706	0.720		0.876	
	搜寻并选择来自技术出版物及会议的技术知识，以作为更新已有知识的方向	0.725	0.719		0.893	
	搜寻并选择行业性的展览会中的技术知识，以作为更新已有知识的方向	0.591	0.744		0.769	
跨内部边界搜寻能力	以已有客户需求为导向，发现不同技术知识的新组合作为未来转变方向	0.408	0.793	0.800	0.948	0.886
	搜寻并选择其他部门的技术知识，以更新已有知识	0.435	0.714		0.948	
本地搜寻能力	我们更侧重于部门内关键技术的创新而非已有技术的引进	0.561	0.697	0.713	0.662	0.785
	我们更侧重从内部寻找和选择知识基础	0.588	0.689		0.768	
	高层管理比较关注新技术机会的发展，识别更新部门门内已有知识方向	0.617	0.692		0.852	
	管理者对已有业务领域的开拓是很关注的	0.610	0.692		0.861	
组织柔性	职能部门之间的沟通顺畅以快速配置资源	0.696	0.793	0.845	0.816	0.837
	组织结构扁平化程度很高目以快速分配资源	0.563	0.820		0.697	
	组织流程清晰，资源链顺畅	0.667	0.801		0.801	
	经常通过外部合作获取新知识	0.573	0.819		0.713	
	允许各部门打破正规工作程序，以保持工作灵活性和动态性	0.515	0.836		0.643	
	建立了完善的管理机制鼓励员工创新	0.703	0.791		0.815	

续表

变量		测度题项	CITC	Cronbach's α if item deleted	KMO	因子负荷	α系数
技术创新能力	吸收能力	我们能够很快地吸收、掌握和运用引入的生产设备和工艺	0.591	0.615		0.899	
		我们善于吸收和利用来自外部的技术知识	0.598	0.609	0.688	0.888	0.823
		我们具有较强的设备改进能力	0.478	0.674		0.801	
	集成能力	我们企业产品的系统集成能力较强	0.635	0.691		0.845	
		企业有较强技术整合能力	0.679	0.640	0.684	0.870	0.782
		我们善于吸收和利用来自其他部门的技术知识	0.555	0.773		0.789	
	原创能力	我们有充足的技术人员进行新产品的研发	0.693	0.786		0.830	
		我们企业具备较为先进的产品研发设备	0.692	0.787		0.821	
		内部研究开发是产品开发过程中的主要技术知识来源	0.579	0.813	0.831	0.725	0.831
		我们善于利用来自部门内部的新技术知识	0.505	0.824		0.652	
		我们的产品在技术上是行业领先的，起到了示范作用	0.710	0.783		0.841	

本章采用SPSS 16.0软件对各量表进行了探索性因子分析、信度和效度检验，信度和效度分析结果如表16.1所示。各量表的Cronbach's α值均超过0.6，相关项目的总计相关性（corrected item-total correlation，CITC值）均超过0.4，表明量表的信度较高。采用AMOS 7.0软件进行验证性因子分析。绝对拟合指标值：χ^2统计量（$p>0.05$），拟合优度指数（GFI>0.9），调整的拟合优度指数（AGFI>0.9），近似均方根误差（RMSEA<0.10）。增值拟合指标值：标准拟合指数（NFI>0.90），相对拟合指数（CFI>0.90），递增拟合指数（IFI>0.9）。简效拟合指标值：简效标准拟合指数（PNFI>0.50），简效拟合优度指数（PGFI>0.50）。结果显示，各因子负荷均大于0.5，且拟合指数符合要求。验证性因子分析的结果比较理想，各量表具有良好的辨别效度和聚合效度。

16.2.4　分析结果

1. 描述性统计分析

变量的均值、标准差相关系数如表16.2所示。控制变量分组情况如表16.3所示。结果初步验证了基本假设，并可通过回归分析进行深入分析。

表 16.3　控制变量分组情况

企业规模	频数	占比/%	企业年龄	频数	占比/%
小于等于500人	274	73	小于等于10年	139	37
大于500人	102	27	大于10年	237	63

采用多元线性回归方法的前提是多重共线性、序列相关和异方差这三大问题不存在或不严重（马庆国，2002）。如果存在这三大问题，回归结果将不稳定和不可信。三大问题诊断如下。

（1）多重共线性是指回归模型中的解释变量之间存在高度相关性的现象。这一问题会导致解释变量与被解释变量的边际影响相互被削弱，因此会影响回归系数的可信度。容忍度（TOL值）和方差膨胀因子（VIF值）常被用来诊断多重共线性问题（吴明隆，2010a，2010b）。判断模型不存在严重多重共线性问题的标准为TOL>0.1，0<VIF<10。经检验，本章涉及的回归模型全部都符合该标准。因此，本章涉及的回归模型中解释变量间不存在多重共线性问题。

（2）序列相关是指不同样本值之间存在高度相关性的现象。DW值常被用来诊断该问题。判断模型不存在序列相关问题的标准为1.5<DW<2.5。经检验，本章涉及的回归模型全部都符合该标准。因此，本章的模型不存在序列相关问题。

（3）异方差问题是指被解释变量的方差随解释变量的变化发生明显变化。本章采用logistic回归，应同时对各因素执行单因素方差分析（analysis of variance，ANOVA），选择被解释变量为因子，$p<0.05$的解释变量则可以进入有序logistic回归

表 16.2　变量的均值、标准差相关系数

变量	均值	标准差	1	2	3	4	5	6	7	8	9
1 企业规模	0.27	0.445	1								
2 企业年龄	0.63	0.483	0.182**	1							
3 跨外部边界搜寻能力	4.879 7	1.265 56	-0.116*	0.012	1						
4 跨内部边界搜寻能力	4.716 8	1.410 04	-0.177**	-0.074	0.322**	1					
5 本地搜寻能力	5.747 3	0.865 83	0.099	0.036	0.350**	0.043	1				
6 组织柔性	5.506 6	0.851 60	0.037	0.014	0.396**	0.163**	0.713**	1			
7 吸收能力	5.570 9	0.914 89	0.140*	0.018	0.339**	0.055*	0.789**	0.742**	1		
8 集成能力	5.742 0	0.868 85	0.131*	0.016	0.304**	0.046	0.732**	0.636**	0.769**	1	
9 原创能力	5.138 3	0.983 97	0.183**	0.042	0.299**	0.070	0.706**	0.618**	0.717	0.711**	1

**表示 $p<0.01$，*表示 $p<0.05$

模型进行分析（马庆国，2002）。本章中所有解释变量的p值均小于0.05，均可进入logistic回归模型。此外，也可通过观察回归模型散点图来进行判断。若散点分布呈无序则可以认为不存在异方差问题。本章回归模型的残差散点图均呈现无序状，故可以判断不存在异方差。多重共线性、异方差和序列相关检验结果如表16.4所示，异方差问题诊断如图16.5所示。

表 16.4　多重共线性、异方差和序列相关检验结果

解释变量	TOL	VIF	单因素方差分析的χ^2	DW 值
跨外部边界搜寻能力	0.750	1.334	2.513***	
跨内部边界搜寻能力	0.858	1.166	2.294***	
本地搜寻能力	0.472	2.120	9.698***	1.807
组织柔性	0.460	2.175	4.569***	

***表示$p<0.001$

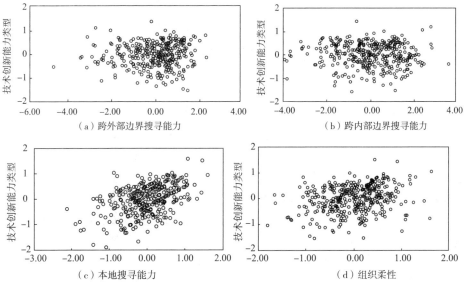

图 16.5　异方差问题诊断

2. 假设检验

1）企业技术创新能力聚类分析结果

本章将"吸收能力、集成能力、原创能力"三个维度的加权因素分数，作为聚类指标，当聚成的类别数由二升为三时，BIC（Bayesian information Criterion，即贝叶斯信息准则）的值骤降（由445.378降为395.159），此时BIC的变化值为−50.219，且贝叶斯信息量降低比例为53.2%，分群后技术创新能力聚类分析结果如表16.5所示。该结论发现本章样本中技术创新能力分为三类：吸收能力主导型；

吸收、集成能力为主型；吸收、集成、原创能力高水平均衡发展型。本章样本中技术创新能力类型分布如图16.6所示。这一发现验证了H$_{16-1}$。

表16.5　分群后技术创新能力聚类分析结果

维度	群组一 平均值	群组二 平均值	群组三 平均值
吸收能力	3.33	5.46	6.56
集成能力	2.99	5.70	6.88
原创能力	2.94	4.97	6.92
样本数（占比）	72（19%）	126（34%）	178（47%）

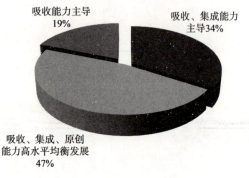

图16.6　本章样本中技术创新能力类型分布

由此可知，在本章样本的376家高技术企业中，有47%的企业认为自身的吸收、集成、原创能力得到了全面、均衡的发展；有34%的企业认为现有的能力阶段仍处于吸收、集成能力为主的阶段，且吸收、集成能力水平亦中等（分别为5.46和5.70），原创能力相比之下更弱（4.97）；有19%的企业认为自身的能力较薄弱，且以吸收能力主导（3.33）。浙江省和福建省的高技术企业创新能力超过了本书的预期，其原因与样本采集有关。

首先，本章所选样本为高技术企业，且以研发投入>5%为筛选标准。由于本章的重心落于"技术创新能力演进"，而管理研究是"过去式"的研究，所以所选研究对象应是已经/正在实现从仿造能力走向集成、原创能力的企业。相比于一般企业，高技术企业更接近这一要求。

其次，本章的研究动用了省政府的关系，通过省经济贸易和信息化委员会及科学技术厅介绍，向其推荐的科技型企业发放问卷。因此，样本企业已经通过近年来的评估，被认为是技术创新能力较强的企业，符合本章的研究目标。

2）在组织柔性调节下，战略柔性与企业技术创新能力类型关系

多元logistic回归结果如表16.6所示。

表16.6　多元 logistic 回归结果

变量	模型一 群组2	模型一 群组3	模型二 群组2	模型二 群组3	模型三 群组2	模型三 群组3	模型四 群组2	模型四 群组3	模型五 群组2	模型五 群组3
企业规模=0	-0.483 (0.617)	-0.916** (0.400)	-0.421 (0.656)	-1.127* (0.324)	-0.463 (0.629)	-1.262* (0.283)	-0.336 (0.714)	-1.153* (0.316)	-0.489 (0.655)	-1.257* (0.285)
企业年龄=0	-0.306 (0.965)	0.041 (1.042)	0.210 (1.234)	0.384 (1.468)	0.169 (1.184)	0.391 (1.479)	0.110 (1.116)	0.329 (1.389)	0.158 (1.242)	0.435 (1.545)
跨外部边界搜寻能力（SFa）			0.148 (1.159)	0.410* (1.507)	0.089 (1.093)	0.268 (1.307)	-0.293 (0.746)	-0.082 (0.921)	-0.188 (0.926)	-0.032 (0.969)
跨内部边界搜寻能力（SFb）			-0.189 (1.208)	-0.150 (1.162)	-0.137† (1.137)	-0.001 (1.001)	-0.298 (1.347)	-0.144 (1.155)	-0.198 (1.246)	-0.235 (1.265)
本地搜寻能力（SFc）			1.976*** (7.217)	4.251*** (70.204)	1.677*** (5.352)	3.436*** (31.065)	1.923*** (6.843)	3.808*** (45.047)	1.611*** (6.765)	3.601*** (36.625)
SFa×SFb									-0.543* (0.597)	-0.439† (0.645)
SFa×SFc									0.387† (0.581)	-0.396 (0.726)
SFb×SFc									-0.516 (1.473)	-0.320 (0.673)
组织柔性（OF）					0.579† (1.784)	1.826*** (6.210)	0.534 (1.705)	1.975*** (7.209)	0.689* (1.992)	1.841*** (6.305)
SFa×OF							-0.664 (0.515)	-0.722* (0.486)		

续表

变量	模型一		模型二		模型三		模型四		模型五	
	群组 2	群组 3	群组 2	群组 3	群组 2	群组 3	群组 2	群组 3	群组 2	群组 3
SFb×OF							0.194 （1.215）	0.226 （1.253）		
SFc×OF							0.175 （0.714）	−0.299 （0.742）		

注：因变量中的参考变量是技术创新能力群组 1。群组 2 和群组 3 分别是聚类分析得到的技术创新能力群组 2 和技术创新能力群组 3。括号外的数值表示回归系数 B，括号内的数值是比值比

****表示 $p<0.001$，***表示 $p<0.01$，*表示 $p<0.05$，†表示 $p<0.1$

首先，跨外部边界搜寻和跨内部边界搜寻之间的互补，技术创新能力群组2的偏回归系数为-0.543（$p<0.05$），OR（odds ratio，即比值比）值为0.597；技术创新能力群组3的偏回归系数为-0.439（$p<0.1$），OR值为0.645。这说明跨外部边界搜寻和跨内部边界搜寻之间的互补引发技术创新能力群组2和群组1的概率之比，较其他战略柔性行为的这一比值减少了40.3%；引发技术创新能力群组3和群组1的概率之比，较其他战略柔性行为的这一比值减少了35.5%。这一结果说明，相比于其他战略柔性行为，跨外部边界搜寻和跨内部边界搜寻互补的战略柔性，更易引发吸收能力主导的技术创新能力类型（相比于其他能力结构类型）。因此，H_{16-2}得到支持。

其次，跨外部边界搜寻和本地搜寻之间的互补，对技术创新能力群组2的偏回归系数为0.387（$p<0.1$），OR值为0.581；对技术创新能力群组3的偏回归系数为-0.396（$p>0.1$），OR值为0.726。这说明跨外部边界搜寻和本地搜寻之间的互补引发技术创新能力群组2和群组1的概率之比，比其他战略柔性行为的这一比值大0.581倍；引发技术创新能力群组3和群组1的概率之比，并没有显著差异。这一结果说明，相比于其他战略柔性行为，表现跨外部边界搜寻和本地搜寻互补的战略柔性，更易引发吸收、集成能力为主的技术创新能力类型（相比于其他能力结构类型）。因此，H_{16-3}得到支持。

再次，跨外部边界搜寻对技术创新能力群组2的偏回归系数为0.148（$p>0.05$），OR值为1.159；对技术创新能力群组3的偏回归系数为0.410（$p<0.05$），OR值为1.507。这说明跨外部边界搜寻引发技术创新能力群组2和群组1的概率之比，并没有显著差异；引发技术创新能力群组3和群组1的概率之比，比其他战略柔性行为的这一比值大1.507倍。这一结果说明，相比于其他战略柔性行为，跨外部边界搜寻的战略柔性，更易引发吸收、集成、原创能力高水平均衡发展的技术创新能力类型（相比于其他能力结构类型）。因此，H_{16-4}得到支持。

最后，跨外部边界搜寻和组织柔性的互补，对技术创新能力群组2的偏回归系数为-0.664（$p<0.05$），OR值为0.515；对技术创新能力群组3的偏回归系数为-0.722（$p<0.05$），OR值为0.486。说明跨外部边界搜寻和跨内部边界搜寻之间的互补引发技术创新能力群组2和群组1的概率之比，较其他战略柔性行为的这一比值下降（1-0.515）倍，即0.485倍；引发技术创新能力群组3和群组1的概率之比，较其他战略柔性行为的这一比值下降（1-0.486）倍，即0.514倍。结果说明：组织柔性对表现为跨外部边界搜寻的战略柔性的补充，更易引发吸收能力主导的技术创新能力类型（相比于其他能力结构类型）。因此，H_{16-5}得到支持。

以上结果验证了H_{16-2}~H_{16-5}。假设验证结果如表16.7所示。

表 16.7　假设验证结果

假设	方法	发现
H_{16-1}: 技术创新能力存在多种类型：吸收能力主导型；吸收、集成能力为主型；吸收、集成、原创能力高水平均衡发展型	聚类分析	支持
H_{16-2}: 相比于其他战略柔性行为，表现为跨外部边界搜寻和跨内部边界搜寻互补的战略柔性，更易引发吸收能力主导的技术创新能力类型（相比于其他能力结构类型）	多元 logistic 回归分析	支持
H_{16-3}: 相比于其他战略柔性行为，表现为跨外部边界搜寻和本地搜寻互补的战略柔性更易引发吸收、集成能力为主的技术创新能力类型（相比于其他能力结构类型）	多元 logistic 回归分析	支持
H_{16-4}: 相比于其他战略柔性行为，表现为跨外部边界搜寻行为的战略柔性，更易引发吸收、集成、原创能力高水平均衡发展的技术创新能力类型（相比于吸收、集成能力为主的能力结构类型）	多元 logistic 回归分析	支持
H_{16-5}: 组织柔性对表现为跨外部边界搜寻的战略柔性的补充，更易引发吸收能力主导的技术创新能力类型（相比于其他能力结构类型）	多元 logistic 回归分析	支持

16.3　讨论与结论

1. 技术创新能力的类型

通过聚类分析，本章发现技术创新能力存在三种类型：吸收能力主导型；吸收、集成能力为主型；吸收、集成、原创能力高水平均衡发展型。现有研究多关注技术创新能力的量变，很少关注技术创新能力的质变。明晰各类技术创新能力的构成，是考察其质变机理的前提。本章弥补了现有研究这方面的不足。技术创新能力存在这三种类型的原因有三点：①吸收能力是其他能力形成的基础。若无对外部技术知识的吸收，则无所谓内外技术知识的集成，阻碍集成能力的形成。②若无对外部技术知识的吸收，则不能识别何为新知识，无法明晰知识创造的方向，阻碍原创能力的形成。③相比于吸收能力，集成能力和原创能力需要更多的资源投入和时间积累，因此形成的阶段不同。其中，相比于集成能力，原创能力最难形成，故最晚形成。

2. 战略柔性对技术创新能力类型选择的影响

本章基于技术创新能力的聚类分析结果，考察了战略柔性对三类技术创新能力选择的影响，发现在技术创新能力类型的选择上，不同的战略柔性引发的搜寻行为会造成不同类型的选择。第一，表现为跨外部边界搜寻和跨内部边界搜寻互补的战略柔性，更易引发吸收能力主导的技术创新能力类型（相比于其他能力结构类型）。第二，表现为跨外部边界搜寻和本地搜寻互补的战略柔性更易引发吸收、集成能力为主的技术创新能力类型（相比于其他能力结构类型）。第三，表现为跨外部边界搜寻行为的战略柔性，更易引发吸收、集成、原创能力高水平均衡发展的技术创新能力类型（相比于吸收、集成能力为主的能力结构类型）。

3. 组织柔性对战略柔性的补充，对技术创新能力类型选择的影响

在技术创新能力类型的选择上，吸收能力主导型比其他能力类型更需要组织柔性对战略柔性的补充。

第17章 企业技术创新能力和环境共演的互动机制①

17.1 企业技术创新能力与战略柔性的互动框架

前文统计实证所用的数据，都是在特定的时间截面上做出的，所得出的研究结果可以用于解释以下问题：在同一时间截面上，不同的战略柔性和技术创新能力类型是如何对应的，以及为何有的企业能够更好地适应环境的变化，快速地实现技术创新能力的演进。落实到实践层面，企业还可据此主动根据环境的要求，选择合适的战略柔性和知识搜寻行为，实现企业技术创新能力的演进。

然而，从动态角度来看，企业战略柔性和技术创新能力的关系却未必是确定的，理论和实践都常常反映出这样一种现象：企业技术创新能力还会反作用于战略柔性，可能会在下一期降低战略柔性。其原因如下：首先，知识缺口是促进企业战略柔性提升的直接原因。企业战略柔性嵌入知识搜寻行为中，而知识搜寻行为起源于企业对于自身技术知识和环境所需之间的差距的感知。感知到的知识缺口引发了知识搜寻行为，提高了战略柔性。其次，当企业基于战略柔性的知识搜寻广度和深度加大后，会促发技术创新能力的演进。技术创新能力的提升会通过知识内化、集成和创造引发企业内部知识库存量的增加。

知识库存量虽然会为知识搜寻广度和深度的加大提供一定的知识基础，但是，若企业未能感知到环境中的新机会，企业内部知识库存量的增加会缩小知识缺口，企业开始降低知识搜寻行为的广度和深度，降低了战略柔性，如是循环。这一现象在一些在位者企业中表现得尤其突出，这些企业的实践说明，以往的成功有时会为未来的失败埋下伏笔。

在这种情况下，企业的战略构架显得尤其重要。复杂的战略构架是消除内耗、增强互动的重要动力。复杂的战略构架使得企业能够更全面地发现环境中的新机

---

① 本章主要内容已发表。陈力田. 企业技术创新能力演进规律研究[D]. 浙江大学博士学位论文，2012.

会和自身能力的不足，从而加大感知到的知识缺口，防止技术创新能力演进通过缩小知识缺口来降低战略柔性。换句话说，复杂的战略构架是促进战略柔性和技术创新能力在企业系统内部良性互动、协同演进的重要动力。

上层梯队理论和认知理论的研究支持本章的这一观点。

首先，复杂的战略构架促进战略柔性，拓宽搜寻的广度、加深搜寻的深度。上层梯队理论强调高层管理者对战略制定和执行过程的重要作用。具体而言，高层管理者关于环境、能力和战略的理解对创新源的搜寻范围有着直接的影响。例如，认知理论表明，复杂的战略构架通过广泛的搜索、及时的诊断以及对战略可替代方案的实时考虑来促进战略柔性。复杂战略构架凭借减少在战略决策中的两大偏见，即认知忽视与认知惯性（Keisler and Sproull，1982；Reger and Palmer，1996；Hodgkinson，1997）来促进广泛搜寻（跨外部边界搜寻、跨内部边界搜寻和本地搜寻）。随着广泛搜寻行为的不断重复和加深，其对应的搜寻能力也逐渐形成。打折偏差发生在当管理者采取一个狭窄的聚焦点来辨别特殊事件的原因时，而忽略了重要的环境变量；这类现象来源于实际环境情况与用来解读环境的战略构架之间的差距。在高速变化的产业中，随着持续变化的环境刺激力，更大的复杂性要求管理者注意并且对更多的刺激进行回应，从而减少环境与其解读环境而得到信息之间的差异（Bogner and Barr，2000）。复杂性也通过防止企业在战略诊断与考虑备选方案过程中陷入认知惯性来促进战略柔性（Dutton et al.，1983；Lyles and Schwenk，1992）。复杂构架增加了关于战略问题的观点的多样性，这种多样性促进了更广泛的战略选择（Lant et al.，1992），降低了发生认知惯性（Reger and Palmer，1996；Hodgkinson，1997）以及造成抑制战略柔性现状行为（Miller and Chen，1996）的可能性。复杂构架使公司能够迅速搜寻新的、针对具体情况的内、外部技术知识。总之，复杂性有助于缓解认知惯性，通过增加对新知识的意识以及对其的搜寻行为可以增加战略构架的复杂性。这种对不同观点的适应以及在复杂构架中的多个主导逻辑能导致战略柔性（Bahrami，1992；van den Bosch et al.，1999；Calori et al.，2000）。

其次，聚焦的战略构架降低战略柔性，缩窄搜寻的广度、减少搜寻的深度。聚焦是指战略构架集中围绕几个核心的概念的程度（Eden et al.，1992；Porac and Rosa，1996）。在一个聚焦的构想中，知识结构的核心和外围之间有一个明显的区分。核心概念，作为战略构架的中心概念，一般通过一段长时间的逐步制定和反馈来进行建立（Prahalad and Bettis，1986；Carley and Palmquist，1992；Lyles and Schwenk，1992）。它们往往具有很强的历史背景并且对战略决策者具有显著意义（Eden et al.，1992）。外围概念，作为核心概念的外部知识结构，提供支持核心战略集的方式（Lyles and Schwenk，1992；Gustafson and Reger，1995）。因此，就深度与重要性而言，外围概念集比核心概念集低一些。聚焦的构想在推动战略决策制定时是分层次的，其中，经理们主要集中于小范围的核心战略概念。核心概念集决定了经理们会借鉴哪些外围概念集进行决策制定（Lyles and Schwenk，1992）。因此，聚焦的构想主要推广小范围内的根深蒂固的、经过检验被认为可靠的战略行为。对知识的核心集与外围集之间的明确区分（Lyles and Schwenk，1992）唤起了围绕核心概念长期以来的关于集中和分层次决策的讨论。虽然企业可能会有策略地来识别各种刺激以及它们之间的关系，但是快速变化的产业的集权可能会导致在决策制定时出现虚幻的因果关系偏见，即企业根据其战略构架中的核心概念对环境事件做出了错误的相关分析（Keisler and Sproull，1982）。虚幻的因果关系来自对新的环境刺激的过早或不适当的因果推论，尤其是当构想中的核心概念将管理者的注意力归结至不存在的变量以及这些变量之间的关系时。管理者会使用核心概念而不是首先进行正式的定向搜索来自动推断新的事件。聚焦构想也会导致认知惯性，因为其中心概念具有深刻的历史根源，是难以舍弃的（Carley and Palmquist，1992）。此外，聚焦也可能使企业锁定在已知的和历史上成功的战略行动，而妨碍它们吸收新知识和试验新的替代方案（Reger and Palmer，1996；Hodgkinson，1997），从而抑制了柔性。

由此，在考虑了时间维度后，原先反映战略柔性与技术创新能力之间关系的概念模型就变成了如图17.1所示的动态意义上的模型。

图 17.1　动态视角下战略构架影响企业战略柔性和技术创新能力互动模型

这一模型解释了企业随时间战略构架影响战略柔性和技术创新能力互动关系的过程。下面将通过探索性的多案例研究深入分析机理，从而为后续的途径研究提供基础。

17.2　企业技术创新能力与战略柔性协同演进机理

本节选择通信行业的朗讯与UT斯达康进行多案例纵向研究，以多案例编码、归纳、总结共性的方式展示在企业发展过程中，战略构架促进战略柔性与技术创新能力具体的互动机理和协同演进现象。

17.2.1　研究设计

1. 研究方法

本节目的是研究企业战略构架促进战略柔性和技术创新能力协同演进的机理，采用多案例研究的方法是适合的。首先，研究所涉及的三个主要构思都属于企业层面，引入时间维度后，就形成了二维的研究架构，即时间、要素。因此，将多案例合并在一起的研究方式比较清晰，可以通过多案例编码的方式进行归纳。其次，本节在动态视角下研究问题，引入了关键的时间维度，试图识别样本企业随着时间变化在各阶段的共同点，以命题形式总结经验。

2. 案例选择

本章在兼顾案例典型性、纵向数据可获得性和案例研究便利性三因素的基础上，最终选择选择了朗讯、UT斯达康两家企业作为分析样本，原因如下。

第一，案例典型性（Eisenhardt，1989a）。首先，由于本节关注企业战略柔性和技术创新能力协同演进关系，故所选择企业在发展过程中已具备一定的战略柔性和技术创新能力基础。这两家企业经过长期的发展，均已积累了一定的创新能力，为研究企业创新能力的演化过程提供了较好的观察点。其次，这两家企业是通信行业中明显的由盛到衰的典型企业，且根据观察，企业技术创新能力和战略柔性都有着很大的起伏。实际上，它们都经历了战略柔性和技术创新能力的协同演进和一同衰退阶段。因此，这两家企业为技术创新能力和战略柔性之间关系的研究提供了天然的研究样本。

第二，纵向数据可获得性（Yan and Gray，1994）。这两家公司自成立以来备受关注，可保证企业技术创新能力、战略柔性、战略构架等变量数据的可获得性。

第三，案例研究便利性（Yan and Gray，1994）。其一，行业资料获取便利性。两家公司同属通信设备制造业，行业资料多。其二，公开资料获取便利性。作为通信业曾经成功又起伏较大的企业，这两家企业经常受到新闻媒体的关注和学界的探讨，有助于多样化资料的获取和互相印证比较。样本企业基本情况见表17.1。

表 17.1　样本企业基本情况

企业	行业	年限	员工规模/人	所有制	经营情况介绍
朗讯	通信设备制造	1996年至今	38 000	民营	通信网络设备提供商，主营业务为互联网基础设施、光网络、无线网络和通信网络支持及服务
UT斯达康	通信设备制造	1995年至今	2 300	民营	国际化高科技通信公司，主营业务为基于IP的端到端网络解决方案及服务

资料来源：作者根据访谈和企业内外部资料整理

3. 数据收集

使用多种数据来源使研究者能三角验证不同证据，避免了共同方法偏差，提高了信度和效度（殷，2004）。本章将采用访谈资料、文献资料、档案记录、实物证据这四种来源的公共数据来印证。

第一，访谈资料。作者于2010年11月赴华为和中兴通讯进行了分层次、跨部门的访谈，访谈对象为华为电气市场营销部前经理韩经理、华为企业发展部方总、华为知识产权部康副部长、华为知识产权部李经理、中兴通讯法务部刘总监、中兴通讯创业投资基金管理公司周董事，侧面了解了通信设备制造业发展过程中这些具有代表意义的企业的沉浮发展。

第二，文献资料。通过中国期刊全文数据库等检索与朗讯、UT斯达康相关的文献；通过公司网站、政府主管部门及行业协会网站了解朗讯、UT斯达康的相关信息；通过国家知识产权局CNIPR中外专利数据库服务平台检索朗讯、UT斯达康的专利。

第三，档案记录。宣传资料（朗讯、UT斯达康各时期的合作协议、产品介绍和高层讲话资料）；上市以来的公司年报和中期报告。

第四，实物证据（产品实物）。

4. 数据分析

首先，本章结合共演研究文献（Rodrigues and Child，2008）和核心能力研究文献（Meyer and Utterback，1993）的方式，根据一些显著的转折点和关键事件，将按照公司技术创新能力和战略柔性的不同关系划分阶段。

其次，我们试图从公司历史中找出"企业技术创新能力和战略柔性是如何协同演进的"这个问题的答案。在这个过程中，作者就各种来源的证据进行了交叉验证（Eisenhardt，1989a），并不断利用图表来促进分析（Meyer and Utterback，1993）。作者跟踪企业核心产品的演变及对应的技术创新能力发展，通过数据收集、数据分析和概念化之间的不断交叠（Eisenhardt，2000），使其他的关键构思及其相互关系逐渐浮现出来，直到理论达到一个满意的饱和程度。最后浮现的构思包括技术创新能力、战略柔性、战略构架、知识库存量、知识缺口。

通过分析和总结不同空间背景下，随时间发展各要素能力之间关系的共同点，本章将深化战略构架促进战略柔性和技术创新能力协同演进的机理。

1）阶段划分

两个样本企业的技术创新能力都经历了由盛到衰的过程，这一过程反映在创新绩效上。两家企业的新产品销售额见图17.2和图17.3。作者根据其创新绩效变化的拐点，将两家企业各划分为两个阶段。

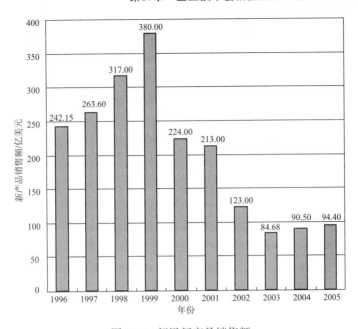

图 17.2　朗讯新产品销售额

资料来源：公司财务报告、新闻、行业分析报告

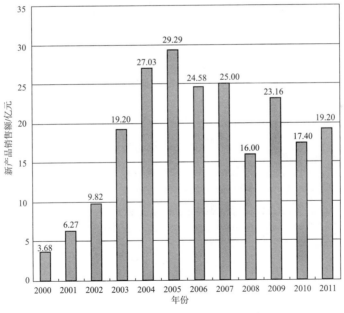

图 17.3　UT 斯达康新产品销售额

资料来源：公司财务报告、新闻、行业分析报告

技术创新能力决定新产品销售额。新产品销售额反映了企业技术创新能力适应环境的程度。根据两家公司新产品销售额的变化，进行阶段划分。两家公司新产品销售额都呈现倒U形曲线，本章将新产品销售额顶点作为公司创新发展的拐点，分为"创新能力协同演进期"和"创新能力一同衰退期"两个阶段。演进期表现为新产品销售额总体呈现上升趋势，说明由于创新能力内部子能力间的协同演进，企业技术创新能力随环境适应性演进；衰退期表现为新产品销售额总体呈现下降趋势，说明由于创新能力内部子能力之间未能实现协同，企业技术创新能力未能适应环境，出现了一同衰退现象。

朗讯的1996~1999年是创新能力协同演进期，2000~2005年是创新能力一同衰退期；UT斯达康的1995~2005年是创新能力协同演进期，2006年至今是创新能力一同衰退。分析发现：两家企业创新能力协同演进期都是通过复杂的战略构架不断意识到知识缺口，进而通过战略柔性促进技术创新能力不断演进的阶段。创新能力一同衰退期都是战略构架复杂性降低，导致技术创新能力演进后缩小知识缺口，削弱战略柔性，进而削弱技术创新能力的阶段。

2）编码

编码关键词如表17.2所示。

表 17.2 编码关键词

构念	测度变量	关键词	时期	
			一	二
战略构架	战略构架复杂度；战略构架聚焦度	企业家团队对环境、自身能力和战略有多样化认识；企业家团队对环境、自身能力和战略有一致的认识		
战略柔性	跨外部边界搜寻；跨内部边界搜寻；本地搜寻	参观学习、实验室建设、技术咨询、技术联盟、技术许可、技术溢出、合作生产、合资设厂、海外设厂、设备引进、技术引进		
技术创新能力	外部技术知识内化利用；多来源技术知识集成利用；技术知识内部创造利用	技术消化吸收、技术改造、模仿创新、利用外部技术知识的新产品销售额；合作研发、合作生产、利用集成技术知识的新产品销售额；发明专利、技术标准、技术突破、自主产权、自主设计、自主品牌、自主研发等，以及利用原创技术知识的新产品销售额		
知识缺口	外部需求和内部知识基础之间差距	新机会、知识差距、知识储备不足		
知识存量	已有知识储备	已有知识种类、已有知识存量		

3）企业内时段内分析和跨时段分析

编码首先在单个企业各个时段内部进行，以期在准截面状态下的具体情境中发现技术创新能力和战略柔性这两个范畴下属基本概念之间的联系。在对单个时段内的数据进行编码和寻找联系之后，以故事线阐述的方式撰写时段个案。完成所有单个时段的数据编码和分析后，再将所有时段个案进行联系和比较。整理和整合基本概念，考察战略柔性和技术创新能力关系的差异与联系，从而寻找此二者的演化和共演特征。

4）企业间时段内分析和跨时段分析

企业内时段内分析和跨时段分析完成后，进行企业间时段内分析和跨时段分析。将在各个时段对比不同企业，以找到战略柔性和技术创新能力关系的共性，从而寻找此二者的演化特征。

5）信度检验

为提高信度，本章采用多种数据源（殷，2004）。采用两种做法：①相似问题对多个受访者进行三角验证；②比较验证一手和二手数据，减少主观偏差。

17.2.2 数据分析与评估

（1）战略构架定性分析证据（表17.3）。

表 17.3 战略构架定性分析证据

企业	阶段一：战略柔性和技术创新能力协同演进	阶段二：战略柔性和技术创新能力一同衰退
朗讯	朗讯在成立初期，战略构架的复杂度高，聚焦度低。朗讯的企业家团队的知识结构较复杂，对于环境、战略、能力存在着多样化的认识，感知并试图实现电话运营商对电话线的需求、传统电信设备的需求	朗讯的战略构架的复杂度降低，聚焦度提高。当2000年互联网泡沫崩溃之后，互联网还在纵深发展，但是朗讯的企业家团队却仍将注意力放在内部知识的进一步改进上，他们一致认为外部机会并没有那么重要
UT 斯达康	UT 斯达康的战略构架复杂度高，聚焦度低。关注环境中多家企业及其发展趋势，并能够充分全面地收集竞争者和客户的情报。UT 斯达康发现了中国移动即将从中国电信拆分的信息	UT 斯达康的战略构架的复杂度降低，聚焦度提高。由于 UT 斯达康企业家团队在逐步瓦解，战略构架越来越聚焦，它对环境的全面感知能力下降了（从初创时期的陆弘亮、吴鹰、周韶宁与黄晓庆四人到最后只剩下陆弘亮一人）

（2）知识缺口的定性分析证据（表17.4）。

表 17.4 知识缺口的定性分析证据

企业	阶段一：战略柔性和技术创新能力协同演进	阶段二：战略柔性和技术创新能力一同衰退
朗讯	朗讯在成立初期，发现了电话运营商对电话线和传统电信设备的需求，并利用以往是美国电报电话公司运营商的优势，识别了自身的庞大语音网络和传统技术这一基础。朗讯通过对比，意识到需求和知识基础的缺口	朗讯对市场环境分析的不足，导致其未感知到互联网纵向发展带来的通信技术的新需求，感知到的知识缺口减少了
UT 斯达康	UT 斯达康感知到了实际知识基础和感知到的外部环境需求之间存在的知识缺口，它敏锐地意识到，中国电信在失去中国移动后，急需新的利益增长点，以在新的竞争格局中重得竞争优势	小灵通的成功为 UT 斯达康后来的扩张[3G 和 IPTV（Internet protocol television，即交互式网络电视）业务]提供了知识基础和信心，但也带来了思维定式，且企业家团队战略构架的聚焦使得 UT 斯达康对竞争环境和目标业务所需的知识缺乏正确的认识，低估了环境中竞争的激烈和知识的高要求，感知到的知识缺口变小

（3）战略柔性的定性分析证据。根据对环境的不同反应（搜寻选择不同技术源），战略柔性表现为三种行为，即跨外部边界搜寻、跨内部边界搜寻和本地搜寻。跨外部边界搜寻，即搜寻和选择企业外部技术知识。跨内部边界搜寻，即搜寻和选择部门间/产品线间的技术知识。本地搜寻即搜寻和选择部门内/产品线内技术知识（表17.5）。

表 17.5　战略柔性的定性分析证据

企业	战略柔性	发展阶段	
		阶段一：战略柔性和技术创新能力协同演进	阶段二：战略柔性和技术创新能力一同衰退
朗讯	跨外部边界搜寻	朗讯通过跨外部边界搜寻，发现动画的实时传递技术已成为技术发展的新趋势。朗讯针对数字网络领域中的新技术进行了 35 次公司收购	感知到的知识缺口的减少直接缩小了知识搜寻行为的范围。朗讯在这一阶段缺乏从市场的角度去及时灵活地调整自己创新所需知识源的能力。本阶段，朗讯的跨外部边界和跨内部边界搜寻不足，很少考虑到客户真正的需求，甚至忽视竞争者的产品和技术，在创新过程中缺乏不同搜寻之间的互补
	跨内部边界搜寻	收购后，进行跨内部边界搜寻，选择技术，完成它向新电信网络的产业扩张	
	本地搜寻	贝尔试验室积累的通信设备开发的技术知识	本阶段，朗讯主要聚焦在本地搜寻上。朗讯公司过于信任和依赖于自己的产品，最典型的两个例子便是 GSM 产品和 40 吉比特/秒光纤产品的创新源定位
UT 斯达康	跨外部边界搜寻	UT 斯达康通过跨外部边界搜寻，发现国外的 PAS（personal access system，即无线市话）技术能够有效填补知识缺口，于是决定将国外成熟的 PAS 技术改头换面成 PHS（personal handy-phone system，即个人手持式电话系统）后引入中国，并为其取了一个中国名字：小灵通	由于感知到的知识缺口过小，UT 斯达康通过快速搜寻、选择多种创新源以适应环境的能力下降了。UT 斯达康投入巨资试图向 3G 和 IPTV 转型，但其主要依靠自身知识基础进行本地搜寻，缺乏跨外部边界搜寻和跨内部边界搜寻能力
	跨内部边界搜寻	在技术引入和改造的过程中，UT 斯达康采用了合作的方式。1997 年，在国际通信巨头集体不看好，认为改技术过于落后的情况下，UT 斯达康选择与浙江省余杭区电信局联合研发	
	本地搜寻	在实现该技术的内化后，UT 斯达康积极地本地搜寻该技术在中国国情下的新应用，斥资数千万美元进行发展	第一，对于小灵通类产品，缺乏对于本地小灵通技术的新改进和新应用的思考，本地搜寻能力下降；第二，对于 3G 和 IPTV，UT 斯达康侧重于自主研发后的本地搜寻

（4）技术创新能力类型的定性分析证据（表17.6）。

表 17.6　技术创新能力类型的定性分析证据

企业	阶段一：战略柔性和技术创新能力协同演进	阶段二：战略柔性和技术创新能力一同衰退
朗讯	通过对知识缺口的感知，朗讯引发了战略柔性行为，使得其技术创新能力实现了从吸收能力主导转向吸收、集成、原创能力高水平均衡发展的演进。随着公司对外部技术知识的内化、内外技术知识的集成和其所属贝尔实验室在技术知识创造上的领先，1999 年公司的销售额上升到 380 亿美元，比上年增幅高达 24%，在业界排名第一	由于本阶段朗讯的研发能力未能与市场需求相结合，故未真正形成技术创新能力。朗讯营业额急剧下降，2006 年宣布被阿尔卡特收购
UT 斯达康	在多种战略柔性互补的作用下，UT 斯达康的技术创新能力实现了"吸收能力主导沿吸收、集成能力为主向吸收、集成、原创能力高水平均衡发展"的演进。随着公司对外部技术知识的内化、内外技术知识的集成和新知识的创造，2002 年销售额达到 9.82 亿美元，在终端销售市场上占据 70% 以上的份额。2005 年达到历史最高水平	由于缺乏跨外部边界搜寻能力和跨内部边界搜寻能力的互补，企业吸收能力下降；由于缺乏跨外部边界搜寻能力和本地搜寻能力的互补，企业集成能力下降；由于缺乏跨外部边界搜寻能力，企业创意产生能力下降。技术创新能力的下降直接表现在创新绩效上。2005 年以后开始巨亏，面临被资本市场摘牌的危险。当时，不断下滑的小灵通营收已经不足以支撑其在 3G 的投资。到 2008 年已经举步维艰

（5）知识库存量的定性分析证据（表17.7）。

表 17.7　知识库存量的定性分析证据

企业	阶段一：战略柔性和技术创新能力协同演进	阶段二：战略柔性和技术创新能力一同衰退
朗讯	互联网接入点硬件和软件、以太网数字交换技术、微波无线电技术、专用于 GSM 蜂窝电话的芯片组设计技术、语音网络技术	GSM 技术、40 吉比特/秒传输技术
UT 斯达康	PAS 技术、PHS 技术、SPDH 光端机技术	3G 和 IPTV 技术

注：同步准同步数字体系（synchronous plesiochronous digital hierarchy，简称 SPDH 光端技术）

17.2.3　案例讨论与命题提出

在定性数据归类、编码的基础上，作者对样本企业的战略构架、知识缺口、战略柔性、技术创新能力、知识库存量等主要构念及其内在维度进行了评判打分。作者采用了"高、中高、中、中低、低"五档分类法（Creswell，2003），并严格遵循"分别打分—比较差异—协商统一"的步骤，从而展示出各构念之间的内在关系。

1. 各阶段数据编码

协同演进阶段和一同衰退阶段对主要构思及内在维度的定性评估分别如表17.8和表17.9所示。

表 17.8　协同演进阶段对主要构思及内在维度的定性评估

构思	战略构架		感知到的知识缺口	战略柔性			技术创新能力			知识库存量
	战略构架复杂度	战略构架聚焦度		跨外部边界搜寻	跨内部边界搜寻	本地搜寻	吸收能力	集成能力	原创能力	
朗讯	高	低	高	高	高	高	高	高	高	高
UT 斯达康	高	低	高	高	中高	高	高	中高	中	中高

表 17.9　一同衰退阶段对主要构思及内在维度的定性评估

构思	战略构架		感知到的知识缺口	战略柔性			技术创新能力			知识库存量
	战略构架复杂度	战略构架聚焦度		跨外部边界搜寻	跨内部边界搜寻	本地搜寻	吸收能力	集成能力	原创能力	
朗讯	低	高	低	低	低	高	中低	中低	中低	中低
UT 斯达康	中低	中高	中低	低	低	中高	低	低	低	低

2. 实际协同演进机理和一般模型对比分析

协同演进阶段：复杂的战略构架促进战略柔性和技术创新能力协同演进。

（1）朗讯：1996~1999年。

战略构架。朗讯公司成立时正值世界电信市场开放，急需通信行业基础建设的时期。在本阶段，战略构架的复杂度高，聚焦度低。朗讯的企业家团队的知识结构较为复杂，他们对环境、战略、能力存在着多样化的认识，感知到了多种需求。随着电信市场开放和扩充，电话运营商急需电话线和传统电信设备等产品。朗讯的企业家团队认为朗讯需要满足这些需求，并制定了知识搜寻战略且培育能力。

感知到的知识缺口。通过复杂的战略构架，对环境和自身发展有着全面的理解后，朗讯利用以往是美国电报电话公司运营商的优势，识别了自身已有的庞大语音网络和传统技术这一基础，比较需求和自身基础，意识到知识缺口。

战略柔性。意识到这一知识缺口后，在已有知识库存量的保证下，朗讯不断加大知识搜寻的广度和深度。首先，启动了本地搜寻和跨内部边界搜寻，发现了自身的传统电信技术，但是显然这一知识基础尚不能填补外部需求。于是，朗讯启动了跨外部边界搜寻，发现技术的新趋势。朗讯发现，动画的实时传递技术将替代基于电路交换的语音网络，成为互联网时代的核心技术。为了适应环境变化趋势，朗讯决定在加快运用已有语音网络传递数据通信的同时，加快采用跨外部边界搜寻、跨内部边界搜寻和本地搜寻结合的方式，实现外部技术知识获取和内部技术知识研发的结合，提供端到端通信产品来满足市场的需求填补它感知到的缺口。具体而言，朗讯采用了收购这一方式来实现快速填补知识缺口。本阶段，朗讯开展了35次收购。主要情况见表17.10。

表 17.10　朗讯 1997~1999 年收购的主要公司

被收购公司名称	主营业务	原属国	被收购时间
奥泰通信公司	语音、传真和电子处理技术	美国	1997 年 9 月
Livingston 公司	ISP（Internet service provider，即互联网服务提供商）互联网接入点硬件和软件	英国	1997 年 12 月
Prominet 公司	千兆位以太网技术	美国	1998 年 1 月
Optimay 公司	GSM 蜂窝电话芯片组	德国	1998 年 4 月
HP 公司 LMDS 业务	新一代微波无线电技术	美国	1998 年 5 月
Yurie 系统公司	异步传输模式接入技术	美国	1998 年 5 月
Mass Media 通信公司	增强型语音、数据和图像网联能力等新一代网络相互操作软件	美国	1998 年 7 月
SDX 商业系统公司	呼叫中心和商务通信系统	英国	1998 年 7 月
Lannet 公司	高容量以太网和局域网异步传输模式交换机解决方案	以色列	1998 年 8 月
JNA 公司	电信设备制造商、分销商、数据网络和系统集成	澳大利亚	1998 年 9 月
TKM 通信公司	呼叫中心系统集成业务	加拿大	1998 年 11 月
Ascend Communications 通信公司	广域网核心交换、网络数字接入设备	美国	1999 年 1 月
Excel Switching 公司	软件交换、包网络设备、桥接器	美国	1999 年 11 月
Agere 公司	芯片设计	美国	1999 年 12 月

技术创新能力。通过对知识缺口的感知，朗讯引发了战略柔性行为，使得其技术创新能力实现了从吸收能力主导转向吸收、集成、原创能力高水平均衡发展的演进。

经过这一阶段的发展，基于公司内化的外部技术知识、集成的内外技术知识和研发的技术知识，朗讯扩大了电信市场份额。1999年，公司的销售额上升到380亿美元，比上年增幅高达24%，净收入增加149%，达到35亿美元。

知识库存量。通过搜寻、选择、获取、内化、集成和创造行为，朗讯本阶段的知识库存量在种类和数量上都有了提升，主要包括互联网接入点硬件和软件、以太网数字交换技术、微波无线电技术、专用于GSM蜂窝电话的芯片组设计技术、语音网络技术。

协同演进关系。首先，在复杂的战略构架引导下，朗讯感知到了知识缺口，并通过战略柔性行为，不断拓宽搜寻的广度、加深搜寻的深度去选择新知识作为创新的基础。其次，在多种战略柔性互补行为的作用下，朗讯的技术创新能力实现了演进，知识库存量也通过知识内化、集成和创造行为，得到了提高，填补了知识缺口。最后，在复杂的战略构架引导下，朗讯进一步感知到新的知识缺口，其和现有知识库存量交互作用于知识搜寻行为及其对应的战略柔性演进过程。此过程中，现有知识库存量的提高对知识缺口的减少作用被复杂的战略构架抵消，且其通过拓展知识边界，加大和外部知识的连接，为进一步加大知识搜寻广度提供基础。如此反复，在复杂战略构架的促进下，朗讯的战略柔性和技术创新能力得到了协同发展。

（2）UT斯达康：1995~2005年。

战略构架。UT斯达康的战略构架复杂度高，聚焦度低，关注环境中多家企业及其发展趋势，并能够充分全面地收集竞争者和客户的情报。在此阶段，UT斯达康发现了中国移动即将从中国电信拆分的信息。1995年就开始有中国移动从中国电信拆分的消息，UT斯达康敏锐感知到了这一信息，发现了潜在的市场机会：中国电信一定需要一个新的利润增长点。中国电信的固定电话业务逐渐饱和，在"新建固定电话平均成本高、收益低"的情况下，中国电信急切需要一种新的产品，以便与享有移动运营牌照的中国移动和中国联通竞争。

感知到的知识缺口。在复杂的战略构架作用下，UT斯达康在成立初期就分析总结出中国通信市场消费的两大特点：第一，人口众多，通信需求旺盛，但购买力受制于经济能力；第二，中国80%以上的人口80%以上的时间基本在本地活动。UT斯达康将这一特征和其敏锐感知到的中国移动拆分后，中国电信一定需要一个新的利润增长点这一需求结合，发现了实际知识基础和感知到的外部环境需求之间存在的知识缺口。

战略柔性。感知到知识缺口后，在已有知识库存量的保证下，UT斯达康进行了本地搜寻、跨外部边界搜寻和跨内部边界搜寻相结合的方式，加大知识搜寻的广度和深度，进行创新所需知识源的搜寻和选择。首先，UT斯达康通过跨外部边界搜寻，发现国外的PAS技术能够有效填补知识缺口，于是，它决定将国外成熟的PAS技术改头换面成PHS后引入中国，并为其取了一个好听的中国名字——小灵通。小灵通可作为固定电话的延伸，中国电信无须投入新的建网成本，就可以同时提供固定电话与移动通信两种服务。在电信业格局变化之中，小灵通准确地捕捉到了中国电信的需求。其次，在技术引入和改造的过程中，UT斯达康采用了合作的方式。1997年，在国际通信巨头集体不看好，认为该技术过于落后的情况下，UT斯达康选择与浙江省余杭区电信局联合研发。最后，在实现该技术的内化后，UT斯达康积极地本地搜寻该技术在中国国情下的新应用，斥资数千万美元进行发展。在这一阶段，UT斯达康公司以市场机会为导向，通过内、外部技术知识的搜寻、整合，实现了小灵通产品的创新。

技术创新能力。在多种战略柔性互补的作用下，UT斯达康的技术创新能力实现了"吸收能力主导沿吸收、集成能力为主向吸收、集成、原创能力高水平均衡发展"的演进。

1995年，UT斯达康第一个开发了SPDH光端机产品，独创性地将SDH的功能和PDH（plesiochronous digital hierarchy，即准同步数字体系）的价格在同一产品上完美地体现出来。1997年12月，小灵通首次在杭州余杭开通试用，将无线接入技术与固定电话网相结合，成为有线电话网的补充和延伸。从此小灵通为中国百姓提供了一种新的便捷通信服务。1998年，小灵通开始商用，UT斯达康率先提出了"网络即交换"的全新的概念，推出了基于无线IP的新一代WACOS通信体系（mSwitch软交换前身），这是3G历程的起点。UT斯达康的3G市场策略是立足于中国，充分利用根植于中国的研发基地和生产基地优势，保证快速低成本地提供适用于中国市场需求的产品和解决方案。1999年，小灵通在保定、西安、杭州等地相继推出，受到电信公司及老百姓的普遍欢迎，成为中国电信的新业务增长点。至2000年12月底，UT斯达康小灵通用户数突破第一个百万，业务遍及全国10多个省，80多个城市及乡镇。2002年，随着中国电信业分拆，中国电信、中国网通力挺小灵通，该市场开始高速增长；到2003年，广州、上海与北京三个禁地都被小灵通攻破。2003年UT斯达康在终端销售市场上占据70%以上的份额。2005年小灵通市场开始低迷时，UT斯达康仍占据着小灵通60%的系统市场、50%以上的终端市场。此间，政府曾三次下令停掉小灵通，而主要竞争对手中兴通讯对小灵通的态度则始终起伏不定。

知识库存量。经过知识的搜寻、选择、获取、内化、集成和创造，UT斯达康本阶段知识库存量的种类和数量有了增加，主要包括PAS技术、PHS技术、SPDH光端机技术。

协同演进关系。首先，在复杂的战略构架引导下，UT斯达康感知到了知识缺口，并通过战略柔性行为，不断拓宽搜寻的广度、加深搜寻的深度去选择新知识作为创新的基础。其次，在多种战略柔性互补行为的作用下，UT斯达康的技术创新能力实现了演进，知识库存量也通过知识内化、集成和创造行为，得到了提高，填补了知识缺口。最后，在复杂的战略构架引导下，进一步感知到新的知识缺口，其和现有知识库存量交互作用于知识搜寻行为及其对应的战略柔性演进过程。此过程中，现有知识库存量的提高对知识缺口的减小作用被复杂的战略构架抵消，且其通过拓展知识边界，加大和外部知识的连接，为进一步加大知识搜寻广度提供基础。如此反复，在复杂战略构架的促进下，企业战略柔性和技术创新能力协同发展。

（3）小结。

通过企业内时段内分析和企业间时段内分析可见，处于第一阶段的两家企业，战略柔性和技术创新能力之间的关系存在共性：战略柔性和技术创新能力协同演进。朗讯和UT斯达康都凭着复杂的战略构架促进全面的环境分析和多样化的假设，持续感知到了知识缺口，促进战略柔性和技术创新能力的协同演进。具体而言，复杂战略构架促进战略柔性和技术创新能力协同演进过程如下。

　　首先，在复杂的战略构架引导下，企业感知到了知识缺口，并通过战略柔性行为，不断拓宽搜寻的广度、加深搜寻的深度去选择新知识作为创新的基础。其次，在多种战略柔性互补行为的作用下，企业的技术创新能力实现了演进，知识库存量也通过知识内化、集成和创造行为，得到了提高，填补了知识缺口。最后，在复杂的战略构架引导下，企业进一步感知到新的知识缺口，其和现有知识库存量交互作用于知识搜寻行为及其对应的战略柔性演进过程。此过程中，现有知识库存量的提高对知识缺口的减小作用被复杂的战略构架抵消，且其通过拓展知识边界，加大和外部知识的连接，为进一步加大知识搜寻广度提供基础。如此反复，在复杂战略构架促进下，企业战略柔性和技术创新能力协同发展（图17.4）。

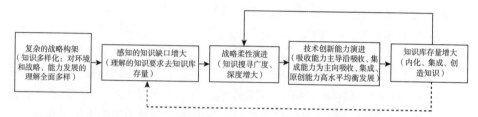

图 17.4　动态视角下复杂战略构架促进战略柔性和技术创新能力协同演进模型

实线表示正向且有效果的关系；虚线表示反向但无效果的关系

　　一同衰退阶段：聚焦战略构架引发战略柔性和技术创新能力一同衰退。
　　（1）朗讯：2000~2006年。
　　战略构架。本阶段，朗讯的战略构架的复杂度降低，聚焦度提高。当2000年互联网泡沫崩溃之后，互联网还在向纵深发展，但是朗讯的企业家团队却仍将注意力放在内部知识的进一步改进上，他们一致认为外部机会并没有那么重要。"朗讯的创造力，通讯的原动力"是朗讯人琅琅上口的宣传语，反映了朗讯对自己技术创新能力演进后的极度自信。
　　感知到的知识缺口。聚焦的战略构架使得朗讯对市场环境分析不足，感知到的知识缺口减少了。
　　战略柔性。感知到的知识缺口的减少直接缩小了知识搜寻行为的范围。朗讯在这一阶段缺乏从市场的角度去及时灵活地调整自己的创新所需知识源的能力。本阶段，朗讯的跨外部边界和跨内部边界搜寻不足，主要聚焦在本地搜寻上，在创新过程中缺乏不同搜寻之间的互补。朗讯过于关注以往产品的延续，很少考虑到客户真正的需求，甚至忽视竞争者的产品和技术，在创新过程中缺乏不同搜寻之间的互补。最典型的两个例子便是GSM产品和40吉比特/秒光纤产品的创新源定位。第一，GSM产品定位失误。20世纪90年代初，主导数字移动通信领域的两个标准为GSM和CDMA。朗讯通过比对后发现，相比于成熟的GSM技术，CDMA技术仍不成熟，但参数更先进，容量更高。因此，在惯性的技术导向驱动下，朗讯无视快速发展的国际无线市场，移除了GSM产品。这一决定造成了市场机会的流失和巨大的机会成本。第二，40吉比特/秒光纤产品定位失误。2000年初，朗讯不顾客户对10吉比特/秒设备的巨大需求和竞争者的激烈竞争，仅从技术的先进性角度决定开发40吉比特/秒光纤产品。这种忽视网络新经济环境的行为导致朗讯在高速数字传输市场上不再具有优势。

技术创新能力。战略柔性及其互补效应的缺失，导致朗讯技术创新能力难以演进。过于侧重本地搜寻行为，使得朗讯在产品创新过程中输入的技术知识过于单一，难以反映环境中的技术趋势。这也导致朗讯的技术力量雄厚，但是难以将技术商用化，缺乏真正的技术创新能力。朗讯拥有科技含量较高的贝尔实验室，但市场人员却不到全公司人数的10%，疏于市场开拓。这导致朗讯产品研发周期的加长和技术创新能力的衰退。由于技术创新能力的缺失，朗讯的营业额急剧下降。到了2005年，其新产品销售收入仅为94.4亿美元，比1999年的380亿美元下降了75.2%。2006年，朗讯宣布被阿尔卡特收购。从成立到辉煌，继而衰败，朗讯仅经过了十年。

知识库存量。由于知识的搜寻、选择、获取、内化、集成和创造能力的降低，朗讯本阶段知识库存量的种类和数量都减少了，本阶段产生的新知识库存量主要包括GSM技术、40吉比特/秒传输技术。

一同衰退关系。首先，由于聚焦的战略构架的引导和前期知识库存量的增加，朗讯对知识缺口感知不足，抑制了战略柔性，降低了搜寻的广度和深度。其次，在战略柔性衰退的影响下，朗讯的技术创新能力也出现了衰退的现象，知识库存量由于知识内化、集成和创造能力的下降，无论种类还是数量都下降了。最后，在聚焦的战略构架影响下，现有知识库存量的下降未能促使企业感知到知识缺口，进一步导致知识搜寻行为及其对应的战略柔性衰退。此过程中，现有知识库存量的下降还会通过缩小知识边界而减少和外部知识的连接，进一步降低战略柔性和知识搜寻行为。如此反复，在聚焦战略构架的促进下，朗讯的战略柔性和技术创新能力出现了一同衰退的现象。

（2）UT斯达康：2006年至今。

战略构架。本阶段，UT斯达康的战略构架的复杂度降低，聚焦度提高。由于UT斯达康企业家团队在逐步瓦解（从初创时期的陆弘亮、吴鹰、周韶宁与黄晓庆四人到最后只剩下陆弘亮一人），战略构架越来越聚焦，对环境的全面感知能力下降了。UT斯达康的市场和产品均单一的战略难以助其维持可持续竞争优势。

感知到的知识缺口。小灵通的成功为UT斯达康后来的大肆扩张提供了知识基础和信心，促使其决定进军3G和IPTV业务。但是，以往成功带来的思维定势和企业家团队战略构架的聚焦使得UT斯达康对竞争环境和目标业务所需的知识缺乏正确的认识，低估了环境中竞争的激烈和知识的高要求。在这一阶段，UT斯达康没有深刻地发现市场机会的变化，其上一阶段积累的技术创新能力使得自身知识基础上升，进而缩小了它感知到的知识缺口。但是事实上，通信市场自2001年起已是"威胁大于机会"，诺西和阿尔卡特朗讯的成立已经充分说明了这点。UT斯达康对于环境缺乏清醒认识，感知到的知识缺口和实际的知识缺口不匹配。

战略柔性。由于感知到的知识缺口过小，UT斯达康通过快速搜寻、选择多种创新源以适应环境的能力下降了。

首先，缺乏对于本地小灵通技术的新改进和新应用的思考，本地搜寻能力下降。实际上，UT斯达康决定退出小灵通市场的决策行为是不明智的：①从企业本身知识基础的角度来看，UT斯达康退出已有较强基础的小灵通市场，转向陌生市场的机会成本和风险都很大。②UT斯达康低估了小灵通技术的发展前景。小灵通技术今后可以和3G技术并存，并进入可提供多种无线数据业务的水平。

其次，UT斯达康投入巨资试图向3G和IPTV转型，但其主要依靠自身知识基础进行本地搜寻，缺乏跨外部边界搜寻和跨内部边界搜寻能力：①3G和IPTV领域所投入的研发成本和市场开拓成本惊人，但UT斯达康在这两种技术上积累很少，远落后于摩托罗拉、诺基亚、华为、中兴通讯等竞争对手。②在3G业务的开发上缺乏跨内部边界搜寻能力。小灵通技术的发展前景并不暗淡，但UT斯达康在3G业务的开发上却缺乏对小灵通技术的跨内部边界搜寻。③受业绩滑坡的影响，UT斯达康的跨外部边界搜寻能力下降。2005年UT斯达康的业绩滑坡造成收购人才的流失。其对ACD、沪科等外部企业的投资，最后都黯然收场。

技术创新能力。战略柔性及其内部互补效应的缺失，导致UT斯达康技术创新能力难以演进。由于缺乏外部边界搜寻能力和跨内部边界搜寻能力的互补，企业吸收能力下降；而由于缺乏不同搜寻能力的互补，企业集成能力下降；由于缺乏跨外部边界搜寻能力，企业创意产生能力下降。人才是能力的载体，但UT斯达康人才流失严重。技术创新能力的下降直接表现在创新绩效上。UT斯达康产品难以创新，2005年后UT斯达康开始巨亏，面临被资本市场摘牌的危险。当时，不断下滑的小灵通销售额已经不足以支撑其在3G的投资。在不确定条件和风险条件下制定新决策有必要对环境有着准确的分析和预计。UT斯达康在3G和IPTV上入不敷出。到2008年已经举步维艰。2009年其新产品销售收入仅为3.86亿美元，到2011年，新产品销售收入更是降到3.2亿美元。

知识存量。由于知识的搜寻、选择、获取、内化、集成和创造能力的降低，UT斯达康本阶段知识库存量的种类和数量都减少了，本阶段产生的新知识库存量主要包括3G和IPTV技术。

一同衰退关系。首先，由于聚焦的战略构架的引导和前期知识库存量的增加，UT斯达康对知识缺口感知不足，抑制了战略柔性，降低了搜寻的广度和深度。其次，在战略柔性衰退的影响下，UT斯达康的技术创新能力也出现了衰退的现象，知识库存量由于知识内化、集成和创造能力的下降，无论种类还是数量都下降了。最后，在聚焦的战略构架影响下，现有知识库存量的下降未能促使企业感知到知识缺口，进一步导致知识搜寻行为及其对应的战略柔性衰退。此过程中，现有知识库存量的下降还会通过缩小知识边界而减少和外部知识的连接，进一步降低战略柔性和知识搜寻行为。如此反复，在聚焦战略构架的促进下，UT斯达康的战略柔性和技术创新能力出现了一同衰退的现象。

（3）小结。

分析发现，处于第二阶段的两家企业，战略柔性和技术创新能力之间的关系存在共性：技术创新能力和战略柔性出现一同衰退的现象。朗讯、UT斯达康都是在复杂的竞争环境下迷失了方向，维持着过于聚焦的战略构架，频频做出错误决策，以致严重影响到技术创新能力的良性发展和企业的生存。

首先，由于聚焦的战略构架的引导和前期知识库存量的增加，企业对知识缺口感知不足，抑制了战略柔性，降低了搜寻的广度和深度。其次，在战略柔性衰退的影响下，企业技术创新能力也出现了衰退现象，知识存量由于知识内化、集成和创造能力的下降，无论从种类还是数量上都下降了。在聚焦的战略构架影响下，现有知识存量的下降未能促使企业感知知识缺口，进一步导致知识搜寻行为及其对应的战略柔性衰退过程。此过程中，现有知识存量的下降还会通过缩小知识边界而减少和外部知识的连接，进一步降低战略柔性和知识搜寻行为。如此反复，在聚焦战略构架的促发下，企业战略柔性和技术创新能力出现了一同衰退的现象。这也解释了为什么随着企业发展，若持续加强企业家团队战略构架的聚焦性，则倾向于出现能力刚性的现象（图17.5）。

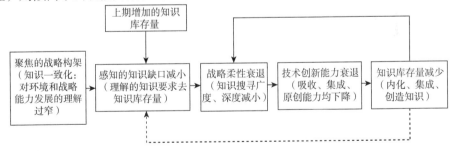

图 17.5　动态视角下聚焦战略构架导致战略柔性和技术创新能力一同衰退模型
实线表示正向且有效果的关系；虚线表示反向且无效果的关系

17.2.4　案例小结和讨论

本章选择通信行业的两个由盛到衰的案例（朗讯、UT斯达康），揭示了战略构架促进战略柔性与技术创新能力具体的协同演进机理，并且有如下发现：①聚焦的战略构架导致企业难以感知环境中的新机会，技术创新能力和战略柔性会出现一同衰退的现象，阻碍二者的协同演进（若企业未感知到环境中的新机会，技术创新能力的演进会缩小企业的知识缺口，进而削弱战略柔性和降低知识搜寻行为广度）。②战略柔性和技术创新能力协同演进的驱动力在认知层面。复杂的战略构架通过加大感知的知识缺口，防止技术创新能力演进带来的惯性，促进战略柔性和技术创新能力的协同演进。

第18章 企业技术创新能力随环境共演的途径①

本章进一步提炼企业技术创新能力随环境共演的途径，具体包括：①培育战略变革和技术创新能力分阶段演进的意识；②根据技术创新能力演进阶段，培育对应的战略柔性，选择合适的知识搜寻战略；③在不同知识搜寻战略下，采取差异化的组织手段来保障技术创新能力的演进；④引入异质高管团队保证全面的战略构架，在战略高度上保证多能力协同发展。

18.1 培育技术创新能力分阶段演进的意识

18.1.1 培育演进意识，避免认知刚性

企业在能力发展初期就要有战略变革和能力演进的意识，并在能力发展过程中不断强化此意识，才能从认知上避免刚性，为能力演进做好准备。昆药集团的案例充分说明了这一点。发展初期，昆药集团着力于研发、生产西药。同时密切关注环境变化，寻求新的发展机会。意识到国家对中草药的重视以及云南特有的中草药资源后，昆药集团进行了战略变革，将核心产品从西药转变为中成药，并灵活配置资源实现药物的研发、生产和销售，实现公司能力演进（图18.1）。

18.1.2 识别阶段特征，强化核心能力

企业明晰"吸收能力主导沿吸收能力与集成能力为主向吸收与集成和原创能力高水平均衡发展"这一路径演进，创新绩效会逐渐递增。由于企业资源的有限性和发展阶段的局限性，需要有重点地分阶段实现技术创新能力演进。

首先，吸收能力是其他能力形成的基础。若无对外部技术知识的吸收，则无所谓内外技术知识的集成，阻碍集成能力的形成；若无对外部技术知识的吸收，

---

① 本章主要内容已发表。陈力田. 企业技术创新能力演进规律研究[D]. 浙江大学博士学位论文，2012.

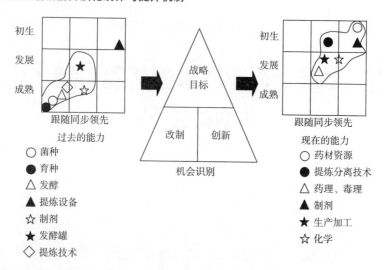

图 18.1　昆药集团核心能力增长示意图

则不能识别何为新知识，无法明晰知识创造的方向，阻碍原创能力的形成。相比于吸收能力，集成能力和原创能力需要更多的资源投入和时间积累，因此形成的阶段不同。其中，相比于集成能力，原创能力最难形成，故最晚形成。

其次，企业需要明晰所处情境，充分意识到动态环境中技术创新能力演进的紧迫性。当环境变化速度加快时，需要加快能力演进的速度，才能够更好地适应动态环境的要求。处于动态环境中，高技术企业创新绩效的提高更容易受到原创能力的促进，原因在于两点：①从竞争带来的外生激励角度出发，动态环境下的产品容易过时（Teece，2007），高技术企业可以通过提高原创能力促进知识创造，脱离现有的技术和市场（Droge et al.，2008），获得可持续竞争优势。②从知识特性带来的内生激励角度出发，迅速变化的环境意味着产业中的技术知识具有累积性高、替代性强的特点（安东内利，2006），因此创造新知识的内部激励较强。

前文所述案例已经充分说明。其中，华为和福建邮科的技术创新能力构成均经历吸收能力主导到吸收、集成能力为主再到吸收、集成、原创能力高水平均衡发展阶段。而信雅达的技术创新能力构成则在从吸收能力主导走向吸收、集成、原创能力高水平发展后，回到了集成能力主导阶段。从能力构成演化的角度看，华为和福建邮科出现了进化（创新绩效增长速度变快），而信雅达却出现了退化的现象（创新绩效增长速度变慢）。多种不同类型的技术创新能力会出现并存，使能力结构发生从量变到质变的演进。这一发现与张媛媛和张宗益（2009）研究结论一致：相比于知识应用，知识创造对创新绩效的影响相对较大。环境动态性越强，该作用越显著（Jansen et al.，2006）。

18.2　基于能力演进阶段择用知识搜寻战略

18.2.1　企业外和部门间互补战略

吸收能力是其他技术创新能力的基础。在能力发展的初始期，企业需要通过企业外部搜寻和内部跨部门搜寻两种方式进行创新所需知识源的搜寻和选择，加强企业外部知识源和部门/产品线之间知识源的互补，从而更好地提高吸收能力。在这个过程中，还要有意识地通过经验的复制和修正进行两种行为的相互补充。

首先，在知识搜寻和选择阶段，华为、福建邮科、信雅达三家公司的跨外部边界搜寻都处于中高水平，本地搜寻都处于低水平，因为它们都搜寻和选择了行业内企业外的技术知识作为创新源。但是，三家公司的跨内部边界搜寻的水平却有着显著的区别，华为和福建邮科都跨内部边界搜寻和选择技术源。

其次，在知识的获取和消化吸收阶段，分析发现，跨外部边界搜寻和跨内部边界搜寻、组织柔性之间的协同效应，是产生吸收能力主导型能力结构的原因。信雅达在这个阶段的主要产品是光盘微缩产品和金融客服中心系统，战略柔性主要体现在跨外部边界搜寻行为中。为了适应环境的变化（银行节约成本的需求），它选择了行业内企业外的电子成像技术和工作流技术作为创新源，并通过设计层次多、结构化程度高、市场导向的组织结构（银行票据光盘压缩系统产品负责人成立事业部的组织设计），形成了很强的识别外部知识去处的资源链的能力和通过外部合作获取资源的能力。信雅达通过"用中学"在团队成员内实现了外部知识的编码、学习和共享，培养了识别内部知识去处的资源链的能力，但是没有和企业自身技术基础结合起来。

福建邮科在企业内外知识互补上，则做得更好一些。在1996年将第一代直放站作为核心产品后，福建邮科便根据当时的环境特性，选择了外部的技术知识源（无线射频技术），同时还跨部门边界，在转制前的研究所选择了技术源（嵌入式通信软件技术）。这一行为实现了创新目标和环境需求的匹配，从而避免了南辕北辙的浪费。接着，基于组织柔性（"用中学""干中学"）快速获取了两类技术知识。在1999年比竞争对手更快地成功推出第二代直放站产品，产品创新能力得到了提升。通过两种技术知识的互补，吸收能力相比于信雅达更易形成，处于中等水平。

华为在企业内外知识的互补上做得最好。本阶段华为的代表产品是阳春机型。为了适应环境的变化（农村市场的需求），它选择了外部的技术源，更重要的是，它搜寻和选择了部门间的知识源，并通过反求工程进行消化吸收。因此，华为在内外技术知识的互补上做得最好，吸收能力相比于其他两个企业也最高，处于高等水平。

18.2.2 企业外和部门内互补战略

为了实现从吸收能力主导型到吸收、集成能力为主型的演进，企业需要在企业外部和部门内部同时搜寻和选择创新所需的知识源，加强企业外部知识源和产品线内知识源的互补。克服企业外部搜寻的成本过高和黏滞知识难以转移的问题，可以通过收购的方式实现两种搜寻行为的互补，在吸收能力的基础上进一步促进企业内外技术知识的集成，提高集成能力。

吸收、集成能力为主阶段较之吸收能力主导阶段，区别在于技术创新能力结构发生了转变：从吸收能力主导转向吸收、集成能力为主。能力转换过程中，华为、福建邮科、信雅达三家企业的吸收能力得到了传衍，集成能力发生了从无到有的变异。作为技术创新能力的影响因素，战略柔性和组织柔性的表现也存在共性。三家企业的跨外部边界搜寻、跨内部边界搜寻行为均保持稳定，但是本地搜寻却大幅提升，组织柔性显著下降。即和吸收能力主导型企业相比，吸收、集成能力为主型企业更侧重本地搜寻，不侧重组织柔性。分析发现，跨外部边界搜寻和本地搜寻之间的协同效应，是产生吸收和集成能力主导型能力结构的重要原因。

相比于上一阶段，信雅达和福建邮科都侧重本地搜寻，不仅选择了外部的技术源，还选择了部门内的技术源，吸收能力和集成能力都得到了提升。例如，信雅达的副总裁魏总说："银行在2008年有指导思想上的转变，变为'前台受理，后台处理'，我们认为可以把OCR技术和工作流协同技术集成起来，开发流程银行软件满足便捷服务的需求。"信雅达之所以会选择将这两种技术集成起来，是因为在开发过程中发现这两种技术的互补性很高，集成创新战略的激励强。福建邮科在防御型技术标准战略的实施过程中受到了挫折（政府支持不够，TD-SCDMA没有成功产业化），所以决定利用外部的软件技术来开拓新产品。但软件产品缺乏难以模仿的技术知识，所以通过本地搜寻找到了硬件产品线中的无线技术知识。这两种技术知识的互补性很高，公司选择了这两个技术，决定将其重新集成和利用。

相比于其他两家企业，华为更加强调本地搜寻，对于内部技术源更加重视，吸收能力和集成能力的增长值也最高。由于通信业互联互通特性，跟随技术标准就需要和其他企业的技术进行有效整合。数据通信研究所和移动通信研究所分别于1994年和1997年在北京和上海设立，通过高强度投入实现技术的广泛搜寻，如R4软交换技术。同时，华为进行本地搜寻，新产品重要的技术基础是上一阶段积累的数字交换技术。

18.2.3 开放式搜索战略

为了实现从吸收、集成能力为主型到吸收、集成、原创能力高水平均衡发展型的演进，企业需要更加侧重外部技术知识源的搜寻和选择。外部技术知识源往往和内部技术知识有着差异化的性质。加强外部技术知识源的搜寻和选择有助于促进企业内部知识结构的多样化，促进创意的产生和原创能力的培育。

吸收、集成、原创能力高水平均衡发展阶段相比于吸收、集成能力为主阶段，区别在于技术创新能力结构发生了转变：从个别能力（吸收、集成能力）为主转向吸收、集成、原创能力高水平均衡发展。能力转换过程中，三家企业的吸收能力和集成能力得到了传衍，原创能力发生了从无到有的变异。作为技术创新能力的影响因素，战略柔性的表现也存在共性。三家企业的本地搜寻略有提升，跨外部边界搜寻大幅提升，跨内部边界搜寻略有提升。即和吸收、集成能力为主型企业相比，吸收、集成、原创能力高水平均衡发展型企业更加侧重外部搜寻。

分析发现：第一，和吸收能力主导型企业相比，跨外部边界搜寻和本地搜寻是形成吸收、集成、原创能力高水平均衡发展型能力结构的原因。第二，和吸收、集成能力为主型能力结构相比，表现为嵌入于跨外部边界搜寻行为的战略柔性，是形成吸收、集成、原创能力高水平均衡发展型能力结构的原因。

信雅达是直接从吸收能力主导型转为吸收、集成、原创能力高水平均衡发展型的。相较于以前，它更加侧重于外部和本地搜寻，将外部技术知识和内部技术知识作为研发新产品的知识基础。此过程中，信雅达复杂度较高的战略构架为克服路径依赖，提升企业战略柔性起到了关键作用。电子影像产品经理王勇说："我们先进行本地搜寻，发现虽然在电子成像方面积累了一定的技术知识，但是还没有技术知识足以满足银行客户对于改进流程过程中电子成像技术的需求，于是开始跨外部边界搜寻，发现了金融行业外的OCR技术，但是当时的OCR技术只是一个概念，没有公开的代码，且没有引入金融行业中来，所以我们只能进行自主研发。实际上，公司之前没有自主研发的经验，所以需要培育创造能力。"副总裁魏总说："董事会决策时有着不同的声音，我始终主张作为软件企业，一定要有自己的核心技术。董事会展开了争论，真理是越辩越明的。"同时，信雅达保持了一贯的组织柔性，通过将事业部转化为项目组的组织变革，实现了电子影像产品的创新。信雅达通过提高战略柔性和保持组织柔性来提高技术创新能力。

福建邮科和华为是从吸收、集成能力为主型的能力结构转为吸收、集成、原创能力高水平均衡发展型能力结构的。相较于以前，更侧重跨外部边界搜寻，将外部技术知识作为创新源的行为得到了增强。例如，华为更加重视合作研究，成立跨国的研究机构。福建邮科根据发现的随手机普及而逐渐增强的无线信号覆盖的需求，通过外部合作搜寻和选择了外部的直放站共有模块知识和架构知识。福建邮科和华为的行为是开放式创新和自主创新集合的体现。只有企业内部能力足够强大，才能够在合作过程中占据有利位置。

这一发现和很多中国企业的直觉不同。现有政策鼓励自主创新，很多企业将自主创新理解为独立创新，忽视了外部知识源的作用。而实际上，企业通过跨外部边界搜寻，可以得到异质性的知识。企业的知识结构将更加多样化。研究显示，多元化的知识结构更易促进创意产生（Georgsdottir and Getz，2004；Chiang and Huang，2010），从而有助于原创能力的培养。

综上所述，企业可以根据环境变化及趋势快速选择和协同多样的知识源，快速确立和环境需求一致的知识结构更新方向，可以在技术创新过程中避免目标和需求南辕北辙造成的资源投入和机会成本的浪费，实现技术创新能力的演进。

18.3　基于知识搜寻战略的差异化保障体系

在不同的知识搜寻战略下，企业应该采取差异化的组织手段来保障知识搜寻战略效果的实现，真正实现技术创新能力的演进。

在企业技术创新能力演进的过程中，吸收能力主导型的能力类型最需要组织柔性对战略柔性的补充，而吸收能力又是其他技术创新能力发展的基础。所以，在能力发展的初始期，企业应该特别注意在战略高度上平衡战略要素能力和组织要素能力的发展，否则，很容易造成资源/能力冗余或短缺的现象，阻碍企业创新。具体而言，企业需要构建尽可能完善的组织结构、制度和流程保证对外部技术知识的理解和利用。

18.4　引入异质性高管团队驱动能力演进

为了动态适应环境，企业需要通过引入异质的高管团队保证全面的战略构架，对环境、战略和自身能力进行全面、复杂、准确的认识，在战略高度上均衡多能力（战略柔性、组织柔性和技术创新能力）的协同发展，引发技术创新能力演进路径的跃迁。具体而言，可以通过企业纵向上下层的互动和协同，提高企业家团队知识结构的多样性、全面性和联通性。

在转型经济情境下，特别是高技术企业中，"战略基本上集中于主要领导"模式的潜在缺陷暴露得非常明显。例如，大量信息使决策者不堪重负，难以迅速有效地识别和处理；个人能力相对有限可能造成战略决策失误；战略实施情况不能及时得到反馈，可能造成战略实施偏差不能及时得到纠正，从而使正确的战略得到错误理解与实施，并因此造成失误；等等。因此，需要考虑多种管理措施提高战略构架复杂度来保证企业战略的灵活性。朗讯等企业的失败案例表明，如果感知不到环境中的新机会，技术创新能力和战略柔性会出现一同衰退现象。合适的战略构架是促进技术创新能力和战略柔性协同演进的关键。根据第17章得出的结论，只有维持全面的战略构架，提高战略构架和现实世界切合的准确度，才会不断发现已有知识的不足，进而引发外部搜寻，进一步提高知识结构的多样性，才会不断促进原创能力的提升。具体而言，在决策制定过程中，注重自上而下和自下而上信息流的融合；引入异质化的管理团队，保证企业家团队对环境、战略和自身能力的全面认识。

现实案例充分说明了这一点。近年来，华为和中兴通讯的差距正在逐渐缩小，其重要原因就在于中兴通讯的战略构架比华为更加全面。而华为意识到这点之后，也对高管团队的结构和职能进行了更新，以获得更加全面的战略构架。

第五篇　协同律篇

第19章 协同概述

19.1 协同是企业创新与经济转型的要求

19.1.1 协同发展是我国企业转型升级与产业结构调整的客观需要

当代科学与技术的联系日趋紧密，社会需求与市场竞争对科技创新的推动力越来越大，产学研结合、全球竞争与合作已成为当代科技创新的潮流，现代产业体系须在协同创新中形成核心竞争力。近年来，经济发展方式的转型和产业升级取得了一定的成绩，但是投入多、成本高，用这样一个方式实现经济发展方式的转变，是不可持续的。数量上的投入不一定带来质的增长，一方面，我国工业能源资源消耗强度大，能源资源的对外依存度不断提高。另一方面，我国企业缺少参与国际竞争的关键核心技术、创新资源利用率不高、新产品贡献率低。例如，我国制造业大中型工业企业的新产品收入占主营业务收入的比重仅为20.43%，这仍然制约着我国产业机构调整和转型升级。转型就是要通过转变工业发展方式，加快实现由传统工业化向新型工业化道路转变；升级就是要通过全面优化技术结构、组织结构、布局结构和行业结构，促进工业结构整体优化提升。因此，产业转型升级从根本上说是企业能力的转型升级，结构调整也是创新能力的调整。

众多创新资源和创新要素伴随着信息化在全球化网络中流动，加强科学创造、技术创新和产业化各环节之间的有机衔接，有利于创新的社会价值得到高效和充分实现（路甬祥，2007）。研究发现，协同创新企业比模仿企业的效率高约10个百分点（吴延兵和米增渝，2012）。因此，协同发展是我国经济转型期企业提升效率和增强竞争力的最佳产品创新模式。

19.1.2 认识协同本质是提升企业自主创新能力的必经之路

经过五十多年发展，尤其是改革开放以来，我国科技发展水平和产业结构的技术构成发生了重大变化，劳动力素质也有了相当提高，综合国力大大提升，已呈现出创新型国家发展初期的规律性特征（陈至立，2005）。但总的来看，我国自主创新能力依然薄弱，对创新能力提升的规律性认识仍然不足。全球化、信息化背景下的国际竞争新格局，客观上为我国利用全球要素资源，加快培育国际竞争新优势创造了条件。更好地利用全球化所产生的优势，更好更快地整合利用外部资源，提高企业创新能力，需要我们不断总结经验，科学认识协同本质与创新能力发展的规律性。

创新管理的研究作为一门基础性科学研究，通过研究各创新主体、创新要素交互复杂作用下的动态协同过程，来调整生产关系、发展生产力。许多学者沿着熊彼特的创新思想融合自然科学、社会科学等多个领域对创新理论进行了广泛和深入的研究，多种多学科交叉的开拓性研究范式和理论不断出现，从原来的技术创新扩展到管理创新、战略创新等诸多领域，创新过程经历了从技术推动到系统整合与网络化的五代创新模型的变迁。当代创新模式已突破传统的线性和链式模式，呈现出非线性、多角色、网络化、开放性的特征，并逐步演变为以多元主体协同互动为基础的协同创新模式（李兴华，2011），如今创新网络已突破了以区域和集群为特色的创新聚集，在更广范围内实现要素汇集与协同。

同时，创新管理也是一个以实践性为基础的应用科学，在总结实践经验基础上，归纳和发展出许多组织创新的规律和方法，解决一些重大管理理论与应用问题。我国技术创新从引进模仿、二次创新、组合创新走向自主创新和全面创新，由单一、单纯的技术创新，到组合创新，进而发展到基于核心能力的各种创新的有机组合。对这些发展经验和科学规律的研究，立足探索有中国特色的管理理论与规律，研究自主创新能力形成的机理和动力学演化规律及提升能力的机制，有助于组织和国家把握外部环境的机遇和挑战，正确认识协同本质与创新能力发展的规律性，在理论指导下用科学的方法制定创新决策和提高创新效率。

19.2 协同与创新能力

19.2.1 协同概念的内涵及其发展

"协同"一词来源于希腊语"συνεργία"，最初意思就是"一起工作"（working together），协同效应就是两个或两个以上的事物在一起运行时产生的其独立运行所不能产生的结果。百度百科中解释是"指协调两个或者两个以上的不同资源或者个体，协同一致地完成某一目标的过程或能力"。结构元素各自之间的协调、协作形成推动效应，导致事物间属性互相增强、向积极方向发展的相干性即协同性，推动事物共同前进、整体加强、共同发展。1971年德国科学家哈肯提出了系统协同学思想，发现系统发展演化中存在一个普遍原理，即在任何系统中，各子系统之间，均依靠有调节、有目的的自组织过程，使千差万别的子系统协同作用，并产生新的稳定有序的结构，即无序就是混沌，有序就是协同，在一定的条件下，有序和无序之间会相互转化，这是一个普遍规律。

换言之，协同，在系统科学中是指系统中诸多子系统或要素之间交互作用而形成有序的统一整体的过程。Haken（1977）在研究激光理论过程中形成协同思想，并从一个新的角度揭示了系统从无序到有序演变的内在机制和规律性，从而创立了协同学。安索夫（H. I. Ansoff）较早地确立了协同的经济学含义，分析了战略协同将企业多元化业务有机联系的原理，从而使企业可以更有效地利用现有的资源和优势实现战略目标。Porter（1985）将协同理论与战略业务单元理论进行了融合，认为各种业务行为有机关联才是竞争优势的来源，利用价值链分析法对每项业务行为如何影响企业的整体战略进行了研究。Goold和Campbell（1998）认为协同能在六个方面给商业带来回报，即通过共享的技能、协调的战略、共享有形资源、垂直整合、谈判力量、联合力量创造新商机。

近年来的研究中，协同与交互、匹配、互补、整合、协调等概念很难区分（郑刚，2004；陈光，2005）。例如，Kahn（1996）认为整合主要包括互动和协作两种含义。前者强调职能间的沟通与交流，是一种结构化的跨职能活动；后者强调职能间的共同的活动，其代表的是非结构化的跨职能活动。Venkatraman（1989）总结了关于匹配的六种观点，指出匹配也有共变与配合的意思。Ensign（1999）从组织设计角度研究了企业战略、环境、组织间的匹配性问题。他认为匹配是指企业关键决策的内部一致或战略与组织（内部）、环境（外部）之间的合作一致。把这种要素或子系统之间的协同作用放在更广的环境中理解时，就可以看做一种与共同体的协同演化。Huygens等（2001）通过对1877~1997年音乐产业的研究发现，竞争性的企业之间不仅在组织内部搜寻而且也在外部环境中搜寻，这两个过程的互动共同造成了企业与产业的演化。因此，协同演化可以理解为具有方向性的协同关系。陈劲和阳银娟（2012）采用Serrano和Fischer（2007）对协同创新的研究，认为协同创新是将各个创新主体要素进行系统优化、合作创新的过程，可以从整合及互动两个维度来分析（表19.1）。

表 19.1 协同相关概念与表述举例

作者	内容与主题
Ansoff（1965）	战略管理投资、多元化、资源组合等分析协同效应
Haken（1977）	系统的各部分之间互相协作导致结构有序演化
Porter（1985）	资源共享、业务关联性的价值链协同

续表

作者	内容与主题
Goold 和 Campbell（1998）	共享资源、协调战略、垂直整合、谈判和联合等六种协同方式
Itami（1986）	区分互补效应（有形资源的使用）与协同效应（隐性资产）的使用；划分静态和动态协同效应
Buzzel 和 Gale（1987）	从企业群的角度阐述协同效应创造价值的基本方式，即共享、外溢、相似性与共同形象
Kahn（1996）	整合分为互动和协作，协作比互动对绩效的影响更大
Bendersky（2003）	互补性系统表现为各成分之间有相互作用并减轻各个成分限制性，能产生非线性的效力提高
Gittell 和 Weiss（2004）	组织内与组织间协调
Tanriverdi 和 Venkatraman（2005）	从资源相关性和互补性分析协同效应
Serrano 和 Fischer（2007）	协作创新包括整合及互动两个维度

资料来源：在邹志勇（2008）的基础上修改

19.2.2　协同与创新的内在联系

从创新本质上看创新是一个系统总体的概念，从要素上视创新为生产要素和生产条件的新组合，包括产品创新与工艺创新组合、渐近创新与重大创新组合、显性创新效益与隐性创新效益组合等不同层次组合（郭斌等，1997）。创新包括技术上的创新，也包括组织和管理上的创新，创新要素涉及战略、组织、技术、市场等（许庆瑞等，2004）。从过程上创新涵盖了从创意产生到商业化价值实现的全过程，是包括新概念的形成、研究与设计开发、中间试制试验、生产加工、产品与工艺改进、物流运输、市场开拓、营销等的一个复杂系统工程。从协同与创新的本质我们看到两者之间存在共性，即协同是汇集资源，通过互动互补产生合力，而创新本身也是一个集体性活动，也要求通过对要素的汇集，实现最大协同效应。

因此，也有学者指出，协同是指系统中诸多子系统或要素之间交互作用而形成有序的统一整体的过程，即通过打破单元、组织、领域、区域或国别的界限，实现创新要素最大限度的整合，通过相互协作，共同开发，实现单独要素所无法实现的整体协同效应（许庆瑞，2007；李平，2012），让整个创新链完整起来、活跃起来，这要求企业与所有的利益相关者之间建立紧密联系，以实现创新要素在不同企业、个体之间的共享，构建创新要素整合、共享和创新的网络体系。协同是通过整合、协作机制，更好地汇集分散的创新资源，协调各方面利益关系，促进创新要素协同形成创新合力，实现1+1>2的效果，促进企业转型升级，进而促进产业的结构优化调整。

企业在创新实践中，要调动数百乃至数千个独立实体，追求的是分散式创新、协作式创新和累积式创新（Brown and Hagel Ⅲ，2006），构建围绕创新链的多部门协同创新体系，组成一种立体化创新体系，推动创新要素全面渗透进经济活动中，但这需要企业内外兼修，需要组织内外部创新要素的协同，缺少外部创新要素的创新模式是封闭式创新；而缺少内部创新要素的支持，一味依赖外部要素，则会陷入"引进—落后—引进"的恶性循环，组织难以形成核心竞争力。从实践来看，所谓协同，就是围绕创新的目标，多主体、多因素共同协助、相互补充、配合协作的创新行为。但是这种协同需要特定机制去实现，企业拥有的战略性要素具有的专用性、不可模仿性及非流动性等特性使得企业很难通过公开定价和交易在要素市场上公开获得这些异质性资源（Wernerfelt，1984；Barney，1991）。协同模式可促进异质性资源的整合与流动，能更有效地协同不同性质个体（如政府、企业、社会组织等）之间的关系（Gulati，1998），但协同不仅局限在企业内部或外部一个层次上，企业内外之间存在的交互作用也很重要，而且在外部影响下，企业内部的创新能力和要素协同都会产生更复杂的动态变化。

19.2.3　我国创新发展过程中涌现的协同特征

纵观我国创新发展历程，协同是一条重要的基本规律。可以从三个阶段来描述：一是改革开放前，以计划经济为特色的协同与创新；二是改革开放后到20世纪90年代末，以市场经济改革和改革开放为特色的协同与创新；三是进入21世纪后，以全球化、信息化为基础的在扩展的网络中的协同与创新。

（1）中华人民共和国成立后，面对西方国家的重重围困与封锁，我国在物质资源和科学技术基础有限的情况下，确定了国家发展战略目标和重点任务，集中全国力量，聚集优秀人才，大力协同作战。例如，我们在不长的时间里先后克服了材料和设备短缺、技术薄弱等困难，取得了理论设计的决定性突破，攻克了设计中的关键技术，先后取得了"两弹一星"事业的巨大成功，将我国拥有的"集中力量办大事"、社会组织动员能力强的社会主义制度优势转化为全社会协同创新的体制机制优势（李兴华，2011）。从企业微观层面也涌现出以"鞍钢宪法"的"两参一改三结合"为特色的管理制度，反映出计划经济下企业内部协同创新的特征。

（2）改革开放后，随着体制改革推进和对外开放深入，社会主义市场经济的逐步建立，协同创新也表现为我国经济发展中的主要特征。基于以产业集群、区域聚集等为特色的区域协同创新，充分调动各种创新资源，形成创新合力成为带动国民经济整体增长的经济核心区和增长极，促进整个国民经济的高速增长。

（3）进入21世纪后，随着科技迅猛发展和全球化步伐加快，当代创新模式已突破传统的线性和链式模式，呈现出非线性、多角色、网络化、开放性的特征，并逐步演变为以多元主体协同互动为基础的协同创新模式（许庆瑞，2007；李兴华，2011）。

19.2.4　创新能力

1. 创新能力观

Penrose（1959）将企业能力归于资源的最优配置和使用，认为企业能力决定企业成长的方向和极限，企业潜在的资源转化为能力是过程（Kor and Mahoney，2000）。回顾相关研究，可以分为三种观点：①认为能力是一个过程，是将资源转化为产出的活动过程，是一个动态发展、不断学习提高的过程；②认为能力是一种要素组合，称之为要素观或者知识组合观；③直接将能力看做一种机制，认为能力是资源、绩效、技能之间的多重反馈机制，动态能力是组织过程、位置和发展路径组合在一起的机制（Größler and Grübner，2006）。这些概念分类和理论基础不同，但总体上看，创新能力、动态能力与核心能力在概念和逻辑上具有越来越强的趋同性，都日益关注对企业持续竞争优势的影响（王毅，2004），许多研究都认为创新过程是能力建立、提高和应用的动态过程。学者们公认的能力表现是将投入转化为产出的效率，将能力看做资源（投入）与目标（产出）之间的中间转化本领（intermediate transformation ability）（Dutta et al.，2005），能力表现为一种效率，并通过测度绩效指标进行衡量。资源能力与绩效的逻辑关系如图19.1所示。

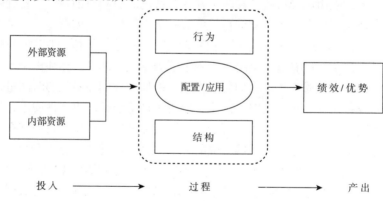

图 19.1　资源能力与绩效的逻辑关系

2. 协同与创新能力发展

随着全球化信息经济的到来，企业越来越依靠协同互动模式实现创新目标。在网络环境下，企业的技术创新过程不仅是内部知识的转化和整合过程，也是一种知识的获取和扩散过程。技术创新过程不但是企业内部各阶段相互衔接构成的行为过程，而且整个创新过程都会受到合作企业、用户、供应商、行业技术中介及企业创新环境的影响。也有学者指出企业能力系统在自组织开放系统，通过不断地学习,对其层次结构与功能结构进行重组及完善(赵晓庆,2001;王毅,2004)。因此,企业创新能力发展的特点是在企业内部与外部互动交互基础上实现整合与互补。

从能力视角考察创新,关键就在于企业如何获取、整合、配置组织内外部的知识与技能(Tripsas,1997a)来完成相应的技术活动,从而实现企业的战略目标(Eisenhardt and Martin,2000)。企业的网络化能力(networking ability)的概念包含两个方面,即企业改善其网络位置的能力和处理某单个关系的能力(Hansson et al.,2005);Cohen和Levinthal(1990)认为企业的技术能力包含内部研发以创造知识的能力,以及吸收外部知识的能力两个方面;Tripsas(1997a)则进一步以动态能力的观点将企业技术能力分为外部整合能力与内部整合能力两个部分。外部整合能力是指企业识别并整合外部知识的能力,这些知识是企业形成新的技术能力所不可或缺的。内部整合能力则主要强调企业对技术变化的适应能力、内部技术交流网络等。技术能力的关键还在于对企业相关资源的协调和配置。

Branzei(2004)在其博士学位论文中研究异质性R&D网络中产品创新的探索和利用两种路径,提出了企业组织间和组织内战略触发点(strategic triggers)与能力建设路径的框架(表19.2)。企业可以采用不同战略选择来实现它们能力建设的目标,探索性路径需要获取能力、转化能力及探索能力等一系列能力,利用性路径则需要消化能力、配置能力及利用能力等一系列能力。

表 19.2 战略出发点与能力建设路径

能力发展模式		能力生命周期阶段		
		初期	发展期	成熟期
战略出发点	企业间战略	获取	转化	探索
	企业内战略	消化	配置	利用

U. Lichtenthaler和E. Lichtenthaler(2009)提出了一个开放式创新过程中的能力基础框架,识别出管理内部与外部知识的六个关键知识能力(表19.3)。

表 19.3 六个关键知识能力

项目	知识探索	知识保留	知识利用
内部(企业内)	发明能力	转化能力	创新能力
外部(企业外)	吸收能力	链接能力	解析能力

　　我国自主创新的发展历程经历了以"二次创新—组合创新—全面创新"为主线的三个阶段,目前的发展总趋势是走向开放式全面创新(许庆瑞,2011)。魏江(2002)认为我国过去一段时期企业技术能力提高过程的主导模式是"技术引进—消化吸收—自主创新",在这个过程中,其核心技术能力也经历了"技术监测能力—技术吸收能力—技术变革能力"的发展过程。赵晓庆(2001)指出我国企业在技术能力积累过程的三个阶段中,每个阶段的技术能力积累途径都经历了从外部技术源到内部途径的转换过程,这样就构成了技术知识外部源与内部途径的三次循环。技术能力演化的螺旋式上升过程如图19.2所示。

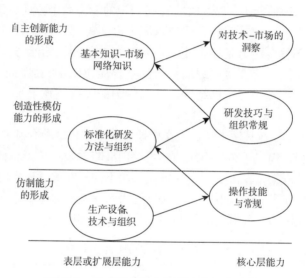

图 19.2　技术能力演化的螺旋式上升过程

资料来源:赵晓庆(2001)

　　随着创新管理从个体的单个创新管理再到组合创新管理(郭斌,1998),逐渐迈向全面创新管理(许庆瑞,2007),企业伴随着开放式创新发展,其内部要素组合、外部网络发展都在共同进化(郑刚,2004),也越来越强调企业集聚、整合和配置内外部资源以应对快速变化的环境的能力。利用外部知识整合企业内外创新资源的能力成为创新能力的关键组成部分(陈钰芬和陈劲,2008);内外协同是创新网络中能力提升的主要特点,基于战略和组织理论视角的创新研究表明,组织的动态能力根植于组织同时进行探索与开发的能力(李剑力,2009)。网络中创新能力发展路径如图19.3所示。

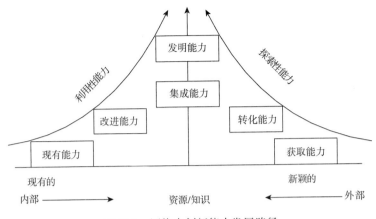

图 19.3 网络中创新能力发展路径

因此，在开放式创新环境下，企业创新能力提升过程是在企业内外的协同互动中实现的。

3. 创新能力发展中涌现的多种协同模式

随着创新模式从第一代简单线性的技术推动型向第五代系统集成与网络化演变，从整体视角研究协同创新受到越来越多的重视。近年来，国内把协同思想引入创新领域的研究较多。例如，陈光（2005）定义协同是企业创新相关要素有机配合，通过复杂的非线性相互作用，产生单独要素所无法实现的整体协同效应的过程，主要包括下列几个维度（图19.4）。

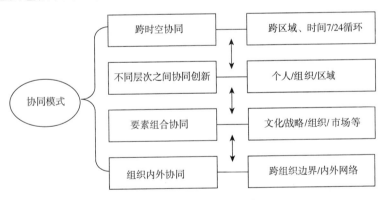

图 19.4 协同创新的维度

（1）跨时空协同：是指在全球经济一体化和网络化的背景下，通过信息技术，将分散的资源集中，最大限度地整合全球创新资源，全时创新（7/24创新），增加协同力度，建立一套无缝衔接的创新流程，通过上下环节之间的时间反馈循环实现连续创新。

（2）不同层次之间协同创新：企业创新活动的开展可以在不同层次的位置实现，从个人、团队到组织和组织间联盟，这种个体与群体之间，以及组织与组织之间存在不同的界面，而不同层次之间协同就是实现从员工个人到组织整体之间的配合和协调（郭斌，1998；陈光，2005）。

（3）要素组合协同：随着创新从单一要素向多要素组合创新发展，要素组合成为创新能力提升的核心（郑刚，2004），技术创新各要素之间的协同，即企业文化、战略、组织、制度等非技术要素与技术要素之间的协同对创新绩效具有重要影响。从全面创新管理的系统、全面视角来培养核心能力、以各种创新要素（如技术、组织、市场、战略、管理、文化、制度等）的有机组合与协同创新为手段，提高持续竞争力（许庆瑞，2007）。

（4）组织内外协同：很多对产业集群聚集效应与多元化效应的研究就包含了对集群内协同效应的研究。企业通过合作可以获得外部的资金和技术支持，进行技术、知识、营销、管理等方面的优势合作，实现专业化分工和规模经济，从而快速获得新技术、迅速开拓新市场（Dittrich and Duysters，2007；解学梅，2010；全利平和蒋晓阳，2011）。

第 20 章　协同内涵及其规律

纵观发达国家创新发展的实践，其中一条最重要的成功经验，就是打破组织层级、区域和国别的界限，构建起庞大的协作体系实现协同发展，促进创新要素最大限度的整合（李兴华，2011）。协同大大扩展了企业的边界，通过内部要素的互动和组合，以及外部要素的交互协作，企业与节点机构建立了一种交流与合作机制，从而吸收节点合作伙伴的互补性资源与能力，并与企业内部的创新资源有机整合起来，进而完成系统的创新，因此，从外到内又将这种协同的思想推到了一个新的高度。为探索全球化和开放式创新背景下企业经营管理的规律性特征，本章将以探索性案例的形式进行挖掘和探索。

20.1　案例研究

20.1.1　案例 A：内部积累与外部合作，推动产业结构调整

A企业早期主要侧重内部能力积累，然后积极开展对外合作，引进外部资源和管理模式推动企业产业结构调整与转型升级。20世纪80年代后期，主要加强生产工艺改革和过程控制，提升产品品质，靠质量开启了市场的大门。进入90年代，市场需求呈现出巨大的拉动力和竞争力，企业亟须通过多元化来开拓新市场。企业通过内部资源整合和积累对主要产品进行改进和提升，拓展产品线等，形成了多系列多品种的产品集群。企业致力于开发新产品，涉足建材、智能等新产业，但自身资源难以满足并支持多元化快速发展，为此企业在2003年后进行产权改革、组织结构调整、关联产业的内部重组等，进一步整合内部资源、释放了生产力，同时企业扩大与外部合作，深化与高校合作，提高对内部基础研究和吸收消化的能力，并与台湾东贝光电合作进入新兴LED（light emitting diode，即发光二极管）产业。其借助外部网络提升创新能力与绩效的主要战略途径如表20.1所示。

表 20.1   A 企业战略发展阶段

阶段	主要问题与目标	内部战略措施	外部战略措施
1984~1993 年	提高生产工艺和产品质量	制度建设； 工艺流程改革； 建立职能直线制管理体系	引进国外设备和工艺； 引进标准化管理体系
1994~2002 年	扩大市场； 满足需求多样性； 企业多元化与整合	以客户为中心的矩阵制组织结构； 分公司与基地建设； 组建多个研究实验室	与外企合作引进先进技术； 与高校合作推动信息化建设，并整合外部资源； 与专业设计机构合作提高产品形象
2003 年至今	解决关联产业内的技术交叉整合； 提高新产品开发； 新兴产业与科技	产权改革、组织结构调整； 关联产业的内部重组等； 建立矩阵事业部制结构； 中央研究院整合内外资源； 信息化平台与内部社区	深化与高校战略合作，提高基础研究和研发能力； 与台资合作进入新兴产业； 虚拟工厂建立

1）内部整合，夯实发展的基础

一是企业结构调整和人事调整。建立以客户为中心的组织结构，引入价值链分析方法，对产业、矩阵制框架结构、支持系统和销售系统等进行分析、重组。在管理上更趋向于扁平化，更有利于规范内部管理，提高市场运作效率。

二是A企业的资产重组。2005年公司开始深化改革，加快建立和完善现代企业制度和推进产业结构调整，优化资源发展主业。首先是内部资产重组，企业对内部的资源进行重新整合分配，以充分发挥现有资产的部分和整体效益。其次是在D集团范围重组，先后兼并、收购与控股了西安B企业、南京B企业等一系列企业资产，基本实现了关联产业内部重组，也实现了品牌全面统一。

2）组合协同，提升全面管理创新水平

首先，以信息技术为依托，以全面信息化为目标，实现企业资源快速传递和有效集成，将信息技术（包括各种管理软件和产品开发工具）不断渗入产品研发、市场开拓、生产制造、供应链管理等各个方面，全面提升企业的管理效率和经营效益。其次，优化价值链管理水平。传统企业A已经完成科技转型，打通了电工、照明、智能产业链，成为系统集成服务商。其构建由虚拟工厂和连锁电子分销的整合商业模式，把传统分销网络优势和管理的信息化、电子商务整合起来，将价值链向两端延伸；整合上下游供应商，以更好地提供产品与服务。

其次，完善知识管理系统建设，推动学习型组织的建设。A企业2008年启动并开发知识管理系统，以实现与办公自动化系统、E-learning系统、数字化设计和制造等子系统的集成，利用网络在线学习和实践参与式学习，全面打造学习型组织。2005年成立的科学技术协会，在公司的创新工作和科技人员中发挥起桥梁纽带作用，推动全员参与技术创新活动。

3）加强开放式创新体系建设，提升自主创新能力

在技术创新方面，公司非常注重引进新技术、走产学研相结合的道路以提高公司的技术水平。从20世纪90年代中期就与浙江大学保持紧密合作关系，推广计算机辅助设计，从1996年开始，双方合作开展了SG-计算机集成制造系统三期工程建设，2002年后双方战略合作关系进一步提升，先后成立联合实验室、院士工作站等，在新材料应用、数字化设计和制造、LED节能照明及智能建筑等领域开展前瞻性研究，研究储备与公司发展密切相关的新技术。例如，双方合作集成数字化设计与产品开发项目荣获国家科技进步二等奖。积极开展与高校的产学研合作，并推进技术的产业化转化工作，实现高新技术产业化，成为公司产业结构调整的主要推动力。公司还积极与专业设计机构合作，共同参与到企业的产品规划与创意设计中来，与日本吉田顺年，国内快鱼、瑞德等公司设计团队合作提高产品附加值。

A企业也注重引进外部先进管理与技术。早在1999年，就与德国Geyer成立合资企业，依托德国先进技术，设计制造和提供符合国际标准、国内领先的电工产品。2009年与台湾东贝光电合作进军节能新兴产业，引进主流设备及技术，跨界融合光电与信息产业科技，通过研发智能化产品，打通企业原有相关产业链，形成电工照明、智能系统高度整合的产业集群，以不同领域间的融合优势，提供电气连接与建筑电气控制系统的集成解决方案，推动企业转型升级走向新水平。

20.1.2 案例 B：从吸收整合到集成创新，提升产品结构

B企业早期产品落后，性能单一，主要以发展中国家为目标市场为自己积累资金和技术。由于1997年开始的东南亚金融危机，企业开始战略升级，用高新技术改造传统的缝纫机产业，逐步建立多层次、开放式的技术研发体系，采取了多层次立体化创新格局，以总部为中心，以日本、中国北京和宁波三大研发机构为支撑，不断吸收和整合外部资源，引进、消化、吸收前沿技术，提升产品结构和竞争力。另外，以工业城和科技大楼建设为契机，通过滚动投入已初步建立了设备配套、体系完整的内部创新网络，不断增强企业自身的创新能力和消化、吸收能力。B企业战略发展阶段如表20.2所示。

表 20.2 B 企业战略发展阶段

阶段	主要问题与目标	内部战略措施	外部战略措施
1986~1996 年	技术积累和生产规模；扩大市场销量	扩大生产规模；集权制结构提高管理效率；成立技术研究所	与研究所合作开发技术；与地方学校联合培养人才；与国外经销商合作扩大销量和市场

续表

阶段	主要问题与目标	内部战略措施	外部战略措施
1997~2005 年	东南亚金融危机彰显产品结构单一、性能落后弊端； 亟须提升产品档次和技术含量、附加值	确立科技推动发展战略； 建设先进的加工中心与设备流程； 以总部为中心，以日本、中国北京和宁波为基点，建立多层次立体化创新格局	与国内众多高校、研究院等开展科研合作； 与国外知名厂商合资合作，学习和吸收先进技术； 推动集成创新，通过兼并控股扩大产业规模； 与政府搭建信息化平台
2006 年至今	受国际经济低迷、原材料涨价等多重影响出现财务危机； 内在体制与管理、产业升级面临挑战	瘦身重组、治理结构创新； 现代企业决策和运营制度； 调整发展战略，通过自动化智能化提高管理效率、降低成本	政府主导下重组核心业务，资产与股权重组； 从单一股权到股权社会化； 从单一产业迈向战略性新兴产业

1）加强外部网络建设，整合外部资源

一方面，B企业注重产学研相结合，提升内部研发能力。在国内与上海缝纫机研究所、上海大学、北京机电研究所等开展科研、生产合作的同时，努力寻求与发达国家的缝纫机研究机构进行科研、产销合作。目前，国内外有20多家科研院所和高等院校的一大批科技人员在为企业直接或间接地开展科研服务工作，从而有力地促进了企业新产品的开发和生产力的提升。例如，和上海大学联合承担的重大科技攻关项目——智能化缝纫机创新开发平台，使产品研发设计效率提高了30%，产品返修率降低了80%。

另一方面，注重合资合作，引进消化吸收前沿技术。为加快产品向国际高端市场进军的步伐，集团与新加坡双星集团合资，收购美国技术，生产世界一流的服装自动吊挂系统，与德国ZSK公司合作生产世界最先进的多头电脑绣花机，与具有30多年制造历史的意大利MIFRA公司合作生产高端的电脑横机。合资合作给了企业一次极好地引进国外先进技术的机会，迅速缩小与世界先进企业之间的技术差距。为此，B企业全面接受外方的技术指导，引入其先进的生产工艺技术、产品设计技术和质量管理技术。通过不断学习，已逐步消化吸收了其核心技术。

2）融会贯通，大力开展集成创新

B企业注重把握国内外市场的潜力需求，瞄准世界缝制设备领域的前沿技术。一方面聘请专家成立了E公司，引进智力资源和先进科学技术。另一方面在集团内部组建了业内具有领先水平的缝制设备高新技术研究开发中心，集聚了国内外优秀的研究开发人才300多名。每年还选派50多名技术骨干到国内外进修学习。研发中心通过滚动投入已建立了设备配套、体系完整的科研新格局，拥有了行业领先的研究开发、检测分析设备和中间试验条件。企业瞄准行业技术创新的最前沿，率先研制成功了数控伺服系统，某些指标超过了国际同类产品，并为我国缝制设备行业真正实现机电一体化奠定了基础，并陆续推出拥有自主知识产权的光机电气一体化自动开袋机、高速电子套结机、高速电子钉扣机、高速电子花样机等产品。

在运作过程中，B企业致力于把共性技术、前瞻性技术、高科技与缝制设备相结合，实现机械、电子、电脑、光等多学科交叉融合。例如，由企业进行集成创新的光机电气一体化自动开袋机，可用于西服口袋加工一次成形，控制核心采用的是目前最先进的数字信号处理（digital signal processing，DSP）技术，其整个控制系统结合运用了光、机、电、磁、霍尔原件、电力电子、计算机控制与通信技术。企业还将这一崭新技术与无油技术结合，研制成功了微油电脑高速平缝机、无油电脑高速平缝机。基于支持智能化缝纫机创新开发平台，以产品数据管理为中心，在概念设计、结构设计环节中引入四大机构运动循环图和知识规则，使整个设计过程连贯统一，并与控制系统设计集成，建立了关键控制回路仿真模板，实现了整个设计过程的信息共享，提高了设计水平和自主创新能力。通过集成创新，企业使许多传统缝制设备实现了快速技术升级。

3）合资合作，快捷获取外部技术

1998年企业斥两亿多元人民币从国外引进世界先进的加工中心与设备流程，实现精工装备自动化，夯实了内部基础生产与制造能力，在此基础上，企业通过收购建成国内最大的绷缝机生产基地，控股某空调设备公司进入中央空调行业，与新加坡双星集团合资，在国内领先研制成功了电脑化制衣悬挂系统并投入批量生产。成功收购意大利某专业公司50%的股权，获取电子横机领域新技术。

但在企业快速发展中，内部管理受到了很大的挑战，同时也受到了过度规模化和多元化羁绊，包括弱化核心竞争力及资金链紧缺等问题。在2008年开始的金融危机造成了经营困难，为解决企业困境，2009年在地方政府主导推动下，由7家企业共同出资设立了新股份有限公司对集团核心业务进行重组，解决了各种内部管理矛盾，同时减缓外部竞争压力，避开了同质化的产品，实现了差异化的竞争。在资源上实现共享，优势互补，避免重复投资与价格竞争。B企业从单一产业迈向战略性新兴产业，从单一股权到股权社会化，管理效率也大大提高，从而把新企业的价值充分挖掘出来。

20.1.3　案例C：从消化吸收到自主创新，提升产业价值链

C企业创业之初就确立了自主研发和创新道路。20世纪90年代初，公司依托科研合作优势，先后研制开发了一系列光缆产品，获得了发展的先机。随后开始进入产业高端的光纤制造行业。在引进消化的基础上加以吸收和创新，于2001年成功地突破了光纤预制棒的技术瓶颈，以具有自主知识产权的全合成光纤预制棒技术，打破了国际光通信巨头在该领域内多年的垄断格局，2004年集团凭借成功

研发的G.652C光纤生产技术为中国IT产业光纤反倾销案获得终裁胜利提供了有力的技术依据。2005年后公司又陆续成功开发出多种光缆产品及光纤预制棒产品。公司以独特的光纤预制棒产业化新技术优势，在光纤光缆行业中确立了强大的竞争能力，纵观企业发展历程可以看出（表20.3），企业也是沿着大部分国内企业创新发展的"引进—消化吸收—再创新"典型模式。

表 20.3　C 企业战略发展阶段

阶段	主要问题与目标	内部战略措施	外部战略措施
1987~1998 年	通信技术产品快速升级换代；企业传统技术与工艺面临挑战	合资引进先进管理体系和思想；突破集中家族制管理模式；技术中心负责基础研究与合作；内部研发团队研究前端技术	与武汉邮电科学研究院合作涉足光通信领域；合资引进多种电缆和光缆等技术设备，进入高技术产业；与高校、研究机构合作推进基础研究
1999~2005 年	关键核心技术制约企业发展，使企业处于价值链低端	注重企业文化与战略建设；构建企业员工命运与发展共同体，多项并举促进全员创新；以集团为中心、各分公司为依托的研发体系；项目部负责核心技术攻关	学习和引进外企先进光纤技术；与国内科研院所展开合作，开发行业共性关键技术及产业链上下游的关键技术；与地方政府和外企合作扩大产业规模
2006 年至今	优化产业结构和可持续发展；成为全球竞争力的综合线缆集团；构建产业规模化和差异化竞争优势	优化内部的薪酬体制创新，持续地完善和优化流程；建立以集团为中心，信息化为纽带，学习型组织、团队文化和党建文化为保障，分公司和科技园为基础的管理架构	与科研机构推动关键设备的国产化与核心技术产业化；与天津、成都等政府合作建立科技园，扩大深化整体产业布局；深化与合作伙伴的战略合作，集聚资源构建以核心产业为主导的产品事业体系，与供应商合作推进产业链延伸整合

（1）"技术+设备+管理"三结合引进模式，全面性消化吸收。企业成立早期的技术资源基础薄弱，确立"先学步再走路"的技术发展战略。1995年与日本昭和电线以合资合作的方式引进技术。先后在金属线缆和光通信领域设立了多家合资企业，产品涉及通信电缆、数据电缆和光缆等，1998年企业率先引进了光纤生产技术和设备，并同时从美国、英国及芬兰等公司引进生产设备和测试仪器，成为国内最早的从事光纤制造的民营企业之一。

技术创新与管理创新相结合是其发展的特色之一，包括理念、管理、技术等的融合与互补，企业敢于打破家族制的经营模式。例如，在与日资企业合作中采取双方共同管理的模式；引进了职工提案活动5S+1现场管理等，改变了传统的粗放式管理，建立起完善的现代企业制度、严格精细的管理结构，并形成严谨有序的作风，使企业管理迈向一个新台阶，保障了高技术产品质量和设备效率。

近年来，基于内生性发展的需求，企业开始寻求在更大的范围内实现资源、技术和人才的再配置，国际化合作模式由原来的单一的引进外资提升企业实力转化为与国际企业的强强联合与对接。2008年以来，集团与住友电工在光通信领域内展开了全面的战略合资合作，构建起以光纤预制棒、光纤和光缆为主导的产品事业体系，合资企业分布于天津、成都、香港等五地市。2011年与日本昭和电线在原合作基础之上进一步达成了全面的资本及战略合作，汇集和丰富在综合线缆领域内的技术产品链，确立差异化的竞争优势，以此推进企业全球化战略的实现。

（2）推进产学研合作，提升基础性研究和吸收能力。早在1993年企业与武汉邮电科学研究院合作研制了三种光缆，涉足光通信领域，多年来积极与国内科研院所展开合作，先后与北京邮电大学、南京邮电大学、电子科技大学、浙江大学等建立了广泛、深入的合作，并与南京邮电大学共建富通南邮光电子技术研究院，与电子科技大学设立联合实验室，开发行业共性关键技术及产业链上下游的关键技术。今天，企业已构建起以国家级企业技术中心和博士后科研工作站为创新平台，以信息化管理为纽带，以光纤预制棒技术为核心的自主创新体系；同时引进世界先进的生产设备和检测设备建立国内一流的品质检测中心，坚持不懈地对相关核心生产设备进行改良和创新，依托培养的人才资源优势，在开放性的技术平台上，汇集多方资源沿着核心技术持续创新。

（3）注重核心技术积累，以核心技术推动产业升级。为突破国外技术壁垒、掌握主动权，2000年11月，C企业专门组建了重大项目部，开始光纤预制棒技术攻关。在引进国际先进技术的基础上加以消化吸收和二次开发，对原有设备进行改造和创新，并对反应系统、供气系统、排气系统和控制系统、处理系统等各个核心部位进行了革命性的创新。经过一年多的技术攻关和努力，掌握了具有自主知识产权的全合成光纤预制棒技术，并相继成功开发出了支持多种通信业务的光纤预制棒。

在掌握核心技术后，为实现光纤预制棒生产规模化，企业在2002~2003年就已成功地完成了轴向化学气相沉积法生产设备主体系统中的反应容器的制造，对激光信号反馈提升控制系统等进行更新和国产化。之后又先后进行了轴向化学气相沉积法激光控制系统等各项设备的研发和生产，并取得了全面自主研发的基础；在实现量产的过程中对原设备进行技术工艺的消化吸收，从而形成具有自主知识产权的、基于轴向化学气相沉积法、外部化学气相沉淀法的烧结炉等主要设备的过程设备研发和制造。在设备陆续国产化的经验基础上，集合积累的自有技术力量对整套设备及整个生产工艺流程进行独立设计、生产及组装，2005年底成功研制出四套全合成芯棒制造生产线，生产线各部件和控制系统全部自行研制实现国产化，打破了国外长期以来对我国进行技术封锁的局面。

（4）构建员工与企业的发展共同体，推动企业多元化持续创新。围绕企业核心价值观，倡导永续经营、永续发展的经营理念，构建员工与企业的发展共同体，夯实企业创新发展的基础。鼓励通过共同进步来实现企业和员工的共同发展，另外，公司努力为员工创造发挥才智的平台，启动薪酬体制改革，推行了企业内部技术等级和行政等级并轨的双轨制改革拓展员工的职业发展空间，集团还建立、完善了从高层管理到专项技术培训班的层级培训体系，企业党委和职工工会也努力发挥组织优势，不断开辟新的活动领域和载体。例如，将主题创新与技能比赛活动常态化，充分利用基层组织的力量和员工的自主能动性，内容涵盖节约成本、生产工艺、操作方法等全生产经营的整个过程。其中60%以上的提案均得到组织实施。企业学习日企的员工参与机制，发掘每一个改进改善的机会，通过"改进、改善—创新"的循环，提升管理水准和企业竞争力。鼓励"小集团"活动，以小组长为核心找出工作中遇到的所有问题，共同研究找出最佳解决方案。这些活动不但提高了全体员工的业务素质，也达到了全员参与企业管理的目的，进一步提高了产品质量和经济效益。

20.2 跨案例分析

20.2.1 内外创新要素协同与创新能力提升路径

由上述案例我们看出，在开放式创新环境下企业内外网络创新要素的协同模式和作用机制如图20.1所示。

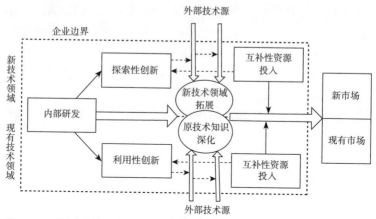

图 20.1 开放式创新环境下企业内外网络创新要素的协同模式和作用机制

资料来源：朱朝晖和陈劲（2008）

企业内外网络发展模式各个企业的各个阶段是不同的（图20.2），其对创新能力的作用也存在很多途径。

A企业"内部要素协同和资源整合——产业结构调整"战略途径：在前期主要依靠内部结构调整、信息化建设和管理创新提高内部资源整合，以技术推动相关产业多元化，借鉴和吸收外部技术，对产品和工艺不断进行渐进性创新，通过内部管理改革和整合，提高整体效益，但在产品上没有实质性突破，利润率一直在低端徘徊，为此，在新的发展期，企业通过进一步加强与定向合作者关系，积极引进新技术和新产业，用高新技术和先进设备提升产业基础和产品技术档次，并促进产业的完善与发展，借助外力推动企业跨越发展和转型升级，目前企业形成了跨越不同技术领域的五大支柱产业。

B企业"吸收集成的界面协同——推动企业产品结构调整"战略途径：借助外部网络技术资源，以高新技术改造传统产业，把重点放在高技术含量、高附加值产品的开发和培育上，大大增强了产品的市场竞争力。外部网络为企业提供了包括智力人才、资金设备、技术知识等的必要条件和基础资源，企业通过持续技术创新，推动产品升级换代，先后经历过东南亚金融危机、中南美经济危机、欧美经济回落等风雨的洗礼。但由于2008年国际市场动荡，加之在技术进步、产业升级和国际化等方面投入过大、战线过长，部分产品产销急剧下降，再加上紧缩的货币政策给企业的资金链带来了很大的压力，企业在快速发展中因对外部资源消化与整合建设没有同步发展，创新要素组合、管理协同、战略决策等出现问题。这需要企业通过内部管理创新进一步练好"内功"，并积极化解成不断上升的压力。

C企业"消化吸收基础上内部研发——产业价值链升级"战略途径：企业早期在引进日本电缆光纤设备工艺基础上，加强对先进技术的学习，不断加大自主研发和创新力度，追求产业链内原创性技术的突破和预研。电缆—光缆—光纤—光纤预制棒，三次产业技术跨越，每前进一步，都意味着在光通信产业核心技术上的突破。目前在光通信产业内，已相继成功开发出了支持多种通信业务的光纤预制棒，形成了从光纤预制棒到光纤、光缆的完整产业链结构，确立了以核心技术为主导的产业链优势。企业技术积累、开发的过程，也是一个内部创新体系与外部创新合作交互发展的过程。

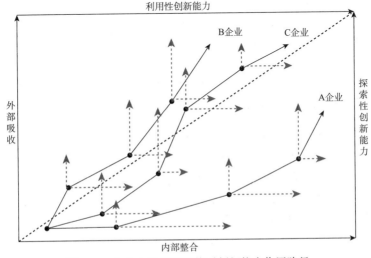

图 20.2　企业内外创新网络对创新能力作用路径

20.2.2 企业内外网络特征发展

创新网络成员关系不同于市场关系与科层关系，各个参与主体在交互的同时完成自身结构的不断调整，选择最适合自己发展的协同方式和路径，首先从案例企业的内外网络特征发展来看（表20.4），A企业早期注重资源积累和整合，其信息化建设极大地推动内部协同，成立中央研究院有效协调了研发、生产和工艺改革等不同创新活动；对外合作的规模小但强度大，企业探索性创新能力明显不足，全新产品开发和核心技术突破性成果较少。B企业注重外部网络建设，推动技术跨越发展，其产品结构完整，新产品竞争力较强；而内部体系建设相对滞后，技术消化与转化能力欠缺，集成创新效果显著，内在核心技术仍欠缺，经过政府主导下的资产重组，重新焕发了活力。C企业外部合作规模小但强度大，将引进设备与引进技术、引进技术与引进管理结合，综合配套的管理体制也保证了其内部技术创新能力的持续发展，通过与外资合作进行学习，引进技术，通过与国内高校、研究所的合作推动基础研究和消化能力，与自身积累结合实现关键核心技术的突破性创新，推动产业价值链升级。

表 20.4　企业在不同阶段的内外网络特征

企业	外部网络特征		内部网络特征与合作机制	
	早期	发展期	早期（结构）	发展期（网络特征）
A 企业	主要与高校合作，数量与类型都单一	合作类型和数量少但目标明确、关系紧密	直线职能结构，部门职责交叉，但员工之间关系融洽	改制后建立组织矩阵与事业部制，信息化平台提高部门协同度，党群建设良好
B 企业	注重从外部获取技术资源，夯实发展基础，与合作者保持紧密关系	外部网络保持稳定发展，实质性合作者达到50家以上，合作范围和类型较多	直线管理模式，决策集中、效率高，但职能部门之间缺少协同，技术转化慢，员工创新参与少	建立多层次开放式创新体系，产权改革和重组后，建立现代企业制度
C 企业	与日本昭和电线保持紧密合作，与高校合作松散	与主要对象保持和深化合作，与高校、研究机构合作紧密	分工明确，决策集中，职能部门沟通	多层级跨职能整合，内部管理规范，团队式或小集体创新模式

20.2.3 企业与外部网络互动模式

以技术资源与技术创新活动来看，企业有不同的战略途径来实现内外网络的互动，从而整合外部资源，提升企业技术创新能力（表20.5）：A企业注重相关产业的多元化，不断强化对现有产品的升级换代，为此企业组建了以中央研究院为中心的辐射状技术体系，以中央研究院作为对外合作交流的平台，这种方式能提高对外合作效率，推动渐进式创新能力发展；B企业的三位一体模式，有效地调动企业全方位资源，加强对外部技术资源的获取，从而快速推动技术发展，很多新技术、新产品等创新成果不断涌现；C企业的双轨制模式，将对外合作与内部研发有机结合起来，沿着既定产业链不断向高端延伸。

表 20.5　企业实现与外部技术资源交流的主要模式

企业	内外交流主要方式	技术协同路径
A	以中央研究院为枢纽的星形技术体系，中央研究院作为对外交流的平台，负责与科研院所共同进行基础性研究，并依托各个事业部的研发部门和团队，引进、消化和吸收外部技术资源，同时组织研发各个产业所需的新产品	
B	三位一体的研发体系，由独立研发机构负责最新的技术信息和产品研发，技术中心负责与科研院所的合作，共同研发新产品和消化引进的技术，集团总部通过合资与兼并，获取企业发展所需的技术和资源，并由技术中心转化为内部能力，同时海外公司也及时掌握全球技术动态	
C	内部研发与学习引进结合的双轨制模式，合资企业获取并学习先进的光纤技术，技术中心负责与高校院所的合作，开展基础性研究、消化吸收先进技术，并通过与合资企业组建联合研发团队，共同开展新技术、新设备的研发	

20.3　协同规律命题的提出与验证性研究框架设计

20.3.1　协同规律命题的提出

从前面案例企业分析和对比看出，A企业与外部合作者保持了长期而紧密的合作，其与浙江大学等单位合作完成的集成数字化设计与产品开发成果荣获国家科技进步二等奖，而借助新合作伙伴台湾东贝光电专业实力，在短时间内提升了旗下LED产品的技术水平，企业将智能化控制系统与LED照明产品进行创造性融合，形成了A企业LED产品的独特优势，在产品工艺设计和应用功能上更是体现了智能科技特点，符合时代特征，因此，其外部网络和内部网络有力地提升了企业利用性创新能力；B企业注重高技术含量、高附加值产品的开发和培育，其广泛而多元化的外部合作，为技术发展提供了源源不断的资源，极大地提高了核心技术和自主知识产权的开发，获得了300多项国家专利，但其快速发展后的内部管理体系却相对滞后，资源整合与技术转化能力没有及时跟上环境变化；C企业也注重与外部合作者保持紧密联系，获取企业发展所必需的专业技术，同时，企业注重对外部技术的学习和消化，其产业、组织机构、管理制度、资产配置、工艺设备的优化乃至意识形态的优化都极大地调动了内部研发人员积极性，其过硬的研发团队和技术实力能跟踪研究并突破一系列产业链的高端技术（表20.6）。我们按照三级定性评价给出各个案例企业的大致评价，如表20.7所示。

表 20.6　技术创新所产生的绩效

企业	技术创新绩效
A	位于国内同产业前两名，多个产品在国内市场占有率名列前茅，荣获国家科技进步二等奖，累计申请专利140余项，获得授权专利百余项，发明专利5项，新产品产值率超过55%
B	每年都有20多项新产品研发成功，新产品产值率近70%，至今已累计获得专利300多项，10多个产品列为政府重点项目
C	国内光通信领域最具综合竞争力企业，首家掌握具有光纤预制棒关键核心技术的企业，开发形成的具有国际先进水平的制造工艺与设备承担国家863等重大项目，荣获国家科技进步二等奖

表 20.7　案例企业的定性对比

案例	外部网络效度			内部网络效度				创新能力		绩效
	规模	异质性	强度	共享	参与度	协同度	社会化	探索	利用	
A 企业	小	低	高	高	高	中	中	中	高	高
B 企业	大	高	中	中	低	中	低	高	低	中
C 企业	小	低	高	低	中	中	高	高	中	高

本节把所有案例企业的各组变量进行对比分析，从而归纳出外部网络、内部网络、创新能力与创新绩效各变量之间的相关及因果关系，提出初始研究命题。从上面分析看出，企业外部网络及内部创新资源联结对企业发展具有重要作用，

为此我们提出如下命题。

命题1：企业外部网络对企业创新能力具有重要推动作用。

命题2：企业内部要素协同对企业创新能力具有重要推动作用。

命题3：企业内外创新网络的协同能有效提高企业创新能力。

技术整合的流程一定要适合特定的企业自身的能力和文化，基于某个目的的技术整合，具体方式具有多样性，其中的路径依赖是变数。从对外部技术整合的具体方式来看，A企业主要通过技术改良来实现整合，整合周期短，耗费代价少；而B企业主要通过合作开发，然后借助购买、兼并等技术手段直接整合，整合周期中等，但对整合技术的后续发展不足；C企业通过实质的技术创新实现技术整合，通过学习掌握外围技术，然后再自主研发核心技术，实现技术突破发展，整合周期较长但实际效果好。因此，我们提出如下命题。

命题4：企业外部网络能有效推动企业持续渐进性创新。

命题5：企业外部网络能有效推动企业突破性创新。

命题6：企业内外资源的整合能有效提高企业创新能力和绩效。

综上所述，协同规律的基本内涵为：企业通过整合、协作机制，将内部要素进行优化组合、将内外创新要素进行互动协作，以更好地汇集分散的创新资源，协调各方面利益关系，促进创新要素协同形成协作力，实现1+1>2的效果，促进企业转型升级，进而促进产业的结构优化调整。协同规律实际上就是将分散的力量凝聚在一条线上，形成统一的合力，进而提升企业的创新能力和创新绩效。

20.3.2　验证性研究框架设计

网络视角建立于这样的概念之上：经济行为受其所嵌入的社会环境的影响，也受经济主体在社会网络中所处位置的影响。行为者之间接触的网络是参与者的重要信息源，能起作用的不仅有网络中的成员的特征，还有他们之间的关系的模式（Gulati et al., 2000；Brass et al., 2004），因此，社会学网络分析的重点之一是联结类型，另一个是网络结构（Borgatti et al., 2009）。Elmquist等（2009）提出从创新实施的位置和合作程度两个维度来研究未来开放式创新的发展。因此，本章的基本逻辑是要素（变量）—结构—能力（绩效）；研究的主题是企业内外创新要素的协同及其对创新能力/绩效的提升机制。

Papa（1990）发现，绩效伴随着技术变革，技术变革的效果同网络交流的频度、网络的规模和网络的多样性（包括与其他部门和层级结构联系）有关，这一推论表明如果工作要求创新，那么网络联系是最有用的（Brass et.al, 2004）。探索性创新能力是寻找新能力的一种远距离搜寻与开发过程，可能会以激进式创新方式带给企业新的发展机会；而利用性创新能力是建立在企业现有能力与资源基础上的局部搜寻，以渐进式创新方式带给企业不断发展的优势（Li et al.，2008）。彭新敏（2009）通过对235家企业实证研究发现，企业网络对技术创新绩效的影响是以利用性学习和探索性学习为中介实现的；很多类似研究认为探索性创新（学习）和利用性创新（学习）的结合及其与组织内外因素动态协同是构建持续创新能力的关键（Jansen et al.，2006；朱朝晖和陈劲，2008；李剑力，2010），因此，我们先给出企业内部要素和外部要素对创新能力的直接影响，然后再分析这种内外协同情况下对创新能力/绩效的共同作用，整体研究框架如图20.3所示（具体变量选择与测度详见第21章）。

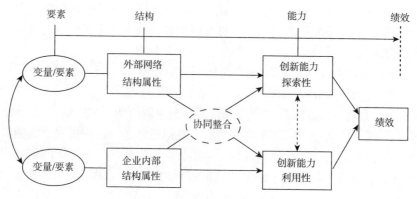

图 20.3　协同律的验证性研究框架

第 21 章　创新要素的组织内协同规律

21.1　研究背景与理论回顾

改革开放以来，我国制造企业顺应全球化制造的趋势以低成本比较优势及时占据了全球制造网络的各个节点（吴晓波和刘雪锋，2007），成为全球价值链中重要的商品供应商和组成部分（彭新敏，2007），是名副其实的"世界工厂"。虽出口数量多，但自主品牌少、核心技术少、产品附加值低，而且很多产业所依赖的传统竞争优势（如人力成本、廉价资源等）正逐渐失去，"成绩与软肋同样突出"（谢祖墀，2009）。因此，转型升级、结构调整成为我国制造业发展的重大战略问题，实现从制造大国向创新大国的转变，必须完成由传统工业化道路向新型工业化道路的转型升级。经济增长方式由资源推动型转向创新驱动型，全面优化技术结构、组织结构、布局结构和行业结构，促进工业结构整体优化提升。工业转型升级涉及理念、模式、路径的转变，是一个战略性、全局性、系统性变革过程，不仅包括工业技术、工艺和装备的升级换代，也包括企业管理水平的不断提高。因此，转型升级需要企业从扩展的网络中获取多方面资源，推动企业战略、技术、市场、制度等多要素创新的协同互动（许庆瑞等，2003a）。

协同分为外部协同和内部协同两个方面。外部协同的实现取决于企业和其他相关主体的互动。内部协同的实现依赖于企业内在要素间互动（陈光，2005）。

从内部视角来研究企业内部要素协同与创新管理是基础。例如，陈光（2005）在界定协同创新、协同要素、协同度、协同效应、协同创新能力、协同管理等概念的基础上，构建起反映企业内部创新要素互动联系和过程规律的协同创新理论。谢芳（2006）通过研究企业集团内部协同创新的关键影响因素及其与协同创新效应的关系、协同创新效应与创新绩效的相关关系，对企业集团内部的协同创新管理进行了理论分析和实证研究。陈劲和王方瑞（2005）对技术和市场的协同创新进行了一系列的研究，分析了技术和市场协同创新过程中各要素间的协同联系和协同功能，获得了具有可行性的技术和市场协同创新管理架构，为丰富和推进创新管理理论做出了贡献，为企业的创新管理提供了具有实践意义的指导。

另外，创建一种系统性的创新能力。在组合创新理论的推动下，到20世纪末，创新理论朝系统观发展更进了一步，出现了集成创新观和系统创新观的创新理论。1998年，美国的Iansiti提出了技术集成的概念。一些学者也指出，在技术创新中各种要素的集成是保证技术创新效果的重要条件（江辉和陈劲，2000；路甬祥，2002；笛德等，2008）。集成创新观强调对现有各创新要素的创造性整合，体现了一定的系统性思想。许多学者探讨了企业创新系统的概念与内涵（陈劲，1999；Edquist，2005；Lundvall，2009）。企业创新是一个复杂自适应系统；要提高创新绩效必须注重系统各要素间的关系，全面创新管理是各创新要素（如战略、组织、文化、制度、技术、市场等）在全员参与和全时空域的框架下进行全方位的协同匹配，以实现各自单独所无法实现的"2+2>5"的协同效应，从而促进创新绩效的提高。因此，创新要素之间的协同，对企业创新能力的提升至关重要。

21.2 系统动力学与协同学

依照王其藩（2009）的描述：协同学主要研究新旧结构的演化，即从无序到有序演化的非平衡相变。协同系统的状态由一组状态参量来描述。这些状态参量随时间变化的快慢程度是不相同的。根据伺服原理，当系统逐渐接近于发生显著质变的临界点时，快变量服从慢变量，序参量支配子系统行为。系统动力学认为系统的内部结构决定其行为的性质，在系统内部各个反馈回路中，在其运动、变化、发展的各阶段和由旧状态过渡到新状态的全部结构过程中，总是存在几个主导回路，这种主导回路包含相对重要的变量。由决定系统运动性质的主要因素所构成的系统主回路，带来了一定时空条件下系统的主导动态结构。

在协同学中，把引起系统巨变的状态称为涨落。在一个系统中必然存在许多可能引起涨落的参量，这些参量最初在小范围出现，最后涉及整个系统，使系统从有序变为无序，或由一种旧的结构变为一种新结构。而系统动力学研究的对象大部分也是处于远离平衡态、非线性的开放系统，其内部各单元之间相互作用形成一定的结构，并按一定的规律发展演化，系统动力学模型中也存在一个或几个灵敏参量，它们对外界的扰动与内部的涨落反应非常强烈和敏感，一旦系统处于临界状态，涨落会产生涌现，这可能导致新旧结构的更迭。系统动力学通常把灵敏参量称为杠杆解。因此，系统在内外力量的共同驱动和作用下，其结构、参数、功能行为及发展方向，都随时间推移而变化，当系统中量的变化超过一定阈值时，就会发生新旧结构改变和质的变化。

21.3 要素协同与能力演化：基于案例的一阶模型

张玉臣（2011）指出，首先，协同建立在合作基础之上，不同主体之间的合作需要一定条件才能发生，需要特定机制保障才能维护和持续。其次，能够产生协同效应的合作必须对不同创新主体的任务目标、资源等进行有效协调，这同样需要一定的机制来实现。最后，创新系统的协同要求其与社会环境实现良性互动，需要建立超越系统自身的管理体制和机制。创新网络中的协同需要对整体网络变化、单个企业的动态能力以及创新能力之间的逻辑关系进行深入研究。

王核成（2008）指出，当前企业能力演化与竞争优势再造的相关研究还存在几点不足：①研究领域主要集中在动态能力、核心能力演化的相关概念的界定和过程描述上，对企业能力演化机理等规律性的研究较少涉及，能力演化定量研究方法存在不足；②在企业能力演化的研究中，主要关注的是企业外部因素的推动作用，而忽视了企业能力体系内部各能力的相互作用；③创新网络成员关系不同于市场关系与科层关系，各个参与主体在交互的同时完成自身结构的不断调整，企业内外形成一个复杂的演化系统。很多研究强调创新过程的动态性和复杂性，但在研究方法上仍采用静态视角，如通过横截面数据统计分析，这种方法能对某个时期特定情境下的关系和机理形成比较准确的见解，但随着时间的推移，很多条件变量都要发生改变。例如，企业原来的核心竞争力慢慢转变成限制企业创新的主要障碍，陷入Levinthal和March（1993）所说的能力陷阱。近年来，在复杂系统理论快速发展的背景下，国内许多学者应用复杂系统理论对企业能力进行了研究，阐述了企业能力系统的复杂适应特性，企业能力层次演化的多样性、方向性，以及涌现机理的规模效应、结构效应对企业能力层次演进的影响，为企业把握正确的能力层次演进机理提供了科学依据。

在开放式创新环境下，企业创新的一个主要特征是实现创新要素的组合和交互。我们通过一个具体企业模型来分析企业对外部资源和知识的转化机理以及创新能力的演化规律。对于以实践案例为基础的一阶模型构建，我们按照Adamides和Voutsina（2006）、蒋春燕（2011）的主要步骤：通过对总裁、副总裁、项目经理和高级工程师进行的深度半结构化访谈，建构本章的系统动力学模型。半结构化访谈，主要围绕企业的新产品开发和企业发展的关系、企业如何实现要素协同这两个核心问题展开。为了更深入掌握企业实际创新过程，我们还利用假期时间参与了企业新产品开发过程，根据我们调研的资料先画出创新主要变量之间的关系。这个过程也是一个和被访问者互动的过程，通过访问者提供的信息进行参数赋值，然后再向被访问者确认，进行修改。为了更逼真地反映实际效果，我们对主要软变量进行了相关度赋值，让访谈者根据实际运作过程对标量进行估计，并对一些相互关系进行抽象处理。经过几个回合的互动修改，得出了双方意见一致的关于本章系统动力学模型以及对应变量和参数的数据，模型的构建采用Vensim 5.11aPLE（Ventana Systems，Inc.）软件包。

建模过程的主要步骤如下（斯特曼，2008；王其藩，2009）：

（1）明确问题，界定系统的边界，同时为了更清楚地反映总体关系，将模型分解为外部创新网络、企业内部管理运作流程、企业变革与创新能力建设和企业绩效考评四个子系统。

（2）提出动态假说，设定初始假设关系、关键变量概念化。

（3）构建系统流程图、写方程，指出主要的状态变量、流率变量、辅助变量和常量等，以及它们之间关系的方程式和各参数的赋值。

（4）验证与测试模型，通过鲁棒性、心智模型、敏感性分析等措施验证模型行为结果，验证整个系统动力学模型间的动态关系是否与假设的关系一致。

（5）执行、模拟、试验各种不同的决策对结果的影响。

21.4　案例简介

A企业成立于1983年，作为邮电工业多元化经营的产物，在公司创立之初，通过研究国内国际市场信息、学习西方发达国家的电气设计制造工艺，收集了松下、西门子等电气大公司的最新产品资料。公司组织业务骨干研发以电玉粉为主要原材料的86系列接插件。产品的问世，打破了我国几十年使用黑色胶木电气制品的传统，迅速被国内市场接受。随后，企业加快和高校院所的合作步伐，形成了以地面插座、多功能插座等一系列产品构成的产品集群。20世纪90年代，在市场经济体制改革推动下，国内建筑市场、电气市场蓬勃发展，企业积极扩大规模，以优质产品占领市场，1995年公司销售额首次突破亿元大关，成为国内电气附件行业的龙头企业。但这一时期，国内众多厂商如雨后春笋般崛起，国外众多厂商诸如松下、西蒙、罗格朗、梅兰日兰等一大批外资企业挟资本、技术、品牌等优势纷纷抢占国内电工市场，电工产业竞争空前激烈，产品的同质化现象严重，利润空间大幅缩水，公司在1999年后进入徘徊发展期。

随后，A企业进入调整发展阶段，开始全面转型升级和产业结构调整，在发展中，以组织变革、资源整合为切入点策动产业的新发展。在技术上，将基于信息技术的创新能力作为公司的核心竞争力来培育，不断用高新技术和先进设备提升产业基础和产品技术档次，促进产业的完善与发展，为企业持续增长提供不竭的源泉。在多元化发展的道路上，企业从单一主导产业发展为电工、塑胶、智能、照明和线缆五大支柱产业。企业技术创新能力发展经历了三个发展模式：早期引进模仿，并结合国内需求持续改进；发展中又包括两种模式，即合作模式和自主研发模式，合作模式是指企业推动与高校和科研院所合作，推出具有国内先进水平的新产品，并通过与外企合作，学习先进技术，设计制造和提供符合国际标准、国内领先的产品；自主研发模式是指企业也注重自主研发能力培养，先后与浙江大学等成立联合实验室和院士工作站，推动新型材料、集成设计和全新产品开发。根据现有各个产业的不同发展特点，设计相应的商业运行系统，并强化价值链的分析和研究，从而提高产业的竞争能力和盈利水平，与2003年前比，A企业销售总规模增长了3倍。持续创新为A企业的发展提供了不竭动力。企业每年开发并投入市场的新产品达到100多个，新产品销售收入占比从2003年的35%上升到2010年的62%。

21.4.1 模型假设条件

创新包括三个层次，即原始创新、集成能力创新和引进消化吸收再创新。原始创新是指前所未有的重大科学发现、技术发明、原理性主导技术等创新成果。我们对企业的创新能力按照创新的程度和作用程度，分为低阶能力和高阶能力，处于低阶的是以引进消化吸收为主的模仿、改进能力，称为二次创新能力。在此基础上学习和引进外部技术，形成集成、整合为主的集成创新能力，最高阶的创新能力是以发明为主的原始创新能力。从企业创新行为（包括工艺、管理、研发、市场等）来看，企业集合外部网络资源，通过学习、选择、变异等活动将其转化为企业自身能力，从而推动企业变革与绩效改进。整体系统动力学框架如图21.1所示。

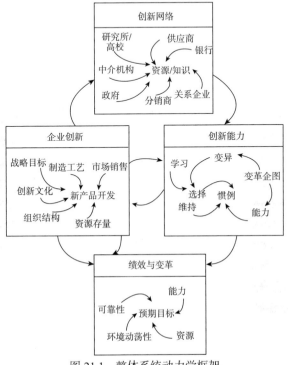

图 21.1 整体系统动力学框架

原创技术不仅是推动经济持续增长的强大动力，同时也成为许多国家知识产权战略的首要发展目标和重点保护对象（石林芬和胡翠平，2004）。对于企业是否需要高度的基础研究的争论由来已久，基础研究的确能为企业带来丰厚回报，如杜邦公司由对基础聚合体的研究发明了尼龙，此外"参加遥遥无期的似乎永远都不会带来利润的研究冒险，还能为企业带来利润之外的间接回报"（傅家骥等，2003）。默克制药认为基础研究是发现新药的基础和方向，贝尔实验室的创新对于阿尔卡特朗讯的价值是无限的，可以帮助阿尔卡特朗讯保持市场的领先地位和市场活力。而原始创新能力在这里不是指纯粹的基础研究上的突破，而是指以研发为手段的重大突破性创新，是系统的R&D活动的产物，它是经由实际验证的新的成功技术（石林芬和胡翠平，2004），如朗科公司用于数据处理系统的快闪电子式外存储（U盘）装置。我们根据对企业调研和访谈，给出下列关键的假设前提。

P_1：企业创新能力的发展随着企业发展而不断提升，能力之间存在相互支持和相互制约的关系，处于初期的低阶能力（如模仿改进）是高阶创新能力的基础（如集成能力）。一项新技术在推动产业发展的同时，也为企业原有的技术生产体系带来破坏性作用（傅家骥等，2003）。

P_2：不同类型的创新能力之间存在势差，不同类型能力之间相互转化并且相互支持（或抑制）。例如，当发明能力相对于集成创新能力的比例加大时，企业会通过组织、市场等创新促进能力之间相互转换，保持整体协同性。

P_3：因为资源和精力的限制，企业不可能无限制同时发展，拥有高阶创新能力需要投入更多的精力和资源，一方面处于高阶的创新能力对低阶创新能力存在挤出效应，另一方面，新的发明或突破性创新会淘汰掉传统的一些能力。例如，企业合作开发的计算机集成开发平台，只需通过建筑电气产品仿真与数字样机技术，就能以最快速度开发新产品，使得传统的人工试制模仿技术落伍。

P_4：作为一家传统制造型企业，企业不断用高科技改造传统产业，新产品销售额在销售收入中的比例不断上升，企业统计显示，每一项新产品的利润贡献值是普通产品的两倍，而全新产品所带来的利润更是达到了普通产品利润的五倍。

21.4.2 模型主要变量操作与设定

游达明和孙洁（2008）运用层次分析法（analytic hierarchy process，AHP）构建了企业开放式集成创新能力评价体系，采用线性加权函数的方法建立了开放式集成创新综合评价的模型，指标权重的计算和价值的量化，是对计算综合评价结果的准备，解决了这两个关键性的问题后，即可运用量化值加权函数的方法计算综合评估结果。我们采用该方法作为对企业关键变量的测度，主要包括三步：①设定企业1998年各项指标为基数；②确定各个指标的模糊隶属度函数值，进行模糊量化前，先要确定各个指标的"优—劣"上下限；③进行模糊变换及标准化值的计算，将各个指标的实际数值代入模糊隶属度函数，即可求出其模糊隶属度值（量化值），量化值在数值上介于0~1，是无量纲值，从而具有可比性。但是0~1作为相对函数不便于用于系统动力学模型中比较，为此我们对各个指标量化值进行了处理，如扩大为0~10，每次按0.1变化。

网络规模即采用企业合作伙伴数量的方法划分为1~10个刻度等级，合作是指具有实质性的合作项目（如技术合同、合作协议等）；异质性测度采用陈学光（2008）直接测度创新网络异质性的做法，即按照A. Agresti和B. F. Agresti（1978）提出的IQV（the index of qualitative variation，即属性变异指数）方法对网络异质性指标进行测度：

$$IQV = \frac{1 - \sum_{i=1}^{K} P_i^2}{1 - \frac{1}{K}}$$

其中，K是分类的数量；P_i是在第i类中的数量占总数的比重。IQV指数的取值范围是0~1，1表示最大的异质性，0表示最大的同质性。在本模型中，为了便于比较，也采用0~10设置，合作者类别与统计分析中一致，分为三大类型九种合作机构，即生成型（高校、研究机构）、水平型（政府、行业协会、中介机构和银行）、垂直型（供应商、经销商、消费者）。例如，企业某年具有实际性合作的三种类型分别为2家高校、3家协会、2家地方政府（浙江杭州市科学技术局、山东德州市经济贸易和信息化委员会）、1家咨询机构和12家供应商与经销商，则企业异质性指标为0.69（×10）。

对企业文化、战略和组织等软变量的测量有很多可借鉴的方法（Tsai and Ghoshal，1998；Tsai，2000），而对不同类型创新能力测度却缺少共识，为此我们根据企业实际情况采用了定性与定量结合方法测度三种创新能力，根据企业提供的标准和数据，确定每项成果对能力的贡献度分别为原创发明：集成能力：模仿改进能力=3：2：1。从每个原创发明中学到的知识和积累的能力都非常显著。例如，企业针对国内电压和环境特点，研发了一种具有温度负反馈输出功能的电子镇流器，涵盖了T5、T8从单管到四管的多种电子镇流器，将其归为原创能力，而iHouse智慧照明控制系统则是集成无线双向传输、微处理器控制等技术开发的一套智能系统产品，归为集成创新能力，其引进的LED的封装线及LED灯具光色电性能和配光全套设备则属于引进资源，对封装技术工艺和设备的改进则属于二次创新，企业通过组建内部研发团队，学习和消化台湾东贝光电的技术专利，从而转化为内部可用技术，进一步推动LED智慧照明解决方案、办公及家居智能化方面集成创新。为了简约，也为了更清晰地反映在开放性创新网络环境下，企业创新要素协同与能力动态变化规律，下面给出反映企业吸收外部资源，并转化为企业自身创新能力过程部分的系统流量图（图21.2），图21.2中变量采用了简化名称，因此，表21.1给出了变量全称定义及其相关测度，表21.2列示了图21.2中所涉及的变量的说明及其赋值。

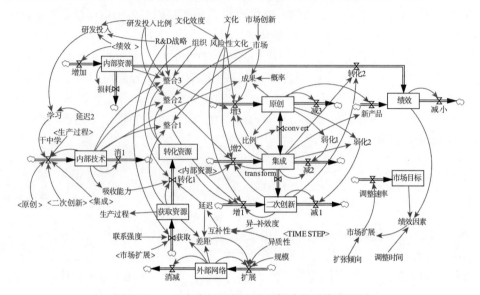

图 21.2　企业自身创新能力过程部分的系统流量图

表 21.1　模型主要变量的定义与测度

指标	指标内容	测度说明
获取资源	获取资源（技术）进行应用	定量测量后标准化
转化资源	消化后能掌握、灵活应用和再配置的资源	定性评价后乘以数量
内部资源	企业主要资产与生产研发设备	定量测量后标准化处理
战略	战略对创新资源配置和支持程度	定性问卷评价
文化	企业对风险的态度，鼓励创新氛围	定性问卷评价
组织	组织结构调整和制度建设	定性评价与制度的量化结合
原创能力	自主研发的产品（设备）和发明专利数量	定性与定量结合
集成能力	对外部获取技术进行集成应用项目（产品）数量	定性评价集成度与定量结合
二次创新	对引进的资源设备进行改进与提升的项目（产品）数量	定性评价改进程度与定量结合
绩效	产品收入（包括新产品）	定量综合

表 21.2 模型中主要变量的说明和赋值

变量简称	说明	公式（赋值）
TIMESTEP	仿真步长	如无特殊说明为 1（月），FINAL TIME=120
新产品	新产品所产生的绩效	SQRT（原创^2×5+集成）
异-补效度	异质性与互补性关系	[（0，0）—（10，1）]，[（0.03，0.02），（0.75，0.23），（1.85，0.36），（3，0.51），（4，0.64），（5，0.68），（6，0.7），（7，0.7），（8，0.6），（9.5，0.3），（10，0.17）]
文化效度	创新文化所产生的风险取向	[（0，0）—（1，1）]，[（0，0.1），（0.1，0.2），（0.3，0.5），（0.5，0.7），（0.7，0.9），（0.9，0.8），（1，0.3）]
成功	成功的开发成果会产生直接正向促进	IF THEN ELSE（概率>0，概率，0）×原创×市场/LN（0.01×内部技术^1.2+1）
概率	研发的风险与概率	RANDOM NORMAL（-1，1，0.3，0.5，2）
比例	集成创新能力与原创发明能力的差值比	（集成−原创）/（原创+集成+1）
转化1	获取资源在吸收能力作用下转变为现实能力	（LN（获取资源×吸收能力+1））×（1+组织）/延迟
转化2	二次创新与集成创新促进资源利用效果	（二次创新+集成）×0.2
增1	二次创新能力的增长	整合1+LN（内部资源^1.2+1）×（1−风险性文化×风险性文化）+LN（MAX（二次创新+20，0.1））
增2	集成创新能力的增长	LN（集成+1）+（二次创新）×0.02+整合2+（2−风险性文化×风险性文化）×DELAY1（LN（0.8×内部资源+1），2）
增3	原始创新与发明能力增长	DELAY1（LN（集成+1）×ABS（比例），1）+DELAY1（（0.3+风险性文化×风险性文化）×整合3，1）+成功
整合1	按照市场需求，用掌握的技术对获取的资源进行改进	LN（获取资源+2×内部技术+10）×（2+2×市场）
整合2	对内部技术和获取的技术进行整合	（1+市场+研发投入比例）×LN（2×内部技术+转化技术+1）
整合3	战略指导下企业对自身资源与技术的转化和整合利用	DELAY1（LN（5×内部技术^1.2+转化技术+0.8×内部资源+1），1）×（2×"RandD战略"+2×组织+研发投入比例）

21.4.3 模型测试

模型是为客户服务的，由于现实系统的复杂性，模型中会有理想性的假设，模型只是在一定条件下对现实世界的简化和抽象。模型的测试具有证伪性，判断它在特定情境下到底有多可信，因此，模型的测试要贯彻始终（李旭，2009），系统动力学建模者已经开发出各种专门的测试来发现缺陷并改进模型（斯特曼，2008；李旭，2009）。

（1）模型结构评价：本章模型从实践案例中调研得出，与主要企业管理者、研发人员等进行了多轮交叉修正，并与同类型企业进行比对，模型结构与相关描述性事实一致、实际运行过程和认知一致，信度得到保证。

（2）积分误差测试：令运行间隔时间减半（1—0.5—0.25），运行结果没有发现明显变化，保持曲线形态一致（图21.3）。

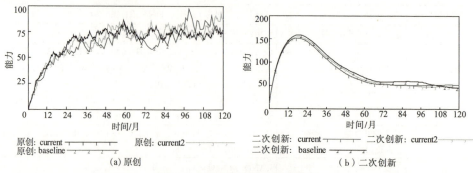

<table>
<tr><td>原创：current</td><td>原创：current2</td></tr>
<tr><td>原创：baseline</td><td></td></tr>
</table>

（a）原创

<table>
<tr><td>二次创新：current</td><td>二次创新：current2</td></tr>
<tr><td>二次创新：baseline</td><td></td></tr>
</table>

（b）二次创新

图 21.3　模型积分误差测试结果

（3）心智模型测试：主要是看系统模拟的行为是否能复制客户所提供的数据（时间序列），模拟曲线与时间序列的吻合有两种情况，一是绝对数据的吻合，二是趋势的吻合。而趋势吻合往往更为重要，因为系统动力学模型就是以系统微观结构为基础建立的模型，结构决定系统的行为特征，而趋势是行为特征的重要标志（李旭，2009）。

我们把A企业历史数据进行拟合。A企业在我国国内市场经济体制改革时期，顺应国内经济发展形势，在房地产市场火热的时期不断扩大市场规模，销售收入急剧增加，但随着国内市场竞争加剧，很多国内电气生产厂也如雨后春笋般加入，而企业在此时期没有进行相应的战略、组织结构调整，固守国有企业的传统，在激烈的竞争中，很多产品由于老化、样式陈旧等，缺乏竞争力，企业从2000年开始进入三年低谷，随后任命了年轻化管理层，并进行了内部改革，建立现代化企业制度，开始进入快速发展期。其与历史数据的拟合程度如图21.4所示，因为企业的绩效以销售收入度量，所以在统计指标和度量上与本章采用的综合指标有所不同，但从整体拟合程度来看，满足模型检测要求。

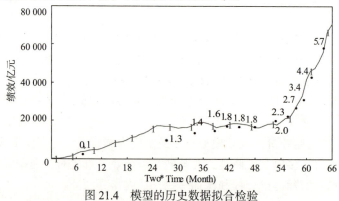

图 21.4　模型的历史数据拟合检验

21.4.4　模拟结果与讨论

（1）基准情况。在基准设定情况下，从图21.5中看出是二次创新能力在前期发展后逐渐消减，而集成创新的能力逐渐增长到一个水平后，发展水平保持一定。以发明为主的能力在振荡中逐渐上升。随着发明为主的原创能力和集成创新能力的增长，其绩效在后期将有快速发展。该企业作为我国典型的国有企业之一，其创新历程也符合前面对我国企业创新道路与模式的一般性总结（许庆瑞，2011）。

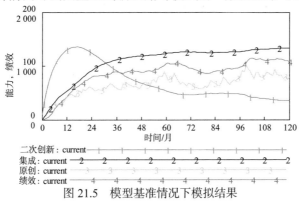

图 21.5　模型基准情况下模拟结果

纵轴上刻度：相邻的数值中的上面的数值表示"能力"；下面的数值表示"绩效"，图 21.6~图 21.8、图 21.11 和图 21.22 同此

（2）组织、战略文化低水平，提高市场创新程度。当研发战略与组织结构、风险性创新文化都维持在较低水平时（org=0.1，str=0.2），单纯提高市场创新（mkt ≥ 0.9）与整体技术创新整合力度，缺乏组织战略与文化的配合，则出现下列结果：市场绩效维持在低端水平，二次创新能力发展维持到一定高度后逐渐稳定在与集成创新一致水平上，而集成创新能力也随后缓慢发展起来，维持在一个稳定的较低水平，发明能力维持在较低水平，绩效也在低水平上持续平稳发展（图21.6）。

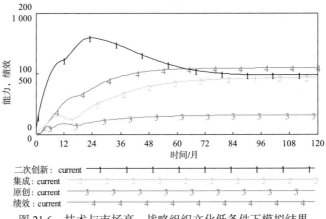

图 21.6　技术与市场高、战略组织文化低条件下模拟结果

（3）其他条件不变，仅提高企业组织创新力度，如通过结构调整、建立内部员工社团等。例如，企业组建了内部网络社区、技术攻关小组、科技委员会等增强内部沟通渠道、促进员工创新。

当市场创新维持在原水平（mkt=0.7），战略、文化、投入等其他条件不变时，通过制度、体制调整和组织结构改革提高组织创新程度（org=0.95），其二次创新发展到一定程度后下降，而集成创新能力出现稳定增长，整体绩效也相应增长，原创能力虽然也增长，但是其动荡程度太大，没有一个稳定发展的态势（图21.7）。说明对于原创发明这种投入大、风险高和周期长的活动，缺乏战略文化引导会导致其不稳定。

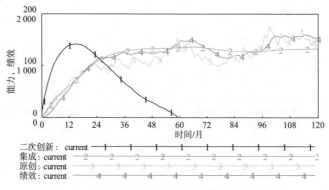

图 21.7 其他条件不变提高组织创新的模拟结果

（4）保持市场创新低水平，提高组织、战略与文化创新度。如果提高组织与战略创新（org=0.9，str=0.9），实施扩张的战略来试图提高绩效，而企业缺乏基础市场要素所产生的市场建设与创新发展能力（mkt=0.2），就会造成发展的动荡不稳，这是因为缺乏技术与市场创新的基础协调，会产生市场信息掌握不全、对外部技术应变能力减弱等情况，虽然战略的激进和风险性进取文化能推动企业发展，但是发展具有"幸运"因素，造成波动性和风险都急剧增大（图21.8）。

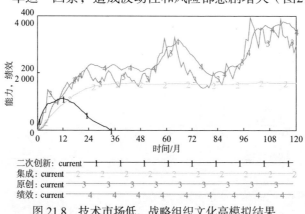

图 21.8 技术市场低、战略组织文化高模拟结果

（5）在保持战略、组织、文化和研发投入等不变时，单纯增加外部网络异质性、规模与联系强度时，对探索性原创能力没有明显促进，但对二次创新能力有较大提高，随着异质性提高，二次创新能力最后也出现下降（异质性变化heter=3—7—9）（图21.9）。

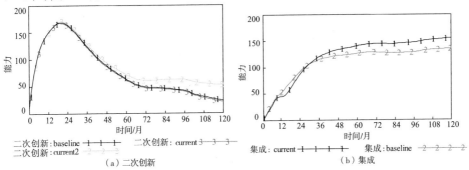

（a）二次创新　　　　　　　　　　（b）集成

图21.9　企业内部要素不变外部网络增加模拟结果

在企业内部组织、投入等各创新要素保持不变的前提下，外部网络异质性很小，而不断扩大规模时，随着规模不断增加，企业对资源的转化和利用会进入混沌状态（图21.10是在异质性处于较低数量级heter=2，而规模达到高数量级scal=7时的模拟结果）。当异质性适度增加时，企业能力转化有所好转，但只有保持企业的内部研发投入、战略、组织等要素共同提高时，才能保持整体能力一致发展。可见，适度的聚集程度会使创新网络的资源得到很好的利用，但多样性对企业创新力度具有积极影响，经济演化是由企业异质性推动的，反映出企业嵌入更为多样化市场环境中比在更同质化的市场中创新绩效更好（Woerter，2009）。张永安和李晨光（2010）发现聚集程度过大会导致所有的主体从事相同的行业，引起技术资源趋同，失去多样化，从而没有差异性的主体间无法凸显竞争优势。本章发现类似结果，单纯增加规模而缺少异质性会抑制能力发展，但太多异质性也会牺牲掉效率，需要寻求一个平衡（Woerter，2009）。

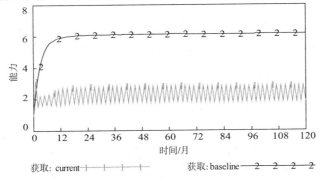

图21.10　其他条件不变，只增加规模出现的振荡状态（heter=2，scal=7）

（6）企业提高原创能力能有效提高整体绩效，而理想发展态势是研发投入、战略与组织创新、市场创新维持适合水平（mkt=0.5），虽然市场创新在0.2<mkt<0.4时总体表现更好，但产生的市场波动太大（图21.11），我们推测是由于对市场信息掌握不够，产销脱节等风险加大。而市场创新度过大（mkt>0.7），市场干预程度过大，则会重视基于市场需求的技术创新，专注于降低成本、提高效率和销量等应用型技术开发，而对核心技术、突破性技术的投入不够（许庆瑞，2007），虽然会减弱探索性创新能力的发展，但企业绩效发展平稳（图21.12）。

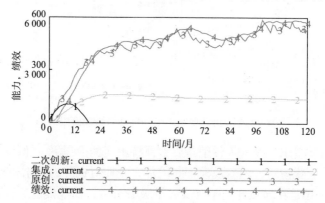

图 21.11　原创能力主导的提高绩效模拟结果（市场 mkt=0.7）

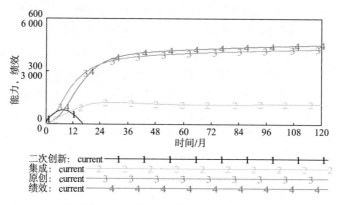

图 21.12　原创能力主导的提高绩效模拟结果（市场 mkt=0.9）

21.4.5　总结讨论

企业对创新能力的理解因行业和产品技术特点不同而各异，从而使企业在不同的发展阶段制定不同的创新战略。该企业属于传统制造型企业，处于产业结构调整和转型升级阶段，新产品研发在企业发展中具有举足轻重的地位，是企业提高核心竞争力的关键，因此，企业不断从外部获取技术进行集成创新，但很多购买的技术专利或产权，如智能化产品的集成开发，主要是为了链接内部各个产业与技术，打通相关产业链（图21.13）。企业即使拥有了该项技术所有权，也缺乏对其继续研发的能力，虽然会促进企业短期内创新能力和绩效提升，但从长期看，对自身研发能力的培育和绩效贡献都不是很大，缺少自身核心技术的集成只能停留在组装层次上，而我国很多企业集成创新没有多少特色，缺乏系统性整合（吴金明等，2011）。很多研究也发现，企业的技术整合绩效，一方面依赖于企业的技术潜力，另一方面依赖于必要的研究开发和环境（傅家骥等，2003）。

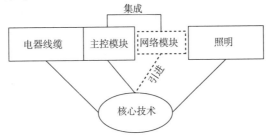

图 21.13　企业集成创新示意图

（1）内部要素协同是创新能力发展的基础，内部创新要素组合成的企业内网络是通过异质性网络联盟，为企业获取、消化外部变量，并将其转化为新产品或改进产品的机制，外部资源和知识只有通过内部创新网络和机制转化为内部自身能力，才能真正形成竞争优势。

（2）要素协同与企业发展和能力演化的关系：要素协同与企业战略发展阶段是相一致的，企业在引进消化吸收阶段，主要基于技术要素与市场要素的协同，提高企业技术积累和学习能力，夯实发展的基础。在企业发展期，企业战略与组织要素参与创新程度明显增加，通过管理上、组织上及文化上的变革进一步解放生产力，促进企业集成创新能力发展，从而进一步提升原创能力。

随着企业开放式创新发展，企业中越来越多的部门、要素和资源都汇集到创新体系中，形成与外界交流的复杂内部创新网络，在这个动态演化中，企业需要良好而有序的内部网络转化和吸收外部资源，这个网络能使企业上下所有员工都积极参与到探索、交流中去，并且它还具备一种良好的机制将交流的成果转化为能够创造价值的想法（史密斯和米哲姆，2009）。其共享愿景和战略是增强员工凝聚力的核心，也引导企业资源的分配与使用；而基于组织结构上的创新能显著增强协同度，包括团队社会化联系和增强员工交流，这些都大大增强了企业对外部资源的获取、转化能力。

21.5　要素协同律总结

本章主要在前面分析基础上，采用系统动力学仿真研究企业在内外网络协同情境下创新能力的动态演化规律，通过构建一阶模型，研究创新要素协同对创新能力的动态作用。企业内部要素的互动与协同推动创新能力沿着纵向和横向发展演化。纵向上，企业能力从模仿引进到二次创新、集成创新，最终提高自主创新能力；横向上，是从单一要素产生的单一能力（如制造、转化能力）到综合能力（管理创新能力）的发展。在开放式创新环境下，创新要素的协同范围大大扩展，但内部要素协同仍是创新能力发展的基础，外部资源和知识只有通过内部创新网络和机制转化为内部自身能力，才能真正形成竞争优势。企业在引进消化阶段，技术与市场创新的协同是将引进的技术转化为自己能力的关键，组织和体制创新将推动这些能力转化为以集成创新和组合创新为特征的竞争力；而企业战略和文化创新推动企业持续创新，引导集成创新能力向以发明、原始创新为特征的核心能力转变。战略选择与价值取向将决定企业以自主研发为核心的自主创新能力发展，表现在企业内部网络特征上就是战略与愿景共享会促进长期而稳定的能力发展，而组织随着参与度增加的同时，也需要持续创新以增加协同度，并通过一些非正式联结增强员工之间的经验交流和积累。

综上所述，要素协同律可以表述为：内部要素协同是创新能力发展的基础，企业内网络是内部创新要素组合而成的异质性网络，将企业获取的外部资源进行消化、吸收并转化新产品或改进产品的机制，外部资源和知识只有通过内部创新网络和机制转化为内部自身能力，才能真正形成竞争优势。要素协同与企业战略发展阶段是相一致的，企业在引进消化吸收阶段，主要基于技术要素与市场要素的协同，提高企业技术积累和学习能力，夯实发展的基础。在企业发展期，企业战略与组织要素参与创新程度明显增加，通过管理上、组织上及文化上变革进一步解放生产力，促进企业集成创新能力发展，从而进一步提升原创能力。

第 22 章　创新资源的组织内外协同规律

22.1　研究背景与理论回顾

自奥地利经济学家熊彼特首次提出创新基本概念和思想以来，世界各国的一批学者从不同的角度对创新与技术进步在经济发展中的作用展开了深入的研究和实证分析，随着全球化和知识经济突飞猛进，在开放式背景下研究企业创新方兴未艾（Elmquist et al.，2009）。创新作为一种通过集体活动才能最有效开展的过程，网络在其中起着关键作用（Ozman，2009），创新网络作为从开放式创新中获得最大收益的主要方式和途径（Dittrich and Duysters，2007），正成为创新研究的热点和实践主题（Pittaway et al.，2004；刘兰剑和司春林，2009；Paruchuri，2010）。

网络观认为经济行为和其他社会行为一样，不是孤立地在一个空洞的系统中进行的，而是深深地嵌入它所处的各种社会关系网络之中（Granovetter，1985）。社会网络理论在发展过程中借鉴了资源观的分析方法和分析框架，发展出相应的网络资源（Gulati，1999）和网络能力等概念（Ritter，1999；Ritter and Gemünden，2003；Hagedoorn et al.，2006）来解释处于企业网络环境中的企业竞争优势来源与如何保持。很多学者认为纳入企业外部的网络因素以后，对企业创新绩效的解释力要比单纯考虑企业内部因素强（Oerlemans et al.，1998），网络对知识扩散、学习活动、创新能力和绩效的促进作用明显（Powell et al.，1996；Tsai，2002；Ritter et al.，2002；池仁勇，2009）。除了企业自身拥有的资源以外，其关键性资源完全可以通过与企业外部实体之间各种形式的联系获得，企业间不同形式的各种联系确实能为企业带来可观的关系租金（网络租金）和竞争优势（Dyer and Nobeoka，2000；方刚，2008）。

现有网络研究仍在很多方面存在不足和进一步研究的空间。

首先，需要更全面认识企业嵌入网络中的内部动态性。现有研究通常将创新网络作为基本研究单位，将企业作为嵌入网络的一个节点或主体（Lavie，2004），通过分析网络的结构和成员企业间的相互关系，从中提炼出影响成员企业优势的竞争要素。这样的研究方法，主要强调网络位置与结构等整体，而忽略了网络节点上行动者本身的异质性（刘璐，2009），企业成为封装个体，在网络中的创新行为仍是一个黑箱，实际上割裂了企业与创新网络间的互生关系（方刚，2008），缺乏结合企业自身特征对企业能力与绩效的综合分析（刘璐，2009；任胜钢等，2010）。Paruchuri（2010）也指出，创新网络研究中有一个明显缺口（glaring gap），即很少研究一个企业在网络中的位置对其内部动态性影响，而其内部动态性决定了企业创新产出。Ibarra等（2005）观察了组织的网络文献中的"微观"与"宏观"流派，指出很少有将这些流派连接起来的桥梁。因此，现有研究很大程度上没有反映出企业内部要素与外部要素的互动与能力提升机制。

其次，研究在开放式创新环境下，企业内外部要素产生协同的复杂性。网络式创新模式的出现使创新主体的组织形态悄悄发生演变，即由以早期单向的资本或产品转移为主的层级制组织形式，转化为以多向知识流动为主的网络组织（彭光顺，2010）。创新网络中的协同不仅是企业内外界面问题，也涉及企业内部创新要素的重组和配置（郭斌，1998）。尽管已有学者提出需要同时分析企业内外部网络互动对创新绩效的影响，然而相关的研究仍然十分匮乏（Gittell and Weiss，2004；Branzei，2004；任胜钢等，2010）。Moliterno和Mahony（2011）也指出，大多网络研究都是单层视角，即网络的个体、群体或企业层次对相应的同一层次产出的影响，但考虑到组织是一个多层嵌套系统，要考虑组织系统某个层次上的网络对更高或更低层次网络的影响。目前普遍采用组织外与组织内两种独立平行的视角（Gittell and Weiss，2004），组织外只分析了外部网络特征、连接强度等对企业能力绩效的影响，大部分研究都把网络关系作为企业提升技术能力的外部知识途径（邢小强和仝允桓，2007）；或从组织内研究企业内部的结构体系、交流机制等对网络能力、网络嵌入的影响（Tsai and Ghoshal，1998），而没有关注外部网络与内部结构与资源的相互影响，目前研究的明显倾向是把组织内部网络化和外部网络化割裂开来，从现有文献看，人们似乎更热衷于组织外部网络研究，缺少一个将内部网络和外部网络整合起来的同一分析框架（张钢，2005）。这种单一视角的研究限制了我们对于外部网络和企业内部创新活动之间相互作用与关系的理解（Branzei，2004；任胜钢等，2010）。

最后，需要认识在组织内外交互作用下创新能力之间发展的规律性与机理。企业的创新行为是一个在变化环境中的不断探索和开发的战略性适应过程，有关企业如何成功有效地将内外可用的资源投入转化为优势的、能产生租金的能力仍然比较模糊（George et al.，2002）。虽然对探索性创新与利用性创新的研究正在蓬勃发展，但我们对这两种活动的前因与结果仍然非常不清晰，实证研究才刚开始探索外部环境对探索性与利用性创新的调节作用（Jansen et al.，2006）。在创新网络中，不同性质的创新能力会交织存在，但企业网络对这两种行为或能力的影响关系研究仍较少，且这种影响的绩效意义还没有得到清晰的阐述和验证（王为东，2010）。

在企业能力演化的研究中，主要关注的是企业外部因素的推动作用，而忽视了企业能力体系内部各能力与要素的相互作用（王核成，2008）；采用动态能力概念的有很多，但很少见到用动态方法对企业竞争力进行系统性研究的（王核成，2005）。企业内外部网络都是一个不断进化的有机体，包括网络中参与者之间的交互关系、位置结构等多维度变化，另外，企业内战略、技术、组织、市场等要素和结构也随外部环境不断进化，推动企业能力从引进模仿、二次创新、集成创新到原始创新的不断发展（许庆瑞，2007），这种基于内外互补性能力（如吸收与整合）形成内生性优势的动态协同也有待进一步研究。

综观相关研究可以发现，尽管有很多学者研究了不同的网络架构对企业产生的影响（Gulati，1998；Ritter and Gemünden，2003），但是外部联盟是否以及如何帮助企业有效地整合消化外部资源仍然没有得到深入研究，尤其是广泛的网络参与导致不同结果（如探索能力与利用能力）的特定机制很少被明确地表达或检验（Branzei，2004；王核成，2008）。已有的理论研究虽然勾勒了企业网络的特性及其给企业带来的不同能力与竞争优势（Ahuja，2000；Reagans and McEvily，2003；Koka and Prescott，2008），但对于企业网络影响创新绩效的机理及其作用情景的研究仍然在不断扩展和深化，而从组织内外两个维度同时进行研究也受到越来越多重视（Paruchuri，2010；Moliterno and Mahony，2011）。随着创新模式从第一代的线性模式发展到集成模式、网络模式，对创新管理的研究也要从内外网络交互的角度进行研究。因此，创新网络企业内外协同与资源整合机制将是开放式创新研究的重要内容（陈钰芬和陈劲，2008）。

22.2 研究框架与假设提出

从前面案例研究与仿真模拟看出，内部网络与外部网络在创造竞争优势的过程中存在着显著的互动关系。一方面，内部网络能够获得所需要的外部互补性资源，从而提高自身资源能力与创造价值的潜力；另一方面，社会资本所带来的机会识别方面的优势，能够更好地发挥组织内部资源能力的潜力，从而创造价值（谢恩，2004）。反过来，又推动外部网络资源获取与利用。因此，本章内容主要通过实证研究检验前面协同律的验证性研究框架（图20.3）。本章参考Venkatraman（1989）、Tanriverdi和Venkatraman（2005）、Lichtenthaler（2009）等学者的做法，通过结构方程模型检验变量之间协同效益。其主要指导思想是高阶因子通过解释一阶因子之间的多边相互作用（multilateral interactions）和协方差（covariance）模拟它们的互补性，对比高阶变量与因变量之间的互补性效应和一阶变量与自变量的独立效应间的差异，如果高阶因子模型更好地解释了整体效应，且效应大于一阶变量效应的总和，表明协同效应的发生。实证分析框架如图22.1所示。

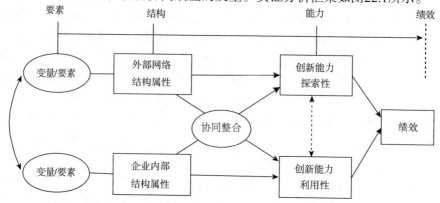

图22.1　内外创新网络提升创新能力/绩效研究框架

22.2.1　外部网络与创新能力

在创新活动中，企业越来越多地从外部资源来获取知识，现代创新过程要求企业掌握关于不同用户、技术和市场的具体知识，这便需要企业更广泛、深入地开发和利用外部资源（Chesbrough，2003；Laursen and Salter，2006）。企业所深层次嵌入的外部网络是企业整合利用外部资源的关键，也是企业技术创新的重要源泉，因此，企业间网络效度与企业的新知识获取及应用正向相关。

大部分研究认为，网络规模越大意味着企业的关系资源越丰富，越有可能实现创新的规模效应，跨越创新活动的阈值限制（Lorenzoni and Lipparini，1999；Hoang and Antoncic，2003；Katila，2008；彭新敏，2009），有助于同合作者分享更多的公共知识平台（Uzzi，1996，1997），有利于合作双方减少机会主义行为和降低风险（Ahuja，2000）。随着企业网络规模的扩大，焦点企业更可能利用其他网络的信息。企业网络规模的大小影响着焦点企业可以获取的知识资源的丰裕程度，当与企业联系的外部实体数量越多时，企业获得外部知识的渠道也就越多，从而也就越有利于企业探索性学习以及技术创新绩效的提高。例如，Ahuja（2000）发现企业间联系较多的化学企业给予新技术建立合资企业的可能性更大。此外，企业网络规模的大小与资源异质性紧密相关，决定了企业网络中知识资源的规模及异质性资源的互补性程度。

参与者多元化或异质性对绩效的结论似乎是一致的，即多元化的参与者组合更好（Ozman，2009）。在探索性中，企业寻求的是新颖的视野，通常需要持续地超越局部搜寻，跨越不同技术/市场边界去获得新知识（Ahuja and Katila，2004）。外部合作关系经常跨越、接触、理解和转化不同学科与地域的新见解，探索性路径可以从关系战略获益，培养和维持与潜在知识供给者的多元化外部链接（Rosenkopf and Nerkar，2001）。例如，宝洁"推倒实验室的围墙"，通过"C+D"（联发）模式在网上公布创新需求清单，从传统意义上的产品研发向借助外部力量的联发演进；相关负责人直言"由于从外部引入了更多的高端产品和技术思想，宝洁公司的研发成功率提高了85%"（吴晓燕，2010）。

因此，通过上述分析，本章提出以下初始命题，并相应包含各个子假设：

H$_{22-1}$：企业外部网络对探索性创新能力有独立的显著正向作用。

H$_{22-2}$：企业外部网络对利用性创新能力有独立的显著正向作用。

22.2.2　内部网络与创新能力

创新需要系统观和全面观，需要使技术、战略、文化、制度、组织、战略等与创新绩效有密切关系的要素达到全面协同才能实现最佳的创新绩效（许庆瑞等，2003a）。网络化体系有效地调动了企业内部各创新要素，以更有效地开发和利用现有知识和机会。通过外部网络获得的互补性资源，也必须通过与内部资源的结合以及组织能力的开发，才能最终创造价值（谢恩，2004），吸收能力的转化、转换和应用也要依赖于组织内部的结构体系才能实现，因此，内部网络化处于企业能力生成与转化的节点。Ritter和Gemünden（2003）强调内部沟通整合机制是企业网络能力发展的重要基础因素。例如，A企业通过建立一种矩阵式组织结构，成立以中央研究院为中心的放射状研发体系，有效整合内部资源，提升了研发效率和转化速度。高效的内部网络能提高资源的内部交换和共享程度，增加单个主体的知识存量，并促进知识的利用和创造。网络联系直接促成组织创新，并为其他创新创造资源条件，促进全要素、全员、全时协同创新。因此，我们提出如下假设：

H$_{22-3}$：内部网络对利用性创新能力有独立的显著正向作用。

H$_{22-4}$：内部网络对探索性创新能力有独立的显著正向作用。

22.2.3　内部网络与外部网络协同

作为开放式创新的主要模式，创新网络也体现了一种共生的商业生态系统，按照自组织与动态进化的原则来设计网状结构组织和商业生态系统（即战略网络），通过共创愿景、系统思考、网络学习、共享知识、协同作用，企业在创造未来中实现可持续发展（Moore，1996）。在近些年来的创新管理研究和实践中，企业内部资源能力与外部网络的并行协同也会对企业的创新活动成功有巨大推动作用（曾楠等，2011）。演化经济学理论明确地阐述了组织内部与外部的变异选择与维持的动态性（Volberda and Lewin，2003），这种共同演化指出外生的社会、政治或产业等环境变量与企业内部组织、战略和行为等之间存在互动。以此类推，企业所嵌入的外部网络也与企业内部网络存在明显的互动。企业外部网络和内部网络是在不同发展阶段（环境）互相促进、共同演化的，在开放度和内部要素参与度上都不断增加，内部要素参与创新逐渐增加，与此同时，企业外部网络也逐渐扩展，形成了一个复杂自适应系统（任宗强等，2011）。这种内外网络之间的相互促进、共同发展的关系进一步提高了企业创新效率。

在内外网络交互作用方面，互补性理论对于资源组合所产生的超额价值也有很好的启示（Tanriverdi and Venkatraman，2005；Lichtenthaler，2009），即互补性会增加整体边际收益。例如，互补性学习过程是各不相同的，但它们相互依赖并相互支持，因此，在互补性变量之间通常会存在一个正向相关性（Cassiman and Veugelers，2006）。技术能力形成也是内部途径和外部途径交替的双螺旋互补作用（赵晓庆，2001），创新网络的形成在于创新主体为适应创新的复杂性而寻求资源互补效应的动态相互作用，资源的互补是个体作用的前提条件（Kash and Rycroft，2002）。因此，企业内外网络之间是密切相关的，存在互动和互补关系。

例如，A企业将内部网络建设作为外部网络建设的前期基础，前期注重内部网络建设，通过企业改制和组织改革，建立了完善的内部创新管理体系，有效强化了自身创新能力，在此基础上不断扩大外部合作，大大增强了外部网络建设。更多的企业实践所表现出来的是内部创新网络和外部创新网络的协同发展。内部和外部网络应该同时被看做新产品合作开发的核心因素（Coles et al.，2003）。因此，我们提出如下假设：

H$_{22-5}$：企业内部网络效度与外部网络效度之间显著正相关。

22.2.4 创新能力与创新绩效

探索性创新是对新事物的发现和尝试，着眼于未来，可以带来新的盈利和发展机会；开发性创新则是对既有的知识、技能、设计、产品和服务进行挖掘、改进和提高，可以在较短时间内带来回报。所以，两种创新方式分别从不同方面促进了企业绩效的提升。这两种创新或者学习方式对绩效的关系已被很多实证研究支持，李剑力（2010）总结了探索性创新和利用性创新与组织绩效之间的实证结果，Gupta等（2006）提出两者相互交叉、彼此共存关系。这两种创新能力之间也并非完全是相互排斥和不可协调的。例如，组织可以利用外部资源等缓解它们对稀缺资源的竞争压力，内外网络互补性有助于企业解决这个两难的选择困境。

实证研究表明探索性创新和利用性创新与组织绩效之间确实存在一定的相关关系。例如，A企业通过整合内部资源、改善组织流程挖掘内部潜力，一方面降低生产成本，另一方面强化电气产品的外观设计、性能改善等渐进式创新，使企业在金融危机的困难时期仍保持了健康增长。因此，我们提出如下假设：

H_{22-6}：企业内外网络协同对探索性创新能力和利用性创新能力平衡发展有正向作用。

H_{22-6a}：在内外网络协同条件下，企业外部网络对探索性创新能力有正向影响。

H_{22-6b}：在内外网络协同条件下，企业外部网络对利用性创新能力有正向影响。

H_{22-6c}：在内外网络协同条件下，企业内部网络对探索性创新能力有正向影响。

H_{22-6d}：在内外网络协同条件下，企业内部网络对利用性创新能力有正向影响。

22.3　研究设计与方法

本章将从研究设计与方法、问卷设计与结构、数据收集过程、数据的描述统计与分析等方面对研究设计与实证研究程序进行阐述。本章的研究框架中所探讨的变量包括网络结构特征、组织结构、创新能力和企业创新绩效，各变量的操作性定义与测量方式参考相关文献的成熟量表，并结合中国企业的具体情况以及本章的研究目的发展而成。

22.3.1　变量的操作性界定与测度

外部网络的结构特征。本章参照陈钰芬和陈劲（2008）从广度和深度对开放式创新的研究，依据网络观的方法，用以企业为中心所嵌入网络的网络规模、多样性（范围）和强度（嵌入深度）分析外部网络属性。

内部网络的结构特征。本章采用战略与共享愿景（Tsai，2000；Calantone et al.，2002；宋迎春，2010）、要素参与度（Calantone et al.，2002；郑刚，2004；刘景江，2004）、互动与协同度（Jaworski and Kohli，1993；刘景江，2004；Khoja，2010）、社会化联系（Jaworski and Kohli，1993；Tsai and Ghoshal，1998；Tsai，2000）等变量测度内部创新网络。

中介变量：探索性与利用性能力。探索性和利用性从早期的学习方式扩展为一个概括性的、广义的概念。本章参照Jansen等（2006）、Yalcinkaya等（2007）的做法对探索性与利用性创新能力进行测度。

被解释变量（因变量）：创新绩效。本章以创新绩效作为被解释变量（或称之为结果变量），参考Pertusa-Ortega等（2010）对创新绩效进行测度。

控制变量。本章采用Khoja（2010）以及国内大部分学者做法，控制变量分别是企业规模、企业年龄以及企业所在的产业类型。此外，为了更好地控制产业层次和企业层次对企业绩效的影响，我们还参照Tippins和Sohi（2003）的做法，在结构方程模型中用"市场力量"作为控制变量。

22.3.2 数据收集与问卷分析

为尽可能降低不同经济发展区域对统计分析的影响，并考虑问卷发放的便利性，调查问卷只针对浙江省和山东省企业进行发放。为提高数据的可靠性和代表性，问卷通过作者直接走访以及委托企业研究机构、政府机构和朋友个人等多种方式发放与回收问卷，共发放500份，有效问卷338份，有效回收率67.6%（表22.1）。

表 22.1　问卷发放与回收情况

类别	发放数量/份	回收数量/份	回收占比/%	有效数量/份	有效比/%
企业研究机构	120	70	58.33	55	78.57
政府机构	300	280	93.33	237	84.64
个人关系	50	22	44.00	20	90.91
直接走访	30	30	100.00	26	86.67

基于本章关注企业内部网络化特征，主要在一定规模企业中才存在明显特征，因此，按照《统计上大中小型企业划分办法（暂行）》，按人数对大中小型企业的划分标准，剔除掉人数低于300人的51份，以及服务业（非工业型）企业9份，总共剩余有效合格问卷278份（表22.2）。有效问卷的产业分布情况见图22.2。研究样本基本特征的分布情况统计如表22.3所示。

表 22.2　回收问卷的整理及产业分布情况

指标	类别	回收样本数/份	剔除样本数/份	合格样本数/份	百分比/%
产业分布	电子及通信设备制造	58	12	46	79.3
	纺织	66	11	55	83.3
	机械制造	84	9	75	89.3
	轻工（皮革、食品、家具、塑料与玩具等）	92	13	79	85.9
	生物医药化工	29	6	23	79.3
	其他（服务/软件）	9	9	0	—
	汇总	338	60	278	82.2

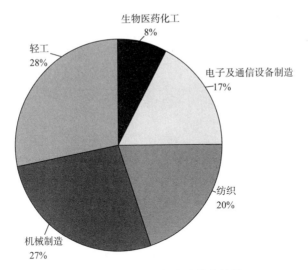

图 22.2　有效问卷的产业分布情况

表 22.3　研究样本基本特征的分布情况统计（*N*=278）

指标	类别	样本数/份	占总样本比例/%
企业性质	国有/集体	14	5.04
	合资	31	11.14
	民营	201	72.30
	外商独资	15	5.40
	其他	17	6.12
企业年龄	3~5 年	7	2.52
	6~10 年	52	18.71
	11~15 年	69	24.82
	16~20 年	63	22.66
	20 年以上	87	31.29
员工数量	300~1 000 人	158	56.83
	1 000~2 000 人	70	25.18
	2 000~3 000 人	22	7.91
	3 000 人以上	28	10.08
销售收入	1 亿元以下	51	18.34
	1 亿~5 亿元	129	46.40
	5 亿~10 亿元	41	14.75
	1 亿元以上	57	20.51

22.4　数据分析与实证检验

模型1主要是将表征企业内外结构与特征的24个测量题项，构建出包含7个潜变量（外部网络3个变量、内部网络4个变量）的一阶因子模型，分析这7个一阶因子对企业探索性和利用性创新能力的单独影响。模型1中，探索性创新能力和利用性创新能力之间的因果关系不是单向的，而是互为因果关系。这样的模型也称为非递归模型（non-recursive model）。采用吴明隆（2010a，2010b）的做法，假定探索性创新能力和利用性创新能力之间相互具有同样的影响力，即限制两个双向关系的回归系数等于a_1，a_2，且设定$a_1=a_2$，然后，经过标准化估计后输出标准化回归系数值。模型1修正后χ^2=840.4，df=640，GFI=0.869，CFI=0.961，IFI=0.962，TLI=0.955，RMSEA=0.034，除GFI值稍显不足外，模型适配度基本可以接受。但各维度对企业探索性与利用性创新能力的作用是不同的，而且多数变量从统计上不是很显著，说明企业的内外创新网络单独作用时效果不是很理想，而且，两种创新能力之间存在负向关系，其相互之间影响系数为a_1=0.055，a_2=0.068。说明内外网络没有协同时，探索性能力与利用性能力之间的关系难以协调，它们在资源、注意力和组织模式等多个方面呈互相竞争的态势。

模型2是在内外网络之间形成二阶因子模型，且内外之间存在协同关联关系（图22.3），从数据和分析看出（图22.3和表22.4），其内外网络之间存在紧密联系，存在正向的显著性效应，相互促进，其中，外部网络效度对探索性创新能力有显著性正向效应，这也与以往文献研究和理论一致，探索性创新需要广泛地搜索和获取外部新知识资源。而其对利用性创新能力虽然有正向影响，但没有显著性作用，说明企业构建利用性创新能力只需进行短距离搜索即可，内部网络建设能有效整合内部资源，通过挖掘潜力、组合配置、节能降耗等方式提高利用性创新能力。而内部网络效度对探索性创新能力和利用性创新能力都有显著正向作用，而我们也发现，这两种创新能力对企业绩效都有显著正向作用，但利用性创新能力的贡献度更大（绩效-利用性0.676，绩效-探索性0.215），说明对于样本中的企业来说，其绩效更多依靠利用性创新能力，这也与浙江很多制造型企业现状一致，即企业更倾向于对内部流程、管理结构等工艺创新，而对新事物探索不足，原创性发明对绩效的贡献作用没有完全发挥出来。

同时，探索性和开发性创新是两种不同性质的重要创新方式或战略。它们之间既密切相关又相互竞争，会对有限的资源展开争夺，因此，要想取得竞争优势和良好的绩效，组织必须在两者之间进行平衡和协调。关于如何平衡和协调两种创新，以及两种创新及其平衡如何作用于组织绩效有很多探讨（Lavie and Rosenkopf，2006；Li et al.，2008；李剑力，2010）。

由表22.4可以看出，内部网络4个变量所构成的高阶因子和外部网络3个变量所构成的高阶因子之间存在显著正相关（$p<0.001$，$\beta=0.214$），支持了H_{22-5}：企业内部网络与外部网络之间显著正相关。模型2中在内外网络协同条件下，企业外部网络对探索性创新能力有显著正向影响（$p<0.001$，$\beta=0.284$），H_{22-6a}得到支持；但是外

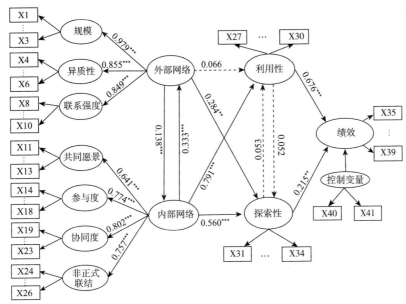

***表示$p<0.001$；**表示$p<0.01$；*表示$p<0.05$；† 表示$p<0.1$

图 22.3 内外维度组成两个二阶因子的互动模型

表 22.4 模型 2 路径回归系数

变量关系			估值	标准差	临界值	p 值	标准化系数
利用性	<---	外部	0.045	0.036	1.260	0.208	0.066
探索性	<---	外部	0.200	0.050	4.008	***	0.284
利用性	<---	内部	0.844	0.093	9.091	***	0.791
探索性	<---	内部	0.614	0.098	6.247	***	0.560
绩效	<---	利用性	0.497	0.083	6.010	***	0.676
绩效	<---	探索性	0.154	0.056	2.756	0.006	0.215
规模	<---	外部	1.000				0.979
异质性	<---	外部	0.823	0.081	10.114	***	0.855
联系强度	<---	外部	0.354	0.058	6.083	***	0.849
共同愿景	<---	内部	1.000				0.641
参与度	<---	内部	0.736	0.085	8.684	***	0.774
协同度	<---	内部	0.798	0.093	8.597	***	0.802
非正式联结	<---	内部	0.764	0.090	8.506	***	0.757
绩效	<---	控制	0.067	0.076	0.881	0.378	0.059
外部	<---	内部	0.214	0.037	5.805	***	0.138
内部	<---	外部	0.214	0.037	5.805	***	0.333
利用性	<---	探索性	0.046	0.055	0.951	0.342	0.053
探索性	<---	利用性	0.046	0.055	0.951	0.342	0.052

***表示$p<0.001$

注：<---表示生成型关系

部网络对利用性创新能力的正向影响并不显著，因此H$_{22\text{-}6b}$没有得到支持。在内外网络协同条件下，企业内部网络对探索性创新能力和利用性创新能力都有显著正向影响（$p<0.001$，$\beta=0.560$和$p<0.001$，$\beta=0.791$），H$_{22\text{-}6c}$和H$_{22\text{-}6d}$得到支持。

与此同时，在模型2中，当内外网络之间存在协同与互动效应时，探索性创新能力和利用性创新能力间转为正向效应，说明企业在内外网络中可以实现探索性创新能力与利用性创新能力之间的有机协同（表22.5）。

表 22.5　理论假设检验结果小结

假设	检验结果
H$_{22\text{-}1}$：企业外部网络对探索性创新能力有独立的显著正向作用	支持
H$_{22\text{-}2}$：企业外部网络对利用性创新能力有独立的显著正向作用	不支持
H$_{22\text{-}3}$：企业内部网络对利用性创新能力有独立的显著正向作用	支持
H$_{22\text{-}4}$：企业内部网络对探索性创新能力有独立的显著正向作用	不支持
H$_{22\text{-}5}$：企业内部网络效度与外部网络效度之间显著正相关	支持
H$_{22\text{-}6}$：企业内外网络协同对探索性创新能力和利用性创新能力平衡发展有正向作用	支持

22.5　结论与讨论

22.5.1　主要结论

本章运用结构方程模型检验内外创新网络协同对创新能力与绩效的作用机制，研究发现，在内外网络存在互动与互补作用下，企业内部网络对探索性创新能力和利用性创新能力都有显著正向影响，企业外部网络对探索性创新能力和利用性创新能力也有明显积极作用，同时，这种内外协同，也使企业的两种创新能力之间表现共存和相互促进，说明组织可以利用外部资源等缓解它们对稀缺资源的竞争压力，内外网络互补性有助于企业解决这个两难的选择困境，即内外网络的协同促进了不同创新能力之间的协同发展。

22.5.2　讨论

1. 内外创新网络协同与能力协同发展

当代创新模式已突破传统的线性和链式模式，呈现出非线性、多角色、网络化、开放性的特征，并逐步演变为以多元主体协同互动为基础的协同创新模式（李兴华，2011）。企业与创新网络是双向协同发展的，一方面企业需要建设在内部网络基础上的能力（如吸收能力、转化能力），需要在战略、组织结构、商业模式、企业文化等诸多方面做出调整，另一方面需要在扩展的企业网络中实现协作创新和能力提升，需要重新定义合作伙伴在创新中的地位和作用。内外协同一致是确保在整个企业中全方位传达及实现业务战略的关键步骤（任宗强等，2011）。前述分析可见，企业单纯从外部要素或内部要素出发来提高投入效果并不明显，企业通过与外部网络的互动交换实现互补效应，才能实现最大效率。

传统上认为组织间战略行为促进了探索性，而组织内战略倾向于提高利用性。例如，企业致力于根本性创新，应该寻求探索型创新网络，而当企业致力于渐进性创新时，应该加入利用性创新网络（方刚，2008），但这种探索性与利用性的路径不是纯粹的，而是沿着能力建设价值链相互交叉、重叠和相互促进的（Branzei，2004）。从前面仿真模型中看出内外创新网络和不同创新能力在发展中遵循复杂性动态演化进程，企业内外的互补性也促进了企业不同性质的创新能力协同发展。推广到我国众多制造类企业，可以看出随着企业开放创新，其演化方向是沿着纵向和横向发展的，纵向上企业能力从模仿引进到二次创新、集成创新最终提高自主创新能力，横向上是从单一要素产生的单一能力（如制造、转化能力）到综合能力的发展，这种不同类型与性质的创新能力，借助创新网络资源的互补性在企业内部是同时发展、相互支持的，能够联合与整合创新能力且具备多种创新能力的企业能够互相强化各项能力而扩大总的收益（图22.4）。

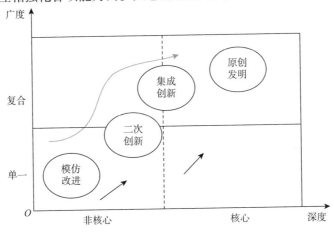

图22.4 内外创新网路中协同与能力演化

2. 资源异质性构成网络组织协同的物质基础

网络组织中企业之间的协同行为得益于企业之间战略资产的互补性，而异质性是产生互补性的前提，企业为了获得和整合所需要的资源，资源的交易和聚集就成为战略要务之一（彭正银等，2011）。但企业拥有的战略性资源具有的专用性、不可模仿性及非流动性等特性使得企业很难通过市场交易在战略要素市场上获得这些异质性资源（Wernerfelt，1984；Barney，1991）。

一方面，由于资源在网络组织中不是均匀分布的，网络组织成员之间的合作行为可以在最大限度上促进资源的流动与合理配置，网络组织成员可以借助所拥有的异质性资源，通过协同弥补自身资源的不足。另一方面，网络协同使得企业资源流动和整合从企业内部扩展到外部，在更大范围上促进了资源的合理配置，提高了各种资源和知识的使用效率。这种企业间的互相协作，可以通过不同的资源和能力互补形成更大的竞争合力，还通过接触新思想和新知识，克服组织中的惯例与惰性，形成应对环境变化的新能力（Nelson and Winter，1982）。同时，企业内部与外部资源配置和应用通过协同取得互补效应，形成一个正反馈循环，促进了企业可持续发展。从前面实证模型看出，网络中异质性对协同效应的作用非常明显，而且在模拟仿真中发现，异质性虽然和网络规模紧密相关，但网络异质性比单纯的规模扩大更具有意义：在其他条件不变时，规模增大会促进企业工艺改进、生产流程控制等二次创新能力提高；但如果外部网络规模增大而异质性很小，则会造成同质化资源增多，不会促进能力提升。这从某种程度上也反映出规模扩大最终还是为了更好地获得异质性资源。Eisenhardt和Galunic（2000）在《共同进化》一文中曾提到选择正确的协同机会以及控制协同的数量都非常重要，要防止合作陷阱，数量太多会限制各自的发展，数量太少则会错过一些有价值的协同机会。我们发现，资源（或网络）异质性水平的控制对能力提升更为有效。

第23章 基于协同律的创新能力提升机制

23.1 企业内部创新要素协同与创新能力演化机制

全面创新管理的制度体系是内生制度体系和外生制度体系的有机结合（许庆瑞，2007），全面创新运行过程中存在明显的组织要素协同性、资源配置性，其目的就是将各种分散的资源进行整合，优化资源配置，提高创新绩效。许庆瑞（2007）提出由于管理中存在不同层次，因此，各要素间联系也存在多维度、多层次协同，同一层次之间存在着横向联系，不同层次之间存在着纵向联系。创新要素间的内在联系与互动模型包含三个层次，即战略思想层、管理系统层和运作层，全要素创新互动关系具体可表述为以技术创新和市场创新之间的互动为出发点，通过管理层多要素互动为技术和市场之间的整合提供支持。管理层是承上启下的关键环节，其上承战略层，体现了战略实现的组织安排；下启操作层，对技术、市场创新运作起支撑和管理作用。而战略层决定了组织如何识别环境中的机会，如何获取和利用组织资源，最终达成企业全面绩效（水常青，2009），战略思想和文化创新为管理系统层和运作层协同提供长远战略导向（图23.1）。

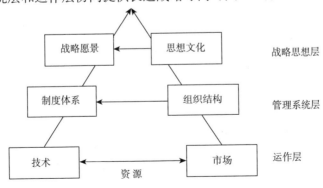

图 23.1 创新要素间内在联系与互动模型

资料来源：许庆瑞（2007）、水常青（2009）

23.1.1   创新要素协同关于创新能力演进的层次性

纵向维度上的要素协同与创新能力共同演化规律表现为，不同层次的创新能力要与不同层面的要素协同相适应，赵晓庆（2001）提出了企业内外螺旋发展模型，但对开放式创新环境下的要素协同发展关系没有展开论述。本章结合前面研究，根据在内外协同下，企业创新能力沿着引进消化吸收—二次创新—集成创新—自主创新的脉络，研究要素协同与能力演化之间的关系。从横向上看，要素协同与创新能力共同演化的规律，指出不同层次的创新能力要有不同层面的要素协同相适应；从纵向上看，多维度要素组合实现综合能力，推动能力从非核心能力到核心能力转化，随着要素参与度增加，企业创新能力也由单一能力向复合能力发展，表现为企业从技术创新能力、市场创新能力等，向组合创新能力和全面创新能力发展（图23.2），具体表现为如下四个方面。

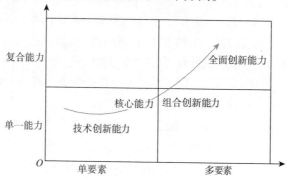

图 23.2   创新网络中要素与能力发展的关系

23.1.2   技术与市场要素协同的基础性

知识和能力支持是创新成功的内在基础和必要条件，技术能力是附着在内部人员、设备、信息和组织中的所有内生化知识存量的总和（魏江，2002）。因此，企业的研发活动能够有效地增加企业知识积累，加深对先进技术原理的理解，同时企业创新和生产活动的效率也会随着在某一领域从事创新和生产的累计时间延长而递增，形成学习的动态规模效应（傅家骥等，2005），外部的技术资源最终要内化为企业自身的能力和知识才能推动创新的持续发展。

在市场经济条件下，技术创新活动同整个社会连接的基础是市场经济，市场经济会推动技术创新与整个社会的融合（魏杰和谭伟，2006；吴金明等，2011）。市场创新是企业根据其经营战略进行的市场发展建设以及市场信息搜集和处理等相关创新活动，用户的经验、知识和技能是重要的创新源，也是创新的主要目标和拉动力（笛德等，2008；von Hippel，2007）。企业善于管理用户创意，便能在创新速度竞争中建立竞争优势，很多企业通过实施4P[①]、4C[②]等营销理念，提高在市场竞争中的营销能力。

技术创新和市场创新是处在同一价值链层次上的企业行为，两者之间有紧密的信息、资源和价值传递联系，将技术推动与需求拉动结合起来也是企业全要素创新的基础（许庆瑞，2007；水常青，2009）。郑刚（2004）对我国100余家大中型工业企业211份样本实证调查的统计分析指出，对于全面协同程度贡献最大的是技术与市场要素的协同。其他很多实证研究也证明了技术创新与市场创新之间相互支持的关系（Song et al.，2005；陈劲和王方瑞，2005；水常青，2009），很多著名企业的创新案例也说明了市场创新可以为企业提供技术创新思路和技术创新机会，而且市场创新能够带来新的利润增长点。例如，海尔和苏宁经销商通过交流和沟通推进新产品开发，苏宁根据自身的销售数据以及在对消费者需求和偏好分析的基础上，按照市场不同客户群体的需求向海尔定制产品，产品投放市场以后，由于其准确的市场定位和性能优势，在市场上取得了良好的销售业绩；戴尔的主导产品始终能够围绕顾客的使用体验不断改进，新产品开发也始终适应了顾客需求的发展趋势，当竞争对手仍在为预测顾客需求变化举棋不定时，戴尔已经掌握了清晰的顾客订单。

23.1.3 组织与体制创新要素协同的支持性

企业创新是一种有组织的集体性的系统化活动，依附在部门和隐含在个体中的知识与技能是零散的，必须通过组织层次进行有机整合和协调。组织层次的技术能力不是个体层次技术积累的简单加总，其所产生的协同效应将推动创新能力向更高水平发展。核心能力观认为企业的核心知识和能力是企业内部集体学习的结果，与物质资本不同，难以简单地量化到个人或还原为各个部分之和，其蕴含在知识分享与共同经验的组织中（Prahalad and Hamel，1990）。因此，组织是核心能力载体，但核心能力会形成刚性，忽略对外部环境的变化，而且组织中界面问题也会因不同职能部门缺乏交流沟通而存在冲突，最终造成R&D资源浪费、生产制造成本过高以及创新扩散困难等问题（郭斌，1998）。组织与体制的创新是核心能力存在和发展的基础。Miller（1983）指出，与创新相匹配的组织结构应该具有灵活性，需要足够的协同与整合。Saleh和Wang（1993）通过对25家加拿大大型企业的创新管理的实证研究发现，不管企业的规模大小和建立时间长短如何，创新型企业往往在结构上更为灵活、更好地整合、更具有团队导向，与战略协同匹配更好。企业组织结构向柔性化、扁平化方向调整，以使双向及多向信息通畅，资源流动配置便利。个体、团队和组织等不同层面的知识主体之间针对创新需求进行

---

① 4P 是指产品（product）、价格（price）、促销（promotion）、渠道（place）。
② 4C 是指消费者（consumer）、成本（cost）、沟通（communication）、便利（convenience）。

沟通和交流，彼此共享和学习知识，可以加速知识的流动和转化，促进创造性知识的产生。良好的组织制度和结构也会优化资源配置，使生产要素组合发挥出更大的效率。例如，谢洪明等（2008）对我国珠三角地区企业的调查结果表明：市场导向通过影响组织学习、组织创新，最终影响组织的绩效。

创新是一个系统工程，在强调技术与市场协同的同时，也不能忽略技术与其他非技术要素的全面协同。也有一些企业的技术创新项目失败不是因为技术与市场的不协同，而是诸如组织结构或流程创新失败等其他要素的不协同（郑刚，2004）。海尔认为企业的组织形式至关重要，打破旧的，建立新的，不断调整，不断适应，始终处于一种有序的非平衡状态。纵观海尔组织创新的过程，可分为三个阶段：第一阶段是直线职能制（1984~1991年），海尔主要通过直线职能制组织结构形式来实施全面质量管理；第二阶段是事业部制（1992~1999年），表现为适应企业多元化战略发展，产品业务领域和规模日益扩大；第三阶段是基于流程的扁平化组织结构（2000~2009年），适应国际化战略发展，以订单信息流为中心进行了业务流程再造，使组织结构更加扁平化、信息化。如今企业正通过"自组织经营体"流程建立网络型组织结构，以更快更高效地整合全球的供应链资源和全球的用户资源，进行组织结构与体制创新，引导创新资源的流动和配置，发挥创新资源的最大效益，从而为海尔赢得更高的竞争力。

23.1.4　战略与文化创新要素协同的引导性

根据战略理论，企业要想取得成功，就必须提出独特的价值主张，满足目标客户群要求（Kramer and Porter，2011）。创新本质上是学习和改变，也是对未知事物的探索，需要有勇于克服惯性的努力和改变现有秩序的决心（笛德等，2008）。清晰明确的企业创新战略是对企业发展整体性、长期性、基本性的谋划，但企业在竞争激烈环境中转变时，战略思考的范围往往缩小从而错过了很多有意义的价值创造机会（Kramer and Porter，2011）。企业的竞争优势源自对整体价值链的设计，也就是如何安排产品或服务的设计、生产、销售和支持过程中的各项活动。因此，要以长远的眼光和扬弃精神，敏锐地感测和响应技术和市场的变化，制定创新战略目标和基本路线。企业文化可以渗透到公司的各个层面，从更长远的角度影响其核心价值、组织结构、沟通、决策、业务流程、技术及最终的业务结果等各个方面。例如，进取型风格的企业追求领先型战略目标，从而需要灵活的沟通渠道和快速反应机制，而跟随型战略目标则要求集中而高效的决策方式。

正确创新战略的引导和文化激励，能将个体的创新行为纳入企业整体的创新过程中，因此，将企业战略目标与价值文化融合进企业创新管理体系中，能引导企业技术创新和市场创新的目标和方向，也为企业的组织创新和制度建设提供整体的框架。例如，3M公司创新传统的第一项就是将创新看做公司自我形象的一部分，不断提醒员工将个人价值观与企业目标相结合，并在创新战略的指引下设定远期和近期等延展性目标。共享的价值和愿景是相互信任和凝聚力产生的基础。又如，海尔集团坚持不懈地向广大员工宣传海尔的价值观和与时俱进的理念，积极开展学习型文化建设，提高员工对海尔创新发展和创新精神的理解与认同，促进了海尔创新持续发展。此外，清晰的战略思维和文化理念也能引导企业全体员工为长远的发展而不懈努力，风险文化和容忍失败的精神则能促进创造性思想的产生。企业员工的共同价值观是员工间密切合作的认知基础和心理相容的基础，同样，相容或兼容的追求目标及价值观念也促进了企业开放式创新活动（彭纪生和吴林海，2000）。

23.1.5　创新要素协同与能力演化的匹配性

Rothwell（1994）从宏观层次上论述创新模式的变迁，指出创新从早期简单线性模式，演化到第五代系统集成及网络模式，每一种模式都是特定时期经济社会和产业科技发展推动下的产物。例如，20世纪七八十年代初，各主要工业国买方市场需求饱和，技术与市场必须结合具有交流和反馈的序列过程，才能开发出具有商业价值的产品，于是第三代具有交互作用的创新模式问世。进入80年代后，随着经济全球一体化加速和市场竞争日趋激烈，技术创新成为多路径、各环节联合开发与并行的过程，强调在企业内部各职能序列间耦合集成。而在开放式创新环境下，全球范围内创新资源流动与优化，需要企业内外广泛合作与动态结盟，这为企业战略、组织、文化、技术、市场等创新要素提供了更为广泛和复杂的组合空间。

微观层面的协同创新，即企业内外创新网络与要素的协同，反映的是在不同创新系统之间或技术创新系统内部诸要素之间的相互作用中保持合作与协调发展，从而使结构与功能相互适应与匹配。要素协同有助于企业实现对资源的共享整合和配置利用，从而构建动态能力，也可以认为要素协同产生了能力的协同发展。从前面的分析看出，企业内外创新网络和不同创新能力在发展中是复杂性动态演化进程。要素协同与企业战略发展阶段是相一致的，从前面分析结果看出，企业在发展初期，通过引进消化和吸收外部资源知识建立发展基础，并紧跟市场需求，通过工艺改进、流程设计等二次创新提高企业产品竞争力，在模仿和改进中提高自身技术创新能力，这个阶段，企业技术创新和市场创新之间的协同是企业创新发展的起点；随着企业发展，企业创新能力形成一定的基础，能够吸引外部资源，集成外部先进技术，这时也需要在一个完整的管理体系基础上指导技术创新和市场创新；而原始创新能力的构建，是一个长期而艰难的过程，需要企业战略指导，并以创新型文化促进持续创新。概括这个演化机制来看，企业在引进消化阶段，技术创新与市场创新的协同是将引进的技术转化为自己能力的关键；而组织和体制创新通过流程与制度来分配资源和管理员工的创新活动，其作用主要是引导资源流向和激发创新潜力，提高创新的效率（许庆瑞，2000；傅家骥等，2003；吴贵生和王毅，2009），以及推动这些能力转化为以集成创新和组合创新为特征的竞争力。而企业战略和文化创新能够推动企业持续创新，引导集成创新能力向以发明、原始创新为特征的核心能力转变。要素协同与能力演化机制示意图如图23.3所示。

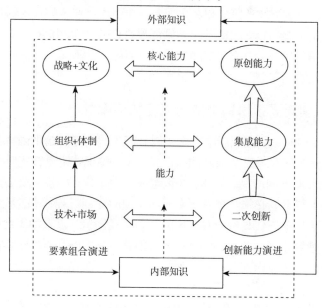

图 23.3　要素协同与能力演化机制示意图

23.1.6　网络中创新能力的序参量

改革开放后，中国制造业从稚嫩逐渐走向了成熟，成为仅次于美国的全球第二制造大国。但同时，作为一个发展水平较低的发展中国家，与发达国家的先进制造业相比，现阶段中国的制造业在许多方面都存在较大差距。例如，大部分企业都缺乏核心竞争力，发展主要依赖于低成本优势，产品和服务以模仿为主，创新不足，客户也相对同质，需求单一。石油依赖和不断增长的环境压力，使中国对汽车动力技术的创新有着明确而迫切的需求，但是，对于清洁柴油、混合动力及电动车等替代型动力技术，中国却没有引领该技术的发展（罗威等，2009）。从前面实证研究看出，企业利用性创新能力对绩效的作用大，但这也反映出中国企业技术创新大多重视模仿创新和二次开发，突破型成果很少，而美国技术创新中有近80%为首创性或技术突破性创新，这已成为美国经济持续发展的主要动力（吴金明等，2011）。陈劲（2011）也指出中国科研的战略性和前瞻性不足，发现和提出世界范围内的战略性前沿选题尚少，原始性、突破性的创新成果还较少。这也表现为企业的原创能力欠缺，而仿真显示企业的原创能力有助于企业长期发展。例如，在"技术为王"的通信领域，富通集团十多年的发展历程说明自主创新不仅成为富通寻求发展和进步的内在要求，同时也成为富通立足产业前沿，摆脱受制于人局面的强大动力。2005年，富通联合国内光通信产业界，奋起反击了国际光通信巨头的光纤倾销，并运用世界贸易组织的规则打赢了中国通信业的光纤反倾销案。富通在打赢光纤反倾销案中发挥了至关重要的作用，在整个光纤反倾销案中，富通积极参与其中，努力承担产业责任。富通用事实证明，G.652C光纤生产技术是企业凭借自身的努力，在全合成光纤预制棒制造工艺的基础上自主开发的，有力驳斥了国际光通信巨头"中国企业无G.652C光纤生产技术"的论断，使美、日、韩厂商规避反倾销调查的梦想化为泡影。

　　总之，企业序参量的表现形式是核心能力，更直接的描述是企业的原始创新能力，企业可以通过集成、自主研发等形式构建起以自主创新为本质的核心能力。假定企业系统产生了多个序参量，企业宏观有序结构由这些序参量的协同作用共同决定，在发展过程中，序参量之间相互竞争与融合，使系统整体涌现出多种发展态势，呈现无序状态，一旦外部环境的影响达到某个阈值，就可能只出现一个序参量单独主导企业演化，其他的序参量变为伺服量，则主序参量决定的结构成为企业的宏观态。这表现在企业发展初期，可能通过引进、消化吸收进行二次创新，在这个过程中，企业可能通过合作、集成外部技术、整合内部资源等多种方式进行产品或市场创新，但企业进入成熟期后，其最终发展还是取决于企业自身积累和构建的原始创新能力。战略选择与价值取向将决定企业以自主研发为核心的自主创新能力的发展。

23.2　提高协同创新能力的对策建议

　　在科技经济全球化的环境下，实现开放合作、共享的创新模式，被实践证明是有效提高创新效率的重要途径。充分调动企业、大学、科研机构等各类创新主体的积极性和创造性，跨学科、跨部门、跨行业组织实施深度合作和开放创新，对于加快不同领域、不同行业及创新链各环节之间的技术融合与扩散，显得尤为重要，因此，创新网络作为一种更有效的资源聚集和共享渠道，能有效促进协同创新。对于提高企业创新能力，有众多的研究成果和政策建议，下面主要结合本章的一些启示，给出在复杂多变的创新网络中，企业提高要素整合与协同创新的一些可操作途径和方法。

23.2.1　建立开放式全面创新管理体系

　　创新网络不仅涉及资源的流动，还在更深层次上体现了多元文化的融合与沟通。文化通过公司的价值、环境、信条和哲学得到体现，影响决策和个人行为等组织内部的交互行为。这就需要企业从更广阔的视角来理解创新，建立全面创新导向的战略愿景，体现全面创新的系统性和全面性，从组织的结构、文化、战略和市场技术等要素出发，将创新精神和价值观清晰地传达给企业员工，共同达成组织全面创新的目标。企业应使各创新要素（如战略、组织、文化、制度、技术、市场等）在全员参与和全时空域框架下进行全方位协同匹配，以实现各自单独所无法实现的"2+2>5"的协同效应，从而促进创新绩效的提高。

23.2.2 夯实内部组织创新基础，提高持续创新能力

"凡事预则立，不预则废"，企业嵌入外部网络、获取资源所需要的绝不仅是理性和谨慎，更重要的是提前做好准备。例如，我国很多企业一度对日本丰田的精益生产系统非常迷恋，纷纷效仿丰田的做法，试图通过模仿其精益生产体系提升产品质量和信誉，但丰田的精益生产不仅是一种方式，更是一种涵盖战略、组织、流程等环节的系统能力，若缺乏完整的系统化体系，简单模仿则因"形似神不似"而难以持续。

企业借助外部资源和技术在短期内快速发展不难，但关键是能否借助外力实现永续创新。唯有建立稳定的创新机制，不断增强自身的吸收转化能力才是根本。同时，技术具有隐含性、累积性和地域性（Forbs and Wield，2005），大量的技术知识隐含在人们头脑中，不像蓝图那样容易转移，即使企业通过合作获取了外部知识，也需要具备获取其他企业成果的吸收能力，而这主要取决于企业已有的相关知识，这些知识赋予了企业辨别新信息价值，从而加以吸收和应用的能力，Fransman和King（1984）提出的全球技术探测能力也有这个含义。同样，技术转移也不在于硬件和知识产权是否愿意转让，而是能否将储存在外部头脑中的知识转化为内部国民的知识（Forbs and Wield，2005）。例如，我国很多企业对外并购后并没有实现预期目标，并购的最终目的是获取海外资源来充实企业的关键竞争要素，如果没有强有力的整合方案和持续开发利用的能力，并购将拖累母公司的发展。例如，TCL并购汤姆逊后，整合失败导致母公司陷入巨额亏损状态。因此，企业把适合自己的知识转化为自己的技术能力才能形成独特的竞争优势。

23.2.3 构建信息化平台，高效整合各层次知识

创新网络中所提供的纵横交织和复杂多元的知识，也对企业的知识管理和学习提出了更高的要求。除了传统的学习方式，如培训、进修等，企业更需要具体而高效的方式来管理和整合知识。学习型企业以对外和对内的组织形式进行学习，并且将所学到的知识和累积的经验通过内部"选择-适应"演化学习来提高其员工的能力。员工将在企业学到的知识应用在实际业务中，通过能力的实践获得了新的知识

和提升（Hübner，1995）。例如，A企业将学习平台与企业的知识整合平台紧密衔接起来，充分发挥网络环境和信息技术的作用，建立以E-learning为核心的知识学习平台，一方面促进了员工学习交流，另一方面也可以利用各种知识数据库、专利数据库存放和积累信息，从而在企业内部营造有利于员工生成、交流和验证知识的宽松环境，并制定激励政策鼓励员工进行知识交流。还可以通过放松对员工在知识应用方面的控制，鼓励员工将隐性知识转化为显性知识进行共享交流。

当面临全球范围内越来越分散的创新来源时，公司向外部学习的能力也是企业集团竞争优势的重要来源。例如，在产品开发的不同阶段需要和不同的对象实现协同，在产品定义阶段需要倾听客户的声音，在设计期间需要和合作伙伴的互动。新兴的技术通过更轻松地接触客户和降低业务关系障碍而提高客户亲和力，鼓励不拘形式地讨论产品与服务的企业可以构建供客户参与的网上社区，从中及时获得客户的意见，这种基于信息化的知识管理平台可以快速收集、分类和传递各种信息，也可为协同创新提供快速敏捷的平台。

23.2.4　建立创新网络资源的动态优化机制

在不断扩展的创新网络中，公司在复杂的合作伙伴体系中开展运营与创新活动。创新活动是整合的而不是分散的，资源和工作流向最适合完成它的位置，而不是简单汇集。同样，网络成员并不只能被动地对其外部的网络做出反应。企业自己所处的创新网络是可以被规划和有意识地设计的（Dhanaraj and Parkhe，2006；方刚，2008）。企业对所嵌入网络的网络特征、合作者属性等要根据企业发展战略动态调整，与之相对的是企业自身也应跟随外部网络的变化，在动态中适应与调整。IBM商业价值研究院在《协作的力量》报告中描绘了一个协作创新框架，能够帮助企业在这日益重要的领域中提高成功概率（Owen et al.，2007），"协作创新的最佳的构建模块包括：协同一致、边界及承诺（alignment、boundaries and commitment，ABC）。协同一致可将贯穿整个企业的协作创新实践与企业的战略前景及创新目标保持同步，从而全方位关注协作。管理边界可实现企业间的协作，建立与治理、运营和技术相关的结构及流程。最后，随着时间的推移，企业需要持续的承诺来协同及系统化整个企业及其扩展企业中的创新协作"。例如，戴姆勒–奔驰与克莱斯勒的合并，九年之后，最终还是于2007年劳燕分飞，其战略错位发生在并购后整合的过程中，双方期待从成本削减中寻求协同效应，这成为项目团队的唯一目标，而针对核心汽车业务的整合却没能引起团队的重视，并最终导致双方都无法从合作中获益（罗威等，2009）。

第 24 章　利用规律迈向全面创新管理时代

本书围绕企业创新能力提升这一主题展开讨论，主体分为五篇，包括基础篇、序进律篇、积累律篇、共演律篇、协同律篇，共22章。采用了多种研究方法，梳理了中国自主创新发展的五次浪潮，识别并归纳出中国自主创新道路的中国特色的内涵。在此框架下，分别从企业创新能力及其结构的变迁、创新能力的内生性累积发展、与外部环境共同演进以及企业内外要素协同发展等几个方面，对中国企业自主创新能力的发展规律与提升机制，进行了系统、全面的研究，建构了中国企业创新能力发展的序进律、积累律、共演律与协同律四大基本规律，初步构建了企业创新能力的理论体系，为"坚持走中国特色自主创新道路、建设创新型国家"发展战略的实现提供了基础理论。

24.1　中国自主创新道路的中国特色及其内涵

本书首先从实践的角度，采用关键事件分析法与历史分析方法，对自1949年中华人民共和国成立以来的经济社会领域的关键事件进行了收集、分析，依据国内外环境特征、经济发展中面临的主要矛盾、国家层面的基本宗旨、关键事件及其成效等因素，将中国自主创新道路划分为五个阶段，即五次浪潮。在对五次浪潮的分析基础上，本书识别了中国自主创新发展的不同阶段的特征，最后归纳出中国自主创新道路的中国特色及其内涵。

24.1.1　中国自主创新发展的五次浪潮

从仿造到自行设计阶段（1949~1956年）：中华人民共和国成立之初的贫弱与当时国际环境的特征，使得这一阶段的创新特征是以学习苏联模式为主。但由于中国国情与苏联国情上的差异，中国很快发现在"照搬策略"中"少、慢、差、费"这一技术路线的重大局限。为此，在第一阶段后期提出了"自行设计"思想，强调在"吸收他国经验基础上，要充分考虑中国国情，发挥主观能动性对引进技术进行改造"。但这一思想仅局限于当时中国亟须发展的个别领域，如机械工业领域，而未体现在整个国家层面上。

独立自主、自力更生阶段（1957~1977年）：中华人民共和国亟须国防与工业体系布局及建设、紧张的中苏关系、复杂的国际环境，迫使我们从国家层面提出"独立自主、自力更生""破除迷信、解放思想"的方针。在宏观层面，中国在和平利用原子能这样关系到国防与国家安全的领域，体现出了"集中力量办大事"的自上而下创新体制的优越性；在微观层面，"鞍钢宪法"的形成与实施体现了自下而上、民主参与管理创新的生命力。但这些成效还只体现在当时国家重点建设领域，在其他领域并未得到很好展开。

改革开放、解放思想阶段（1978~1996年）：国家层面提出"解放思想、改革开放"，促使中国创新实践开始强调以经济建设为核心、强调研发成果商业化。这一阶段，创新的经济内涵得到较为充分的认识。基于对当时国情以及国际环境实事求是的认知，中国创新实践主要表现为"引进—消化吸收—再创新"的二次创新模式。

明确主体、强调科技创新阶段（1997~2005年）：在国际间竞争转向以经济实力为核心的综合国力竞争背景下，中国确立社会主义市场经济体制，使得企业的市场主体、创新主体地位凸显。"科教兴国"战略的提出，体现了科学研究与技术创新在经济社会发展中的战略作用。

坚持走中国特色自主创新道路、建设创新型国家阶段（2006年至今）：基于国内外竞争环境日益复杂、激烈，以及人与自然可持续发展的要求，中国经济发展方式到了亟须转变的战略性阶段。2006年，中共中央提出"坚持走中国特色自主创新道路、建设创新型国家"战略。这一阶段，进一步强调企业的创新主体地位，市场在资源配置中的决定性地位等也得到进一步确认，相关体制与机制的改革取得了一定成效。

24.1.2 中国自主创新的中国特色

中国自主创新发展道路具有情境性、阶段性以及路径依赖性特征。现阶段，中央提出的"坚持走中国特色自主创新道路"中的中国特色指的是什么？本书梳理并归纳总结出现阶段中国自主创新的中国特色。

第一，体现在企业与政府分工配合的国家自主创新体系。从积贫积弱的中华人民共和国亟须解决国防与工业体系建设下形成的"集中力量办大事"的政府主导，到技术追赶中"科教兴国""企业是创新主体"的强化，直至今日转变经济发展方式、建设"创新型国家"，中国创新系统呈现出"我国政府与企业为创新主体"的特征，即一方面，对于关系到国家实力的大型项目，政府的创新主导地位并不宜削弱；另一方面，政府从竞争性领域退出，强化企业的市场主体地位，促使企业真正成为市场化的创新主体。"企业与政府分工"的创新体系，实际上从国家整体层面整合了自上而下与自下而上两种创新模式，符合中国当前经济发展方式转型的战略性背景的要求。

第二，鼓励"从0到1"与"从1到N"兼顾的二元创新体制。自2006年提出"建设创新型国家"战略以来，我们确定了"自主创新、重点跨越、支撑发展、引领未来"基本方针，特别强调了知识产权战略和标准战略的重要性。这意味着，我们需要在一些重点领域实现"从0到1"的突破，并通过掌控自主知识产权与标准战略的方式，实现重点领域发展的国际引领性。另外，我们也必须认识到中国自主创新与科技发展在国际比较中的不足，实事求是、耐心积累、稳健创新，仍然是中国众多行业与领域创新的基本模式，在国际化进程中，必须要建立"从1到N"渐进创新的战略耐性。两种创新模式并重，才能在稳扎稳打的自主创新进程中实现突破与跨越。"从0到1"与"从1到N"的二元创新体制，是当前中国坚持走自主创新道路中所面临的又一中国特色。因此，在科技体制改革中，建立"从0到1"与"从1到N"兼顾并重的二元创新体制，对当前中国脚踏实地地坚持"走中国特色自主创新道路"具有十分重要的意义。

24.1.3　中国企业自主创新能力内涵与结构

从理论视角，结合中国国情，将中国企业自主创新界定为企业为独占创新收益或获取创新收益支配权而进行的各种形式的组织变革性活动或努力。同时强调：自主知识产权的获取并非是企业自主创新的终极目标，而是获得创新收益独占权或支配权的工具性目标。因此，企业自主创新能力，是指支持企业获得创新收益独占权或支配权的各种组织活动的能力基础或组织潜力。

本书认为自主创新能力是企业能力基础的变革与环境变化之间动态适应的能力基础或潜力，是一种过程性的动态能力，嵌入在企业对变革的"知觉—响应"的组织与管理活动中。因此，将企业自主创新能力理论解构为变异感知能力、信息诠释能力、创新决策能力与实施实现能力四个基本维度。

最后，基于过程观提出创新链思路，并依据创新链上各个关键环节的能力与创新收益独占权之间的关系，解读本书中企业自主创新能力的自主性的关键所在。这一研究结果，为建构中国企业自主创新能力提供了起点与理论依据。

24.2　企业创新能力结构变迁的序进规律

24.2.1　从低层次到高层次的能力层级序进规律

许多发展中国家的后发企业的创新能力形成与演进过程，都经历从仿制能力到创造性模仿能力，再到自主创新能力三个阶段，即发展中国家后发企业的第一代技术，是在发达国家进入新一代技术与产品背景的条件下，通过引进成熟技术进行生产并在此过程中建构其复制/仿制能力；第二代技术则是在对引进技术消化吸收的基础上，整合本土情境化知识，获得一定的新技术知识，从而跃迁到技术转型阶段的产品领域中，建构起创造性模仿能力；最后，在一定能力积累的基础上，发展中国家通过基础研究和广泛的知识网络的建立，在新兴技术领域形成核心技术能力，基于第三代技术的原创阶段，构成其自主创新能力。

通过对我国本土企业的研究发现：我国企业创新能力提升呈现出较为显著的"仿制能力—创造性模仿能力—创新能力"发展的路径特征，即从创新能力水平提升视角来说，这是一个从低水平创新能力向高水平创新能力不断进阶的发展过程。

24.2.2 从单要素到多要素复合的能力结构序进规律

本书研究表明，企业创新能力的演进，从其内在构成要素的角度来看，包括现有核心要素的不断扩充与新核心要素的不断导入两种形式。第一，当企业拥有的创新能力较为薄弱时，会以某一种要素能力的培育为切入口，在培育该要素为企业核心要素能力的过程中，企业会根据核心要素发展情况，发展一些非核心要素能力来支撑该核心要素能力的价值实现。这就是通过不断扩充核心要素的方式实现创新能力结构的优化与渐进发展，形成单一要素核心的创新能力。第二，当该要素能力发展较为成熟或者给企业带来的边际收益已经达到饱和状态的时候，企业会积极地探寻下一个新的要素能力的发展，从而通过不断导入新要素的方式，实现创新能力的结构调整与核心转移，从而在创新能力的内在构成要素上呈现出多样化、复合化特征。

初期新发展的要素能力与原有要素能力之间只是不同职能部门之间的简单整合，而不是创新协同。到发展较为成熟的时期，不同要素能力之间的协作关系从简单的信息传递转变为基于价值创造或者价值增值的互动关系。上述能力演进过程表现为创新能力的"由薄到厚"和"逐步增补"两种形式。这与Siggelkow（2002）通过案例研究得出的组织系统的发展是一个"由薄到厚""逐步增补"的过程相似。国内学者张军和金露（2011）的案例研究也表明，企业能力的构建是通过一个"点—线—面—体"的"复制—巩固—集束化—差异化—新要素导入"的横纵结合的发展模式，从而实现创新能力内在结构不断优化、从单一要素到多要素整合的序进发展。

24.2.3 从非核心到核心与非核心协同的能力内核进阶规律

与现有研究多强调发展核心技术、培育核心能力而忽视互补资产以及互补资产与核心技术的协同的结论不同，本书研究发现：后发企业通常以培育互补资产为切入口，充分应用现有的互补资产为技术的发展提供机会和资源，促进核心能力的成长。而核心能力的成长又会加强对现有互补资产的应用，提高现有互补资产的价值。两者之间呈现出相互匹配、协同演进的特征。因此，企业创新能力演进呈现出以开发互补资产为切入点，先发展辅助/互补能力，再到核心能力与辅助/互补能力协同的特征。

当企业核心技术能力较弱的时候，通过培育或者获取互补资产进入相应的技术领域。若企业所拥有的互补资产具有稀缺、有价值、难以模仿、不可替代的特征，则其本身就表现为企业重要的战略性资源，是企业竞争优势的重要来源。在此过程中，企业一方面凭借互补资产的优势获取向其他企业学习核心技术的机会，另一方面将获得的创新收益投入核心技术的研发过程中，为企业积累核心技术能力提供资金支持。当企业积累了一定的核心技术能力和互补资产，开始探索新的核心技术时，会更多地利用先前培育的互补资产或者以合作形式开发新的核心技术商业化所需的互补资产。这时，核心技术与互补资产之间呈现出相互匹配、协同演进的特征。由此可见，后发企业在技术追赶过程中，创新能力的构建与发展，整体上呈现出能力核心的转移与进阶特征，呈现出从非核心能力逐渐发展演化为核心能力并与非核心能力协同发展的进阶规律。

24.3　企业创新能力提升的内生积累规律

知识与创新，是当代经济发展的两大主题。从微观层面而言，如何构建我国企业的自主创新能力，是企业实现内生性发展并超越追赶的关键。本书研究企业不同知识积累模式与自主创新能力发展之间的关系，区分了不同知识积累模式带来的企业创新能力提升的不同效应。然后，通过案例研究的方式，探索提升企业自主创新能力的内在组织机制，从而为企业创新实践提供理论框架。

24.3.1　基于不同知识积累模式的创新能力累积性发展规律

本书将知识积累按照时空维度分为基于时间维度上的历时性知识积累——本质上是指知识传承所形成的知识存量的增加，以及基于空间维度上的集聚性知识积累——本质上是指通过外部获取或内部知识交互等方式实现知识存量的增加，并在此框架下对知识积累如何促进企业创新能力提升进行深入研究。

（1）知识积累模式不同，企业创新能力提升方式不同。本书发现：基于时间维度的知识积累对自主创新能力的贡献具有边际收益递增的特点，两者间呈现出近似J形的二次曲线关系；基于空间集聚的内部知识主体间交互，对自主创新能力的正向影响在统计上显示出线性特征；基于空间集聚的企业内知识主体与企业外知识主体之间的知识共享与交互，对自主创新能力的贡献具有边际收益递减的特点，两者间呈现出倒U形二次曲线关系。这意味着：企业构建自主创新能力，不仅要注重自身专有性知识的传承与积累，还要注重内外部多样性知识的获取与集聚。其中，内生性专有知识的传承与积累，对能力提升的效应在前期比较缓慢，只有在突破一定的阈值后才呈现出显著的边际递增的能力提升效应，而在此之前，知识传承的能力提升效应的可见性往往不够显著。因此，如果企业缺乏战略耐性进行持续积累，就会在构建自主创新能力的过程中功亏一篑。然而，内生性专有知识的积累才是构建竞争优势壁垒的关键（Dierickx and Cool，1989）。外部异质性知识的获取与集聚，对于企业提升创新能力的短期效应非常明显，这促使大多数企业更倾向于通过外部知识获取来构建自身的创新能力，但这种效应在长期上来看具有边际效应递减的特征。从企业构建自主创新能力、实现可持续竞争能力的角度来说，内外部知识的积累与集聚都十分必要。其中，包括内部知识集聚与知识历时传承的内生性知识积累是根本，而基于空间集聚的异质性知识积累是条件，对于多种知识积累模式的组合利用是提升企业自主创新能力的关键（张军和许庆瑞，2015）。

（2）知识积累模式不同，形成的企业创新能力内在结构不同。知识积累对企业自主创新能力的四个维度均具有显著影响，并且都显示出递增的边际贡献；外部知识集聚对变异感知能力作用不显著，在其他维度上均表现出显著的积极影响，但在信息诠释与创新决策两个能力维度上表现出递减的边际贡献效应。内部知识交互对创新决策能力的作用不显著，在其他维度上表现出显著的正向效应。这意味着：长期偏重于单一模式的知识积累，会带来企业创新能力内在结构的不均衡发展，这最终将使得企业创新能力在整体上的效应受到限定。但从本书研究结果中仍然可以看出：企业专有性知识的积累与传承是构建企业自主创新能力的根本，而外部知识集聚与内部知识集聚在提升企业自主创新能力的过程中存在一定的互补效应。这种互补效应最终可以缓解单一模式知识积累带来的能力内在结构的不均衡性。由此可见，企业应多渠道获取知识、集聚知识，并且通过知识的内部传承，最终构建出自身独特的创新能力。

（3）知识积累能够部分补偿动荡环境对企业创新能力的侵蚀。环境动态能够削弱知识积累对变异感知能力的促进作用，但会进一步增强知识积累对创新决策能力的提升作用。并且，随着知识积累水平的提高，动荡环境对企业创新能力的侵蚀作用将会减弱。此外，动荡环境虽然会削弱外部知识集聚对信息诠释能力的积极作用，但会增强内部知识集聚对信息诠释能力的提升效应。由此可见，企业加强知识积累将有助于部分补偿动荡环境对企业创新能力的侵蚀。

（4）不同知识积累模式在提升创新能力中互为条件、互相补充。从空间维度上来看，如果从外部知识共享更倾向于探索性学习、内部知识共享更倾向于利用性学习的角度来看，本书在一定程度上验证了在特定环境条件下，企业外部集聚性知识积累与内部集聚性知识积累，对企业自主创新能力不同维度的提升作用具有交替性特征，体现了两种学习模式对自主创新能力提升的对立统一的二元效应。这一效应在整体上也体现出内部导向与外部导向的空间集聚性知识积累对企业自主创新能力提升效应中的互补性特征。而综合空间维度与时间维度区分下的集聚性知识积累与历时性知识积累，在提升企业创新能力的过程中，除了各自独立的提升效应，空间上多样性知识集聚形成的知识积累持续促进企业历时性知识积累，并且为呈现出边际贡献递增特征的企业创新能力提升提供了条件（张军和许庆瑞，2015），而历时性积累又为集聚性知识积累更加有效地促进创新能力提升提供了基础和保障。

综上所述，基于时空因素区分下的不同知识积累模式，在提升企业自主创新能力的过程中，彼此之间既具有相对的独立性，又存在相互的关联性，在构建与提升企业自主创新能力的过程中，均不可偏颇。

24.3.2 组织机制设计促进企业创新能力内生性发展的规律

（1）创新能力构建过程是企业不断导入新要素并与现有能力基础实现互换的连续过程。企业创新能力的构建过程，是以外部环境动态为参照与匹配目标，不断将外部的环境动态作为新要素导入企业内部，并与企业现有资源/能力基础进行互换，最终实现企业资源/能力基础更新的过程。在企业实践中，这个过程通过动态信息监控与感知、动态信息共享与解释、决策以及行动四个基本环节构成的组织机制的日常运营而实现。本书发现：基于信息/知识共享的集体性解释机制，不仅能够实现信息向具有决策与行为导向的知识转化，还为企业内知识转移、转化、整合与创造提供运行框架，从而推动企业知识基础的动态发展。同时，知识共享与集体解释有利于推动管理者的认知变革，进而推动管理者关于企业"资源图式"的认知变革，为企业有效响应外部环境动态而进行新的资源配置决策提供认知基础。因此，企业创新能力的构建过程，是企业对外部新要素进行"感知—解释"并实现与现有资源/能力基础互换的"决策—行动"过程。

（2）跨职能知识共享与集体性解释是企业创新能力形成与转化的关键。本书的研究发现表明：对环境动态信息的解释（特别是基于信息/知识共享的集体性解释）是产生管理者的知识间断、创造性搜索、路径创造以及战略性感知的决定性因素。知识共享与集体解释是企业将知觉转化为决策与行动的关键环节。知识共享与集体解释的内容特性、宽度、深度及方式都将影响决策方向。与Zahra和George（2002）对吸收能力的划分一样，本书认为创新能力也可划分为潜在与现实能力。其中潜在能力提供对变革的冗余，可能更利于应对非连续性环境变革；而现实能力应对的是短期的或者变革具有可预测性的环境动态。在两种能力之间，知识共享与集体解释提供了创新能力从潜在向现实转化的机制。

24.4　企业创新能力与环境共演发展规律

24.4.1　创新能力随时间适应环境的演化规律

企业技术创新能力的演进过程，体现出对多来源压力的适应。技术创新起源于企业对知识缺口的感知，是对环境的主动适应。在技术创新能力演进过程中，存在着从环境到企业自上而下的效应，企业适应环境、争取资源以谋求产品创新，这继承并延展了早期制度理论结构观的逻辑。企业发现了能力-环境不对齐后，会促进技术创新能力的演进。

本书通过对信雅达、华为及福建邮科的多案例研究发现：企业技术创新能力存在跨空间、随时间的适应性演化规律。首先，转型经济背景下多种环境要素（如政策压力、市场需求、技术竞争、观念转变等）的变化，对企业技术创新能力的演进提出要求。其次，为了应对越来越动荡的竞争环境，技术创新能力演进呈现出不同阶段的主导能力要素不断演化进阶的特征，即在转型经济背景下，技术创新能力随环境的适应性演进路径呈现出从"吸收能力主导沿吸收、集成能力为主向吸收、集成、原创能力高水平均衡发展"的特征。

24.4.2　创新能力与产业环境共同演化的规律

企业技术创新能力随环境变革呈现出适应性演化特征，更多体现在竞争性行业中。在竞争性行业中，企业创新能力的适应性演化，相对而言是被动的，企业是环境动态的接受方。但是，对于高集中度行业中的领先企业，企业创新能力的构建虽然受到环境影响，但同时也可以依据领先企业自身的权力影响环境的演化，因此，在高集中度行业中的领先企业，与环境间关系不是适应性演化特征，而是呈现出与环境共同演化的特征。

共演机理：企业感知到环境变化导致的知识缺口后，为了适应环境变化，会不断通过战略柔性行为实现技术创新能力演进；技术创新能力演进后，原创能力增强，知识扩散效应增强，使得环境动态性往有利于激发自身技术创新能力演进的方向发展。技术创新能力对于环境动态性的反作用在高集中度产业中的核心企业/龙头企业中表现得尤其明显。因此，对于能够有效感知环境动态的企业，技术创新能力的演进本身就会带来技术创新能力和环境的良性共演。

需要强调三点：①共演律中技术创新能力演进的路径仍是"吸收能力主导沿吸收、集成能力为主向吸收、集成、原创能力高水平均衡发展"；②共演区别于适应性演化的特定边界条件是高集中度行业中的领先企业；③共演带来的结果是企业的技术创新能力沿上述路径加速演进。

24.5 基于企业内外要素协同的创新能力发展规律

24.5.1 基于创新要素组织内协同的创新能力发展规律

本书采用系统动力学仿真方法，对企业在内外网络协同情境下创新能力的动态演化过程构建一阶模型，探索创新要素协同对创新能力的动态作用，发现企业内部要素的互动与协同推动创新能力沿着纵向和横向发展演化。即纵向上企业能力从模仿引进到二次创新、集成创新最终提高自主创新能力；横向上是从单一要素产生的单一能力（如制造、转化能力）到综合能力（管理创新）的发展。

内部要素协同是创新能力发展的基础，内部创新要素组合成的企业内网络是通过异质性网络联盟帮助企业获取、消化外部变量并将其转化成新产品或改进产品的机制，外部资源和知识只有通过内部创新网络和机制，转化为内部自身能力才能真正形成竞争优势。要素协同与企业战略发展阶段是相一致的，即在引进消化吸收阶段，企业主要基于技术要素与市场要素的协同，提高企业技术积累和学习能力，夯实发展的基础；在成长或发展期，企业战略与组织要素参与创新程度明显增加，通过管理上、组织上及文化上变革进一步解放生产力，促进企业集成创新能力发展，从而进一步提升原创能力。

24.5.2 基于资源的组织内外协同的创新能力发展规律

1）内外创新网络协同与能力协同发展

企业与创新网络是双向协同发展的，一方面企业需要建设在内部网络基础上的能力（如吸收能力、转化能力），在战略、组织结构、商业模式、企业文化等诸多方面做出调整；另一方面需要在扩展的企业网络中实现协作创新和能力提升，需要重新定义合作伙伴在创新中的地位和作用。内外协同一致是确保在整个企业中全方位传达及实现业务战略的关键步骤。单纯从外部要素或内部要素出发来提高投入效果并不显著，而通过与外部网络的互动交换实现互补效应，才能实现最大效率。

本书研究发现：内外创新网络和不同创新能力在发展中是复杂性动态演化进程，企业内外的互补性也促进了企业不同性质的创新能力协同发展。推广到我国众多制造类企业，可以看出随着企业开放创新，其演化方向是沿着纵向和横向发展的，纵向上企业能力从模仿引进到二次创新、集成创新最终提高自主创新能力，横向上是从单一要素产生的单一能力（如制造、转化能力）到综合能力的发展，这种不同类型与性质的创新能力，借助创新网络资源的互补性在企业内部是同时发展和相互支持的，联合与整合创新能力并具备多种创新能力的企业能够互相强化各项能力而扩大总的收益。

2）资源异质性构成网络组织协同的物质基础

网络组织中企业之间的协同行为得益于企业之间战略资产的互补性，而异质性是产生互补性的前提。为了获得和整合所需要的资源，资源的交易和聚集就成为企业的战略要务之一。但企业拥有的战略性资源具有的专用性、不可模仿性及非流动性等特性使得企业很难通过市场交易在战略要素市场上获得这些异质性资源。一方面，由于资源在网络组织中不是均匀分布的，网络组织成员之间的合作行为可以在最大限度上促进资源的流动与合理配置，网络组织成员可以借助所拥有的异质性资源，通过协同弥补自身资源的不足；另一方面，网络协同使得企业资源流动和整合从企业内部扩展到外部，在更大范围上促进了资源的合理配置，提高了各种资源和知识的使用效率，这种企业间的互相协作，可以通过不同的资源和能力互补形成更大的竞争合力，还可以通过接触新思想和新知识，克服组织中惯例与惰性，形成应对环境变化的新能力。

本书研究发现，企业内部与外部资源配置和应用通过协同取得互补效应，形成一个正反馈循环，促进了企业可持续发展。实证分析表明：网络中异质性对协同效应的作用非常明显。模拟仿真的结果也显示出，异质性虽然和网络规模紧密相关，但网络异质性比单纯的规模扩大更具有意义。当其他条件不变时，规模增大会促进企业工艺改进、生产流程控制等二次创新能力提高；但如果外部网络规模增大而异质性很小，则会造成同质化资源增多，不会促进能力提升。这在一定程度上反映出规模扩大最终还是为了更好地获得异质性资源。Eisenhardt和Galunic（2000）在《共同进化》一文中曾提到选择正确的协同机会以及控制协同的数量都非常重要，要防止合作陷阱，数量太多会限制各自的发展，数量太少则会错过一些有价值的协同机会。我们发现，对资源（或网络）异质性水平的控制对能力提升更为有效。

24.6 展望：全面创新管理时代创新能力提升研究与实践将有大发展

本书围绕我国企业自主创新能力提升规律及提升机制这一核心，在识别我国自主创新的中国特色情境下，从微观层次探索我国企业自主创新能力的内涵及其内在结构。在此基础上，分别从企业内生性及累积性视角，企业与外部环境共同演化视角，以及创新要素企业内外协同的视角，探索我国企业自主创新能力提升的内在规律，并在规律总结的基础上，分别探索我国企业自主创新能力提升的组织机制与实现的战略路径。

本书的研究结果表明：在"坚持走中国特色自主创新道路、建设创新型国家"战略下，我国企业自主创新能力的建构与发展，要注意以下几点。

第一，在不同环境条件下，不同发展阶段的企业，其创新能力内在结构存在差异。总体而言，从企业创新能力整体性层面来看，随着企业发展演化，内在结构的变迁由企业初创阶段的较低水平、单一要素、非核心要素逐渐向高水平、多要素复合、核心要素与非核心要素协同不断进阶，呈现出内在结构要素不断拓展增厚、新要素不断导入融合的序进发展规律。而从企业技术创新能力类型来看，则是随着与环境的不断交互，逐渐由"吸收能力主导型""吸收、集成能力为主"发展成"吸收、集成、原创能力高水平协同"的技术创新能力结构。因此，在动态环境中，随着企业创新发展，其创新能力内在结构、创新能力类型处于不断动态演化、不断变迁的进程中。虽然从国家层面上，我们不断强调要构建企业自主创新能力，但具体到特定企业，我们必须认清，不同企业、不同发展阶段、面对不同特征环境与趋势，创新能力的内在结构是不同的，企业提升创新能力的阶段性能力目标也是不同的。也就是说，构建企业创新能力，并非一概而论，须尊重环境趋势与企业现实情况，构建与企业发展阶段、发展环境相匹配的创新能力。

第二，基于自主性焦点的企业创新能力的再认知与建构。在当前我国经济战略性转型、建设"创新型国家"的战略性关键时期，从微观的管理认知与组织行为导向的视角来看，"感知""诠释""决策""实施"四维结构的创新能力构建，是实现我国企业创新能力建构中自主性的新思路。2016年5月30日召开的全国科技创新大会上，华为创始人、总裁任正非坦言"感到迷茫"，他说："随着逐步逼近香农定理、摩尔定律的极限，而对大流量、低时延的理论还未创造出来，华为已感到前途茫茫、找不到方向。华为已前进在迷航中。重大创新是无人区的生存法则，没有理论突破，没有技术突破，没有大量的技术积累，是不可能产生爆发性创新的。"事实上，在此之前，任正非已经在多次讲话中表达了华为未来发展中重大理论创新的关键作用，"2012实验室"的建立，集聚了全球科学家，正是为了获取重大理论创新。华为的迷茫，是一个从追赶经由超越、正从追随者向领先者实现转型的迷茫。背后体现的是华为这类企业在当前信息技术发展面临重大范式创新或可能会产生技术范式跃迁的背景下，对环境变异、技术革命的感知及其解读上的迷茫，体现在企业层次上的是变异信息感知与信息诠释的系统性能力，更深层次的因素是企业高管人员的认知能力与远见。通过管理认知将关涉原始创新或重大创新所面临的不确定性消减到实践中可探索、一定程度可控制的范围内，再通过高管人员/团队的创新决策与组织实施加以实现。只有建构完整的"感知—诠释—决策—行动"动态响应性特征的创新能力，才能从源头上把握创新的原创性，特别是创新价值的收益分配权或价值分配的支配权，从而在根本上实现自主创新。

第三，企业创新能力构建与发展并非是单一路径，常常是多路径并行、综合运用的过程。不同企业、不同阶段、不同产业环境、不同技术发展阶段，构建创新能力的视角也各有偏重，显然，带来的企业创新能力构建的结果也是不同的。针对创新能力构建与提升这一核心，本书从内生性发展、与环境共演、企业内外协同三个基本视角，研究了企业创新能力构建机制与路径。研究结果表明：三种视角，以企业为创新主体，沿着"内生积累—外生影响—内外协同"的研究脉络，分别进行了深入探索，并获得积累律、共演律与协同律。同时可见，三项基本规律以及规律下的创新能力提升机制与路径，对环境条件的适用性各有千秋。此外，三项基本规律下的企业创新能力发展路径并非完全相互独立，而是存在互补、互动的功能，只是在不同情境下主导性地位存在差异。例如，在开放式创新环境下，基于企业内外创新要素协同从而提升企业创新能力，主要是在空间维度上，快速实现企业与复杂环境相匹配的发展路径；企业努力随环境变化而不断调整、更新自我创新能力，甚至在一定条件下建构其设定环境的能力，则主要是在时间维度上，企业实现与环境动态相适应、建构创新能力的主要路径；而企业基于知识/经验的时间维度上的传承与积累，以及知识在空间维度上的内部、外部集聚性积累与创造，是企业通过内生性积累构建创新能力并据此建立竞争壁垒的关键路径，也是建立与提升企业自主创新能力的核心。三种基本路径中，我们可以发现，如果完全依赖内生性积累建构并提升企业自主创新能力，则不能适应当代时基竞争环境的要求；而依赖内外资源协同的横向发展路径，企业最终可能出现核心能力空心化的结果；同样，单纯依赖企业与环境之间的渐进演化，虽然为企业提供了与环境动态适应的思路，但对于大多数企业来说，这是个消极适应的过程，这种落后于环境、跟随环境的能力构建路径，显然对于我国当前强调"原创""前瞻"的创新型国家发展战略而言，还不能提供充分支持。因此，在能力建构过程中，一方面要能审时度势，认清环境趋势；另一方面要尊重企业自身现实，选择适合自身发展的能力构建路径，设计促进能力构建的内在组织机制。

第四，企业创新能力的建构与发展是全面的、开放的、协同的、内在的组织与管理过程。综上所述，诚如浙江大学郭斌教授所指出的那样：在技术追赶与创新进程中，独特的"市场""技术"双阶梯结构特征的中国情境，一方面为各类企业提供了生存与发展的空间，另一方面为承接各类技术创新成果并通过创新实现技术轨道上的晋级与爬升提供了进阶基础，即我国多层级市场结构为我国各类企业建构与发展自身创新能力提供了外部条件。这意味着，企业在建立并提升创新能力过程中，只有在重视内生积累的基础上，保证心态开放、全面创新、多方协同、动态适应，才能真正实现企业自主创新能力的提升与发展。而这表明，全面创新管理的时代已经到来。

1. 全面创新管理的哲理与框架

全面创新管理概念及其理论框架，由浙江大学许庆瑞教授等于2002年首次正式提出。在系统梳理创新管理理论发展经由个体创新（20世纪40~50年代）、组织推动创新（20世纪60~70年代）、组织外部创新（20世纪70年代）、组合创新、集成创新与系统创新（20世纪80~90年代）等发展阶段的基础上，许庆瑞等（2006）注意到，进入21世纪后，基于生态系统视角的创新理论的发展，呈现出"人人创新"、"时时创新"、"全流程创新"、" 全球化创新"及"事事创新"的全面创新管理的新方向，其核心是"人人都是创新者"与"以人为本"的创新管理的哲学理念，强调的是人的创新主体性及其与组织环境的协调性，技术与非技术要素的全要素创新，以及创新的全过程、全价值链和全球化资源整合。

在"生态""人本""协同""开放"等理念的指导下，基于生态理论、人本理论、协同理论、复杂自适应系统理论及开放式创新理论，许庆瑞教授及其团队系统提出全面创新管理的理论框架。首先，基于对企业层次创新规律的研究，将全面创新管理的理论内涵界定为以培养核心能力、提高持续竞争能力为导向，以价值创造/增加为最终目标，以各种创新要素（包括技术、组织、市场、战略、管理、文化、制度等）的有机集合与协同创新为手段，通过有效的创新管理机制、方法和工具，力求做到人人创新、事事创新、处处创新（许庆瑞，2007）。其次，在此基础上，许庆瑞（2007）提出了企业全面创新管理的五角形模型框架，并将全面创新管理范式的内涵凝练为"三全一协同"体系，即全员创新，全要素创新，全时空创新，以及三者之间的全面协同。其中，全员创新是全面创新成功的基础，强调企业创新应充分发动员工广泛参与，一方面降低创新阻力，另一方面提高创新承诺，更好地利用最具能动性的创新资源；全要素创新，则是构建增强全员创新的环境和平台，是全面创新管理的主要内容；全时空创新，则是将传统企业创新的边界拓展到全球化、延长到时时创新，在本质上是拓展创新资源利用的时空边界，是对当前经济全球化、技术网络化的国际环境发展的响应；而全面协同，则是从系统、全面的视角，将全要素、全员、全时空等全面创新管理的主体、内容及时空条件有效连接、有机整合。

本书研究结果也充分显示了我国企业自主创新能力的提升规律与机制。首先基于历史观识别了我国企业自主创新所处环境的中国特色及其内涵；其次，深入探讨我国企业自主创新能力的理论内涵及其内在结构；在此基础上，分别从创新内在结构的变迁序进、基于知识积累的内生性能力累进发展、基于与外部环境互动/互补的能力演进、基于企业内外创新要素协同促进能力提升四个方面进行了深入研究，分别得出序进律、积累律、共演律及协同律。其中，序进律揭示了我国企业自主创新能力本身内涵及其内在结构，随着经济与社会发展而序进发展的内在规律，为提升我国企业创新能力提供了参照基础；积累律则是从企业创新能力自主性来源的视角，强调知识积累对企业自主创新能力提升的关键性内生作用，为企业有效获取具有自主知识产权创新成果提供能力保障，没有内生性自我积累，企业难以真正建立起自主创新能力；共演律主要探索企业创新能力升级过程中满足环境需求导向的内在规律，强调了企业创新能力提升与环境变化之间的共演及其特征；协同律为企业实施与升级创新能力提供了基本方式与路径。但如上所述，四条基本规律的得出，独立来说，具有各自的局限性，各条规律的研究结果恰如盲人摸象的结果，因此，四条基本规律之间密切相关，形成不可分割的有机整体，需要以全面、开放、系统的视角予以审视，而全面创新管理理论提供了审视的理论视角。浙江大学RCID对我国企业自主创新能力提升规律与机制的研究，不仅从实证角度验证了许庆瑞（2007）提出的全面创新管理理论，也基于大量的本土化企业的案例研究，进一步丰富了全面创新管理理论体系，特别是在企业对内的内生性知识积累、对外的应对动荡环境的适应性演化能力的提升规律与机制等方面有所贡献。

2. 促进全面创新的政策建议

1）国家层面与企业层面全面创新的区别与联系

全面创新管理理论的提出是基于微观的企业层面提出的，强调的是"企业是创新主体"。从我国的国际化竞争层面来看，习近平总书记指出，综合国力竞争说到底是创新的竞争。要深入实施创新驱动发展战略，推动科技创新、产业创新、企业创新、市场创新、产品创新、业态创新、管理创新等，加快形成以创新为主要引领和支撑的经济体系和发展模式。为此，我国从创新大国走向创新强国的关键在于实施创新驱动发展战略，而理论创新、制度创新、科技创新和文化创新的融合发展是创新驱动发展战略的必然。这在本质上凸显的是国家战略层面的全面创新。

但是，国家层面全面创新与企业层面全面创新并不可以简单地在理论上画等号。两者的全面创新思想既有联系，也有区别。联系在于，都强调全时空范畴内调动、协调创新资源，实现自主创新。而区别则主要体现在整个国家创新系统中的分工存在显著差异，即国家层面的全面创新，抓手是全面推进创新制度和创新治理现代化建设（魏江，2016a），核心是制度创新、公共服务创新及创新环境建设与供给；而企业是创新主体，是我国最终能够实现"创新型国家"战略的根基与依托，是创新的终极践行者。一个国家、一个区域最终能够建构自身的国际竞争力，归根到底需要依托一批具有自主创新能力、具有国内甚至国际竞争能力的企业或产业。而国家层面对制度、环境、机制体制、公共服务的全面创新，则为企业全面自主创新提供了环境和土壤，这些是企业全面创新过程中自身所不能解决的。国家创新系统中的政府与企业如何实现协同，是全面推进我国自主创新的关键。

国家层面、企业层面的全面创新，在本质内涵上存在差异，体现为在创新实践中所承担的角色、功能有所不同，在国家创新系统中存在一定分工与协同，在实现"创新型国家"战略中，国家全面创新与企业全面创新密不可分。

2）国家层面全面创新的政策建议

2016年7月28日国务院印发《"十三五"国家科技创新规划》，明确指出：坚持创新是引领发展的第一动力，把创新摆在国家发展全局的核心位置，以深入实施创新驱动发展战略、支撑供给侧结构性改革为主线，全面深化科技体制改革，大力推进以科技创新为核心的全面创新，着力增强自主创新能力，着力建设创新型人才队伍，着力扩大科技开放合作，着力推进大众创业万众创新，塑造更多依靠创新驱动、更多发挥先发优势的引领型发展，确保如期进入创新型国家行列，为建成世界科技强国奠定坚实基础，为实现"两个一百年"奋斗目标和中华民族伟大复兴中国梦提供强大动力。

为了实现"两个一百年"奋斗目标，《"十三五"国家科技创新规划》明确了"十三五"科技创新的总体目标，提出要构建高效协同的国家创新体系、围绕支撑国家重大战略强化六方面的任务部署，并从落实和完善创新政策法规、完善科技创新投入机制、加强规划实施与管理三方面提出了保障措施，强调完善支持创新的普惠性政策体系，深入实施知识产权战略和技术标准战略，建立多元化科技投入体系等。

由《"十三五"国家科技创新规划》内容可见，结合我国当前发展特征，要想顺利建成"创新型国家"，我国政府还需要在以下几个方面着手，从而通过供给侧结构性改革以及科技体制创新等方式，全面推进"以科学研究与技术创新为核心的全面创新"。

（1）制度创新与创新治理现代化建设。制度创新是科学发展、技术创新和其他一切创新的重要保障，特别是在转型经济背景下，制度创新要先行于技术创新，这样才能释放科学研究与技术创新的巨大潜力，激发各类创新主体的活力，从而最终在整个经济社会系统层面上发挥出发展的力量。而制度创新的主体是国家，其核心内容是建构国家治理体系，并推进治理体系的不断完善。正如浙江大学魏江（2016b）所指出的：国家层面的全面创新，抓手是全面推进创新制度和创新治理现代化建设。其中，针对"以科学研究与技术创新为核心的全面创新"，科技体制改革是关键。科技体制改革，一方面要针对中国特色以及战略转型阶段的情境性特征，理顺科技体制、机制、政策及法规等方面的价值导向，要强调当前与长远兼顾、国内国际统筹的政策设计取向；另一方面要充分考虑创新风险特征，建立健全有效的创新风险分担机制，政府要能够承担部分重大创新活动失败所带来的风险。此外，明确政府与市场在创新体系中的主体分工作用，并建立健全政府与市场作用有效互补、相互促进的制度与政策环境，从而最终通过制度创新全面推进创新驱动发展战略的顺利实现。

（2）文化创新与创新创业生态系统建设。从熊彼特提出"创新是经济发展的源泉"这一论断以来，创新活动就被赋予了经济属性。但同时，我们必须看到，创新活动在其深层次本质上，反映的是一种文化现象。因此，要深入实施创新驱动发展战略、增强自主创新能力，不仅需要国家自上而下的创新推进，也需要营造出能够促进全民族自下而上进行创新的社会创新型文化。而要促进全社会创新型文化形成，"大众创业、万众创新"不仅是目的，也是手段。在全面推进"大众创业、万众创新"的过程中，政府的核心职能在于营造出有利于"大众创业、万众创新"的创新生态系统。这意味着：第一，政府要通过法治、政策的设计与创新，引导"大众创业、万众创新"；第二，建立促进"大众创业、万众创新"的公共服务体系，要从全创业链、全创新链服务的角度进行相关的体系设计；第三，完善支持"大众创业、万众创新"的金融服务体系；第四，着力建设促进科技成果转化的市场机制；第五，深化改革促进创新型人才培养、培育的教育培训体制，建立健全有利于科技人才竞争、流动的市场机制。

（3）基础研究与战略创新力量培育。我国自主创新走到了重大战略转型期，在此期间，我国"政府与企业创新主体"的特色应当得到更好发挥。政府需要在构筑国家先发优势、培育重要战略创新力量、拓展国内国际创新发展空间等方面继续发挥创新主导地位的作用，在重大项目、重大基础性、引领性研究等领域发挥"举国体制"的优势。这一优势的发挥，最终能为竞争性领域的企业提供技术创新的理论基础。正如华为创始人、总裁任正非所言：未来发展需要重大理论创新。而这些重大理论创新都依靠个体企业去实现，是不现实的，也是难以持续的。在此过程中，政府需要与企业在重大科学发展与技术创新中分工明确、相互补充，最终在科学研究到技术创新链上能够形成连续延伸的协同创新关系。

（4）制度创新、基础理论创新、社会文化创新联动协同。《"十三五"国家科技创新规划》指出：要建设高效协同国家创新体系，包括培育充满活力的创新主体、系统布局高水平创新基地、打造高端引领的创新增长极、构建开放协同的创新网络、建立现代创新治理结构、营造良好创新生态六个方面。由此可见，政府在作为制度创新、基础理论创新、社会文化创新的主体之外，还需要在制度、理论与文化创新之间建立联动协同机制，从而在根本上建立有利于促进我国全面创新的社会环境，包括有利于催生"大众创业、万众创新"的创新土壤乃至于整个创新生态系统。

展望未来，全面创新理论向更深层次发展，必将推动创新能力提升规律研究的进一步深入与运用。从全面创新视角来看积累律的深入发展与运用，可以从知识积累扩大到资金积累与投入、人力资源集聚三种类型的资源积累对创新能力提升规律进行进一步研究。显然，知识积累若缺乏资金积累为保证，势必难以保持研究投入增长的需要，而知识积累也很难离开人力资源，特别是高层次创新型人才的集聚与协同。同样，全面创新理论的深化，将推进共演律的深入研究与发展，不止与环境、战略的共演，还有与市场的发展共演，进而与用户的需求，主要是主导用户的未来需求的共演等。可见，全面创新理论将为能力提升诸规律研究的进一步深化与发展提供理论框架。望有志于创新研究的同仁、学者在创新规律研究上携手共进，为发展具有中国特色的创新理论贡献力量。

参 考 文 献

艾莉. 1998. 知识的进化[M]. 刘民慧，等译. 珠海：珠海出版社.

艾米顿 D. 1998. 知识经济的创新战略：智慧的觉醒[M]. 金周英译. 北京：新华出版社.

安东内利 C. 2006. 创新经济学：新技术与结构变迁[M]. 刘刚，张浩辰，吴旬，等译. 北京：
高等教育出版社.

宝贡敏，徐碧祥. 2007. 国外知识共享理论研究述评[J]. 重庆大学学报（社会科学版），13（2）：
43-49.

薄一波. 1993. 若干重大决策与事件的回顾（上卷）[M]. 北京：中共中央党校出版社.

曹庆奎，任向阳，刘琛，等. 2006. 基于粗集——未确知测度模型的企业技术创新能力评价研究
[J]. 系统工程理论与实践，26（4）：67-72.

陈光. 2005. 企业内部协同创新研究[D]. 西南交通大学博士学位论文.

陈继勇，雷欣，黄开琢. 2010. 知识溢出、自主创新能力与外商直接投资[J]. 管理世界，（7）：
30-42.

陈劲. 1994. 从技术引进到自主创新的学习模式[J]. 科研管理，15（2）：32-34.

陈劲. 1999. 技术创新的系统观与系统框架[J]. 管理科学学报，2（3）：66-73.

陈劲. 2002. 集成创新的理论模式[J]. 中国软科学，（12）：23-29.

陈劲. 2011. 中国科技体制改革笔谈[J]. 科学学研究，（12）：1761-1774.

陈劲，王方瑞. 2005. 突破全面创新：技术和市场协同创新管理研究[J]. 科学学研究，（S1）：
249-254.

陈劲，阳银娟. 2012. 协同创新的理论基础与内涵[J]. 科学学研究，30（2）：161-164.

陈力田. 2009. 战略和愿景提升中小企业创新能力机制研究[J]. 管理工程学报，23（s1）：18-23.

陈小洪. 2009. 中国企业 30 年创新：机制、能力和战略[J]. 管理学报，6（11）：1421-1429.

陈小洪，李兆熙. 2000. 联想发展之路：渐进创新[J]. 管理世界，（4）：175-186.

陈晓萍，徐淑英，樊景立. 2008. 组织与管理研究的实证方法[M]. 北京：北京大学出版社.

陈学光. 2008. 企业网络能力：网络能力、创新网络及创新绩效关系研究[M]. 北京：经济管理
出版社.

陈钰芬，陈劲. 2008. 开放式创新：机理与模式[M]. 北京：科学出版社.

陈悦，宋刚，郑刚，等. 2011. 中国创新管理研究的知识结构分析[J]. 科研管理，32（2）：10-19.

陈至立. 2005. 提高自主创新能力　建设创新型国家——在中国自主创新·品牌高层论坛上的讲话[J]. 企业科协，（12）：2-4.

池仁勇. 2009. 中小企业创新网络的理论与实践[M]. 北京：科学出版社.

崔瑜，焦豪. 2009. 企业动态能力提升作用机制研究：基于学习理论的视角[J]. 软科学，（4）：30-35.

笛德 J，本珊特 J，帕维特 K. 2008. 管理创新：技术改革·市场变革和组织变革的整合[M]. 第3版. 王跃红，李伟力译. 北京：清华大学出版社.

董岗，傅铅生. 2004. 关于企业创新能力的评价模型研究[J]. 商业研究，（9）：33-36.

樊景立，梁建，陈志俊. 2008. 理论构念的测量[A]//陈晓萍，徐淑英，樊景立. 组织与管理研究的实证方法[C]. 北京：北京大学出版社.

方刚. 2008. 基于资源观的企业网络能力与创新绩效关系研究[D]. 浙江大学博士学位论文.

福布斯 N，维尔德 D. 2005. 从追随者到领先者[M]. 沈瑶，等译. 北京：高等教育出版社.

傅家骥. 1998. 技术创新学[M]. 北京：清华大学出版社.

傅家骥，雷家，程源. 2003. 技术经济学前沿问题[M]. 北京：经济科学出版社.

傅家骥，仝允桓，高建，等. 2005. 技术创新学[M]. 北京：清华大学出版社.

高宇，高山行. 2010. 本土企业技术跨越的路径跃迁阈值研究——基于专利竞赛理论的视角[J]. 科学学研究，28（8）：1240-1247，1265.

官建成，史晓敏. 2004. 技术创新能力和创新绩效关系研究[J]. 中国机械工程，15（11）：1000-1004.

郭斌. 1998. 基于核心能力的企业组合创新理论与实证研究[D]. 浙江大学博士学位论文.

郭斌，许庆瑞，陈劲，等. 1997. 企业组合创新研究[J]. 科学学研究，15（1）：12-17.

郭磊，蔡虹. 2013. 基于专利组合分析的中国电信产业技术创新能力研究[J]. 科学学与科学技术管理，（9）：77-85.

国家统计局，科学技术部. 2010. 2010年中国科技统计年鉴[M]. 北京：中国统计出版社.

哈肯 H. 2005. 协同学：大自然的奥秘[M]. 凌复华译. 上海：上海世纪出版集团.

贺小刚. 2005. 企业家能力评测：一个定性研究的方法与框架[J]. 中国社会科学院研究生院学报，（6）：125-130.

侯杰泰，温忠麟，成子娟. 2004. 结构方程模型以及应用[M]. 北京：教育科学出版社.

胡恩华. 2001. 企业技术创新能力指标体系的构建及综合评价[J]. 科研管理，22（4）：79-84.

胡钰. 2010. 从"自力更生"到"自主创新"——中国科技发展的战略思考与历史经验[J]. 中国软科学，（8）：6-13.

黄德春，陈思萌. 2008. 创新型企业创新能力评价实证研究[J]. 求索，（1）：66-68.

贾根良. 2004. 后发优势的演化创新观[J]. 山西大学学报（哲学社会科学版），（1）：70-75.

江辉，陈劲. 2000. 集成创新：一类新的创新模式[J]. 科研管理，（5）：31-39.

江旭, 高山行. 2010. 知识积累与获取对企业创新的交互作用研究[J]. 研究与发展管理, 22(6): 8-14.

蒋春燕. 2011. 中国新兴企业自主创新陷阱突破路径分析[J]. 管理科学学报, 14(4): 36-49.

焦豪, 魏江, 崔瑜. 2008. 企业动态能力构建路径分析: 基于创业导向和组织学习的视角[J]. 管理世界, (4): 91-106.

经济日报 "自主创新" 调研小组. 2016-04-20. 我国自主创新能力建设 2015 年度报告[N]. 经济日报.

寇宗来. 2009. 通往创新国家之路——改革年代的产业创新[M]. 上海: 格致出版社, 上海人民出版社.

兰德公司. 2016. 中国的专利与创新[R].

李剑力. 2009. 探索性创新、开发性创新及其平衡研究前沿探析[J]. 外国经济与管理, 31(3): 23-29.

李剑力. 2010. 探索性创新、开发性创新与企业绩效关系研究[M]. 北京: 经济管理出版社.

李金明. 2001. 企业创新能力的分析模型[J]. 东华大学学报 (自然科学版), 27(2): 27-30.

李平. 2012-03-12. 应积极推动协同创新[N]. 黑龙江日报 (第12版).

李向波, 李叔涛. 2007. 基于创新过程的企业技术创新能力评价研究[J]. 中国软科学, (2): 139-142.

李兴华. 2011-09-22. 协同创新是提高自主创新能力和效率的最佳形式和途径[N]. 科技日报.

李旭. 2009. 社会系统动力学: 政策研究的原理、方法和应用[M]. 上海: 复旦大学出版社.

林如海, 彭维湘. 2009. 企业创新理论及其对创新能力评价意义的研究[J]. 科学学与科学技术管理, (11): 118-121.

刘凤朝, 潘雄锋, 施定国. 2005. 基于集对分析法的区域自主创新能力评价研究[J]. 中国软科学, (11): 83-91, 106.

刘国光. 2006. 中国十个五年计划研究报告[M]. 北京: 人民出版社.

刘金标, 张敏. 2004. 捷安特董事长刘金标: 品牌与OEM并重经营[J]. 东方企业家, (12): 44-45.

刘锦英, 聂鸣, 孙理军. 2006. 基于企业升级视角的企业创新能力内涵及特性分析[J]. 科学管理研究, 24(3): 8-12.

刘景江. 2004. 网络环境下制造企业组织创新的机理与模式研究[D]. 浙江大学博士学位论文.

刘军. 2008. 管理学研究方法——原理与应用[M]. 北京: 中国人民大学出版社.

刘兰剑, 司春林. 2009. 创新网络 17 年研究文献述评[J]. 研究与发展管理, 21(4): 68-77.

刘璐. 2009. 企业外部网络对企业绩效影响研究: 基于吸收能力视角[D]. 山东大学博士学位论文.

刘满凤, 唐厚兴. 2011. 组织间知识溢出吸收模型与仿真研究[J]. 科研管理, (9): 74-82.

刘星, 赵红. 2009. 外商直接投资对我国自主创新能力影响的实证研究——基于省级单位的面板数据分析[J]. 管理世界, (6): 170-171.

刘雪锋. 2007. 网络嵌入性与差异化战略及企业绩效关系研究[D]. 浙江大学博士学位论文.

陆园园，郑刚. 2009. 基于复杂性理论的企业创新要素协同研究[J]. 科技进步与对策，26（2）：66-70.

路风. 2006. 走向自主创新：寻求中国力量的源泉[M]. 桂林：广西师范大学出版社.

路风，慕玲. 2003. 本土创新、能力发展和竞争优势——中国激光视盘播放机工业的发展及其对政府作用的政策含义[J]. 管理世界，（12）：57-82.

路甬祥. 2002. 对国家创新体系的再思考[J]. 求是，（20）：6-8.

路甬祥. 2007. 提高自主创新能力是建设创新型国家的重大战略任务[J]. 党建研究，（11）：50-55.

罗威 B，柯涛，谢祖墀，等. 2009. 中国的下一轮革命：改变全球汽车产业[R]. Booz & Company.

马庆国. 2002. 管理统计：数据获取、统计原理、SPSS工具与应用研究[M]. 北京：科学出版社.

马庆国. 2008. 管理科学研究方法[M]. 北京：高等教育出版社.

彭光顺. 2010. 网络结构特征对企业创新与绩效的影响研究[D]. 华南理工大学博士学位论文.

彭纪生. 2000. 中国技术创新系统的历史沿革、改革历程和现状比较[J]. 研究与发展管理，12(4)：4-8.

彭纪生，吴林海. 2000. 论技术创新协同模式建构[J]. 研究与发展管理，（5）：12-16.

彭纪生，刘春林. 2003. 自主创新与模仿创新的博弈分析[J]. 科学管理研究，（6）：18-22.

彭泗清，李兰，潘建成，等. 2013. 经济转型与创新：认识、问题与对策——2013中国企业家成长与发展专题调查报告[J]. 管理世界，（9）：9-20.

彭新敏. 2007. 全球价值链中的知识转移与我国制造业升级路径[J]. 对外经济贸易大学学报（国际商务版），（3）：58-63.

彭新敏. 2009. 企业网络对技术创新绩效的作用机制研究：利用性和探索性学习中介效应[D]. 浙江大学博士学位论文.

彭正银，韩炜，韩敬稳. 2011. 基于任务复杂性的企业网络组织协同行为研究[M]. 北京：经济科学出版社.

齐丽云，汪克夷，张芳芳，等. 2008. 企业内部知识传播的系统动力学模型研究[J]. 管理科学，21（6）：9-20.

全利平，蒋晓阳. 2011. 协同创新网络组织实现创新协同的路径选择[J]. 科技进步与对策，28(9)：15-18.

任胜钢，宋迎春，王龙伟，等. 2010. 基于企业内外部网络视角的创新绩效多因素影响模型与实证研究[J]. 中国工业经济，（4）：100-109.

任宗强，吴海萍，丁晓. 2011. 中小企业内外创新网络协同演化与能力提升[J]. 科研管理，（9）：7-14.

沈慧. 2016-01-25. 有关数据显示我国科技成果转化率不足30%[N]. 经济日报.

沈能，刘凤潮. 2008. 从技术引进到自主创新的演进逻辑——新制度经济学视角的解释[J]. 科学学研究，26（6）：1293-1299.

石林芬，胡翠平. 2004. 原创技术的基本特征与研发要素[J]. 管理学报，1（2）：224-227.

石秀印. 1998. 中国企业家成功的社会网络基础[J]. 管理世界，（6）：187-196.

史密斯 D，米哲姆 C. 2009-02-20. 如何抓住创新的本质[EB/OL]. 哈佛商业评论网，http://www. ebusiness- review.cn/articleList-39-22.html.

水常青. 2009. 基于市场导向的全面创新机制及绩效实证研究[D]. 浙江大学博士学位论文.

斯特曼 J D. 2008. 商务动态分析方法：对复杂世界的系统思考与建模[M]. 朱岩，钟永光译. 北京：清华大学出版社.

宋河发，穆荣平，任中保. 2006. 自主创新及创新自主性测度研究[J]. 中国软科学，（6）：60-66.

宋迎春. 2010. 基于企业内外部网络视角的创新绩效多因素影响模型与实证研究[D]. 中南大学硕士学位论文.

宋志红，陈澍，范黎波. 2010. 知识特性、知识共享与企业创新能力关系的实证研究[J]. 科学学研究，（4）：597-604.

孙耀吾，卫英平. 2011a. 高技术企业联盟知识扩散研究——基于小世界网络的视角[J]. 管理科学学报，14（12）：17-26.

孙耀吾，卫英平. 2011b. 基于复杂网络的高技术企业联盟知识扩散AIDA模型与实证研究[J]. 中国软科学，（6）：130-139.

孙玉涛. 2016-03-14. 研发经费占比 70%，企业为何还是扶不起的创新主体？[EB/OL].《知识分子》微信公众号.

田力普. 2007. 实施国家知识产权战略推动高新企业创新发展[J]. 中国高校科技与产业化，（9）：24-25.

万君康，李华威. 2008. 自主创新及自主创新能力的辨识[J]. 科学学研究，（1）：205-209.

王核成. 2005. 基于动态能力观的企业竞争力及其演化研究[D]. 浙江大学博士学位论文.

王核成. 2008. 我国制造企业能力体系演化及竞争优势再造研究[D]. 上海交通大学博士后论文.

王红领，李稻葵，冯俊新. 2006. FDI与自主研发：基于行业数据的经验研究[J]. 经济研究，（2）：44-56.

王华，赖明勇，柴江艺. 2010. 国际技术转移、异质性与中国企业技术创新研究[J]. 管理世界，（10）：131-142.

王济川，郭志刚. 2001. Logistic回归模型：方法与应用[M]. 北京：高等教育出版社.

王其藩. 2009. 系统动力学[M]. 修订版. 上海：上海财经大学出版社.

王为东. 2010. 面向集群创新的企业网络作用及其演化机制研究[D]. 东南大学博士学位论文.

王秀红，韩光平，卓德保，等. 2004. 主体隐性知识共享调查研究[J]. 科学技术与工程，（11）：944-947.

王毅. 2004. 企业核心能力与技术创新战略[M]. 北京：中国金融出版社.

卫英平. 2010. 基于复杂网络的高技术企业联盟知识扩散研究[D]. 湖南大学硕士学位论文.

魏江. 2002. 企业技术能力论：技术创新的一个新视角[M]. 北京：科学出版社.

魏江. 2016a-07-08. 以原创性全面创新理论来认识创新驱动发展——浙江大学魏江教授访谈录 [EB/OL]. 浙江大学管理学院微信公众号.

魏江. 2016b-07-19. 独木难成林, 全面创新是创新驱动发展的关键[EB/OL]. 浙江大学管理学院 官方微信（接受《浙江日报》采访时讲话）.

魏江, 许庆瑞. 1995. 企业创新能力的概念、结构、度量与评价[J]. 科学管理研究,（5）: 50-55.

魏江, 许庆瑞. 1996. 企业技术能力与技术创新能力之关系研究[J]. 科研管理, 17（1）: 22-26.

魏江, 许庆瑞. 1997. 企业技术能力作用于创新效益的经济控制模型研究[J]. 数量经济与技术经 济,（9）: 42-45.

魏江, 沈璞, 樊培仁. 2005. 基于企业家网络的企业家学习过程模式剖析[J]. 浙江大学学报（人 文社会科学版）,（2）: 150-157.

魏杰, 谭伟. 2006. 企业自主创新的几个关键问题[J]. 科学学与科学技术管理,（4）: 7-10, 22.

邬爱其, 贾生华. 2007. 企业成长机制理论研究综述[J]. 科研管理,（2）: 53-58.

巫景飞, 何大军, 林暐, 等. 2008. 高层管理者政治网络与企业多文化战略: 社会资本视角—— 基于我国上市公司面板数据的实证分析[J]. 管理世界,（8）: 107-118.

吴贵生, 王毅. 2009. 技术创新管理[M]. 第2版. 北京: 清华大学出版社.

吴金明, 彭礼红, 刘炽隽, 等. 2011. 自主创新: 21世纪中国企业战略选择[M]. 北京: 中国经 济出版社.

吴敬琏. 2005. 增长模式与技术进步[J]. 科技潮,（10）: 4-17.

吴明隆. 2010a. 问卷统计分析实务——SPSS操作与应用[M]. 重庆: 重庆大学出版社.

吴明隆. 2010b. 结构方程模型——AMOS的操作与应用[M]. 重庆: 重庆大学出版社.

吴荣斌, 田志康, 王辉. 2011. 自主创新的国民主体性[J]. 中国软科学,（8）: 85-102.

吴晓波. 1995. 二次创新的周期与企业组织学习模式[J]. 管理世界,（3）: 168-172.

吴晓波. 2007. 激荡三十年[M]. 北京: 中信出版社.

吴晓波, 刘雪峰. 2007. 全球制造网络中知识转移过程及影响因素研究[J]. 技术经济,（2）: 1-5, 19.

吴晓燕. 2010-01-12. 开放式创新: 从公司外部寻找创意[EB/OL]. 中国经营网, http://www.cb. com.cn/ 1634427/ 20100112/88846.html.

吴延兵, 米增渝. 2012-01-04. 协同创新VS模仿: 谁更有效率[N]. 经济日报.

肖红军. 2010. 基于共同演化视角的中国企业衰退问题研究[M]. 北京: 经济管理出版社.

谢恩. 2004. 内部资源能力及外部网络对企业竞争优势的整合分析[J]. 企业活力,（6）: 51-52.

谢芳. 2006. 企业集团内部协同创新机理研究[D]. 浙江大学硕士学位论文.

谢洪明, 区毅勇, 王成, 等. 2008. 市场导向、组织创新与组织绩效的关系: 珠三角地区企业的 实证研究[J]. 科技进步与对策, 25（3）: 101-104.

谢燮正. 1995. 科技进步、自主创新与经济增长[J]. 中国工程师,（5）: 6-9.

谢祖墀. 2009. 中国制造业酝酿新格局[R]. 博斯公司研究报告.

解学梅. 2010. 中小企业协同创新网络与创新绩效的实证研究[J]. 管理科学学报, 13（8）: 51-63.

邢小强, 仝允桓. 2007. 创新视角下的企业网络能力与技术能力关系研究[J]. 科学学与科学技术管理,（12）: 182-186.

熊彼特 J A. 1990. 经济发展理论——对于利润、资本、信贷、利息和经济周期的考察[M]. 何畏, 等译. 北京: 商务印书馆.

熊彼特 J A. 1999. 资本主义、社会主义与民主[M]. 北京: 商务印书馆.

徐康宁, 冯伟. 2010. 基于本土市场规模的内生化产业升级: 技术创新的第三条道路[J]. 中国工业经济,（11）: 58-67.

许庆瑞. 2000. 研究、发展与技术创新管理[M]. 北京: 高等教育出版社.

许庆瑞. 2007. 全面创新管理——理论与实践[M]. 北京: 科学出版社.

许庆瑞. 2010. 研究、发展与技术创新管理[J]. 北京: 高等教育出版社.

许庆瑞. 2011-04-06. 走中国特色自主创新道路[N]. 光明日报.

许庆瑞, 陈重. 2001. 企业经营管理基本规律与模式[M]. 杭州: 浙江大学出版社.

许庆瑞, 郭斌, 王毅. 2000. 中国企业技术创新——基于核心能力的组合创新[J]. 管理工程学报,（B12）: 1-9.

许庆瑞, 郑刚, 喻子达, 等. 2003a. 全面创新管理（TIM）: 企业创新管理的新趋势——基于海尔集团的案例研究[J]. 科研管理,（5）: 1-7.

许庆瑞, 贾福辉, 谢章澍, 等. 2003b. 基于全面创新管理的全员创新[J]. 科学学研究,（S1）: 252-256.

许庆瑞, 朱凌, 郑刚, 等. 2004. 全面创新之道——海尔集团技术创新管理案例分析[J]. 大连理工大学学报（社会科学版）,（1）: 6-10.

许庆瑞, 郑刚, 陈劲. 2006. 全面创新管理: 创新管理新范式初探——理论溯源与框架[J]. 管理学报,（2）: 135-142.

许庆瑞, 张素平, 金露. 2012. 中国技术进步历程回溯和启示——从自行设计到自主创新[J]. 中国科技论坛,（2）: 8-14.

许振亮. 2011. 50 年来国际技术创新研究的可视化计量分析——基于作者共被引分析视角[J]. 科研管理, 32（5）: 17-28.

薛志红, 张玉利. 2007. 互补资产与既有企业突破性创新关系的研究[J]. 科学学研究, 1（25）: 178-183.

严成樑, 龚六堂. 2009. 熊彼特增长理论: 一个文献综述[J]. 经济学（季刊）, 8（3）: 1163-1196.

杨德林, 陈春宝. 1997. 模仿创新、自主创新与高技术企业成长[J]. 中国软科学,（8）: 107-112.

杨宏进. 1998. 企业技术创新能力评价指标的实证分析[J]. 统计研究,（1）: 53-58.

杨瑞龙, 杨其静. 2005. 企业理论: 现代观点[M]. 北京: 中国人民大学出版社.

杨燕, 高山行. 2011. 创新驱动、自主性与创新绩效的关系实证研究[J]. 科学学研究, 29（10）: 1568-1576.

仪德刚，李海静，赵新力. 2007. 技术引进的历程与成效分析[J]. 科技管理研究，27（4）：12-14.

殷 RK. 2004. 案例研究：设计与方法[M]. 周海涛，李永贤，张蘅译. 重庆：重庆大学出版社.

游达明，孙洁. 2008. 企业开放式集成创新能力的评价方法[J]. 统计与决策，（22）：179-181.

韵江，刘立. 2006. 创新变迁与能力演化：企业自主创新战略——以中国路明集团为案例[J]. 管理世界，（12）：115-130.

曾楠，高山行，崔宁宁. 2011. 企业内部资源、能力与外部网络对绩效的交互效应研究[J]. 技术与创新管理，（3）：230-236.

张柏春，姚芳，张久春，等. 2004. 苏联技术向中国的转移（1949—1966）[M]. 济南：山东教育出版社.

张春霖，曾志华. 2009. 中国：促进以企业为主体的创新[M]. 北京：中信出版社.

张春霖，曾智华，马科WP，等. 2009. 中国：促进以企业为主体的创新[M]. 北京：中信出版社.

张钢. 2005. 企业组织网络化发展[M]. 杭州：浙江大学出版社.

张杰，刘志彪，郑江淮. 2007. 中国制造业企业创新活动的关键影响因素研究——基于江苏省制造业企业问卷的分析[J]. 管理世界，（6）：64-74.

张景安. 2003. 实现由技术引进为主向自主创新为主转变的战略思考[J]. 中国软科学，（11）：1-5.

张军. 2005. 企业内部知识有效转移障碍及其对策研究[J]. 科学学与科学技术管理，（1）：79-82.

张军. 2006. 企业竞争战略的技术创新路径及其战略适用性[J]. 改革，（11）：116-120.

张军. 2009. 浙江省中小企业创新现状、问题及原因分析[J]. 管理工程学报，（S1）：7-11.

张军. 2012a. 沟通在新产品开发中的作用：研究现状与未来方向[J]. 技术经济，31（1）：8-15.

张军. 2012b. 基于知识积累的企业创新能力演化规律研究[D]. 浙江大学博士学位论文.

张军，金露. 2011. 企业动态能力形成路径研究——基于创新要素及创新层次迁移视角的案例研究[J]. 科学学研究，（6）：939-948.

张军，许庆瑞. 2015. 企业知识积累与创新能力演化间动态关系研究——基于系统动力学仿真方法[J]. 科学学与科学技术管理，36（1）：128-138.

张军，张素平，许庆瑞. 2012. 企业动态能力构建的组织机制研究——基于知识共享与集体解释视角的案例研究[J]. 科学学研究，（9）：1405-1415.

张军，许庆瑞，张素平. 2014a. 企业创新能力内涵、结构与测量——基于管理认知与行为导向视角[J]. 管理工程学报，28（3）：1-10.

张军，张素平，许庆瑞. 2014b. 动态环境下企业知识管理与创新能力关系研究[J]. 科研管理，35（4）：59-67.

张明，江旭，高山行. 2008. 战略联盟中组织学习、知识创造与创新绩效的实证研究[J]. 科学学研究，26（4）：868-873.

张锐. 2016-06-20. 科技创新支撑国家综合实力[N]. 中国青年报.

张素平，许庆瑞，张军. 2014. 能力演进中核心技术与互补资产协同机理研究[J]. 科研管理，35（11）：51-59.

张炜，杨选良. 2006. 自主创新概念的讨论与界定[J]. 科学学研究，24（6）：956-961.

张永安，李晨光. 2010. 创新网络结构对创新资源利用率的影响研究[J]. 科学学与科学技术管理，（1）：81-89.

张玉臣. 2011-10-17. 构建协同创新的管理体制[N]. 科技日报.

张媛媛，张宗益. 2009. 创新环境、创新能力与创新绩效的系统性研究——基于面板数据的经验分析[J]. 科技管理研究，1（12）：91-96.

赵黎明，李振华. 2003. 城市创新系统的动力学机制研究[J]. 科学学研究，21（1）：97-100

赵文红. 1999. 企业家网络对企业家行为影响的探讨[J]. 数量经济技术经济研究，（8）：71-73.

赵西萍，张长征，张伟伟. 2004. 知识流失风险因素识别与控制[J]. 科研管理，25（6）：80-84.

赵晓庆. 2001. 企业技术学习的模式与技术能力积累途径的螺旋运动过程[D]. 浙江大学博士学位论文.

赵晓庆，许庆瑞. 2002. 企业技术能力演化的轨迹[J]. 科研管理，23（1）：70-76.

郑春东，和金生. 2000. 一种企业技术创新能力评价的新方法[J]. 科技管理研究，（3）：41-44.

郑春东，和金生，陈通. 1999. 企业技术创新能力评价研究[J]. 中国软科学，（10）：108-110.

郑刚. 2004. 基于 TIM 视角的企业技术创新过程中各要素全面协同机制研究[D]. 浙江大学博士学位论文.

郑刚，何郁冰，陈劲，等. 2008 . "中国制造"如何通过开放式自主创新提升国际竞争力——中集集团自主创新模式的案例研究[J]. 科研管理，29（4）：95-102.

中共中央文献编辑委员会. 1993. 邓小平文选（第三卷）[M]. 北京：人民出版社.

中共中央文献研究室. 1994. 建国以来重要文献选编（第 9 册）[M]. 北京：中央文献出版社.

中国企业家调查系统. 2005. 企业文化建设：认识、现状和问题——2005 年中国企业经营成长与发展专题调查报告[J]. 管理世界，（6）：89-100.

周泯非. 2011. 集群治理与集群学习间关系及共同演化研究[D]. 浙江大学博士学位论文.

朱朝晖，陈劲. 2008. 开放创新的技术学习模式[M]. 北京：科学出版社.

朱毅. 2006-07-11. IT 采购拿什么衡量自主创新[N]. 政府采购信息报.

邹志勇. 2008. 企业集团协同能力研究[D]. 大连理工大学博士学位论文.

Brown J S，Hagel Ⅲ J. 2006. 创新网络：从开放式创新中获得最大收益[J]. 麦肯锡季刊，（4）：1-20.

Forbs N，Wield D. 2005. 从追随者到领先者：管理新兴工业化经济的技术与创新[M]. 沈瑶，叶莉蓓，等译. 北京：高等教育出版社.

Owen L，Goldwasser C，Choate K，et al. 2007. 协作的力量，在扩展企业网络中实现协作创新[R]. IBM 商业价值研究院研究报告.

Aaker D A，Mascarenhas B. 1984. The need for strategic flexibility[J]. Journal of Business Strategy，5（2）：74-82.

Abernathy W J，Utterback J W. 1988. Innovation over time and in historical context[J]. Reading in the

Management of Innovation, （2）: 25-36.

Abramovitz M. 1956. Resources and output trends in the United States since 1870[J]. American Economic Review, 46（2）: 5-23.

Abreu D, Pearce D. 2007. Barging, reputation, and equilibrium selection in repeated games with contracts[J]. Econometrica, 75（3）: 653-710.

Acquaah M. 2007. Managerial social capital, strategic orientation, and organizational performance in an emerging economy[J]. Strategic Management Journal, 28（12）: 1235-1255.

Adamides E D, Voutsina M. 2006. The double-helix model of manufacturing and marketing strategies[J]. International Journal of Production Economics, 104（1）: 3-18.

Adams M E, Day G S, Dougherty D. 1998. Enhancing new product development performance: an organizational learning perspective[J]. Journal of Product Innovation Management, 15（5）: 403-422.

Adams R, Bessant J, Phelps R. 2006. Innovation management measurement: a review[J]. International Journal of Management Reviews, 8（1）: 21-47.

Adler P S, Shenbar A. 1990. Adapting your technological base: the organizational challenge[J]. Sloan Management Review, 25: 25-37.

Adner R, Helfat C E. 2003. Corporate effects and dynamic managerial capabilities[J]. Strategic Management Journal, 24（10）: 1011-1025.

Agarwal R, Prasad J. 1999. Are individual differences germane to the acceptance of new information technologies?[J]. Decision Science, 30（2）: 361-391.

Agresti A, Agresti B F. 1978. Statistical analysis of qualitative variation[A]//Schuessler K F. Sociological Methodology[C]. San Fransisco: Jossey-Bass.

Ahuja G. 2000. Collaboration networks, structural holes, and innovation: a longitudinal study[J]. Administrative Science Quarterly, 45（3）: 425-455.

Ahuja G, Katila R. 2004. Where do resources come from?The role of idiosyncratic situations[J]. Strategic Management Journal, 25（8~9）: 887-907.

Alam S S. 2011. Entrepreneur's traits and firm innovation capability: an empirical study in Malaysia[J]. Asian Journal of Technology Innovation, 19（1）: 53-66.

Alam S S, Jani M F M, Omar N A. 2011. An empirical study of success factors of woman entrepreneurs in southern region in Malaysia[J]. International Journal of Economics and Finance, 3（2）: 166-175.

Alavi M, Leidner D E. 2001. Review: knowledge management and knowledge management systems: conceptual foundations and research issues[J]. MIS Quarterly, 25（1）: 107-136.

Alchian A. 1950. Uncertainty, evolution and economic theory[J]. Journal of Political Economy, 58: 211-221.

Al-Laham A, Tzabbar D, Amburgey T L. 2011. The dynamics of knowledge stocks and knowledge flows: innovation consequences of recruitment and collaboration in biotech[J]. Industrial and Corporate Change, 20 (2): 555-583.

Allen T J. 1977. Managing the Flow of Technology: Technology Transfer and the Dissemination of Technological Information Within the R&D Organization[M]. Cambridge: MIT Press.

Almeida P, Kogut B. 1999. Localization of knowledge and the mobility of engineers in regional networks[J]. Management Science, 45 (7): 905-917.

Almeida P, Phene A. 2004. Subsidiaries and knowledge creation: the influence of the MNC and host country on innovation[J]. Strategic Management Journal, 25 (8~9): 847-864.

Almirall E, Casadesus-Masanell R. 2010. Open versus closed innovation: a model of discovery and divergence[J]. Academy of Management Review, 35 (1): 27-47.

Alvesson M, Kärreman D. 2002. Odd couple: making sense of the curious concept of knowledge management[J]. Journal of Management Studies, 38 (7): 995-1018.

Ambrosini V, Bowman C. 2009. What are dynamic capabilities and are they a useful construct in strategic management?[J]. International Journal of Management Reviews, 11 (1): 29-49.

Amit R, Schoemaker P J H. 1993. Strategic assets and organizational rent[J]. Strategic Management Journal, 14 (1): 33-46.

Andergassen R, Nardini F. 2005. Endogenous innovation waves and economic growth[J]. Structural Change and Economic Dynamics, (3): 1-18.

Ansoff H I. 1965. Corporate Strategy[M]. New York: McGraw-Hill.

Argote L. 1999. Organizational Learning: Creating, Retaining and Transferring Knowledge[M]. Boston: Kluwer.

Argote L, Ingram P. 2000. Knowledge transfer: a basis for competitive advantage in firms[J]. Organizational Behavior and Human Decision Processes, 82 (1): 150-169.

Argote L, Beckman S L, Epple D. 1990. The persistence and transfer of learning in industrial settings[J]. Management Science, 36: 140-154.

Argyres N S. 1996. Capabilities, technological diversification and divisionalization[J]. Strategic Management Journal, 17 (5): 395-410.

Argyres N S, Silverman B S. 2004. R&D, organization structure and the development of corporate technological knowledge[J]. Strategic Management Journal, 25: 929-958.

Arora A, Gambardella A. 1990. Complementarity and external linkages: the strategies of the large firms in biotechnology[J]. The Journal of Industrial Economics, 38 (4): 361-379.

Arora A, Gambardella A. 1994. Evaluating technological information and utilizing it: scientific knowledge, technological capability, and external linkages in biotechnology[J]. Journal of Economic Bechavior & Organization, 24 (1): 91-114.

Athreye S S. 2005. The Indian software industry and it's evolving service capability[J]. Industrial and Corporate Change，14（2）：393-418.

Augier M，Teece D J. 2008. Strategy as evolution with design：the foundations of dynamic capabilities and the role of managers in the economic system[J]. Organization Studies，29：1187-1208.

Babbie E R. 1973. Survey Research Methods[M]. Belmont：Wadsworth.

Bahrami H. 1992. The emerging flexible organization：perspectives from Silicon Valley[J]. California Management Review，12（1）：33-52.

Balachandra R，Friar J H. 1997. Factors for success in R&D projects and new product innovation：a contextual tramework[J]. IEEE Transactions on Engineering Management，44（3）：276-287.

Barnard C I. 1938. The Functions of the Executive[M]. Cambridge：Harvard University Press.

Barney J B. 1986. Strategic factor markets：expectations，luck，and business strategy[J]. Management Science，32（10）：1231-1241.

Barney J B. 1991. Firm resources and sustained competitive advantage[J]. Journal of Management，17（1）：99-120.

Barney J B. 1995. Looking inside for competitive advantage[J]. The Academy of Management Executive，9（4）：49-61.

Barrales-Molina V，Benitez-Amado J，Perez-Arostegui M N. 2010. Managerial perceptions of the competitive environment and dynamic capabilities generation[J]. Industrial Management and Data Systems，110（9）：1355-1384.

Barron F，Harrington D M. 1981. Creativity，intelligence，and personality[J]. Annual Review of Psychology，32（1）：439-476.

Barrutia J M，Echebarria C. 2010. Social capital，research and development，and innovation：an empirical analysis of Spanish and Italian regions[J]. European Urban and Regional Studies，17（4）：371.

Baum J A C，Ingram P. 1998. Survival-enhancing learning in the Manhattan hotel industry，1898-1980[J]. Management Science，44（7）：996-1016.

Baum J R，Wally S. 2003. Strategic decision speed and firm performance[J]. Strategic Management Journal，24（11）：1107-1130.

Baumol W J. 2002. The Free-market Innovation Machine：Analyzing the Growth Miracle of Capitalism[M]. Princeton：Princeton University Press.

Bean R，Radford R. 2001. Business of Innovation：Managing the Corporate Imagination for Maximum Resules[M]. New York：AMACOM.

Bell D. 1973. The Coming of Post-industrial Society：A Venture in Social Forecasting[M]. New York：Basic Books.

Benbasat I, Goldstein D K, Mead M. 1987. The case research strategy in studies of information system[J]. MIS Quarterly, 11 (3): 369-386.

Bendersky C. 2003. Organizational dispute resolution systems: a complementarities model[J]. The Academy of Management Review, 28 (4): 643-656.

Bierly III P E, Damanpour F, Santoro M D. 2009. The application of external knowledge: organizational conditions for exploration and exploitation[J]. Journal of Management Studies, 46 (3): 481-509.

Bierly P, Chakrabarti A. 1996. Generic knowledge strategies in the U.S. pharmaceutical industry[J]. Strategic Mangement Journal, 17: 123-135.

Bierly P, Daly P. 2002. Aligning human resource management practices and knowledge strategies[A]// Choo C, Bontis N. The Strategic Management of Intellectual Capital and Organizational Knowledge[C]. New York: Oxford University Press.

Bingham C B, Eisenhardt K M, Furr N R. 2007. What makes a process a capability? Heuristics, strategy, and effective capture of opportunities[J]. Strategic Entrepreneurship Journal, 1(1~2): 27-47.

Blundell R, Griffith R, Reenen J V. 1995. Dynamic count data models of technological innovation[J]. Economic Journal, 105 (429): 333-344.

Bock A J, Opsahl T, George G, et al. 2012. The effects of culture and structure on strategic flexibility during business model innovation[J]. Journal of Management Studies, 49 (2): 279-305.

Bogner W C, Barr P S. 2000. Making sense in hypercompetitive environments: a cognitive explanation for the persistence of high velocity competition[J]. Research Policy, 11 (2): 212-226.

Bojica A M, Fuentes M D M F. 2012. Knowledge acquisition and corporate entrepreneurship: insights from Spanish SMEs in the ICT sector[J]. Journal of World Business, 47: 397-408.

Borgatti S P, Mehra A, Brass D J. 2009. Network analysis in the social sciences[J]. Science, 323 (5916): 892-895.

Bourgeois L J, Eisenhardt K M. 1988. Strategic decision processes in high velocity environments: four cases in the microcomputer industry[J]. Management Science, 34 (4): 816-835.

Bradshaw G F, Langley P W, Simon H A. 1983. Studing scientific discovery by computer simulation[J]. Science, 222 (4627): 971-975.

Branzei O. 2004. Product innovation in heterogeneous R&D networks pathways to exploration and exploitation[D]. Ph D. Dissertation of University of British Columbia.

Brass D J, Galaskiewicz J, Greve H R, et al. 2004. Taking stock of networks and organizations: a multilevel perspective[J]. Academy of Management Journal, 47 (6): 795-817.

Bresman H, Birkinshaw J, Nobel R. 1999. Knowledge transfer in international acquisitions[J]. Journal of International Business Studies, 30 (3): 439-462.

Brockman B K, Morgan R M. 2003. The role of existing knowledge in new product innovativeness and performance[J]. Decision Sciences, 34（2）: 385-419.

Brown J S, Duguid P. 2001. Knowledge and organization: a social-practice perspective[J]. Organization Science, 12（2）: 198-213.

Brown S L, Eisenhardt K M. 1997. The art of continuous change: linking complexity theory and time-paced evolution in relentlessly shifting organizations[J]. Administrative Science Quarterly, 42（1）: 1-34.

Bsat M Z. 2009. An examination of the impact of technology demand receptivity on supplier selection in the manufacturing industry[R]. ASBBS Annual Conference.

Burgelman R A. 1991. Intraorganizational ecology of strategy making and organizational adaptation: theory and field research[J]. Organization Science, 2（3）: 239-262.

Burgelman R A. 1994. Fading memories: a process theory of strategic business exit in dynamic environments[J]. Administrative Science Quarterly, 39（1）: 24-56.

Burgelman R A, Maidique M A. 1988. Strategic Management of Technology and Innovation[M]. Homewood: Irwin.

Burgelman R A, Maidique M A, Wheelwright S C. 1995. Strategic Management of Technology and Innovation[M]. 3rd ed. New York: John Wiley.

Burgelman R A, Maidigue M A, Wheelwright S C. 1996. Strategic Management of Technology and Innovation[M]. 2nd ed. New York: McGraw-Hill.

Burgelman R A, Maidique M A, Wheelwright S C. 2004. Strategic Management of Technology and Innovation[M]. 4th ed. New York: McGraw Hill.

Burgers J H, van den Bosch F A J, Volberda H W. 2008. Why new business development projects fail: coping with the differences of technological and market knowledge[J]. Long Range Planning, 41: 55-73.

Burns T, Stalker G M. 1961. The Management of Innovation[M]. London: Tavistock.

Burt R S. 1992. Structural Holes: The Social Structure of Competition[M]. Cambridge: Harvard University Press.

Buzzel R D, Gale B T. 1987. The PIMS Principle: Linking Strategy to Performance[M]. New York: The Free Press.

Calantone R J, Cavusgil S T, Zhao Y. 2002. Learning orientation, firm innovation capability, and firm performance[J]. Industrial Marketing Management, 31（6）: 515-524.

Calori R, Johnson G, Sarnin P. 1994. CEOs' cognitive maps and the scope of the organization[J]. Strategic Management Journal, 15（6）: 437-457.

Calori R, Baden F C, Hunt B. 2000. Managing change of Novotel: back to the future[J]. Long Range Planning, 33（3）: 779-804.

Campbell D T, Fiske D W. 1959. Convergent and discriminant validation by the multitrait-multimethod matrix[J]. Psychological Bulletin, 56（2）: 81-105.

Cantor N, Kihlstrom J F. 1989. Social Intelligence and Cognitive Assessments of Personality[M]. Mahwah: Lawrence Erlbaum Associates, Inc.

Carley K, Palmquist M. 1992. Extracting, representing, and analyzing mental models[J]. Social Forces, 70（3）: 601-636.

Carlsson B, Eliasson G. 1994. The nature and importance of economic competence[J]. Industrial and Corporate Change, 3（3）: 687-711.

Carlo S. 2009. Capabilities unveiled: the role of ordinary activities in the evolution of product development processes[J]. Organization Science, 20（2）: 384-409.

Carmeli A, Tishler A. 2004. The relationships between intangible organizational elements and organizational performance[J]. Strategic Management Journal, 25（13）: 1257-1278.

Carroll J S, Payne J W. 1976. Cognition and Social Behavior[M]. Hillsdale: Erlbaum.

Cassiman B, Veugelers R. 2006. In search of complementarity in innovation strategy: internal R&D and external knowledge acquisition[J]. Management Science, 52（1）: 68-82.

Cavusgil S T, Calantone R, Zhao J Y. 2003. Tacit knowledge transfer and firm innovation capability[J]. The Journal of Business and Industrial Marketing, 18（1）: 6-21.

Cebon P, Newton P. 1999. Innovation in firms: towards a framework for indicator development[R]. Melbourne Business School Working Paper.

Challis D, Samson D, Lawson B. 2005. Impact of technological, organizational and human resource investments on employee and manufacturing performance: Australian and New Zealand evidence[J]. International Journal of Production Research, 43（1）: 81-107.

Chamberlin T, Doutriaux J. 2010. Sourcing knowledge and innovation in a low-technology industry[J]. Industry and Innovation, 17（5）: 487-510.

Chan K Y A, Oerlemans L A G, Pretorius M W. 2010. Knowledge exchange behaviors of science park firms: the innovation hub case[J]. Technology Analysis and Strategic Management, 22（2）: 207-228.

Chandy R K, Tellis G J. 1998. Organizing for radical product innovation: the overlooked role of willingness to cannibalize[J]. Journal of Marketing Research, 35（4）: 474-487.

Chatman J A, Polzer J T, Barsade S G, et al. 1998. Being different yet feeling similar: the influence of demographic composition and organizational culture on work processes and outcomes[J]. Administrative Science Quarterly, 43（4）: 749-780.

Chen C J. 2004. The effects of knowledge attribute, alliance characteristics, and absorptive capacity on knowledge transfer performance[J]. R&D Management, 34（3）: 311-321.

Chesbrough H W. 2003. Open Innovation: The New Imperative for Creating and Profiting from Technology[M]. Boston: Harvard Business School Press.

Chiang Y H, Huang K P. 2010. Exploring open search strategies and perceived innovation performance from the perspective of inter-organizational knowledge flows[J]. R&D Management, 40 (3): 292-299.

Chirico F, Salvato C. 2008. Knowledge integration and dynamic organizational adaptation in family firms[J]. Family Business Review, 21 (2): 169-181.

Christmann P. 2000. Effects of "best practices" of enviromental management on cost advantage: the role of complementary assets[J]. Academy of Management Journal, 43 (4): 663-680.

Churchill Jr G A. 1979. A paradigm for developing better measures of marketing constructs[J]. Journal of Marketing Research, 16 (1): 64-73.

Cockburn I M, Henderson R M. 1998. Absorptive capacity, coauthoring behavior, and the organization of research in drug discovery[J]. The Journal of Industrial Economics, 46 (2): 157-182.

Cohen W M, Levinthal D A. 1989. Innovation and learning: the two faces of R&D[J]. The Economic Journal, 99 (397): 569-596.

Cohen W M, Levinthal D A. 1990. Absorptive capacity: a new perspective on learning and innovation[J]. Administrative Science Quarterly, 3 (4): 128-152.

Cohen W M, Levinthal D A. 1994. Fortune favors the prepared firm[J]. Management Science, 40 (2): 227-251.

Cohendet P, Simon L. 2007. Playing across the playground: paradoxes of knowledge creation in the videogame firm[J]. Journal of Organizational Behavior, 28 (5): 587-605.

Coleman J S. 1988. Social capital in the creation of human capital[J]. American Journal of Sociology, 94: S95-S120.

Coles A M, Harris L, Dickson K. 2003. Testing good will: conflict and cooperation in new product development networks[J]. International Journal of Technology Management, 25: 51-64.

Collins D, Ross R A, Ross T. 1989. Who wants participative management? The managerial perspective[J]. Group and Organizational Studies, 14 (4): 422-455.

Collis D J. 1994. Research note: how valuable are organizational capabilities? [J]. Strategic Management Journal, 15 (S1): 143-152.

Corredoira R A, Rosenkopf L. 2010. Should auld acquaintance be forgot? The reverse transfer of knowledge through mobility ties[J]. Strategic Management Journal, 31 (2): 159-181.

Creswell J W. 2003. Research Design—Qualitative, Quantitative, and Mixed Methods Approaches—A Framework for Design[M]. Glasgow: Glasgow Caledonian University.

Cromie S. 2000. Assessing entrepreneurial inclinations: some approaches and empirical evidence[J].

European Journal of Work and Organizational Psychology，9（1）：7-30.

Crossan M M，Apaydin M. 2010. A multi-dimensional framework of organizational innovation：a systematic review of the literature[J]. Journal of Management Studies，47（6）：1154-1191.

Crossan M M，Lane H W，White R E. 1999. An organizational learning framework：from intuition to institution[J]. Academy of Management Review，24（3）：522-537.

Cummings J N. 2004. Work groups，structural diversity，and knowledge sharing in a global organization[J]. Management Science，50（3）：352-364.

Cyert R M，March J G. 1963. A Behavioral Theory of the Firm[M]. Englewood Cliffs：Prentice-Hall.

D'Aveni R A. 1994. Hyper-competition[M]. New York：Free Press.

D'Aveni R A，Gunther R E. 1994. Hypercompetition：Managing the Dynamics of Strategic Maneuvering[M]. New York：Simon and Schuster.

D'Este P. 2002. The distinctive patterns of capabilities accumulation and inter-firm heterogeneity：the case of the Spanish pharmaceutical industry[J]. Industrial and Corporate Change，11（4）：847-874.

Damanpour F. 1987. The adoption of technological，administrative，and ancillary innovations：impact of organizational factors[J]. Journal of Management，13（4）：675-688.

Damanpour F. 1991. Organizational innovation：a meta-analysis of effects of determinants and moderators[J]. Academy of Management Journal，30：555-590.

Damanpour F. 1992. Organizational size and innovation[J]. Organization Studies，13（3）：375-402.

Damanpour F. 1996. Organizational complexity and innovation：developing and testing multiple contingency models[J]. Management Science，42（5）：693-716.

Damanpour F，Evan W M. 1984. Organizational innovation and performance：the problem of organizational lag[J]. Administrative Science Quarterly，29：392-409.

Damanpour F，Gopalakrishnan S. 1998. Theories of organizational structure and innovation adoption：the role of environmental change[J]. Journal of Engineering and Technology Management，15（1）：1-24.

Damanpour F，Schneider M. 2006. Phases of the adoption of innovation in organizations：effects of environment，organization and top managers[J]. British Journal of Management，17：215-236.

Danneels E. 2002. The dynamics of product innovation and firm competences[J]. Strategic Management Journal，23（12）：1095-1121.

Danneels E. 2010. Trying to become a different type of company：dynamic capability at Smith Corona[J]. Strategic Management Journal，32（1）：1-31.

Davis J P，Eisenhardt K M，Bingham C B. 2007. Developing theory through simulation methods[J]. Academy of Management Review，32（2）：480-499.

Davis J P, Eisenhardt K M, Bingham C B. 2009. Optimal structure, market dynamism, and the strategy of simple rules[J]. Administrative Science Quarterly, 54（4）: 413-452.

Day G S. 1994. The capabilities of market-driven organizations[J]. Journal of Marketing, 58: 37-52.

de Clercq D, Sapienza H J. 2006. Effects of relational capital and commitment on venture capitalists' perception of portfolio company performance[J]. Journal of Business Venturing, 21（3）: 326-347.

de Tienne K B, Dyer G, Hoopes C, et al. 2004. Toward a model of effective knowledge management and directions for future research: culture, leadership, and CKOs[J]. Journal of Leadership & Organizational Studies, 10: 26-43.

Deakins D, Freel M. 1998. Entrepreneurial learning and the growth process in SMEs[J]. The Learning Organization, 5（3）: 144-155.

Deeds D L, Decarolis D M. 1999. The impact of stocks and flows of organizational knowledge on firm performance: an empirical investigation of the biotechnology industry[J]. Strategic Management Journal, 20（10）: 953-968.

Denison D R, Hart S L, Kahn J A. 1996. From chimneys to cross-functional teams: developingand validating a diagnostic model[J]. Academy of Management Journal, 39（4）: 1005-1023.

Dhanaraj C, Parkhe A. 2006. Orchestrating innovation networks[J]. The Academy of Management Review, 31（3）: 659-669.

Dhanaraj C, Lyles M A, Steensma H K, et al. 2004. Managing tacit and explicit knowledge transfer in IJVs: the role of relational embeddedness and the impact on performance[J]. Journal of International Business Studies, 35（5）: 428-442.

Díaz-Díazc N L, Aguiar-Díaz I, Saá-Pérez P D. 2008. The effect of technological knowledge assets on performance: the innovative choice in Spanish firms[J]. Research Policy, 37: 1515-1529.

Dierickx I, Cool K. 1989. Asset stock accumulation and sustainability of competitive advantage[J]. Management Science, 35: 1504-1511.

Dittrich K, Duysters D. 2007. Networking as a means to strategy change: the case of open innovation in mobile telephony[J]. Journal of Product Innovation Management, 24（6）: 510-521.

Donate M J, Guadamillas F. 2011. Organizational factors to support knowledge management and innovation[J]. Journal of Knowledge Management, 15（6）: 890-914.

Dosi G. 1988. Sources, procedures, and microeconomic effects of innovation[J]. Journal of Economic Literature, 26（3）: 1120-1171.

Dosi G, Freeman C, Nelson R, et al. 1988. Technical Change and Economic Theory[M]. London: Printer.

Dosi G, Nelson R R, Winter S G. 2000. Introduction: the nature and dynamics of organizational capabilities[A]//Dosi G, Nelson R R, Winter S G. The Nature and Dynamics of Organizational Capabilities[C]. New York: Oxford University Press.

Dosi G, Faillo M, Marengo L. 2008. Organizational capabilities, patterns of knowledge accumulation and governance structures in business firms: an introduction[J]. Organization Studies, 29(8~9): 1165-1185.

Droge C, Calantone R, Harmancioglu N. 2008. New product success: is it really controllable by managers in highly turbulent environments?[J]. The Journal of Product Innovation Management, 25 (3): 272-286.

Drucker P F. 1968. The Age of Discontinuity: Guidelines to Our Changing Society[M]. New York: Harper & Row.

Drucker P F. 1985. Innovation and Entrepreneurship: Practices and Principles[M]. New York: AMACOM.

Drucker P F. 1992. The new society of organizations[J]. Harvard Business Review, 70 (5): 95-104.

Drucker P F. 1994. The theory of the business[J]. Harvard Business Review, 72 (5): 95-104.

Dutta S, Narasimhan O, Rajiv S. 2005. Conceptualizing and measuring capabilities: methodology and empirical application[J]. Strategic Management Journal, 26 (3): 277-285.

Dutton J E, Fahey L, Narayanan V K. 1983. Toward understanding strategic issue diagnosis[J]. Strategic Management Journal, 4 (4): 124-157.

Dyer J H, Singh H. 1998. The relational view: cooperative strategy and sources of interorganizational competitive advantage[J]. Academy of Management Review, 23 (4): 660-679.

Dyer J H, Nobeoka K. 2000. Creating and managing a high performance knowledge-sharing network: the Toyota case[J]. Strategic Management Journal, 21 (3): 345-367.

Easterby-Smith M. 1999. Organizational learning and the learning organization[J]. Sage Publications, 32 (5): 267-272.

Easterby-Smith M, Lyles M A, Peteraf M A. 2009. Dynamic capabilities: current debates and future directions[J]. British Journal of Management, 20: S1-S8.

Eccles R, Nohria N. 1992. Beyond the Hype[M]. Boston: Harvard Business School Press.

Eden C, Ackermann F, Cropper S. 1992. The analysis of cause maps[J]. Journal of Management Studies, 29 (3): 309-324.

Edmondson A C, Bohmer R M, Pisano G P. 2001. Disrupted routines: team learning and newtechnology implementation in hospitals[J]. Administrative Science Quarterly, 46 (4): 685-716.

Edquist C. 2005. Systems of innovation: perspectives and challenges[A]// Fagerberg J, Mowery D C, Nelson R R. The Oxford Handbook of Innovation[C]. Oxford: Oxford University Press.

Eisenhardt K M. 1989a. Building theories from case study research[J]. The Academy of Management Review, 14（4）: 532-550.

Eisenhardt K M. 1989b. Making fast strategic decisions in high-velocity environments[J]. Academy of Management Journal, 32（4）: 543-576.

Eisenhardt K M. 2000. Paradox, spirals, ambivalence: the new language of change and pluralism[J]. Academy of Management Review, 25（4）: 703-705.

Eisenhardt K M, Tabrizi B N. 1995. Accelerating adaptive processes-product innovation in theglobal computer industry[J]. Administrative Science Quarterly, 40（1）: 84-110.

Eisenhardt K M, Galunic D C. 2000. Coevolving: at last, a way to make synergies work[J]. Harvard Business Review, 78（1）: 91-101.

Eisenhardt K M, Martin J A. 2000. Dynamic capabilities: what are they? [J]. Strategic Management Journal, 21（10~11）: 1105-1121.

Eisenhardt K M, Graebner M E. 2007. Theory building from cases: opportunities and challenges[J]. Academy of Management Journal, 50（1）: 25-40.

Eisenhardt K M, Furr N R, Bingham C B. 2010. Microfoundations of performance: balancing efficiency and flexibility in dynamic environments[J]. Organization Science, 21（6）: 1263-1273.

Elkins T, Keller R T. 2003. Leaders in research and development organization: a literature review and conceptual framework[J]. Leadership Quarterly, 14（4~5）: 587-606.

Ellonen H K, Wikström P, Jantunen A. 2009. Linking dynamic-capability portfolios and innovation outcomes[J]. Technovation, 29（11）: 753-762.

Elmquist M, Fredberg T, Ollila S. 2009. Exploring the field of open innovation[J]. European Journal of Innovation Management, 12（3）: 326-345.

Engestrom Y. 1993. Developmental Studies of Work as a Testbench of Activity Theory: Analyzing the Work of General Practioners[M]. Cambridge: Cambridge University Press.

Ensign P C. 1999. Innovation in multinational firm with globally dispersed R&D: technological knowledge utilization and accumulation[J]. The Journal of High Technology Management Research, 10（2）: 203-221.

Epple D, Argote L, Murphy K. 1996. An empirical investigation of the microstructure of knowledge acquisition and transfer through learning by doing[J]. Operations Research, 44（1）: 77-86.

Ernst H, Lichtenthaler U, Vogt C. 2011. The impact of accumulating and reactivating technological experience on R&D alliance performance[J]. Journal of Management Studies, 48（6）: 1194-1216.

Escribano A, Fosfuri A, Tribó J A. 2009. Managing external knowledge flows: the moderating role of absorptive capacity[J]. Research Policy, 38: 96-105.

Evan W M. 1966. Organizational lag[J]. Human Organizations, 25: 51-53.

Evers N, O'Gorman C. 2011. Improvised internationalization in new ventures: the role of prior knowledge and networks[J]. Entrepreneurship & Regional Development, 23（7~8）: 549-574.

Fang Y, Jiang G L F, Makino S, et al. 2010. Multinational firm knowledge, use of expatriates, and foreign subsidiary performance[J]. Journal of Management Studies, 47（1）: 27-54.

Faraj S, Sproull L. 2000. Coordinating expertise in software development teams[J]. Management Science, 46（12）: 1554-1568.

Ferrier W. 2001. Navigating the competitive landscape: the drivers and consequences of Competitive aggressiveness[J]. Academy of Management Journal, 44（4）: 858-877.

Fleming L. 2001. Recombinant uncertainty in technological search[J]. Management Science, 47（1）: 117-132.

Fornell C, Larcker D F. 1981. Evaluating structural equation models with unobservable variables and measurement error[J]. Journal of Marketing Research, 18（1）: 39-50.

Forrester A T. 1961. Photoelectric mixing as a spectroscopic tool[J]. Journal of the Optical Society of America, 51（3）: 253-256.

Forrester J W. 1958. Industrial dynamics: a major breakthrough for decision makers[J]. Harvard Business Review, 36（4）: 37-66.

Forrester J W. 1993. System dynamics and the lessons of 35 years[A]//de Greene K B. A Systems-Based Approach to Policymaking[C]. Boston: Springer.

Forrester J W. 1994. System dynamics, systems thinking, and soft OR[J]. System Dynamics Review, 10（2~3）: 245-256.

Forrester J W. 2007. System dynamics the next fifty years[J]. System Dynamics Review, 23（2~3）: 359-370.

Forsman H. 2011. Innovation capacity and innovation development in small enterprises: a comparison between the manufacturing and service sectors[J]. Research Policy, 40（5）: 739-750.

Foss N J. 1996. Knowledge-based approaches to the theory of the firm: some critical comments[J]. Organization Science, 7（5）: 470-476.

Foss N J, Pedersen T. 2002. Transferring knowledge in MNCs: the role of sources of subsidiary knowledge and organizational context[J]. Journal of International Management, 8（1）: 49-67.

Foss N J, Husted K, Michailova S. 2010. Governing knowledge sharing in organizations: levels of analysis, governance mechanisms, and research directions[J]. Journal of Management Studies, 47（3）: 455-482.

Foster J, Metcalfe J S. 2001. Frontier of Evolutionary Economics Competition, Self-organization and Innovation Policy[M]. London: Edward Elgar Publishing Limited.

Francis D, Bessant J. 2005. Targeting innovation and implications for capability development[J]. Technovation, 25: 171-183.

Fransman M，King K. 1984. Technological Capability in the Third Word[M]. London：MacMillian Press.

Freeman C. 1991. Networks of innovators：a synthesis of research issues[J]. Research Policy, 20(5)：499-514.

Freeman C，Soete L. 1997. The Economics of Industrial Innovation[M]. London：Loutledge.

Freiling J，Gersch M，Goeke C. 2008. On the path towards a competence-based theory of the firm[J]. Organization Studies，29（8~9）：1143-1164.

Ganesan S，Malter A J，Rindfleisch A. 2005. Does distance still matter? Geographic proximity and new product development[J]. Journal of Marketing，69（4）：44-60.

Gardner J. 1986. The Tasks of Leadership[M]. Washington DC：Independent Sector.

Gavetti G. 2005. Cognition and hierarchy：rethinking the microfoundations of capabilities' development[J]. Organization Science，16（6）：599-617.

Gavetti G，Levinthal D. 2000. Looking forward and looking backward：cognitive and experiential search[J]. Administrative Science Quarterly，45（1）：113-137.

George G，Zahra S A，Wood D R. 2002. The effects of business-university alliances on innovative output and financial performance：a study of publicly traded biotechnology companies[J]. Journal of Business Venturing，17（6）：577-609.

Georgsdottir A S，Getz I. 2004. How flexibility facilitates innovation and ways to manage it in organizations[J]. Organization Science，13（3）：166-175.

Gino F，Argote L，Miron-Spektor E，et al. 2010. First，get your feet wet：the effects of learning from direct and indirect experience on team creativity[J]. Organizational Behavior and Human Decision Processes，111（2）：102-115.

Gittell J H，Weiss L. 2004. Coordination networks within and across organizations：a multi-level framework[J]. Journal of Management Studies，41（1）：127-153.

Gloet M，Berrell M. 2003. The dual paradigm nature of knowledge management：implications for achieving quality outcomes in human resource management[J]. Journal of Knowledge Management，7（1）：78-89.

Gold A H，Malhotra A，Segars A H. 2001. Knowledge management：an organizational capabilities perspective[J]. Journal of Management Information Systems，18（1）：185-214.

Goold M，Campbell A. 1998. Desperately seeking synergy[J]. Harvard Business Review，76（5）：131-143，188.

Goyder J. 1985. Face-to-face interviews and mailed questionaires：the net difference in response rate[J]. Pubilic Opinion Quarterly，49：234-252.

Granovetter M S. 1973. The strength of weak ties[J]. American Journal of Sociology，78：1360-1380.

Granovetter M S. 1985. Economic action and social structure: the problem of embeddedness[J]. The American Journal of Sociology, 91 (3): 481-510.

Grant R M. 1996a. Prospering in dynamically-competitive environments: organizational capability as knowledge integration[J]. Organization Science, 7 (4): 375-387.

Grant R M. 1996b. Toward a knowledge-based theory of the firm[J]. Strategic Management Journal, 17: 109-122.

Grant R M. 1997. The knowledge-based view of the firm: implications for management practice[J]. Long Range Planning, 30 (3): 450-454.

Grant R M, Baden-Fuller C. 2004. A knowledge accessing theory of strategic alliances[J]. Journal of Management Studies, 41 (1): 61-84.

Griliches Z. 1990. Patent statistics as economic indicators: a survey[J]. Journal of Economic Literature, 28: 1661-1707.

Grindley P C, Teece D J. 1997. Managing intellectual capital: licensing and cross-licensing in semiconductors and electronics[J]. California Management Review, 39 (2): 8-42.

Größler A, Grübner A. 2006. An empirical model of the relationships between manufacturing capabilities[J]. International Journal of Operations & Production Management, 26(5): 458-485.

Grossman G M, Helpman E. 1991. Quality ladders and product cycles[J]. The Quarterly Journal of Economics, 106 (2): 557-586.

Gual M A, Norgaard R B. 2010. Bridging ecological and social systems coevolution: a review and proposal[J]. Ecological Economics, 69 (4): 707-717.

Gulati R. 1998. Alliances and networks[J]. Strategic Management Journal, 19: 293-317.

Gulati R. 1999. Network location and learning: the influence of network resources and firm capabilities on alliance formation[J]. Strategic Management Journal, 20 (5): 397-420.

Gulati R, Nohria N, Zaheer A. 2000. Strategic networks[J]. Strategic Management Journal, 21: 203-215.

Gupta A K, Govindarajan V. 1986. Resource sharing among SBUs: strategic antecedents and administrative implications[J]. Academy of Management Journal, 29: 895-714.

Gupta A K, Govindarajan V. 2000. Knowledge flows within multinational corporations[J]. Strategic Management Journal, 21 (4): 473-496.

Gupta A K, Smith K G, Shalley C E. 2006. The interplay between exploration and exploitation[J]. Academy of Management Journal, 49 (4): 693-706.

Gustafson L T, Reger R K. 1995. Using organizational identity to achieve stability and change in high velocity environments[J]. Academy of Management Journal Best Papers Proceedings, (1): 464-468.

Haas M R, Hansen M T. 2005. When using knowledge can hurt performance: the value of organizational capabilities in a management consulting company[J]. Strategic Management Journal, 26（1）: 1-24.

Haeckel S H. 1999. Adaptive Enterprise: Creating and Leading Sense-and-respond Organization[M]. Boston: Harvard Business School Press.

Hagedoorn J. 1993. Understanding the rationale of strategic technology partnering: intraorganizational modes of cooperation and sectoral differences[J]. Strategic Management Journal, 14（5）: 371-385.

Hagedoorn J, Duysters G. 2002. The effect of mergers and acquisitions on the technological performance of companies in a high-tech environment[J]. Technology Analysis & Strategic Management, 14: 68-85.

Hagedoorn J, Roijakkers N, Kranenburg H. 2006. Inter-firm R&D networks: the importance of strategic network capabilities for high-tech partnership formation[J]. British Journal of Management, 17（1）: 39-53.

Haken H. 1977. Synergetics: An Introduction[M]. Berlin-Heidelberg, New York: Springer-Verlag.

Hambrick D C, Mason P A. 1984. Upper echelons: the organization as a reflection of its top managers[J]. Academy of Management Review, 9（2）: 193-206.

Hansen M T. 1999. The search-transfer problem: the role of weak ties in sharing knowledge across organization subunits[J]. Administrative Science Quarterly, 44（1）: 82-111.

Hansen M T. 2002. Knowledge networks: explaining effective knowledge sharing in multiunit companies[J]. Organization Science, 13（3）: 232-248.

Hannan M T, Freeman J. 1984. Structural inertia and organizational change[J]. American Sociology Review, 49（2）: 149-164.

Hansen M T, Mors M L, Løvås B. 2005. Knowledge sharing in organizations: multiple networks, multiple phases[J]. The Academy of Management Journal, 48（5）: 776-793.

Hansen S O, Wakonen J. 1997. Innovation, a winning solution[J]. International Journal of Technology Management, 13（4）: 345-348.

Hansson F, Husted K, Vestergaard J. 2005. Second generation science parks: from structural holes jockeys to social capital catalysts of the knowledge society[J]. Technovation, 25（9）: 1039-1049.

Hargadon A B, Sutton R I. 1997. Technology brokering and innovation in a product development firm[J]. Administrative Science Quarterly, 42（4）: 716-749.

Hargadon A B, Bechky B A. 2006. When collections of creatives become creative collectives: a field study of problem solving at work[J]. Organization Science, 17（4）: 485-500.

Harkness J A, Vijver F J R, Johnson T P. 2003. Questionnaire Design in Comparative Research[M]. New York: Wiley.

Harrison D A, Mykytyn P P, Riemenschneider C K. 1997. Executive decisions about adoption of information technology in small business: theory and empirical tests[J]. Information Systems

Research, 8（1）: 171-195.

Hatch N W, Dyer J H. 2004. Human capital and learning as a source of sustainable competitive advantage[J]. Strategic Management Journal, 25（12）: 1155-1178.

Heimerisks K H. 2010. Confident or competent? How to avoid superstitious learning in alliance portfolios[J]. Long Range Planning, 43: 57-84.

Helfat C E, Raubitschek R S. 2000. Product sequencing: co-evolution of knowledge, capabilities, and products[J]. Strategic Management Journal, 21（10~11）: 961-979.

Helfat C E, Peteraf M A. 2003. The dynamic resource-based view: capability lifecycles[J]. Strategic Management Journal, 24（10）: 997-1010.

Helfat C E, Finkelstein S, Mitchell W, et al. 2007. Dynamic Capabilities: Understanding Strategic Change in Organizations[M]. Malden: Wiley-Blackwell.

Helpman E. 1993. Innovation, imitation, and intellectual property rights[J]. Econometrica, 61（6）: 1247-1280.

Henderson R M, Clark K B. 1990. Architectural innovation: the reconfiguration of existing product technologies and the failure of established firms[J]. Administrative Science Quarterly, 35（1）: 9-30.

Hernandez-Espallardo M, Delgado-Ballester E. 2009. Product innovation in small manufacturers, market orientation and the industry's five competitive forces[J]. European Journal of Innovation Management, 12（4）: 470-491.

Herriott R E, Firestone W A. 1983. Multisite qualitative policy research: optimizing description and generalizability[J]. Educational Researcher, 12: 14-19.

Higgins M C, Kram K E. 2001. Reconceptualizing mentoring at work: a developmental network perspective[J]. Academy of Management Review, 26（2）: 264-288.

Hill C W L, Deeds D L. 1996. The importance of industry structure for the determination of firm profitability: a Neo-Austrian perspective[J]. Journal of Management Studies, 33（4）: 429-451.

Hill C W L, Rothaermel F T. 2003. The performance of incumbent firms in the face of radical technological innovation[J]. Academy of Management Review, 28（2）: 257-274.

Hinkin T R. 1998. A brief tutorial on the development of measure for use in survey questionnaires[J]. Organizational Research Methods, 1（1）: 104-121.

Hitt M A, Keats B W, DeMarie S M. 1998. Navigating in the new competitive landscape: building strategic flexibility and competitive advantage in the 21st century[J]. Academy of Management Executive, 12（4）: 22-42.

Hoang H, Antoncic B. 2003. Network-based research in entrepreneurship: a critical review[J]. Journal of Business Venturing, 18（2）: 165-187.

Hobday M. 2005. Firm level innovation models: perspective on research in developed and developing countries[J]. Technology Analysis & Strategic Management, 17（2）: 121-146.

Hocking J B, Brown M, Harzing A W. 2004. A knowledge transfer perspective of strategic assignment purposes and their path-dependent outcomes[J]. International Journal of Human Resource Management, 15（3）: 565-586.

Hodgkinson G. 1997. Cognitive inertia in a turbulent market: the case of UK residential estate agents[J]. Journal of Management Studies, 34（3）: 921-945.

Hoffman A J. 2001. Linking organizational and field level analysis: the diffusion of corporate environmental practice[J]. Organization & Environment, 14（2）: 133-156.

Holland M. 1997. Diffusion of innovation theories and their relevance to understanding the roleof librarians when introducing users to networked information[J]. Electronic Library, 15（5）: 389-394.

Hong P, Doll W J, Nahm A Y, et al. 2004. Knowledge sharing in integrated product development[J]. European Journal of Innovation Management, 7（2）: 102-112.

Hong P, Doll W J, Revilla E, et al. 2011. Knowledge sharing and strategic fit in integrated product development projects: an empirical study[J]. International Journal of Production Economics, 132（2）: 186-196.

Hosmer D W, Hosmer T, LeCessie S, et al. 1997. A comparsion of goodness-of-fit tests for the logistic regression model[J]. Statistics in Medicine, 16（9）: 965-980.

Howitt P. 1999. Steady endogenous growth with population and R&D inputs growing[J]. Journal of Political Economy, 107（5）: 715-730.

Hu M C. 2008. Knowledge flows and innovation capability: the patenting trajectory of Taiwan's thin film transistor-liquid crystal display industry[J]. Technological Forecasting & Social Change, 75（9）: 1423-1438.

Hu M C, Tseng C Y. 2007. Technological interdependence and knowledge diffusion in the building of national innovative capacity: the role of Taiwan's chemical industry[J]. Technological Forecasting & Social Change, 74（3）: 298-312.

Huber G F. 1991. Organizational learning: the contributing processes and the literatures[J]. Organization Science, 2（1）: 88-115.

Hübner S. 1995. Building a learning organization[J]. Harvard Business Review, 75（5）: 148.

Huff A S. 1990. Mapping Strategic Thought[M]. New York: Wiley.

Hult G T M, Hurley R F, Knight G A. 2004. Innovativeness: its antecedents and impact on business performance[J]. Industrial Marketing Management, 33（5）: 429-438.

Hummel M, van Rossum W, Omta O, et al. 2001. Types and timing of inter-organizational communication in new product development[J]. Creativity and Innovation Management, 10（4）: 225-233.

Hurley R F, Hult G T M. 1998. Innovation, market orientation and organizational learning: an integration and empirical examination[J]. The Journal of Marketing, 62 (3): 42-54.

Huygens M, Baden-Fuller C, van den Bosch F A J, et al. 2001. Co-evolution of firm capabilities and industry competition: investigating the music industry[J]. Organization Studies, 22 (6): 971-1011.

Iansiti M. 1995a. Technology development and integration: an empirical study of the interaction between applied science and product development[J]. IEEE Transactions on Engineering Management, 12 (3): 259-269.

Iansiti M. 1995b. Technology integration: managing technological evolution in a complex environment[J]. Research Policy, 24 (4): 521-542.

Iansiti M. 1998. Technology Integration[M]. Boston: Harvard Business School Press.

Iansiti M, Clark K B. 1994. Integration and dynamic capability: evidence from product development in automobiles and mainframe computers[J]. Industrial and Corporate Change, 3 (3): 557-605.

Ibarra H, Kilduff M, Tsai W. 2005. Zooming in and out: connecting individuals and collectivities at the frontiers of organizational network research[J]. Organization Science, 16 (4): 359-371.

Itami H. 1986. Mobilizing Invisible Assets[M]. Cambridge: Harvard University Press.

Jansen J J P, van den Bosch F A J, Volberda H W. 2005. Managing potential and realized absorptive capacity: how do organizational antecedents matter? [J]. The Academy of Management Journal, 48 (6): 999-1015.

Jansen J J P, van den Bosch F A J, Volberda H W. 2006. Exploratery innovation, exploitative innovation, and performance : effects of organizational antecedents and environmental moderators[J]. Management Science, 52 (11): 1661-1674.

Jansen J J P, Tempelaar M P, van den Bosch F A J, et al. 2009. Structural differentiation and ambidexterity: the mediating role of integration mechanisms[J]. Organization Science, 20(4): 797-811.

Janszen F. 2000. The Age of Innovation[M]. Upper Saddle River: Prentice Hall.

Janz N, Lööf H, Peters B. 2003. Firm level innovation and productivity-is there a common story across countries? [J]. SSRN Electronic Journal, 2 (2): 1-33.

Jaworski B J, Kohli A K. 1993. Market orientation: antecedents and consequences[J]. The Journal of Marketing, 57 (3): 53-70.

Jeroen P J, Jong D, Deanne N, et al. 2007. How leaders influence employees' innovative behavior[J]. European Journal of Innovation Management, 10 (1): 41-64.

Johnston W J, Leach M P, Liu A H. 1999. Theory testing using case studies in business-to-business research[J]. Industrial Marketing Management, 28 (3): 201-213.

Jones C. 1995a. R&D-based models of economic growth[J]. Journal of Political Economy, 103（4）: 759-784.

Jones C. 1995b. Time series tests of endogenous growth models[J]. Quarterly Journal of Economics, 110（2）: 495-525.

Kahn K B. 1996. Interdepartmental integration: a definition with implications for product development performance[J]. Journal of Product Innovation Management, 13（2）: 137-151.

Kaiser H F. 1974. An index of factorial simplicity[J]. Psychometrika, 39（1）: 31-36.

Kale P, Singh H, Perlmutter H. 2000. Learning and protection of proprietary assets in strategic alliances: building relational capital[J]. Strategic Management Journal, 21（3）: 217-237.

Kaplan S, Murray F, Henderson R. 2003. Discontinuities and senior management: assessing the role of recognition in pharmaceutical firm response to biotechnology[J]. Industrial and Corporate Change, 12（2）: 203-233.

Kash D E, Rycroft R. 2002. Emerging patterns of complex technological innovation[J]. Technological Forecasting and Social Change, 69（6）: 581-606.

Katila R. 2008. Technology perspective on network resources[J]. Academy of Management Review, 33（2）: 550-553.

Katila R, Ahuja G. 2002. Something old, something new: a longitudinal study of search behavior and new product introduction[J]. Academy of Management Journal, 45（6）: 1183-1194.

Keeble D, Wilkinson F. 1999. Collective learning and knowledge development in the evolution of regional clusters of high technology SMEs in Europe[J]. Regional Studies, 33（4）: 295-303.

Keisler S, Sproull L. 1982. Managerial response to changing environments: perspectives on problem sensing from social cognition[J]. Administrative Science Quarterly, 27（4）: 548-570.

Keller R T. 2001. Cross-functional project groups in research and new product development: diversity, communication, job stress, and outcomes[J]. Academy of Management Journal, 44（3）: 547-555.

Kemper J, Engelen A, Brettel M. 2011. How top management's social capital fosters the development of specialized marketing capabilities: a cross-cultural comparison[J]. Journal of International Marketing, 19（3）: 87-112.

Khoja F. 2010. The triad: organizational cultural values, practices and strong social intra-firm networks[J]. Journal of Business Strategies, 27（2）: 205-227.

Kieser A. 1989. Organizational, institutional, and social evolution: medieval craft guilds and the genesis of formal organizations[J]. Administrative Science Quarterly, 34（4）: 540-564.

Kim L. 1997. Immitation to Innovation: The Dynamics of Korea's Technological Learning[M]. Boston: Harvard Business School Press.

Kirzner I M. 1978. Entrepreneurship, entitlement, and economic justice[J]. Eastern Economic

Journal, 4（1）: 9-25.

Klein K J, Knight A P. 2005. Innovation implementation overcoming the challenge[J]. Current Directions in Psychological Science, 14（5）: 243-246.

Kline N, Rosenberg N. 1986. An overview of innovation[A]//Landon R, Rosenberg N. The Positive Sum Strategy[C]. Washington D C.: National Academy Press.

Knight F H. 1921. Risk, Uncertainty and Profit[M]. New York: Hart, Schaffner and Marx.

Koc T, Ceylan C. 2007. Factors impacting the innovative capacity in large-scale companies[J]. Technovation, 27（3）: 105-114.

Kogut B, Zander U. 1992. Knowledge of the firm, combinative capabilities, and the replication of technology[J]. Organization Science, 3（3）: 383-397.

Kogut B, Zander U. 1996. What firms do? Coordinaion, identity, and learning[J]. Organization Science, 7（5）: 502-518.

Koka B R, Prescott J E. 2002. Strategic alliances as social capital: a multidimensional view[J]. Strategic Management Journal, 23（9）: 795-816.

Koka B R, Prescott J E. 2008. Designing alliance networks: the influence of network position, environment change, and strategy on firm performance[J]. Strategic Management Journal, 29（6）: 639-661.

Kor Y Y, Mahoney J T. 2000. Penrose's resource-based approach: the process and product of research creativity[J]. Journal of Management Studies, 37（1）: 109-139.

Kostova T. 1990. Transnational transfer of strategic organizational practices: a contextual perspective[J]. The Academy of Management Review, 24（2）: 308-324.

Koza M P, Lewin A Y. 1998. The co-evolution of strategic alliances[J]. Organization Science, 9（3）: 255-264.

Kramer M R, Porter M E. 2011. Creating shared value[J]. Harvard Business Review, 89: 62-77.

Lall S. 1992. Technological capabilities and industrialization[J]. World Development, 20（2）: 165-186.

Lall S, Kumar R. 1981. Firm-level export performance in an inward-looking economy: the Indian engineering industry[J]. World Development, 9（5）: 453-463.

Lam A. 2005. Organizational innovation[A]//Fagerberg J, Mowery D C, Nelson R R. The Oxford Handbook of Innovation[C]. Oxford: Oxford University Press.

Landry R, Amara N, Lamari M. 2002. Does social capital determine innovation? To what extend?[J]. Technological Forecasting and Social Change, 69（7）: 681-701.

Lane P J, Lubatkin M. 1998. Relative absorptive capacity and interorganizational learning[J]. Strategic Management Journal, 19（5）: 461-477.

Lane P J, Salk J E, Lyles M A. 2001. Absorptive capacity, learning, and performance in international joint ventures[J]. Strategic Management Journal, 22（12）: 1139-1161.

Lane P J, Koka B R, Pathak S. 2006. The reification of absorptive capacity: a critical review and rejuvenation of the construct[J]. The Academy of Management Review Archive, 31（4）: 833-863.

Lant T K, Milliken F J, Batra B. 1992. The role of managerial learning and interpretation in strategic persistence and reorientation: an empirical exploration[J]. Strategic Management Journal, 13（8）: 585-608.

Laursen K, Salter A. 2006. Open for innovation: the role of openness in explaining innovation performance among UK manufacturing firms[J]. Strategic Management Journal, 27（2）: 131-150.

Lavie D. 2004. The evolution and strategy of interconnected firms: a study of the Unisys alliance network[J]. Academy of Management Annual Meeting Proceedings,（1）: E1-E6.

Lavie D. 2006. Capability reconfiguration: an analysis of incumbent responses to technological change[J]. Academy of Management Review, 31（1）: 153-174.

Lavie D, Rosenkopf L. 2006. Balancing exploration and exploitation in alliance formation[J]. The Academy of Management Journal, 49（4）: 797-818.

Lawson B, Samson D. 2001. Developing innovation capabitity in organizations: a dynamic capabilities approach[J]. International Journal of Innovation Management, 5（3）: 377-400.

Lawson B, Petersen K J, Cousins P D, et al. 2009. Knowledge sharing in interorganizational product development teams: the effect of formal and informal socialization mechanisms[J]. Journal of Product Innovation Management, 26（2）: 156-172.

Lawson C, Lorenz E. 1999. Collective learning, tacit knowledge and regional innovative capacity[J]. Regional Studies, 33（4）: 305-317.

Lee G K. 2007. The significance of network resources in the race to enter emerging product markets: the convergence of telephony communications and computer networking, 1981—2001[J]. Strategic Management Journal, 28（1）: 17-37.

Lee J N. 2001. The impact of knowledge sharing, organizational capability and partnership quality on IS outsourcing success[J]. Information & Management, 38（5）: 323-335.

Lee K, Lim C. 2001. Technological regimes, catching-up and leapfrogging: findings from the Korean industries[J]. Research Policy, 30（3）: 459-483.

Leiponen A. 2006. Managing knowledge for innovation: the case of business-to-business services[J]. Journal of Product Innovation Management, 23（3）: 238-258.

Leonard D, Sensiper S. 1998. The role of tacit knowledge in group innovation[J]. California Management Review, 40（3）: 112-133.

Leonard-Barton D. 1992. Core capabilities and core rigidity: a paradox in managing new product development[J]. Strategic Management Journal, 13 (5): 111-125.

Levinthal D A, March J G. 1993. The myopia of learning[J]. Strategic Management Journal, 14(S2): 95-112.

Levitt B, March J B. 1988. Organizational learning[J]. Annual Review of Sociology, 14(1): 319-340.

Lewin A Y, Volberda H W. 1999. Prolegomena on coevolution: a framework for research on strategy and new organizational forms[J]. Organization Science, 10 (5): 519-534.

Li G, Ji P, Sun L Y, et al. 2009. Modeling and simulation of supply network evolution based on complex adaptive system and fitness landscape[J]. Computers & Industrial Engineering, 56(3): 839-853.

Li H, Zhang Y. 2007. The role of manager's political networking and functional experience in new venture performance: evidence from China's transition economy[J]. Strategic Management Journal, 28 (8): 791-804.

Li H, Atuahene G K. 2011. Product innovation strategy and the performance of new technology ventures in China[J]. Academy of Management Journal, 44 (10): 1123-1134.

Li M, Gao F. 2003. Why Nonaka highlights tacit knowledge: a critical review[J]. Journal of Knowledge Management, 7 (4): 6-14.

Li Y, Vanhaverbeke W, Schoenmakers W. 2008. Exploration and exploitation in innovation: reframing the interpretation[J]. Creativity and Innovation Management, 17 (2): 107-126.

Li Y, Su Z F, Liu Y. 2010. Can strategic flexibility help firms profit from product innovation[J]. Technovation, 30 (5~6): 300-309.

Lichtenthaler U. 2009. Absorptive capacity, environmental turbulence, and the complementarity of organizational learning processes[J]. The Academy of Management Journal, 52 (4): 822-846.

Lichtenthaler U, Lichtenthaler E. 2009. A capability-based framework for open innovation: complementing absorptive capacity[J]. Journal of Management Studies, 46 (8): 1315-1338.

Lin H F. 2007. Knowledge sharing and firm innovation capability: an empirical study[J]. International Journal of Manpower, 28 (3~4): 315-332.

Link A N, Bozeman B. 1990. Innovative behavior in small-sized firms[J]. Small Business Economics, 3 (1): 179-184.

Loasby B J. 2001. Time, knowledge and evolutionary dynamics: why connections matter[J]. Journal of Evolutionary Economics, 11 (4): 393-412.

Lorenzoni G, Lipparini A. 1999. The leveraging of interfirm relationships as a distinctive organizational capability: a longitudinal study[J]. Strategic Management Journal, 20 (4): 317-338.

Lucas R. 1988. On the mechanism of economic development[J]. Journal of Monetary Economics, 22 (1): 3-42.

Luk C L，Yall O H M，Sin L Y M，et al. 2008. The effects of social capital and organizational innovativeness in different institutional context[J]. Journal of International Business Studies，39（4）：589-612.

Lundvall B A. 2009. Innovation as an interactive process：from user-producer interaction to the national system of innovation[J]. African Journal of Science，Technology and Development，1（2~3）：10-34.

Luo Y，Stephanie Y H，Lu W. 2011. Guanxi and organizational performance：a meta-analysis[J]. Management and Oraganization Review，8（1）：139-172.

Lyles M A，Schwenk C R. 1992. Top management，strategy and organizational knowledge structures[J]. Journal of Management Studies，29（2）：155-174.

Lyles M A，Salk J E. 1996. Knowledge acquisition from foreign parents in international joint ventures[J]. Journal of International Business Studies，27（5）：877-904.

Mackey A. 2007. The effect of CEOs on firm performance[J]. Strategic Management Journal，29（12）：1357-1367.

Madhok A，Liu C. 2006. A coevolutionary theory of the multinational firm[J]. Journal of International Management，12（1）：1-21.

Magali D，Michael T. 2008. Organizational responses to environmental demands：opening the black box[J]. Strategic Management Journal，29（10）：1027-1055.

Mahmood I P，Zhu H，Zajac E J. 2011. Where can capabilities come from?Network ties and capability acquisition in business groups[J]. Strategic Management Journal，32（8）：820-848.

Makri M，Hitt M A，Lane P J. 2010. Complementary technologies，knowledge relatedness，and invention outcomes in high technology mergers and acquisitions[J]. Strategic Management Journal，31（6）：602-628.

Mansfield E，Papoport J，Remeo A，et al. 1977. Social and private rates of return from industrial innovations[J]. The Quarterly Journal of Economics，91（2）：221-240.

Mao W X, Xu Q R, Chen J. 2006. The core competence and rigidity of enterprise in the fast changing environment[J]. Journal of UESTC，8（2）：52-54.

March J G. 1991. Exploration and exploitation in organizational learning[J]. Organization Science，2（1）：71-87.

March J G，Simon H A. 1958. Organizations[M]. New York：Wiley.

Marengo L，Dosi G，Legrenzi P，et al. 2000. The structure of problem-solving knowledge and the structure of organizations[J]. Industrial and Corporate Change，9（4）：757-788.

Maritan C A. 2001. Capital investment as investing in organizational capabilities：an empirically grounded process model[J]. Academy of Management Journal，44（4）：513-531.

Marquis D G. 1969. The anatomy of successful innovations[J]. Innovation，1（1）：28-37.

Marquis D G, Allen T J. 1966. Communication patterns in applied technology[J]. American Psychologist, 21（11）: 1052.

Marshall A. 1920. Principles of Economics[M]. 8th ed. London: MacMillan Press.

Martinez-Torrez M R. 2006. A procedure to design a structural and measurement model of intellectual capital: an exploratory study[J]. Information & Management, 43（5）: 617-626.

Mathiassen L, Vainio A M. 2007. Dynamic capabilities in small software firms: a sense-and-respond approach[J]. IEEE Transaction on Engineering Management, 54（3）: 522-538.

Mathieu J E, Farr J L. 1991. Further evidence for the discriminant validity of measures of organizational commitment, job involvement, and job satisfaction[J]. Journal of Applied Psychology, 76（1）: 127-133.

Matusik S F. 2002. An empirical investigation of firm public and private knowledge[J]. Strategic Management Journal, 23（5）: 457-467.

McGrath R G. 1997. A real options logic for initiating technology positioning investment[J]. The Academy of Management Review, 22（4）: 974-996.

McGrath R G. 2001. Exploratory learning, innovative capacity and managerial oversight[J]. Academy of Management Journal, 44（1）: 118-131.

McKelvey M. 1997. Using evolutionary theory to define systems of innovation[A]//Edquist C. Systems of Innovation: Iechnology, Institutions and Organization[C]. London: Routledge.

Metcalfe J S. 1998. Evolutionary Economics and Creative Destruction[M]. London: Routledge.

Meyer M H, Utterback J M. 1993. The product family and the dynamics of core capability[J]. MIT Sloan Management Review, 34（2）: 29-47.

Meyer M W, Gupta V. 1994. The performance paradox[A]//Cummings L L, Staw B M. Research in Organizational Behavior[C]. Greenwich: JAI Press.

Mick D G, Fournier S. 1998. Paradoxes of technology: consumer cognizance, emotions, and coping strategies[J]. Journal of Consumer Research, 25（2）: 123-143.

Miller C C, Cardinal L B. 1994. Strategic planning and firm performance: a synthesis of more than two decades of research[J]. Academy of Management Journal, 37（6）: 1649-1665.

Miller D. 1983. The correlates of entrepreneurship in three types of firms[J]. Management Science, 29（7）: 770-791.

Miller D, Chen M. 1996. The simplicity of competitive repertoires: an empirical analysis[J]. Strategic Management Journal, 17（6）: 419-439.

Miller D, Shamsie J. 1996. The resource-based view of the firm in two environments: the Hollywood film studio from 1936 to 1965[J]. Academy of Management Journal, 39（3）: 519-543.

Miller D, Lant T K, Milliken F J, et al. 1996. The evolution of strategic repertoires: exploring two models of organizational adaptation[J]. Journal of Management, 22（6）: 863-887.

Miller D J，Fern M J，Cardinal L B. 2007. The use of knowledge for technological innovation within diversified firms[J]. Academy of Management Journal，50（2）：308-326.

Mintrom M. 1997. Policy entrepreneurs and the diffsion of innovation[J]. American Journal of Political Science，41（3）：738-770.

Mintzberg H. 1973. Strategy-making in three modes[J]. California Management Review，16（2）：44-53.

Mintzberg H，Raisinghani D，Theoret A. 1976. The structure of "unstructured" decision processes[J]. Administrative Science Quarterly，21（2）：246-275.

Moliterno T P，Mahony D M. 2011. Network theory of organization：a multilevel approach[J]. Journal of Management，37（2）：443-467.

Mone M A，McKinley W，Barker Ⅲ V L. 1998. Organizational decline and innovation：a contingency framework[J]. Academy of Management Review，23（1）：115-132.

Moore J F. 1996. The Death of Competition：Leadership and Strategy in the Age of Business Ecosystems[M]. New York：Harper Business.

Moorman C，Miner A S. 1997. The impact of organizational memory on new product performance and creativity[J]. Journal of Marketing Research，34（1）：91-106.

Mota J，de Castro L M. 2004. A capabilities perspective on the evolution of firm boundaries：a comparative case example from the Portuguese moulds industry[J]. Journal of Management Studies，1（2）：295-316.

Mumford M D，Scott G M，Gaddis B，et al. 2002. Leading creative people：orchestrating expertise and relationships[J]. Leadership Quarterly，13（6）：705-750.

Murmann J P. 2003. Knowledge and Competitive Advantage，the Coevolution of Firms，Technology and National Institutions[M]. New York：Cambridge University Press.

Nadkarni S，Narayanan V K. 2005. Validity of the structural properties of text-based causal maps：an empirical assessment[J]. Organizational Research Methods，8（1）：9-40.

Nadkarni S，Narayanan V K. 2007. Strategic schemas，strategic flexibility and firm performance：the moderating role of industry clockspeed[J]. Strategic Management Journal，28（3）：243-270.

Nahapiet J，Ghoshal S. 1998. Social capital，intellectual capital，and the organizational advantage[J]. Academy of Management Review，23（2）：242-266.

Neill S，McKee D，Rose G M. 2007. Developing the organization's sense-making capability：precursor to an adaptive strategic marketing response[J]. Industrial Marketing Management，36（6）：731-744.

Nelson R E. 1989. The strength of strong ties：social networks and intergroup conflict in organizations[J]. Academy of Management Journal，32（2）：399-401.

Nelson R R, Winter S G. 1982. An Evolutionary Theory of Economic Change[M]. Cambridge: Belknap Press of Harvard University Press.

Nelson R R, Nelson K. 2002. Technology, institutions, and innovation systems[J]. Research Policy, 31（2）: 265-272.

Nonaka I. 1994. A dynamic theory of organizational knowledge creation[J]. Organization Science, 5（1）: 14-37.

Nonaka I, Takeuchi H. 1995. The Knowledge-creating Company: How Japanese Companies Create the Dynamics of Innovation[M]. Oxford: Oxford University Press.

Nonaka I, Takeuchi H, Umemoto K. 1996. A theory of organization knowledge creation[J]. International Journal of Technology Management, 100（2）: 105-109.

Nunnally J C. 1978. Psychometric Theory[M]. New York: McGraw-Hill.

Ocasio W. 1997. Towards an attention-based view of the firm[J]. Strategic Management Journal, 18（S1）: 187-206.

Oerlemans L A G, Meeus M T H, Boekema F W M. 1998. Do networks matter for innovation?The usefulness of the economic network approach in analysing innovation[J]. Tijdschrift Voor Economische En Sociale Geografie, 89（3）: 298-309.

Olberda H. 2009. Structural differentiation and ambidexterity: the mediating role of integration mechanisms[J]. Organization Science, 20（4）: 797-811.

Orlikowski W J, Gash D C. 1994. Technological frames making sense of information technologyin organizations[J]. ACM Transaction on Information Systems, 12（2）: 174-207.

Ozcan P, Eisenhardt K M. 2009. Origin of alliance portfolios: entrepreneurs, network strategies and firm performance[J]. Academy of Management Journal, 52（2）: 246-279.

Ozman M. 2009. Inter-firm networks and innovation: a survey of literature[J]. Economic of Innovation and New Technology, 18（1）: 39-67.

Padmore T, Gibson H. 1998. Modeling systems of innovation: a framework for industrial cluster analysis in regions[J]. Research Policy, 26（6）: 625-641.

Pandza K, Thorpe R. 2009. Creative search and strategic sense-making: missing dimensions in the concept of dynamic capabilities[J]. British Journal of Management, 20: S118-S131.

Papa M J. 1990. Communication network patterns and employee performance with new technology[J]. Communication Research, 17（3）: 344-368.

Parkhe A. 1991. Interfirm diversity, organizational learning, and longevity in global strategic alliances[J]. Journal of International Business Studies, 22（4）: 579-601.

Paruchuri S. 2010. Intraorganizational networks, interorganizational networks, and the impact of central inventors: a longitudinal study of pharmaceutical firms[J]. INFORMS, 21（1）: 63-80.

Patton M Q. 1987. How to Use Qualitative Methods in Evaluation[M]. 2nd ed. Newbury Park: Sage.

Peng M W. 2004. Outside directors and firm performance during institutional transitions[J]. Strategic Management Journal, 25（5）: 453-471.

Peng M W, Luo Y. 2000. Managerial ties and firm performance in a transition economy: the nature of a micro-macro link[J]. Academy of Management Journal, 43（3）: 486-501.

Penrose E. 1959. The Theory of the Growth of the Firm[M]. Oxford: Blackwell.

Perez C, Soete L. 1988. Catching up in technology: entry barriers and windows of opportunity[A]// Tridimas T, Schiitze R. Technical Change and Economic Theory[C]: New York: Oxford University Press.

Pertusa-Ortega E M, Molina-Azorín J F, Claver-Cortés E. 2010. Competitive strategy, structure and firm performance: a comparison of the resource-based view and the contingency approach[J]. Management Decision, 48（8）: 1282-1303.

Pettigrew A M. 1990. Longitudinal field research on change: theory and practice[J]. Organization Science, 1（3）: 267-292.

Pfeffer J. 1972a. Merger as a response to organizational interdependence[J]. Administrative Science Quarterly, 17（3）: 382-394.

Pfeffer J. 1972b. Size and composition of corporate boards of directors[J]. Administrative Science Quarterly, 17（2）: 218-288.

Pfeffer J, Salancik G R. 1978. The External Control of Organization: A Resource Dependence Approach[M]. New York: Harper & Row.

Phelps C C. 2010. A longitudinal study of the influence of alliance network structure and composition on firm exploratory innovation[J]. Academy of Management Journal, 53（4）: 890-913.

Pierce J L, Delbecq A L. 1977. Organization structure, individual attitudes and innovation[J]. The Academy of Management Review, 2（1）: 27-37.

Pittaway L, Robertson M, Munir K, et al. 2004. Networking and innovation: a systematic review of the evidence[J]. International Journal of Management Reviews, 5（3~4）: 137-168.

Podsakoff P M, MacKenzie S B, Lee J Y, et al. 2003. Common method biases in behavioral research: a critical review of the literature and recommended remedies[J]. Journal of Applied Psychology, 88（5）: 879-903.

Polanyi M. 1957. The Study of Man[M]. London: Routledge & Kegan Paul.

Polanyi M. 1958. The Study of Man[M]. Chicago: The University of Chicago Press.

Polanyi M. 1966. The Tacit Dimension[M]. London: Routledge & Kegan Paul.

Politis D. 2005. The process of entrepreneurial learning: a conceptual framework[J]. Entrepreneurship Theory and Practice, 29（4）: 399-424.

Porac J F, Rosa J A. 1996. In praise of managerial narrow mindedness[J]. Journal of Management Inquiry, 5（1）: 35-42.

Porter M E. 1980. Competitive Strategy[M]. New York：Free Press.

Porter M E. 1985. Competitive Advantage[M]. New York：Free Press.

Porter M E. 1990. The Competitive Advantage of Nations：With a New Introduction[M]. New York：Free Press.

Porter M E, Kramer M R. 2006. The link between competitive advantage and corporate social responsibility[J]. Harvard Business Review, 84（12）: 78-92.

Powell G N. 1990. One more time: do female and male managers differ?［J］. The Executive, 4（3）: 68-75.

Powell W W. 1998. Learning from collaboration: knowledge and networks in the biotechnologyand pharmaceutical industries[J]. California Management Review, 40（3）: 228-241.

Powell W W, Koput K W, Smith D L. 1996. Interorganizational collaboration and the locus of innovation: networks of learning in biotechnology[J]. Administrative Science Quarterly, 41（1）: 116-145.

Prahalad C K, Bettis R A. 1986. The dominant logic: a new linkage between diversity and performance[J]. Strategic Management Journal, 7（6）: 485-501.

Prahalad C K, Hamel G. 1990. The core competence of the corporation[J]. Harvard Business Review, 68（3）: 275-292.

Prescott E C, Visscher M. 1980. Organization capital[J]. The Journal of Political Economy, 88（3）: 446-461.

Priem R L, Butler J E. 2001. Is the resource-based "view" a useful perspective for strategic management research? [J] Academy of Management Review, 26（1）: 22-40.

Reagans R, McEvily B. 2003. Network structure and knowledge transfer: the effects of cohesion and range[J]. Administrative Science Quarterly, 48（2）: 240-267.

Reger R K, Palmer T B. 1996. Managerial categorization of competitors: using old maps to navigate new environments[J]. Organization Science, 7（1）: 22-39.

Richardson G B. 1972. The organization of industry[J]. Economic Journal, 82: 883-896.

Rigby D, Zook C. 2002. Open-market innovation[J]. Harvard Business Review, 80（10）: 80-93.

Rindova V P, Kotha S. 2001. Continuous "morphing": competing through dynamic capabilities, form, and function[J]. The Academy of Management Journal, 44（6）: 1263-1280.

Ritter T. 1999. The networking company: antecedents for coping with relationships and networks effectively[J]. Industrial Marketing Management, 28（5）: 467-479.

Ritter T, Gemünden H G. 2003. Network competence: its impact on innovation success and its antecedents[J]. Journal of Business Research, 56（9）: 745-755.

Ritter T, Wilkinson I F, Johnston W J. 2002. Measuring network competence: some international evidence[J]. Journal of Business & Industrial Marketing, 17（2~3）: 119-138.

Robert H, Brockhaus S R. 1980. Risk taking propensity of entrepreneurs[J]. Academy of Management Journal, 23 (3): 509-520.

Rodrigues S B, Child J. 2008. Corporate Co-evolution: A Political Perspective[M]. Hoboken: Wiley-Blackwell.

Romer P. 1990. Endogenous technological change[J]. Journal of Political Economy, 98 (5): S71-S102.

Romijn H, Albaladejo M. 2000. Determinants of innovation capability in small electronics and software firms in Southeast England[J]. Research Policy, 31 (7): 1053-1067.

Rosenberg N, Frischtak C R. 1984. Technological innovation and long waves[J]. Cambridge Journal of Economics, 8 (1): 7-24.

Rosenkopf L, Nerkar A. 2001. Beyond local search: boundary-spanning, exploration, and impact in the optical disk industry[J]. Strategic Management Journal, 22 (3): 287-306.

Rothaermel F T. 2001. Incumbent's advantage through exploiting complementary assets via interfirm cooperation[J]. Strategic Management Journal, 22 (6~7): 687-699.

Rothaermel F T, Deeds D L. 2004. Exploration and exploitation alliances in biotechnology: a system of new product development[J]. Strategic Management Journal, 25 (3): 201-221.

Rothaermel F T, Hitt M A, Jobe L A. 2006. Balancing vertical integration and strategic outsourcing: effects on product portfolio, product success, and firm performance[J]. Strategic Management Journal, 27 (11): 1033-1056.

Rothwell R. 1994. Towards the fifth-generation innovation process[J]. International Marketing Review, 11 (1): 7-31.

Rothwell R, Zegveld W. 1985. Reindustrialization and Technology[M]. London: ME Sharpe.

Rubenstein-Montano B, Liebowitz J, Buchwalter J, et al. 2001. A system thinking framework for knowledge management[J]. Decision Support Systems, 31 (1): 5-16.

Rumelt R P. 1982. Diversification strategy and profitability [J].Strategic Management Journal, 3 (4): 359-369.

Rumelt R P. 1984. Towards a strategic theory of the firm[A]//Lamb R. Competitive Strategic Management[C]. Englewood Cliff: Prentice Hall.

Sáenz J, Aramburu N, Rivera O. 2009. Knowledge sharing and innovation performance: a comparison between high-tech and low-tech companies[J]. Journal of Intellectual Capital, 10 (1): 22-36.

Saleh S D, Wang C K. 1993. The management of innovation: strategy, structure, and organizational climate[J]. IEEE Transanctions on Engineering Management, (40): 13-21.

Salvato C. 2009. Capabilities unveiled: the role of ordinary activities in the evolution of product development processes[J]. Organization Science, 20 (2): 384-409.

Sampson R C. 2005. Experience effects and collaborative returns in R&D alliances[J]. Strategic Management Journal, 26 (11): 1009-1031.

Sanchez R. 1995. Strategic flexibility in product competition[J]. Strategic Management Journal, 16 (6): 135-159.

Sanchez R. 1997. Preparing for an uncertain future: managing organizations for strategic flexibility[J]. International Studies of Management and Organization, 27 (2): 71-94.

Saxenian A. 1994. Regional Advantage: Culture and Competition in Silicon Valley and Route[M]. Cambridge: Harvard University Press.

Say J B. 1803. Of the demand or market for products[A]//Hazlitt H. Critics of Keynesian Economics[C]. New Rochelle: Arlington House.

Schatzel K, Iles T A, Kiyak T. 2005. A firm's technology demand receptivity: the development of the construct and a conceptual model[J]. The Journal of American Academy of Business, 7 (2): 1-6.

Scheyögg G, Kliesch-Eberl M. 2007. How dynamic can organizational capabilities be? Towards a dual-process model of capability dynamization[J]. Strategic Management Journal, 28 (9): 913-933.

Schriesheim C A, Hinkin T R. 1990. Influence tactics used by subordinates: a theoretical and empirical analysis and refinement of the Kipnis, Schmidt, and Wilkinson subscales[J]. Journal of Applied Psychology, 75 (3): 246-257.

Schulz M. 2001. The uncertain relevance of newness: organizational learning and knowledge flows[J]. Academy of Management Journal, 44 (4): 661-681.

Schumpeter J A. 1934. The Theory of Economic Development: An Inquiry into Profits, Capital, Credit, Interest and the Business Cycle[M]. London: Transaction Publishers.

Schumpeter J A. 1939. Business Cycles: A Theoretical, Historical, and Statistical Analysis of the Capitalist Process[M]. New York: McGraw-Hill Book Company, Inc.

Schumpeter J A. 1942. Capitalism, Socialism and Democracy[M]. New York: Harper & Row.

Seibert S E, Kraimer M L, Liden R C. 2001. A social capital theory of career success[J]. Academy of Management Sournal, 44 (2): 219-237.

Selznick P. 1949. TVA and the Grass Roots: A Study in the Sociology of Formal Organization[M]. Berkeley: University of California Press.

Selznick P. 1957. Leadership in Administration[M]. New York: Harper & Row.

Serrano V, Fischer T. 2007. Collaborative innovation in ubiquitous systems[J]. Journal of Intelligent Manufacturing, 18 (5): 599-615.

Shane S. 2000. Prior knowledge and the discovery of entrepreneurial opportunities[J]. Organization Science, 11 (4): 448-469.

Shane S. 2001. A General Theory of Entrepreneurship: The Individual-Opportunity Nexus[M]. Aldershot: Edward Elgar.

Shane S A. 2003. A Gerneral Theory of Entrepreneurship: The Individual-Opportunity Nexus[M]. Cheltenham: Edward Elgar Publishing.

Shapiro S M. 2001. 24/7 Innovation: A Blueprint for Surviving and Thriving in an Age of Change[M]. New York: McGraw-Hill.

Shapiro S M. 2002. 24/7 Innovation[M]. New York: McGraw-Hill.

Shaw E, Loughlin A O, Mcfadzean E. 2005. Corporate entrepreneurship and innovation Part 2: a role-and process-based approach[J]. European Journal of Innovation Management, 8 (4): 393-408.

Shu C, Page A L, Gao S, et al. 2012. Managerial ties and firm innovation: is knowledge creation a missing link? [J]. Journal of Product Innovation Management, 29 (1): 125-143.

Siggelkow N. 2002. Evolution toward fit[J]. Administrative Science Quarterly, 47 (1): 125-159.

Singh J. 2008. Distributed R&D, cross-regional knowledge integration and quality of innovative output[J]. Research Policy, 37: 77-96.

Singley M K, Anderson J R. 1989. The Transfer of Cognitive Skill[M]. Boston: Harvard University Press.

Sirmon D G, Hitt M A, Ireland R D. 2007. Managing firm resources in dynamic enviroments to create value: looking inside the black box[J]. Academy of Management Review, 32 (1): 273-293.

Smith K G, Young G, Becerra M, et al. 1996. An assessment of the validity of competitive dynamic research[J]. Academy of Management Meeting, (1): 61-65.

Smith K G, Collins C J, Clark K D. 2005. Existing knowledge, knowledge creation capability, and the rate of new product introduction in high-technology firms[J]. The Academy of Management Journal, 48 (2): 346-357.

Soh P H, Yu J. 2010. Institutional environment and complementary assets: business strategy in China's 3G development[J]. Asia Pacific Journal of Management, 27 (4): 647-675.

Solow R M. 1956. A contribution to the theory of economic growth[J]. Quarterly Journal of Economics, 70 (1): 65-94.

Solow R M. 1957. Technical change and the aggregate production function[J]. The Review of Economics and Statistics, 39 (3): 312-320.

Song M, Droge C, Hanvanich S, et al. 2005. Marketing and technology resource complementarity: an analysis of their interaction effect in two environmental contexts[J]. Strategic Management Journal, 26 (3): 259-276.

Sørensen J B, Stuart T E. 2000. Aging, obsolescence, and organizational innovation[J]. Administrative Science Quarterly, 45 (1): 81-112.

Spender J C. 1989. Industry Recipes[M]. Worcester: Billing & Sons Ltd.

Spender J C. 1996. Making knowledge the basis of a dynamic theory of the firm[J]. Strategic Management Journal, 17 (S2): 45-62.

Spender J C, Grant R M. 1996. Knowledge and firm: overview[J]. Strategic Management Journal, 17 (S2): 5-9.

Stieglitz N, Heine K. 2007. Innovations and the role of complementarities in a strategic theory of the firm[J]. Strategic Management Journal, 28 (1): 1-15.

Suarez-Villa L. 1990. Invention, inventive learning, and innovation capacity[J]. Journal of Behavioral Science, 35 (4): 290-310.

Subramaniam M, Youndt M A. 2005. The influence of intellectual capital on the types of innovative capabilities[J]. The Academy of Management Journal, 48 (3): 450-463.

Swan J, Newell S, Hislop D. 1999. Knowledge management and innovation: networks and networking[J]. Journal of Knowledge Management, 3 (4): 262-275.

Szeto E. 2000. Innovation capacity: working towards a mechanism for improving innovation within an inter-organizational network[J]. The TQM Magazine, 12 (2): 149-158.

Szulanski G. 1996. Exploring internal stickiness: impediments to the transfer of best practice within the firm[J]. Strategic Management Journal, 17 (S2): 27-43.

Tang H K. 1998. An integrative model of innovation in organization[J]. Technovation, 18 (5): 297-309.

Tanriverdi H, Venkatraman N. 2005. Knowledge relatedness and the performance of multibusiness firms[J]. Strategic Management Journal, 26 (2): 97-119.

Taylor P, Lowe J. 1997. Are functional assets or knowledge assets the basis of new product development performance? [J]. Technology Analysis & Strategic Management, 9(4): 473-488.

Teece D J. 1984. Economic analysis and strategic management[J]. California Management Review, 26 (3): 87-110.

Teece D J. 1986. Profiting from technological innovation: implications for integration, collaboration, licensing and public policy[J]. Research Policy, 15 (6): 285-305.

Teece D J. 1992. Competition, cooperation, and innovation: organizational arrangements for regimes of rapid technological progress[J]. Journal of Economic Behavior & Organization, 18(1): 1-25.

Teece D J. 1998. Capturing value from knowledge assets: the new economy, markets for know-how, and intangible assets[J]. California Management Review, 40 (3): 55-79.

Teece D J. 2006. Reflections on "profiting from innovation"? [J]. Research Policy, 35 (8): 1131-1146.

Teece D J. 2007. Explicating dynamic capabilities: the nature and microfoundations of (sustainable) enterprise performance[J]. Strategic Management Journal, 28 (13): 1319-1350.

Teece D J, Pisano G. 1994. The dynamic capabilities of firms: an introduction[J]. Industrial and Corporate Change, 3 (3): 537-556.

Teece D J, Pisano G, Shuen A. 1997. Dynamic capabilities and strategic management[J]. Strategic Management Journal, 18 (7): 509-533.

Thompson J D, McEwen W J. 1958. Organizational goals and environment: goal-setting as an interaction process[J]. American Sociological Review, 23 (1): 23-31.

Thornhill S. 2006. Knowledge, innovation and firm performance in high-and low-technology regimes[J]. Journal of Business Venturing, 21 (5): 687-703.

Tidd J. 2000. Measuring Strategic Competencies: Technological, Market and Organizational Indicators of Innovation[M]. London: Imperial College Press.

Tidd J, Trewhella M J. 1997. Organizational and technological antecedents for knowledge acquisition and learning[J]. R&D Management, 27 (4): 359-375.

Tidd J, Brocklehurst M. 1999. Routes to technological learning and development: an assessment of Malaysia's innovation policy and performance[J]. Technological Forecasting and Social Change, 62 (3): 239-257.

Tidd J, Bessant J R, Pavitt K. 1997. Managing Innovation: Integrating Technological, Market and Organization Change[M]. Chichester: John Wiley.

Tidd J, Bessant J R, Pavitt K. 2001. Managing Innovation: Integrating Technological, Market and Organizational Change[M]. New York: John Wiley.

Tippins M J, Sohi R S. 2003. IT competency and firm performance: is organizational learning a missing link? [J]. Strategic Management Journal, 24 (8): 745-761.

Toffler A. 1990. Power Shift: Knowledge, Wealth and Violence at the Edge of 21st Century[M]. New York: Bantam Books.

Tripsas M. 1997a. Surviving radical technological change through dynamic capability: evidence from the typesetter industry[J]. Industrial and Corporate Change, 6 (2): 341-377.

Tripsas M. 1997b. Unraveling the process of creative destruction: complementary assets and incumbent survival in the typesetter industry[J]. Strategic Management Journal, 18 (S1): 119-142.

Tripsas M, Gavetti G. 2000. Capabilities, cognition, and inertia: evidence from digital imaging[J]. Strategic Management Journal, 21 (10~11): 1147-1161.

Tsai W. 2000. Social capital, strategic relatedness, and the formation of intro-organizational strategic linkages[J]. Management Journal, 21 (9): 925-939.

Tsai W. 2001. Knowledge transfer in intraorganizational networks: effects of network position and absorptive capacity on business unit innovation and performance[J]. Academy of Management Journal, 44 (5): 996-1004.

Tsai W. 2002. Social structure of "coopetition" within a multiunit organization: coordination, competition, and intraorganizational knowledge sharing[J]. Organization Science, 13（2）: 179-190.

Tsai W, Ghoshal S. 1998. Social capital and value creation: the role of intrafirm networks[J]. Academy of Management Journal, 41（4）: 464-476.

Tucker R B. 2002. Driving Growth Through Innovation: How Leading Firms Are Transforming Their Futures[M]. Oakland: Berrett-Koehler Publishers.

Tung R L. 1982. Selection and training procedures of United States, European, and Japanese multinationals[J]. California Management Review, 25（1）: 57-70.

Tushman M L, O'Reilly Ⅲ C A. 1996. The ambidextrous organizations: managing evolutionary and revolutionary change[J]. California Management Review, 38（4）: 8-30.

Tushman M L, O'Reilly Ⅲ C A, Medcof J W.1998. Winning through innovation[J]. R&D Management, 28（3）: 221.

Utterback J M, Abernathy W J. 1975. A dynamic model of process and product innovation[J]. Omega, 3（6）: 639-656.

Uzzi B. 1996. The sources and consequences of embeddedness for the economic performance of organizations: the network effect[J]. American Sociological Review, 61（4）: 674-698.

Uzzi B. 1997. Social structure and competition in inter firm networks: the paradox of embeddedness[J]. Administrative Science Quarterly, 42（1）: 35-67.

Uzzi B, Lancaster R. 2003. Relational embeddedness and learning: the case of bank loan managers and their clients[J]. Management Science, 49（4）: 383-399.

van de Ven A H, Poole M S. 1995. Explaining development and change in organizations[J]. The Academy of Management Review, 20（3）: 510-540.

van de Ven A H, Andrew H, Sapienza H J, et al. 2007. Entrepreneurial pursuits of self and collective interests[J]. Strategic Eutrepreneurship Journal, 1（3~4）: 353-370.

van den Bosch F A J, Volberda H W, Boer M D. 1999. Coevolution of firm absorptive capacity and knowledge environment: organizational forms and combinative capabilities[J]. Organization Science, 10（5）: 551-568.

van Wijk R, Jansen J J P, Lyles M A. 2008. Inter-and intra-organizational knowledge transfer: a meta-analytic review and assessment of its antecedents and consequences[J]. Journal of Management Studies, 45（4）: 830-853.

Venkatraman N. 1989. The concept of fit in strategy research: toward verbal and statistical correspondence[J]. Academy of Management Review, 14（3）: 423-444.

Volberda H, Foss N, Lyles M. 2009. Absorbing the concept of absorptive capacity: how to realize its potential in the organization field[J]. Organization Science, 21（4）: 931-951.

Volberda H W, Lewin A Y. 2003. Co-evolutionary dynamics within and between firms: from evolution to coevolution[J]. Journal of Management Studies, 40（8）: 2111-2136.

von Hippel E. 1976. The dominant role of users in the scientific instrument innovation process[J]. Research Policy, 5（3）: 212-239.

von Hipple E. 1994. Sticky information and locus of problem solving: implications for innovation[J]. Management Science, 40（4）: 429-439.

von Hippel E. 2007. Horizontal innovation networks—by and for users[J]. Industrial and Corporate Change, 16（2）: 293-315.

Walsh J P, Ungson G R. 1991. Organizational memory[J]. Academy of Management Review, 16（1）: 57-91.

Wang C L, Ahmed P K. 2007. Dynamic capabilities: a review and research agenda[J]. International Journal of Management Reviews, 9（1）: 31-51.

Wang G, Jiang X, Yuan C H, et al. 2013. Managerial ties and firm performance in an emerging economy: tests of the mediating and moderating effects[J]. Asia Pacific Journal of Management, 30（2）: 537-559.

Wegner D M, Vallacher R R, Kiersted G W, et al. 1986. Action identification in the emergence of social behavior[J]. Social Cognition, 4（1）: 18-38.

Wernerfelt B. 1984. A resource-based view of the firm[J]. Strategic Management Journal, 5（2）: 171-180.

West G P, Noel T W. 2009. The impact of knowledge resources on new venture performance[J]. Journal of Small Business Management, 47（1）: 1-22.

West M A, Wallace M. 1991. Innovation in health care teams[J]. European Journal of Social Psychology, 21（4）: 303-315.

Westphal L E, Rhee Y W, Pursell G. 1981. Korean industrial competence: where it came from[R]. World Bank, Washington DC.

Wheatley M J. 2001. Innovation means relying on everyone's creativity[J]. Leader to Leader,（20）: 14-20.

Wiig K. 2004. Knowledge management for The competitive enterprise[R]. Knowledge Research Institute.

Wiklund J, Shepherd D. 2003. Knowledge-based resources, entrepreneurial orientation, and the performance of small and medium sized business[J]. Strategic Management Journal, 24（13）: 1307-1314.

Williams J R. 1994. Strategy and the Search for Rents: The Evolution of Diversity Among Firms[M]. Boston: Harvard Business School Press.

Williamson O E. 1975. Markets and Hierarchies[M]. New York: Free Press.

Winter S G. 2003. Understanding dynamic capabilities[J]. Strategic Management Journal, 24（10）: 991-995.

Woerter M. 2009. Industry diversity and its impact on the innovation performance of firms[J]. Journal of Evolutionary Economics, 19（5）: 675-700.

Wolfe R A. 1994. Organizational innovation: review, critique and suggested research directions[J]. Journal of Management Studies, 31（3）: 405-425.

Wtterback J W, Abernathy W J. A dynamic model of process and product innovation[J]. Omega, 3（6）: 639-656.

Wu Y T, Tsai C C. 2005. Information commitments: evaluative standards and information searching strategies in web-based learning environments[J]. Journal of Computer Assisted Learning, 21（5）: 374-385.

Xu Q R, Wu X B. 1991. A mode of "secondary innovation" process[C]. Proceedings of Portland International Conference on Management of Engineering and Technology Portland.

Xu Q R, Zhang J. 2009. Organizational structures changing with capabilities dynamization in SMEs: a case study in JGST[C]. ISMOT' 09: Proceedings of the Sixth International Symposium on Management of Technology-open Network and Total Innovation Toward Innovative Country.

Xu Q R, Chen J, Chen L T, et al. 2012. The rule and mechanism of innovation capability-environmental dynamism coevolution: a longitude case study of Chinese firm in transition[C]. ICMIT, Bali, Indonesia.

Xu Q R, Chen J, Liu J J, et al. 2012. To Leverage Innovation Capabilities of Chinese Small-medium-sized Enterpeises by Total Innovation Management[M]. Hangzhou: Zhejiang University Press, Singapore: World Scientific.

Yalcinkaya G, Calantone R J, Griffith D A. 2007. An examination of exploration and exploitation capabilities: implications for product innovation and market performance[J]. Journal of International Marketing, 15（4）: 63-93.

Yam R C M, Esther W, Tang P Y, et al. 2004. An audit of technological innovation capabilities in Chinese firms: some empirical findings in Beijing, China[J]. Research Policy, 33（12）: 1123-1140.

Yan A, Gray B. 1994. Bargaining power, management control and performance in United States-China joint ventures: a comparative case study[J]. Academy of Management Journal, 37（6）: 11-34.

Yin R K. 1981a. The case study as a serious research strategy[J]. Knowledge: Creation, Diffusion, Utilization, 3: 97-114.

Yin R K. 1981b. The case study crisis: some answers[J]. Administrative Science Quarterly, 26（1）: 58-65.

Young A. 1998. Growth without scale effect[J]. Journal of Political Economy，106（1）：41-63.

Zahra S A，George G. 2002. Absorptive capacity：a review，reconceptualization，and extension[J]. The Academy of Management Review，27（2）：185-203.

Zahra S A，Nielsen A P. 2002. Sources of capabilities，integration and technology commercialization[J]. Strategic Management Journal，23（5）：377-398.

Zahra S A，Ireland R D，Hitt M A. 2000. International expansion by new venture firms：international diversity，mode of market entry，technological learning，and performance[J]. Academy of Management Journal，43（5）：925-950.

Zahra S A，Sapienza H J. Davidsson P. 2006. Entrepreneurship and dynamic capabilities：a review，model and research agenda[J]. Journal of Management Studies，43（4）：917-953.

Zhang J，Zhang S P，Xu Q R. 2012. A conceptual framework for proprietary-leveraged innovation capabilities[C]. ISMOT' 2012：Proceedings of the Seventh International Symposium on Management of Technology-Leveraging Innovation Capability Toward Innovative Firm.

Zhang S P，Zhang J. 2012. The intrinsic mechanism of leveraging innovation capability via venture capital[C]. ISMOT' 2012：Proceedings of the Seventh International Symposium on Management of Technology-Leveraging Innovation Capability Toward Innovative Firm.

Zhao J Z，Anand J. 2009. A multilevel perspective on knowledge transfer：evidence from the Chinese automotive industry[J]. Strategic Management Journal，30（9）：959-983.

Zollo M，Winter S G. 2002. Deliberate learning and the evolution of dynamic capabilities[J]. Organization Science，13（3）：339-351.

Zollo M，Reuer J J. 2010. Experience spillovers across corporate development activities[J]. Organization Science，21（6）：1195-1212.

Zornoza C C，Ciprés M S，Navarro M B，et al. 2004. A meta-analysis of innovation and organizational size[J]. Organization Studies，25（3）：331-361.